Heinz E. Studt

NEUE 100 ALPENPÄSSE MIT DEM MOTORRAD

Noch mehr Traumkurven in Deutschland, Österreich, der Schweiz, Italien und Frankreich

BRUCKMANN

INHALT

Oben: Auch die Steiermark ist ein Traum für Motorradfahrer.
Rechts: Wir sind allerorten herzlich willkommen.

Baden verboten – das Wasser am Furkelpass ist nur für Schneekanonen bestimmt.

Inhalt

Toller Blick auf die Gletscherwelt um Arolla

Die Alpen locken uns von Frühling bis weit in den Herbst – hier in den Dolomiten.

100 neue Alpenpässe mit dem Motorrad

Als ich vor nunmehr sechs Jahren meine erste Sammlung von 100 Alpenpässen in diesem Verlag veröffentlichte, da war ich eher skeptisch, ob sich Biker, ja auch Motorradfans generell ein reines Sammelwerk in das Bücherregal stellen würden. Also keine komplett ausformulierten Motorrad-Reiseführer zum sofortigen Nacherleben, wie ich sie mit meinen anderen Büchern biete, sondern eher ein Nachschlagewerk für den Statistiker.

Doch der Erfolg meiner ersten Pässesammlung übertraf alle unsere Erwartungen. Ganz offensichtlich waren Sie, liebe Leser, damals schon auf der Suche nach einem vor allem auch hochauthentischen »Sammelalbum« zu diesem Thema. Denn alle im ersten wie auch in diesem zweiten Band veröffentlichten Pässe habe ich persönlich im Mopedsattel erlebt, habe sie erfahren, erobert – meistens sogar ganz nahe an der Ideallinie! – und genossen. Und natürlich fotografiert, vermessen und katalogisiert.

Et voilà: Hier ist nun also Band 2 meines Sammelwerkes, hier halten Sie gerade weitere 100 Pässe und Panoramastraßen in den Händen, die den ungeheuren Reiz der Alpen gerade auch für uns Biker ausmachen. Und erneut sind sie gut verteilt über alle fünf Länder des Alpenraumes. Ja sogar in Süddeutschland habe ich noch einen hübschen Scheitelpunkt entdeckt, der es lohnt, präsentiert zu werden.

In Österreich und der Schweiz folgen jeweils weitere 18 Pässe, in Italien immerhin 25 und in Frankreich ganze 38 – zugegeben auch als Wiedergutmachung dafür, dass die Seealpen in meinem ersten Buch etwas unterrepräsentiert waren.

Würde man nun alle 100 Pässe dieses Buches auf landschaftlich schönen Strecken direkt miteinander kombinieren, ergäbe sich eine Reise von sage und schreibe 8128 Kilometern Länge, es ginge insgesamt 159 000 Höhenmeter bergauf und wieder bergab, die maximale Steigung läge bei herausfordernden 28 Prozent und der höchste Punkt dieser traumhaften Tour bei knapp 2800 m. Die Benzinkosten beliefen sich bei 6 l Superbenzin auf 100 Kilometern auf gut 800 Euro und der Zeitaufwand bei durchschnittlich 250 Kilometern je Tourentag auf mindestens 33 Tage. Also reine Fahrtzeit ohne Pausen. Ach ja: Und je nach persönlicher Fahrweise müssten Sie wohl auch mindestens einen Satz Reifen einkalkulieren.

Habe ich Ihnen jetzt den Mund wässrig gemacht, habe ich den reisebegeisterten Statistikfan in Ihnen geweckt? Gut so, dann lassen Sie uns mit dem Kurventanz beginnen …

Heinz E. Studt

Am Iselsbergpass

Die Pässe im Überblick

Nr.	Land	Name	Region	Höhe	Kehren	Kategorie (maximal)
1	D	Spitzingsattel	Bayerische Alpen	1128	0	leicht
2	A	Ursprungpass	Bayern und Tirol	849	3	leicht
3	A	Trattberg Panoramastraße	Salzburger Land	1550	12	leicht
4	A	Postalm Panoramastraße	Salzburger Land	1320	19	leicht
5	A	Hengstpass	Oberösterreich	1010	0	leicht
6	A	Niederalpl	Steiermark	1233	2	leicht
7	A	Preiner Gscheid	Steiermark und Niederösterreich	1070	7	leicht
8	A	Semmering Pass	Steiermark und Niederösterreich	986	4	leicht
9	A	Alpl Pass	Steiermark	1081	4	leicht
10	A	Weinebene	Steiermark und Kärnten	1668	22	leicht
11	I	Passo del Predil / Predilpass	Udine und Trenta	1156	9	leicht
12	I	Passo di Tanamea	Friaul	850	9	mittelschwer
13	I	Sella Nevea /Neveasattel	Friaul	1193	14	leicht
14	I	Monte San Simeone (Höhenstraße)	Friaul	1218	28	anspruchsvoll
15	A	Eggeralm	Kärnten	1420	16	leicht
16	I	Forcella di Lius	Friaul	1072	24	leicht
17	I	Panoramica delle Vette	Friaul	1969	48	mittelschwer
18	I	Passo Rest / Forcola di Mont Rest	Friaul	1052	44	mittelschwer
19	I	Sella di Rioda	Friaul	1802	41	mittelschwer
20	I	Sella di Razzo	Friaul	1755	22	leicht
21	I	Forcella di Lavardet	Friaul	1545	30	anspruchsvoll
22	I	Cima Sappada / Sappadapass	Friaul	1300	7	leicht
23	A	Iselsbergpass	Osttirol	1204	6	leicht
24	A	Kalser Glocknerstraße	Osttirol	1986	11	leicht
25	A	Pustertaler Höhenstraße	Osttirol	1483	16	leicht
26	I	Passo San Antonio	Venetien	1490	29	leicht
27	I	Col Sant'Angelo	Dolomiten	1758	16	leicht
28	I	Passo Tre Croci	Dolomiten	1809	16	leicht
29	I	Forcella Staulanza	Dolomiten	1770	20	leicht
30	I	Passo Duran	Dolomiten	1601	8	leicht
31	I	Passo Brocon	Trentino	1616	17	leicht
32	I	Passo di Gobbera	Trentino	988	25	mittelschwer
33	I	Passo di Valbona	Trentino	1782	13	leicht
34	I	Passo Coe	Trentino	1610	13	leicht
35	I	Passo del Sommo	Trentino	1343	12	leicht
36	I	Passo Vezzena	Trentino	1402	9	leicht
37	I	Strada Panoramica del Monte Baldo / Monte-Baldo-Höhenstraße	Trentino	1619	51	mittelschwer
38	I	Passo delle Erbe / Würzjoch	Südtirol	2003	40	mittelschwer
39	I	Passo Furcia / Furkelpass	Dolomiten	1789	16	leicht
40	A	Geolsalpe und Gartalm	Tirol/Zillertal	1835	12	mittelschwer
41	A	Schlegeis Alpenstraße	Tirol/Zillertal	1805	11	leicht
42	I	Passo Vizze / Pfitscher Joch	Südtirol	1500	2	leicht
43	A	Zeinisjoch	Vorarlberg und Tirol	1842	0	leicht
44	A	Bartholomäberg Panoramastraße	Vorarlberg	1150	8	leicht
45	A	Furkajoch	Vorarlberg	1761	13	leicht
46	CH	Lenzerheide-Pass	Graubünden	1549	11	leicht
47	CH	Ruppenpass	Appenzell und Sankt Gallen	1003	9	leicht
48	CH	Wasserfluh	Sankt Gallen	843	8	leicht
49	CH	Flumserberg Höhenstraße	Sankt Gallen	1350	14	leicht
50	CH	Sattelegg	Zentralschweiz	1190	7	leicht

Nr.	Land	Name	Region	Höhe	Kehren	Kategorie (maximal)
51	CH	Ibergeregg	Zentralschweiz	1406	12	leicht
52	CH	Bürgenstock Panoramastraße	Zentralschweiz	930	8	leicht
53	CH	Brünigpass	Berner Oberland	1008	7	leicht
54	CH	Passwang Pass	Solothurn	943	8	leicht
55	CH	Scheltenpass	Solothurn	1051	6	leicht
56	CH	Col de la Croix	Schweizer Jura	789	5	leicht
57	CH	Gurnigel-Pass	Bern	1606	16	leicht
58	CH	Griesalp	Berner Oberland	1425	17	sehr anspruchsvoll
59	CH	Val d'Hérens / Val d'Hérémence HS	Wallis	2300	48	mittelschwer
60	CH	Col de Champex	Wallis	1495	32	sehr anspruchsvoll
61	CH	Col de la Croix	Waadt	1778	14	leicht
62	CH	Col du Pillon	Waadt	1546	4	leicht
63	CH	Pas de Morgins	Haute-Savoie und Wallis	1369	13	mittelschwer
64	F	Col de la Joux Verte	Haute-Savoie	1760	40	mittelschwer
65	F	Col du Corbier	Haute-Savoie	1233	12	leicht
66	F	Col du Grand Taillet	Haute-Savoie	1230	39	mittelschwer
67	F	Col de Trechauffe	Haute-Savoie	1241	39	mittelschwer
68	F	Col du Feu	Haute-Savoie	1117	10	leicht
69	F	Col de Jambaz	Haute-Savoie	1027	0	leicht
70	F	Col de la Ramaz	Haute-Savoie	1610	12	mittelschwer
71	F	Col de la Savolière	Haute-Savoie	1420	16	mittelschwer
72	F	Col de l'Encrenaz	Haute-Savoie	1433	16	leicht
73	F	Col de Joux Plane	Haute-Savoie	1700	27	mittelschwer
74	F	Col des Saisies	Savoie	1633	25	mittelschwer
75	F	Col du Pré	Savoie	1748	28	mittelschwer
76	F	Col de Méraillet	Savoie	1605	26	leicht
77	F	Cormet de Roselend	Savoie	1698	26	leicht
78	F	Col du Mont Cenis	Savoie	2084	32	mittelschwer
79	F	Col du Petit Mont Cenis	Savoie	2183	7	sehr anspruchsvoll
80	F	Col du Mollard	Savoie	1638	91	anspruchsvoll
81	F	Col de Sarenne	Isère	1999	27	mittelschwer
82	F	Alpe d'Huez	Isère	1860	36	mittelschwer
83	F	Col de Montgenèvre	Hautes-Alpes	1854	7	leicht
84	F	Col d'Izoard	Hautes-Alpes	2360	36	mittelschwer
85	F	Col de Manse	Hautes-Alpes	1272	9	leicht
86	F	Col Bayard	Hautes-Alpes	1248	12	leicht
87	F	Col de Moissière	Hautes-Alpes	1573	13	leicht
88	F	Col du Fanget	Haute-Provence	1459	8	mittelschwer
89	F	Col du Labouret	Haute-Provence	1240	3	leicht
90	F	Col d'Allos	Haute-Provence	2240	20	mittelschwer
91	F	Col de Larche	Haute-Provence	1991	25	leicht
92	F	Col des Champs	Hautes-Alpes	2088	42	anspruchsvoll
93	F	Col du Corobin	Haute-Provence	1215	21	mittelschwer
94	F	Col de Toutes Aures	Haute-Provence	1124	2	leicht
95	F	Col du Vasson	Haute-Provence	1662	7	leicht
96	F	Col de la Couillole	Alpes Maritimes	1678	19	mittelschwer
97	F	Col de la Lombarde	Alpes-Maritimes und Piemont	2350	81	sehr anspruchsvoll
98	F	Col de Turini	Alpes-Maritimes	1604	60	anspruchsvoll
99	F	Col de l'Orme	Alpes-Maritimes	1000	41	mittelschwer
100	F	Col de Braus	Alpes-Maritimes	1003	40	mittelschwer

Im Überblick – eine kurze Begriffserklärung

Höchster Punkt	Offizieller Scheitelpunkt der Strecke – lokalisiert anhand Passschild respektive offizieller Wegweiser. Die angegebenen Höhenmeter stammen aus offiziellen Angaben oder wurden ermittelt anhand eigener, mehrfacher Messungen mithilfe aktueller GPS-Navigationssysteme.
Basisorte	Die zentralen Orte jeweils am Fuß des Passes, sie wurden ganz bewusst auch danach ausgewählt, dass sich zwischen beiden Orten eine fahrerisch erlebenswerte Passstrecke ergibt. Die Höhenprofile reichen stets von Basisort zu Basisort.
Anzahl der Kehren	Gezählt von Basisort zu Basisort, als Kehre gilt jede Kurve mit mehr als 150° Richtungswechsel, jede Kehre wurde allerdings auch bei mehrmaligem Befahren nur einmal gezählt.
Streckenlänge	Berechnet jeweils von Basisort zu Basisort
Schwierigkeitsgrad	leicht = für Fahranfänger problemlos geeignet mittelschwer = verlangt Erfahrung im Umgang mit dem Motorrad anspruchsvoll = verlangt sichere Beherrschung des Motorrades sowie Erfahrung im Passfahren sehr anspruchsvoll = nur mit langjähriger Motorraderfahrung sowie speziellen Kenntnissen – z. B. im Offroad-Fahren – zu bewältigen.
Mautpflicht	Gemäß offizieller Angaben. Stand Anfang 2013
Wintersperre	Gemäß offizieller Angaben seitens der Straßenverwaltung beziehungsweise des ADAC, ÖAMTC, TCS oder anderer internationaler Automobilclubs
Kombinierbar mit	Kombinationsvorschläge mit umliegenden und durch Fahrstraßen verbundenen Pässen, Umkreisradius circa 30 Kilometer. ... oder aus Band 1 – Kombinationsmöglichkeiten mit den Pässen aus dem Buch »100 Alpenpässe mit dem Motorrad«, ISBN 978-3-7654-5502-5

Als Kehre bezeichnen wir in diesem Buch Kurven mit mehr als 150° Richtungswechsel.

Winter auf der Zillertaler Höhenstraße: Es lohnt sich auch hier, auf den Frühling zu warten.

Verkehrshinweise im Ausland

Italien

Deviazione	= Umleitung
Tenere la destra	= rechts fahren
Rallentare	= langsam fahren
Senso unico	= Einbahnstraße
Sbarrato	= gesperrt
Curva pericolosa	= gefährliche Kurve
Strada stretta	= unbefestigte Straße
Caduta sassi	= Steinschlag

Frankreich

Rappel	= Erinnerung (meist an Tempolimits)
Ralentir	= langsam fahren
Déviation	= Umleitung
Passage interdit	= gesperrt

ZUR GESCHICHTE DER ALPEN

Sie sind Bikers Paradies in Europa

In Band 1 meiner Sammlung der schönsten Alpenpässe habe ich Ihnen bereits viele Fakten und auch Geschichten über die Alpen erzählt. Und gleichwohl ich mich keinesfalls wiederholen möchte, gestatten Sie mir doch, hier die wichtigsten »Hard Facts« zu den Alpen noch einmal zusammenzufassen:

- Sie sind das höchste Gebirge Europas.
- Ihre West-Ost-Ausdehnung beträgt über 1200 Kilometer, ihre Nord-Süd-Breite liegt zwischen 150 und 250 Kilometern.
- Sie bedecken eine Gesamtfläche von 200 000 Quadratkilometern, das sind gute zwei Prozent des gesamten europäischen Kontinents.
- Acht Länder haben Anteile an diesem prächtigen »Dach Europas«, nämlich Slowenien, Österreich, Deutschland, die Schweiz, Liechtenstein, Italien, Frankreich und Monaco.
- Der höchste Gipfel der Alpen ist der 4810 Meter hohe Mont Blanc.

Für mich ein immer wieder faszinierender Gedanke ist die Tatsache, dass es sich bei unseren Alpen eigentlich um einstmals wohl afrikanisches Territorium handelt. Denn sie entstanden aus einem Zusammenprall mit der afrikanischen Kontinentalplatte und wuchsen aufgrund der dadurch auftretenden unvorstellbaren Kräfte innerhalb von »nur« fünf Millionen Jahren in die Höhe. Bis zu fünf Millimeter pro Jahr betrug das Wachstum der Alpengipfel in Spitzenzeiten, heute sind es zwar nur noch ein bis zwei Millimeter, aber zum Stillstand gekommen ist es noch lange nicht. Alle weiteren Details dazu finden Sie übrigens in Band 1 meiner Pässesammlung ab Seite 14.

Inzwischen ist dieser Teil Urafrikas allerdings längst von uns Europäern vereinnahmt und im Laufe von Jahrmillionen vor allem auch oberflächlich neu modelliert worden. Nicht nur von Mutter Natur, sondern auch von den Alpenbewohnern.

Apropos: Die heutzutage wohl aufregendste Geschichte eines Alpenureinwohners hat

Saisoneröffnung in der Steiermark

Auch wir Biker prägen heute das Gesicht der Alpen – hier beim Treff am Furkajoch.

zweifelsohne »Ötzi« zu erzählen – der legendäre Mann aus dem Eis. Seine Geheimnisse, sein Schicksal, ja sogar seine letzten Tage in den Alpen sind inzwischen hochwissenschaftlich entschlüsselt worden und bieten dennoch immer wieder einen ungeheuer reichhaltigen Spielplatz für unsere Fantasie. Ja, die Geschichte des für damalige Verhältnisse so ungewöhnlich »reisefreudigen« Ötzi ist ideal geeignet, meinem Sammelwerk der Zahlen und Fakten einen Hauch von Magie zu verleihen. Aber lesen Sie selbst.

Der Reisende aus dem ewigen Eis der Alpen

Vor gut 5000 Jahren steigt ein erfahrener Jäger hinauf in die eisigen Höhen des Schnalstaler Gletschers, um dort nach Wild zu suchen. Er ist Tage unterwegs, gut ausgerüstet und kämpft zunächst erfolgreich gegen die Unbilden der Natur und des nahenden Winters. Doch wider Erwarten kehrt er nie zu seinen Angehörigen zurück, bleibt fünf Jahrtausende verschollen. Erst im Jahr 1991 wird er zufällig gefunden: Das ewige Eis hat ihn überraschend freigegeben, mitsamt seiner Kleidung und Ausrüstung, mumifiziert und tiefgefroren – eine archäologische Sensation und einzigartige Momentaufnahme eines steinzeitlichen Menschen.

Nach mehrjährigen Untersuchungen durch hoch spezialisierte Forschungsteams sind nun die Ötzi-Mumie und ihre Beifunde seit 1998 im Südtiroler Archäologiemuseum ausgestellt. Doch wer war jener mysteriöse Mann vom Hauslabjoch in den Ötztaler Alpen?

Eigentlich war er in den besten Jahren, in der Blüte seines Lebens – gut 45 Jahre alt, 1,65 m groß, gesund, kräftig und mit leichtem Bandscheibenverschleiß der Lendenwirbelsäule. Ötzis Zähne sind stark abgenutzt, aber nicht kariös, einige blauschwarze Tätowierun-

Oben: Abenteuerlicher Blick in die Vergangenheit: So sah der Ötzi wohl aus (Rekonstruktion im Südtiroler Archäologiemuseum).

Bild rechte Seite: Fahren mit Gepäck – meine Tipps dazu gibt's im Anhang.

gen aus Kohlestaub auf seiner Haut deuten Wissenschaftler als Nachweis, dass der Mann sich wohl in ärztlicher Behandlung befand. Denn diese Spuren sind typisch für das sogenannte Brennen, eine Behandlung, bei der Heilkräuter mit Nadeln unter die Haut gebracht werden.

Bekleidet war er mit einer gestreiften Jacke aus Ziegenfell, seine Hose – ebenfalls aus Ziegenfell mit einem Kalbsledergürtel – gleicht einer Indianerleggins. Schuhe aus Braunbären- und Hirschleder mit einer inliegenden Grasschicht als Wärmedämmung und Polsterung sowie eine Bärenfellmütze komplettierten seine Bekleidung. Seine Bewaffnung bestand aus einem scharfen Kupferbeil, einer zur damaligen Zeit recht wertvollen und teuren Waffe. Zudem trug er einen Bogen aus Eibenholz sowie Pfeile mit Feuersteinspitzen. Experimente mit nachgebauten Bogen und Pfeilen ergaben, dass diese durchaus tödliche Waffe eine Reichweite von bis zu 50 Metern besaß. Ein Dolch mit Feuersteinspitze, eine Kraxe als Urform des Rucksacks, ein Gefäß aus Birkenrinde sowie eine Ledertasche mit Feuersteinklingen gab das ewige Eis ebenfalls frei. Ötzi war also für damalige Verhältnisse zweifelsohne gut ausgerüstet, er konnte sowohl jagen als auch sich wirkungsvoll verteidigen. Was geschah also an diesem kalten Tag in eisiger Höhe?

Im Juni 2007 konnte ein Forscherteam endlich die Todesursache klären. Ein Pfeilschuss hatte das linke Schulterblatt des Jägers durchbohrt und dabei die Schlüsselbeinarterie durchtrennt. Aufgrund der Schwere der Verletzung muss Ötzi innerhalb kurzer Zeit innerlich verblutet sein. Weitere Analysen gehen davon aus, dass der legendäre Jäger kurz vor seinem Tod in einen Überfall verwickelt sein musste. Schnittverletzungen am linken Arm und den Händen sowie Blutspuren von vier verschiedenen Menschen deuten zumindest darauf hin. Zudem waren von zwölf Pfeilen im Köcher nur noch zwei schussfertig mit Steinspitzen versehen, alle anderen müssen im Verlauf des Kampfes verschossen worden sein, bevor Ötzi der feindliche Pfeil feige von hinten in die Schulter traf. Er starb vermutlich schnell, wurde in den herannahenden Wintertagen von der Natur wahrlich perfekt konserviert und als atemberaubender Gruß an die Nachwelt viele Tausend Jahre aufbewahrt.

Mein Reisetipp dazu: Zahlreiche meiner Norditalien-Pässe führen Sie in die Nähe von Bozen zu Ötzis letzter Ruhestätte im Südtiroler Archäologiemuseum. Schauen Sie einmal

auf unsere Übersichtskarte oder gerne auch unter www.archaeologiemuseum.it. Allein das Durchklicken durch die Online-Informationen wird Sie in eine sehr spannende Welt entführen. Toll!

Übrigens – einen Museumstipp aus Band 1 meiner Pässesammlung darf ich hier wiederholen: Das sehr sehenswerte Alpine Museum in München wurde 1907 vom damaligen Deutschen und Österreichischen Alpenverein gegründet. Die Stadt München stellte dazu ein Gebäude auf der Praterinsel unentgeltlich zur Verfügung, in dem bis heute zahlreiche Ausstellungen über die Flora, Fauna sowie über Brauchtum und Kultur der Alpen erzählen. Eine Dauerausstellung informiert über die Geschichte des Alpinismus und die zahlreichen Aktivitäten und Projekte des Deutschen Alpenvereins gerade auch zum Schutz der Alpen. Adresse, Öffnungszeiten und Infos unter www.alpenverein.de. Ein Besuch lohnt immer.

DIE HÖCHSTEN GIPFEL DER ALPEN

Name	Land	Höhe (m)	Gebirge
Mont Blanc	Frankreich, Italien	4.808	Mont-Blanc-Gruppe
Mont Blanc de Courmayeur	Italien	4.748	Mont-Blanc-Gruppe
Rochers de la Tournette	Frankreich	4.677	Mont-Blanc-Gruppe
Dufourspitze	Schweiz	4.663	Monte-Rosa-Gruppe
Ostspitze	Schweiz	4.634	Monte-Rosa-Gruppe
Grenzgipfel	Schweiz, Italien	4.618	Monte-Rosa-Gruppe
Nordend	Schweiz, Italien	4.609	Monte-Rosa-Gruppe
Zumsteinspitze	Schweiz, Italien	4.563	Monte-Rosa-Gruppe
Signalkuppe	Schweiz, Italien	4.554	Monte-Rosa-Gruppe
Les Bosses	Frankreich, Italien	4.547	Mont-Blanc-Gruppe
Dom	Schweiz	4.545	Walliser Alpen
Liskamm	Schweiz	4.527	Walliser Alpen
La Grande Bosse	Frankreich	4.513	Mont-Blanc-Gruppe
Weißhorn	Schweiz	4.505	Walliser Alpen
Täschhorn	Schweiz	4.490	Walliser Alpen
Matterhorn	Schweiz, Italien	4.477	Walliser Alpen
Monte Cervino Vetta Italiana	Italien	4.476	Walliser Alpen
Mont Maudit	Frankreich, Italien	4.465	Mont-Blanc-Gruppe
Picco Luigi Amedeo	Italien	4.460	Mont-Blanc-Gruppe

Beginnen wir gemütlich: Blick auf den Schliersee.

1 Alpenpässe in Deutschland
SPITZINGSATTEL

IM ÜBERBLICK

Name	Spitzingsattel
Land	Deutschland
Region	Bayerische Alpen
Höchster Punkt	1128 m
Basisorte	Schliersee und Spitzingsee
Anzahl der Kehren	0
Streckenlänge	11 km
Schwierigkeitsgrad	leicht
Mautpflicht	keine
Wintersperre	keine
Kombinierbar mit	Nr. 2
... oder aus Band 1	Nr. 3, 4

Der fahrerisch recht unscheinbare, landschaftlich aber äußerst reizvoll gelegene Spitzingsattel befindet sich im Süden des Landkreises Miesbach direkt im Mangfallgebirge, unweit der österreichischen Grenze. Die gut ausgebaute Passstraße mit maximal 14 Prozent Steigung verbindet zwei landschaftliche Perlen Bayerns miteinander, den Schliersee mit dem Spitzingsee oder, genauer gesagt, deren gleichnamige Ortschaften. Frei von Kehren windet sich die Straße hinauf zur Passhöhe auf einem weiten Plateau, das bereits herrliche Ausblicke auf den Spitzingsee erlaubt.

Unmittelbar nach dem Spitzingsattel führt rechts an einem Abzweig eine Sackgasse zum Westufer des Alpensees, die Hauptroute umrundet den See auf der Ostseite. Und gleichwohl die Region rund um den Spitzingsee vor allem ein Wanderparadies ist, lohnt sich der Exkurs auch für Biker, bietet der idyllische Bergsee doch nicht nur prächtige Alpenpanoramen, sondern auch zahlreiche Einkehrmöglichkeiten. Oder wie wäre es mit einer Runde Tretbootfahren? Das lockert Bikers verspannte Bein- und Gesäßmuskulatur auf ganz natürliche Weise. Und die Bikerseele baumelt derweil vollkommen entspannt über dem Bootsrand.

SEHENSWERTES AM WEGESRAND

Die Seenkombi Tegernsee-Schliersee zählt zu den berühmtesten aller bayerischen Seen und liegt auch gleich »um die Ecke«. Bayernkönig Max I. baute einst das zwangsaufgelöste Kloster Tegernsee zu einer prächtigen Sommerresidenz um und lockte damit wahre Heerscharen des Adels aus dem ganzen Land in das wunderschöne Tal. Große Schriftsteller und Dichter wie Ludwig Thoma und Ludwig Ganghofer waren hier zu Hause, ließen sich von der einzigartigen Landschaft, von dem atemberaubenden Wechsel der Jahreszeiten inspirieren. Heute gehört der Tegernsee zu den Top-Destinationen Bayerns und ist touristisch perfekt erschlossen. Der Schliersee hingegen ist das ruhige, beschauliche Pendant zum berühmten Tegernsee, seine Uferstraße und die prächtigen Ausblicke kann man selbst an Hochsommertagen noch gemütlich genießen. Und die Köstlichkeiten der zahlreichen Gasthöfe sind nicht minder lecker und sogar etwas günstiger als wenige Kilometer weiter an den Tegernseer Gestaden. Nur Promi-Watching geht am Schliersee nicht so leicht vonstatten …

HÖHENPROFIL

Höhenmeter bergauf	415 m
Höhenmeter bergab	75 m
Maximale Steigung	9,5 %
Durchschnittliche Steigung	5,2 %
Maximales Gefälle	4,9 %
Durchschnittliches Gefälle	3,3 %

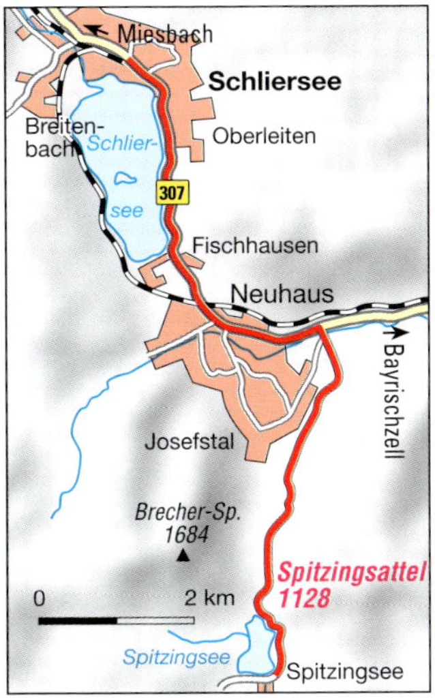

Mit gut 28 Hektar Fläche ist der Spitzingsee übrigens der größte Hochgebirgssee Bayerns. Seine Tiefe beträgt maximal 16,3 Meter, aus dem See entspringt die Rote Valepp, die sich bei der Kaiserklause mit der Weißen Valepp vereinigt und in Tirol als Grundache über die Brandenberger Ache schließlich in den Inn mündet. Der Spitzingsee selbst steht im Eigentum des Freistaates Bayern, und jeder, der ihn einmal besucht hat, wird verstehen, warum sich der Freistaat von diesem Kleinod wohl niemals trennen wird.

Bild linke Seite: Mitfahrgelegenheit gesucht? Bayerns Kühe sind höchst neugierig.

Unten: Passhöhe des Spitzingsattels

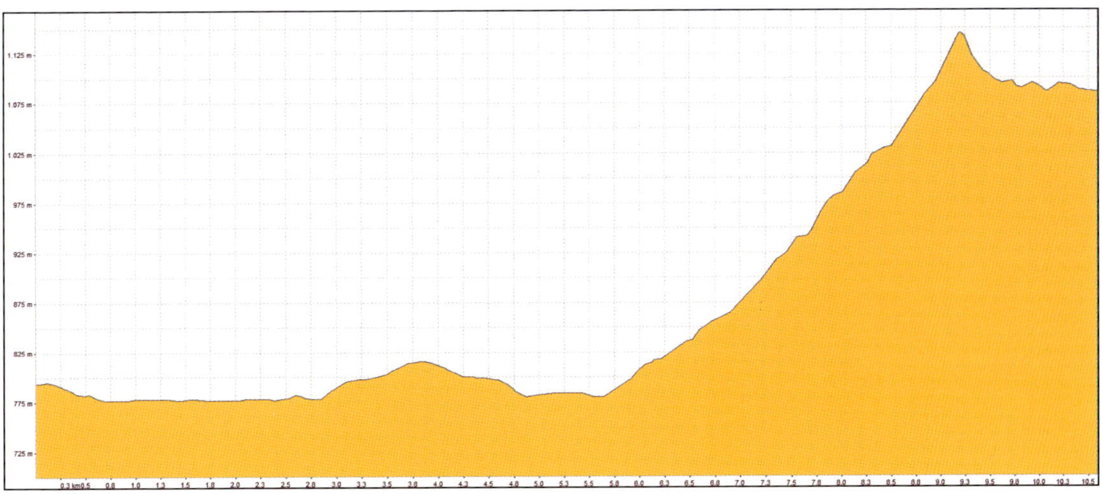

2 Alpenpässe in Deutschland und Österreich
URSPRUNGPASS

IM ÜBERBLICK

Name	Ursprungpass
Land	Deutschland und Österreich
Region	Bayern und Tirol
Höchster Punkt	849 m
Basisorte	Bayrischzell und Kufstein
Anzahl der Kehren	3
Streckenlänge	26 km
Schwierigkeitsgrad	leicht
Mautpflicht	keine
Wintersperre	keine
Kombinierbar mit ... oder aus Band 1	Nr. 1 Nr. 3, 4

Der Ursprungpass gehört zu den Alpenquerungen, bei denen wir höllisch aufpassen müssen, den Scheitelpunkt und damit die Passhöhe für das obligatorische »Ich-war-hier«-Facebook-Posting nicht gänzlich zu übersehen, ja zu überfahren. Denn die Strecke durch das südlich von Bayrischzell anschließende Ursprungtal ist so entspannend, so genüsslich, dass wir vor lauter Schwelgen leicht an der Passhöhe vorbeirauschen. Der Pass liegt direkt in den sogenannten Bayerischen Voralpen, einer Gebirgsgruppe der Nördlichen Kalkalpen. Sowohl das Ursprung- wie auch das gen Osten anschließende Thierseetal sind von urzeitlichen Flussläufen geprägt, von denen heute allerdings nur noch schmale Rinnsale vorhanden sind. Entlang prächtig liegender Almen und Berghütten windet sich die gut ausgebaute Straße zunächst gen Süden. Wir queren beinahe unbemerkt die Grenze zu Österreich, und beim Weiler Landl kurz vor dem Ort Hinterthiersee beginnt der eigentliche Kurventanz hinab nach Kufstein.

So herrlich unscheinbar sich der Pass heute zeigt, so blutgetränkt ist seine Geschichte. Kam es doch hier im Mai 1809 zu folgenreichen Kämpfen zwischen den Tirolern und einer Vereinigung aus Bayern und Franzosen. Denn Tiroler »Gesindel« hatte einige Plünderungszüge hinüber nach Bay-

Auf bayerischer Seite am Ursprungpass

SEHENSWERTES AM WEGESRAND

Kufstein, die legendäre »Perle Tirols«, liegt direkt an der Grenze zu Bayern, dementsprechend schicksalsreich ist auch seine Geschichte. Umgeben von Wiesen, Wäldern und Seen, beherrscht vom imposanten Massiv des Kaisergebirges, ist das Wahrzeichen der Stadt auch heute noch die mächtige Festung. Doch die historischen Gassen haben noch viel mehr zu bieten: das Nähmaschinenmuseum zu Ehren des Kufsteiners Josef Georg Madersperger, dem Erfinder der Nähmaschine, oder die Tiroler Glashütte, die den Besucher jene Glasmacherkunst hautnah miterleben lässt. In der Römerhofgasse mit ihren traditionellen Häusern schließlich steht das Denkmal für Karl Ganzer, dem nahezu unbekannten Komponisten des weltberühmten Kufsteinliedes. Alle Infos unter www.kufstein.com

ern unternommen, da dessen Einwohner ohne Schutz durch die eigenen Soldaten auskommen mussten. Die bayerischen Armeen dienten nämlich gerade Napoleon an dessen Westfronten. Obwohl die aufrechten Tiroler diese Raubzüge verurteilten, taten sie wenig dagegen, sodass sich schließlich bayerische Truppen unter Marschall Lefebvre in Bewegung setzten, um den Plünderungen ein Ende zu setzen. Auch am Ursprungpass trafen Tiroler und bayerische Truppen aufeinander, die Bewohner von Thiersee unterwarfen sich den Soldaten, baten um Vergebung und blieben so verschont.

Von all den Auseinandersetzungen ist heute nur noch in Geschichtsbüchern zu lesen, ja das Verhältnis zwischen Bayern und Tirol könnte wohl kaum freundschaftlicher sein.

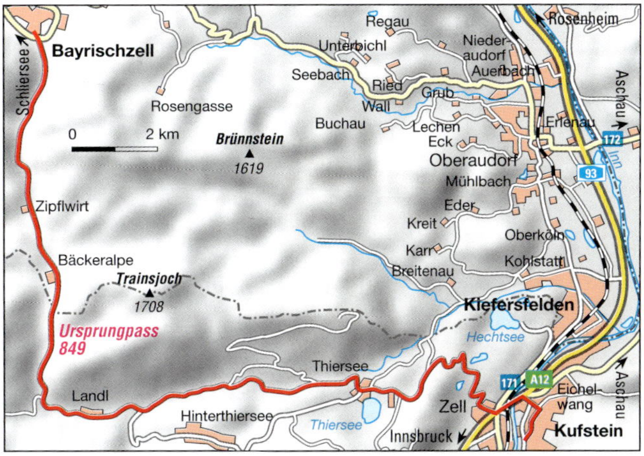

Kleine heile Welt rund um Hinterthiersee

HÖHENPROFIL

Höhenmeter bergauf	162 m
Höhenmeter bergab	487 m
Maximale Steigung	5,2 %
Durchschnittliche Steigung	1,5 %
Maximales Gefälle	11,0 %
Durchschnittliches Gefälle	3,2 %

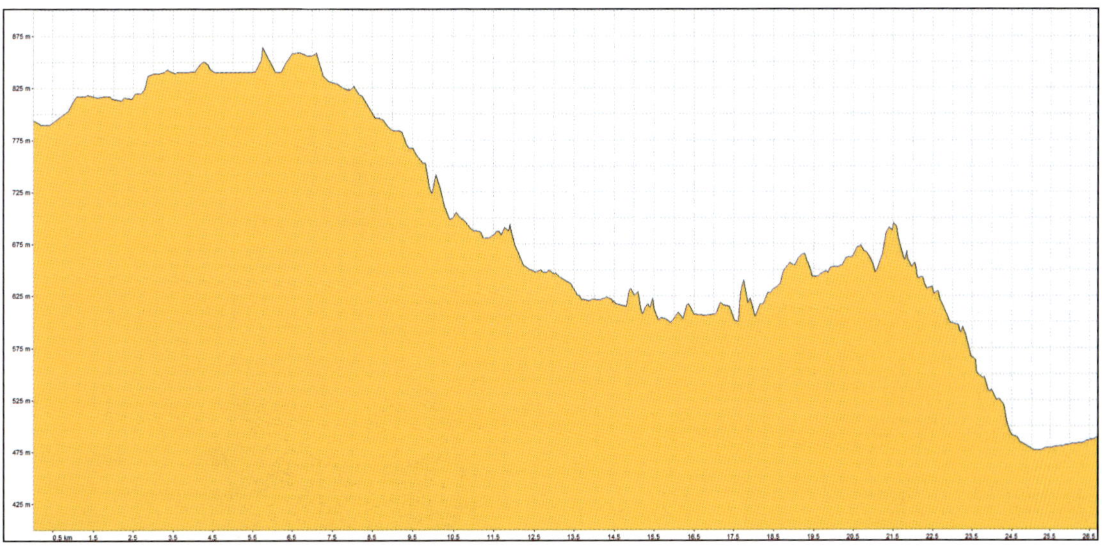

3 TRATTBERG PANORAMASTRASSE

IM ÜBERBLICK

Name	Trattberg Panoramastraße
Land	Österreich
Region	Salzburger Land
Höchster Punkt	1550 m
Basisorte	Sankt Koloman und Wegscheid
Anzahl der Kehren	12
Streckenlänge	29 km
Schwierigkeitsgrad	leicht
Mautpflicht	ja
Wintersperre	November bis April
Kombinierbar mit ... oder aus Band 1	Nr. 4 Nr. 5, 22

Der Trattberg, ein gut 1760 Meter hoher Aussichtsgipfel in der sogenannten Osterhorngruppe, südöstlich von Hallein im Salzburger Land, ist nicht nur eine Empfehlung für herrliche Wanderungen. Bei Motorradfahrern des Salzburger Landes gilt die mitten in diese Gebirgsgruppe führende Trattberg Panoramastraße ebenfalls als echter Tipp für Kenner, führt sie doch zu einigen der schönsten Aussichtsplätze der Region. Und den intensiven Einkehrschwung kann man dort oben nicht minder genüsslich zelebrieren, erwarten uns doch einige bewirtschaftete Almhütten.

Ab Sankt Koloman beginnt im Grunde schon der Kurventanz, wir folgen dem ausgeschilderten Abzweig zur Panoramastraße. Die insgesamt gut neun Kilometer lange Ausflugsstraße führt auf ein riesiges, beinahe 600 Hektar großes Almgebiet, auf dem vier bewirtschaftete Almhütten stehen. Auf den ersten Kilometern der Strecke geht es noch recht gemächlich dahin, ab der Mautstelle zu Beginn der Auffahrt hat man noch etwa 500 Meter Muße, bevor der Kehrenreigen beginnt. Es folgen insgesamt neun Serpentinen. An der bewirtschafteten Enzianhütte – einem lohnenden Boxenstopp mit grandioser Aussicht – haben wir die steilsten Passagen der Panoramastraße bereits hinter uns, im oberen Viertel begeistern vor allem die Ausblicke auf das Dachstein- und Tennengebirge sowie hinab auf den idyllischen Seewaldsee, der übrigens auch über eine asphaltierte Straße erreichbar ist.

Im Frühjahr kann das Ende der Panoramastraße noch aufgrund von Schneeräumung versperrt sein, den herrlichen Ausblicken hinüber in das

Prächtige Ausblicke auf das Salzburger Land gibt's am Trattberg gratis.

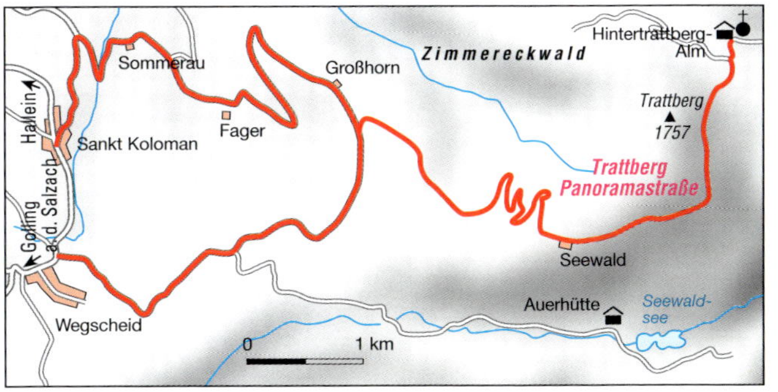

Salzburger Land tut das wahrlich keinen Abbruch. Zur Einkehr bieten sich im Umfeld der Panoramastraße neben der bereits erwähnten Enzianhütte auch die Christl-, die Mossanger- und die Wimmeralm an, deren hausgemachte Mehlspeisen, Krapfen und Kässpatzen zuverlässig jede zu enge Kombi zum Platzen bringen werden.

SEHENSWERTES AM WEGESRAND

Die historische Salzhandelsstadt Hallein lohnt mehr als einen Boxenstopp, ja ein Besuch ist im Grunde sogar Pflicht – vor allem auch für Freunde österreichischer Motorradkunst. Denn nicht nur die Geschichte Halleins selbst zählt zu den spannendsten ganz Österreichs, am Rande der Stadt im Vorort Taxach erwartet uns zudem der Hohlwegwirt von Hallein, eine seit über 130 Jahren im Familienbesitz befindliche alte Poststation. Die gehört heute Ernst Kronreif junior, der nicht nur jeden Gast mit legendärer Herzlichkeit und ausgezeichneter Küche begrüßt, sondern auch mit unendlich vielen Geschichten über die österreichische Zweiradschmiede KTM auf uns wartet. Denn KTM steht für die Gründerfamilien Kronreif und Trunkenpolz aus Mattighofen. Und mögen auch die Bande zwischen KTM und Ernst Kronreif, dem heutigen Hohlwegwirt, nicht mehr allzu eng sein, die Geschichten über das aufregende Leben seines Vaters sind lebendig, wie eh und je.
Alle Infos unter www.hohlwegwirt.at.

Weitgehend unbekannt und dennoch ein Genuss für alle Sinne

HÖHENPROFIL

Höhenmeter bergauf	795 m
Höhenmeter bergab	715 m
Maximale Steigung	14,1 %
Durchschnittliche Steigung	9,8 %
Maximales Gefälle	8,9 %
Durchschnittliches Gefälle	4,9 %

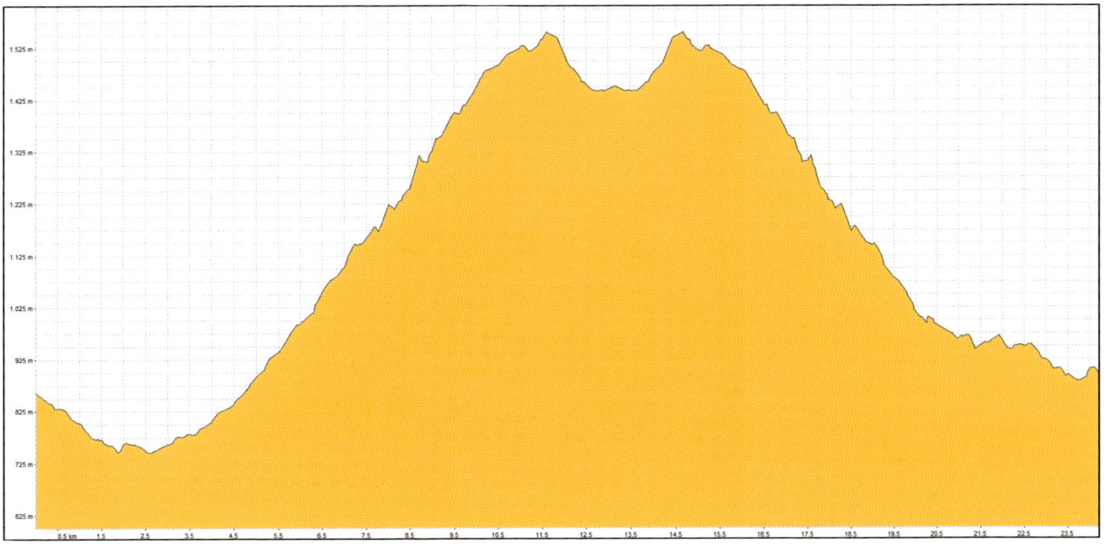

4 Alpenpässe in Österreich
POSTALM PANORAMASTRASSE

IM ÜBERBLICK

Name	Postalm Panoramastraße
Land	Österreich
Region	Salzburger Land
Höchster Punkt	1320 m
Basisorte	Voglau am Tennengebirge und Strobl am Wolfgangsee
Anzahl der Kehren	19
Streckenlänge	31 km
Schwierigkeitsgrad	leicht
Mautpflicht	ja
Wintersperre	keine
Kombinierbar mit ... oder aus Band 1	Nr. 3 Nr. 5, 22

Die Postalm südöstlich von Salzburg ist das größte zusammenhängende Almgebiet Österreichs und mit sage und schreibe 40 Quadratkilometern immerhin noch das zweitgrößte Europas. Bereits zur Zeit der österreichischen Kaiser führte eine berühmte Poststrecke entlang dieses Almenplateaus nach Bad Ischl. Immer im Bergsommer wurden die Postkutschenpferde zur Erholung auf die Hochalm gebracht – der Name »Postalm« war geboren.

Mitte der 1980er-Jahre begann man mit dem Bau der Postalmstraße, am 7. August 1988 wurde die Eröffnung feierlich zelebriert. Und wenig später wurde aufgrund der einzigartigen Ausblicke auf das gesamte Dachsteinmassiv, das Tennen- und Hagengebirge und sogar auf die schneebedeckten Hohen Tauern der Beiname »Panoramastraße« angehängt.

Nicht nur für Wanderer und Naturliebhaber ist das auf einer mittleren Höhe von über 1300 Metern liegende Plateau ein ideales Ausflugsziel, auch für uns Motorradfahrer zählt die Postalm zu den schönsten Alpenstraßen Österreichs, die uns nach dem Ende der Skisaison ab Anfang Mai oftmals fast alleine gehört.

Vor allem an Wochenenden geht hier regelrecht die Zweiradpost ab. Die ausgeschilderte und gut ausgebaute Panoramastraße führt in zahlreichen

Pflicht-Boxenstopp auf der Postalm

SEHENSWERTES AM WEGESRAND

Der Wolfgangsee ist der wohl bekannteste See nicht nur des Bundeslandes Salzburg, sondern auch des Salzkammergutes – ja, ich behaupte sogar: ganz Österreichs. Der heilige Wolfgang suchte hier als Bischof von Regensburg um 976 Zuflucht im Kloster Mondsee und gab dem See kurzerhand seinen Namen. Welch ein eitler Fratz! In vielen Legenden wird bis heute von zahlreichen Wunderheilungen – nicht nur durch den heiligen Wolfgang – berichtet. Ja, auch heute kann so ein Urlaub am Wolfgangsee wundersam und »porentief« von Alltagshektik und Stress heilen. Und die malerischen, durchweg sehenswerten Orte wie Strobl, Sankt Gilgen und Sankt Wolfgang locken Jahr für Jahr die Touristen. Zahlreiche Badeplätze und -möglichkeiten machen ihn auch für Einheimische zu einem beliebten Ausflugsziel. Und eine Fahrt mit der Wolfgangseeschifffahrt gehört sowieso zu den Pflichtterminen im Salzburger Land. Sie bekommen für wenige Euro gänzlich andere Aus- und Einblicke auf und in das Leben an diesem herrlichen See.

Kurven und Kehren von Voglau aus bergan, ohne uns fahrerisch jemals zu überfordern. Ein wichtiger Treffpunkt aller Biker des Salzburger Landes liegt direkt oben auf dem Plateau, am Lienbachhof sollten Sie unbedingt auch den Einkehrschwung einplanen. Leckere Almenküche kombiniert sich hier mit regen Benzingesprächen zu einem unvergesslichen Erlebnis.

Dann geht es weiter gen Osten mitten hinein in das Land der herrlichen Seen und sattgrünen Hügel. Die Strecke senkt sich bergab, einige Kehren später stehen wir am Südufer des berühmten Wolfgangsees. Auch hier möchten uns zahlreiche Einkehrmöglichkeiten von der Piste locken. Warum geben wir nicht einfach den Verlockungen nochmals nach und gönnen uns eine Rast mit herrlichen, ganz andersartigen Ausblicken?

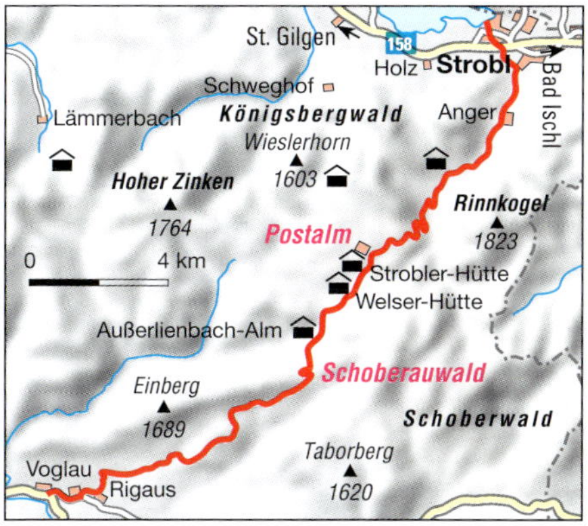

Frühlingstour auf die Postalm

HÖHENPROFIL

Höhenmeter bergauf	855 m
Höhenmeter bergab	822 m
Maximale Steigung	9,7 %
Durchschnittliche Steigung	5,0 %
Maximales Gefälle	12,9 %
Durchschnittliches Gefälle	6,3 %

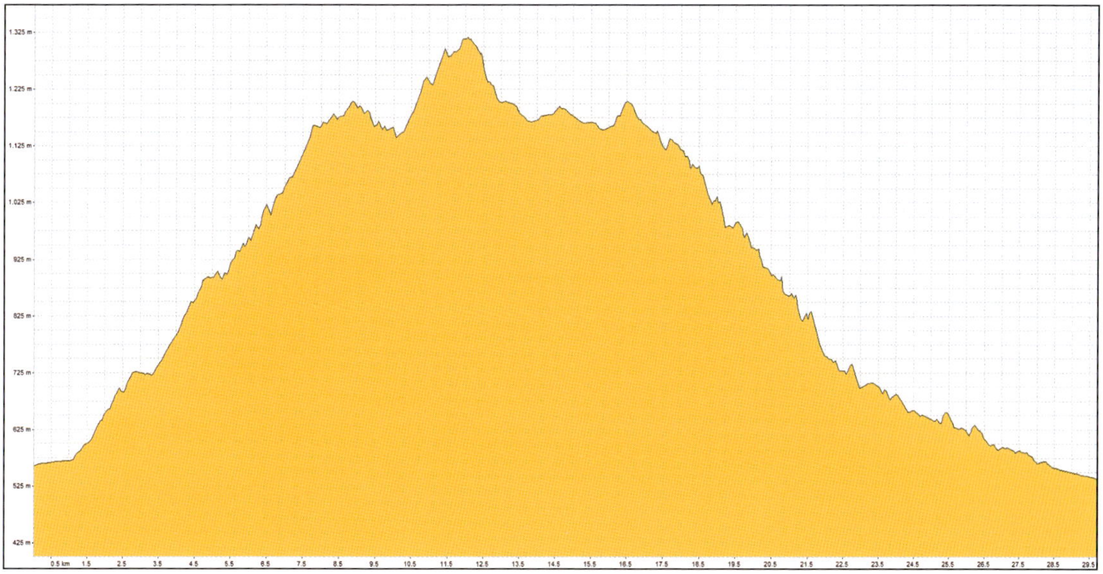

5 Alpenpässe in Österreich
HENGSTPASS

IM ÜBERBLICK

Name	Hengstpass
Land	Österreich
Region	Oberösterreich
Höchster Punkt	1010 m
Basisorte	Windischgarsten und Altenmarkt
Anzahl der Kehren	0
Streckenlänge	32 km
Schwierigkeitsgrad	leicht
Mautpflicht	keine
Wintersperre	keine
Kombinierbar mit	Nr. 6
... oder aus Band 1	–

Der gut 1000 Meter hoch gelegene Gebirgspass gehört zweifelsohne zu den unbekannten Höhepunkten dieser Pässesammlung. Er liegt direkt auf der Grenze zwischen den Bundesländern Oberösterreich und Steiermark und ist zudem ein äußerst beliebter Ausgangspunkt für herrliche Wanderungen in die umliegende Bergwelt. Fahrerisch zu keiner Zeit anspruchsvoll, begeistert er uns Biker vor allem durch die fast schon hochalpine Landschaft, in der er liegt, wie auch durch die Highlights rund um den westlichen Talort. Von Windischgarsten aus empfehle ich zum Beispiel einen Abstecher hinauf auf das Hochplateau von Hinterstoder – von Frühling bis Spätherbst ein landschaftlicher wie optischer Hochgenuss.

Hinter einer Kuppe breitet sich ganz unvermittelt vor unserem Windshield dann das malerische Plateau aus. Überall summt und brummt es, Dorfhähne krähen allerorten um die täglich neu zu vergebende Ehre des Lautesten und Ausdauerndsten. Und zwei Sackgassen führen uns noch tiefer in dieses Idyll, zum einen die Einbahnstrecke nach Dietlgut inmitten eines herrlichen Hochtales mit idyllisch gelegenem Gasthaus an deren Ende, zum anderen die Höss-Bergstraße, eine gut zehn Kilometer lange Mautstrecke zu den Hutterer Böden mit ihrem imposanten Bergpanorama des Stodertales und des Toten Gebirges.

SEHENSWERTES AM WEGESRAND

Der Nationalpark Kalkalpen nördlich des Hengstpasses wurde 1997 gegründet und umfasst das Sengsengebirge wie auch das Reichraminger Hintergebirge. Er erstreckt sich derzeit über eine Fläche von gut 21 000 Hektar, von denen fast 90 Prozent im Besitz der Österreichischen Bundesforste AG stehen. Nach dem Niedergang der Eisenerzindustrie im 19. Jahrhundert blieb der in Folge bitterarmen Region im Grunde nur noch ihre weitgehend intakte Kulturlandschaft erhalten, die es im Rahmen von Naturschutzprojekten zu bewahren galt. 1976 wurde das Naturschutzgebiet Sengsengebirge ausgerufen, 1990 begannen die Vorarbeiten für den Nationalpark Kalkalpen. 1997 wurde der Nationalpark errichtet und im Juli desselben Jahres feierlich eröffnet. Seine internationale Anerkennung durch die IUCN erfolgte noch im selben Jahr, 2001 und 2003 wurde der Nationalpark dann auf seine heutige Größe erweitert und zu einem der beliebtesten Naturrefugien Österreichs umgestaltet. Der höchste Gipfel ist der Hohe Nock mit 1963 Metern, es existieren rund 800 Quellen, über 70 Höhlen wurden bislang entdeckt. Die größte ist die Klarahöhle, die tiefste der Krestenbergschacht, der von seinem Einstieg aus über 400 Meter tief abfällt. Im Nationalpark leben rund 30 Säugetierarten inklusive Braunbär, Luchs, Siebenschläfer und Biber. Alle Infos unter www.kalkalpen.at.

Der asphaltierte Hengstpass selbst ist allerdings nur ein Nebenpass, die eigentliche Passhöhe liegt gut zwei Kilometer in Richtung Westen und bildet eine natürliche Wasserscheide zwischen West und Ost. Die alte Hengstpassstrecke besaß zwischen dem 16. und 19. Jahrhundert große Bedeutung für den Transport von Eisen ins Krems- und Steyrtal zur Weiterverarbeitung. Oben am Pass konnten die Fuhrleute ihre Pferde tauschen. Die gesamte Region der österreichischen Eisenwurzen ist durch die über den Pass führende Österreichische Eisenstraße erschlossen und erzählt auch heute noch von der spannenden Geschichte der »Schwarzen Grafen«, des Eisenerzabbaus und der oftmals extremen Lebensbedingungen der Arbeiter in den Bergwerken und Schmiedehämmern.

Bild linke Seite: Rund um den Hengstpass sortieren sich herrliche Ausflugsstrecken.

HÖHENPROFIL

Höhenmeter bergauf	595 m
Höhenmeter bergab	725 m
Maximale Steigung	13,8 %
Durchschnittliche Steigung	4,5 %
Maximales Gefälle	14,7 %
Durchschnittliches Gefälle	3,7 %

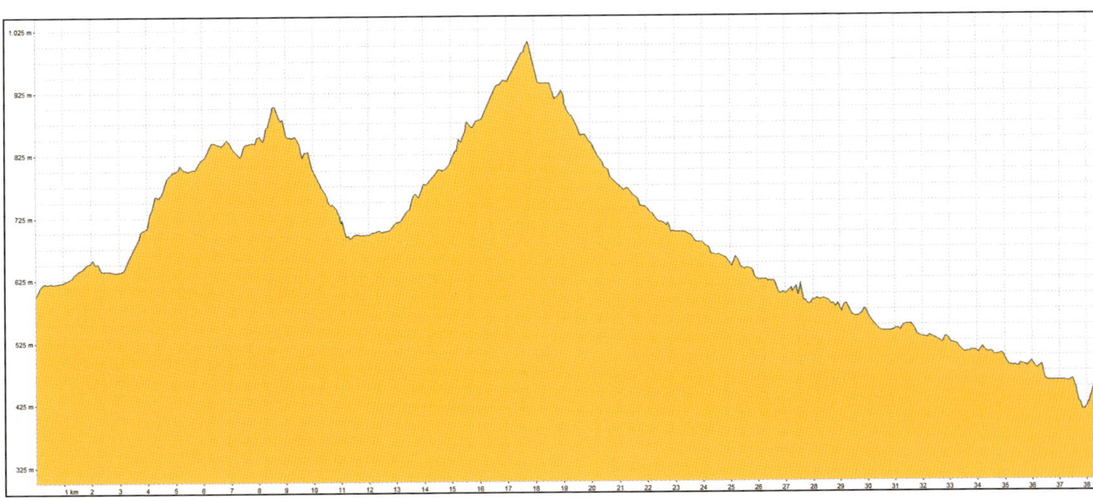

Fernab aller Hektik erkunden wir auch das »Drumherum« der schönsten Alpenpässe.

6 Alpenpässe in Österreich
NIEDERALPL

IM ÜBERBLICK

Name	Niederalpl
Land	Österreich
Region	Steiermark
Höchster Punkt	1233 m
Basisorte	Wegscheid und Mürzsteg
Anzahl der Kehren	2
Streckenlänge	17 km
Schwierigkeitsgrad	leicht
Mautpflicht	keine
Wintersperre	keine
Kombinierbar mit	Nr. 7, 8, 9
... oder aus Band 1	–

Der, die oder gar das Niederalpl – ganz gleich, welchen Artikel Sie vor den 1233 Meter hohen Passübergang in den Mürzsteger Alpen setzen, Sie werden wohl an keinem deutschen Bikerstammtisch Schulterklopfen ernten bei der Nachricht, auch diesen Pass Ihrem persönlichen Roadbook einverleibt zu haben. Denn ihn kennt einfach kaum jemand.

Dabei hat die über den Pass führende Landesstraße 113 fahrerisch durchaus etwas zu bieten, nämlich puren Genuss ohne Hektik und Stress. Die beiden Kehren sind absolut anfängertauglich, der Rest der gut ausgebauten Piste erlaubt uns auch während der Fahrt ausgiebige Rundumblicke. Die Landstraße verbindet das Mürz- mit dem Salzatal, die Passhöhe selbst ist gleichzeitig die Bezirksgrenze zwischen Mürzzuschlag und Bruck an der Mur. Nahe den wenigen Häusern entlang der Passhöhe finden sich auch die alte Passstraße, die »Alte Niederalplstraße« sowie drei Gasthöfe, die sich vor allem im Sommer für einen Einkehrschwung empfehlen. Die freundlichen Gastwirte kennen auch noch all die alten Geschichten, als rund um den Pass noch nach Erzen geschürft wurde. Aber das ist wahrlich lange schon Vergangenheit.

SEHENSWERTES AM WEGESRAND

Mariazell, unmittelbar nördlich des Passes gelegen, ist der wohl wichtigste Wallfahrtsort Österreichs und auch für viele Katholiken weltweit von Bedeutung. Die römisch-katholische Basilika von Mariazell dominiert den bereits im 12. Jahrhundert gegründeten Ort, in ihr wird ein hölzernes Mariengnadenbild verehrt. Der Legende nach geht die Gründung des Wallfahrtsorts auf den Dezember 1157 zurück, als sich hier die ersten Menschen ansiedelten. Urkundlich erwähnt wird Mariazell aber erst im Jahr 1243. Der Marienaltar wurde 1266 geweiht, und bereits in dieser Zeit sollen Pilger aus allen Himmelsrichtungen den durchaus schwierigen und leidensvollen Weg zum Marienheiligtum gegangen sein. Nicht zuletzt einer der Gründe, warum Papst Benedikt XVI. Mariazell mit der »Goldenen Rose« auszeichnete, einer der höchsten päpstlichen Ehrungen.

Beliebtester Treff der Steiermärker Biker ist der Berggasthof Plodererhof direkt auf der Passhöhe, dessen Wirtseheleute selbst begeisterte Biker sind und die daher zahlreiche Tourenvorschläge für die umliegende Region bereithalten.

Im Winter ist die Passhöhe ein familienfreundliches Skigebiet, von Frühling bis weit in den Herbst hinein auch ein beliebtes Wander- und Naherholungsgebiet der gesamten Region. Im Sommer führen bekannte Pilgerwege direkt über die Passhöhe wie auch darum herum. Am ausgeschilderten Almboden auf 1340 Metern Höhe liegt die bewirtschaftete Sennerhütte, die der Geheimtipp der Region – nicht nur für Wanderer – ist. Und gleichwohl es keine offizielle Wintersperre gibt, müssen wir hier oben auf dem Pass von Dezember bis in den April hinein durchaus mit winterlichen Verhältnissen rechnen.

HÖHENPROFIL

Höhenmeter bergauf	445 m
Höhenmeter bergab	498 m
Maximale Steigung	12,9 %
Durchschnittliche Steigung	5,5 %
Maximales Gefälle	9,7 %
Durchschnittliches Gefälle	5,4 %

***Bild linke Seite:** Blick hinüber in Richtung Niederalpl*

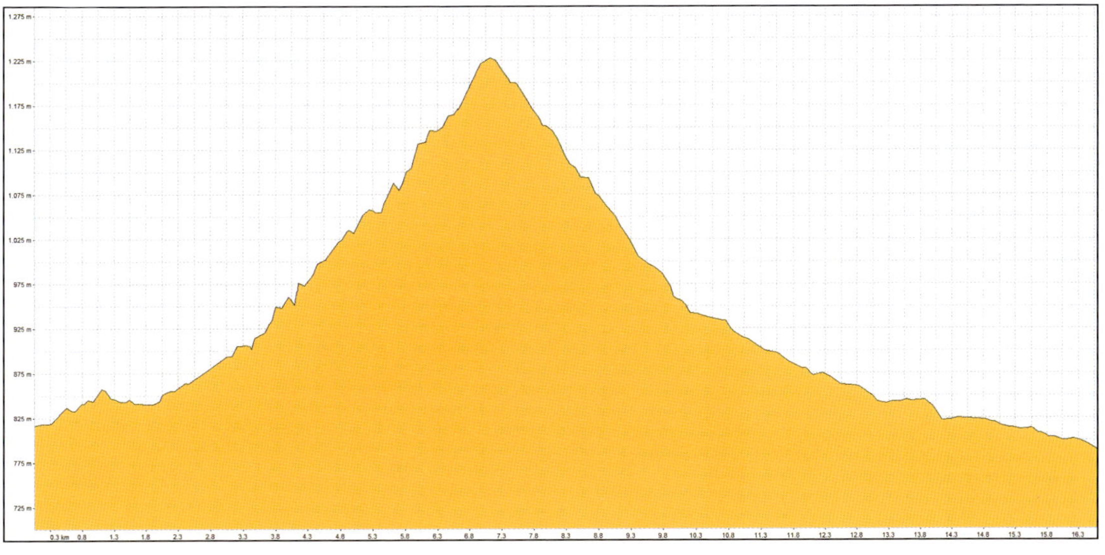

7 Alpenpässe in Österreich
PREINER GSCHEID

IM ÜBERBLICK

Name	Preiner Gscheid
Land	Österreich
Region	Steiermark und Niederösterreich
Höchster Punkt	1070 m
Basisorte	Kapellen und Reichenau an der Rax
Anzahl der Kehren	7
Streckenlänge	24 km
Schwierigkeitsgrad	leicht
Mautpflicht	keine
Wintersperre	keine
Kombinierbar mit	Nr. 6, 8, 9
... oder aus Band 1	–

Bei diesem Pass gibt es keinerlei Zweifel am korrekten Artikel. Er heißt »das« Preiner Gscheid und ist ein 1070 Meter hoher Gebirgspass nordwestlich vom Semmering. Direkt an der Passhöhe liegt die Grenze zwischen den österreichischen Bundesländern Steiermark und Niederösterreich, die ordentlich ausgebaute Passstraße verbindet die Orte Kapellen nördlich von Mürzzuschlag mit Reichenau an der Rax am Semmering. Zu diesem fahrerischen Leckerbissen kommen wir übrigens gleich.

Die überschaubare Anzahl gut zu fahrender Kehren verteilt sich auf beide Rampen, oben auf der Passhöhe befinden sich ein großer Parkplatz, der vor allem an Sommerwochenenden auch ein beliebter Bikertreff für all diejenigen darstellt, denen es am östlicher liegenden Semmering wieder einmal zu voll, respektive zu hektisch zugeht. Das Preiner Gscheid ist ein bekannter Ausgangspunkt mehrerer unterschiedlich anspruchsvoller Wanderwege, unter anderem beginnt hier auch die sogenannte »Raxetappe« des europäischen Fernwanderwegs E4. Jene Rax oder auch Raxalpe ist ein markantes Felsmassiv in den Nördlichen Kalkalpen direkt auf der Grenze zwischen Steiermark und Niederösterreich. Das Kalksteingebirge besitzt eine Plateaufläche von immerhin rund 35 Quadratkilometern, seine höchste Erhebung ist die Heukuppe mit 2000 Metern.

Winters letzte Grüße begleiten uns bis in den Mai.

SEHENSWERTES AM WEGESRAND

Die Bezirkshauptstadt Mürzzuschlag im Süden des Passes wurde 1227 erstmals urkundlich erwähnt und erlangte schon bald darauf durch ein Lied des Minnesängers Ulrich von Liechtenstein weitreichende Bekanntheit. Der war auf einer Reise von Venedig nach Böhmen hier vorbeigezogen und begeistert von der Schönheit der Landschaft sowie der Freundlichkeit der Menschen. 1360 erhielt Mürzzuschlag von Herzog Rudolf das Eisenrecht, das äußerst lukrative und deshalb begehrte Exklusivrecht auf die Produktion von Kleineisen. Viktor Kaplan, der Erfinder der gleichnamigen Wasserturbine, wurde hier ebenso geboren wie die Literaturnobelpreisträgerin Elfriede Jelinek. Und kein Geringerer als Johannes Brahms schrieb hier seine 4. Sinfonie, die »Mürzzuschlager«. Eine mehr als pralle Stadtgeschichte hat dieses Mürzzuschlag also vorzuweisen, eine Vergangenheit, auf die man hier zu Recht stolz ist.

Richtig hoch hinaus geht es dann ab Pass Nr. 11.

Das gesamte Gebiet der Raxalpe gehört zum Einzugsbereich der Wiener Hochquellenwasserleitungen, und die Rax zählt zu den Wiener Hausbergen. Die Raxalpe gilt übrigens nicht nur als Geburtsstätte der Wiener Alpinschule. Durch ein Lawinenunglück mit drei Toten im Jahr 1896 wurde im nahe liegenden Wien auch die Gründung des »Alpinen Rettungsauschusses Wien« wesentlich vorangetrieben, des damit allerersten Bergrettungsdienstes der Welt und Vorbild für zahlreiche folgende Rettungsdienste.

HÖHENPROFIL

Höhenmeter bergauf	425 m
Höhenmeter bergab	648 m
Maximale Steigung	10,7 %
Durchschnittliche Steigung	4,6 %
Maximales Gefälle	13,3 %
Durchschnittliches Gefälle	4,9 %

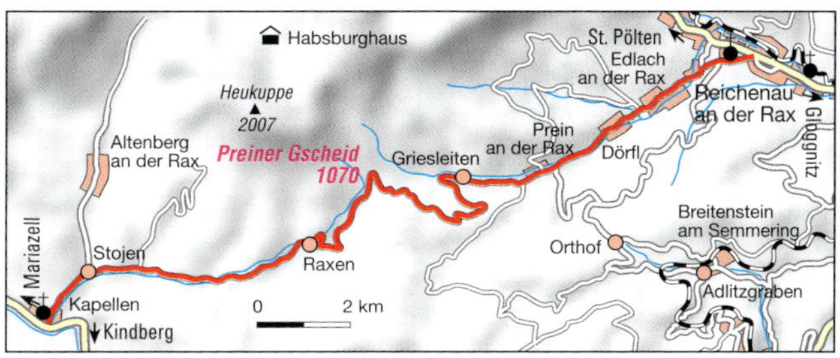

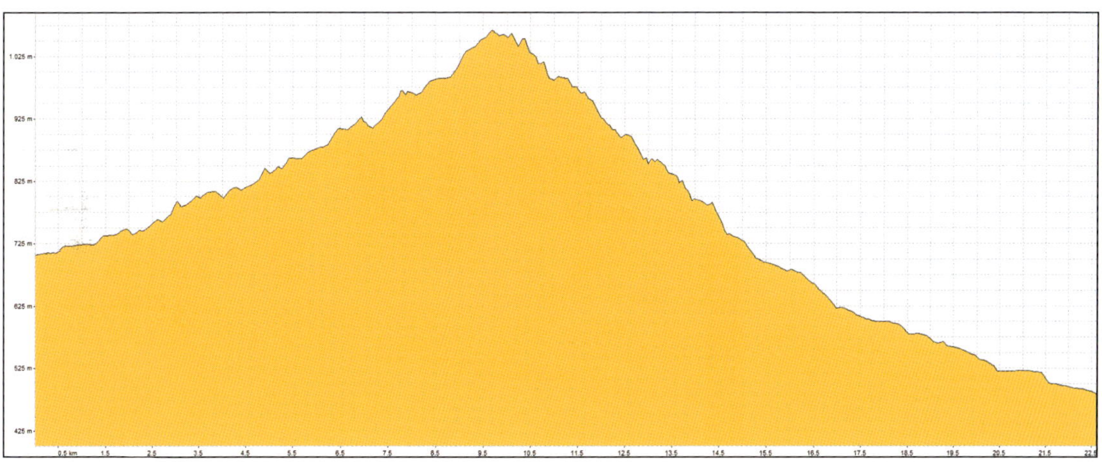

8 *Alpenpässe in Österreich*
SEMMERING PASS

IM ÜBERBLICK

Name	Semmering Pass
Land	Österreich
Region	Steiermark und Niederösterreich
Höchster Punkt	986 m
Basisorte	Steinhaus am Semmering und Aue
Anzahl der Kehren	4
Streckenlänge	17 km
Schwierigkeitsgrad	leicht
Mautpflicht	keine
Wintersperre	keine
Kombinierbar mit ... oder aus Band 1	Nr. 6, 7, 9 –

Das Gebiet rund um den Semmering wurde in den unruhigen Zeiten der Völkerwanderung von den bis dahin hier oben siedelnden Menschen aufgegeben, sodass sich ab dem 6. Jahrhundert slawische Stämme ungehindert ausbreiten konnten. Sie gaben dem Gebiet auch seinen Namen: »Semmerick – der Unwirtliche« beruhte auf den damaligen Lebensverhältnissen. Ab dem 10. Jahrhundert begannen Germanen den Semmering für sich zu reklamieren, behielten allerdings die Namensgebung bei. Der erste Saumweg wurde nachweislich im Jahr 1160 angelegt, um vor allem Waren bequemer vom Wiener Becken gen Süden transportieren zu können. Der Weiler Schottwien am Fuß des Passes wurde zu einer wichtigen Wechselstation für die Fuhrwerke, die hier doppelt so viele Pferde vorspannen mussten, um die Steigungen zu bewältigen. Bereits zu Beginn des 19. Jahrhunderts wurde eine neue Streckenführung in Angriff genommen, um die zum Teil sehr gefährlichen Steigungen deutlich zu entschärfen. Ab 1956 wurde die Semmeringstraße dann ein drittes Mal komplett neu gebaut, um dem deutlich gewachsenen Verkehrsaufkommen Rechnung zu tragen.

SEHENSWERTES AM WEGESRAND

Schon im 19. Jahrhundert war jener Ort Semmering sommers wie winters ein beliebtes Urlaubsdomizil der »feinen Gesellschaft« Wiens. In den oftmals mondänen, aber auch höchst sehenswerten Villen des Kurortes gastierten nicht nur Habsburger Kaiser, sondern auch Poeten, Schriftsteller und berühmte Musiker. Einer der Gründe war sicherlich der Bau der Eisenbahn, die ab 1854 Semmering mit dem gerade einmal 90 Kilometer entfernten Wien auf höchst komfortable Art und Weise verband. Doch Semmering musste seinen Gästen mehr bieten als »nur« Landschaft. So gab es bereits 1899 das erste Semmering-Bergrennen, ehemals eine legendäre Motorsportveranstaltung für Autos und Motorräder, mittlerweile eine Oldtimerveranstaltung. Und die berühmte Semmeringbahn von Gloggnitz nach Mürzzuschlag ist die erste normalspurige Gebirgsbahn Europas, die – 1854 feierlich eröffnet – heutzutage als ein wichtiger Meilenstein der Eisenbahngeschichte gilt und seit 1998 zum UNESCO-Weltkulturerbe zählt.

Bis heute ist der Semmering neben dem Wechselpass in der südlich gelegenen Buckligen Welt die wichtigste Verkehrsverbindung zwischen Niederösterreich und der Steiermark, dementsprechend hoch ist auch das Verkehrsaufkommen. Alternativ stehen sowohl die Semmering-Bundesstraße als auch die Schnellstraße S6 sowie die berühmte Semmeringbahn zur Verfügung. Direkt auf der Passhöhe liegt der gleichnamige Luftkurort, der von eben jener Semmeringbahn – als weltweit erste Hochgebirgsbahn UNESCO-Weltkulturerbe – angefahren wird (s. links).

Um den historischen Kern des Kurortes zu entlasten, wurde dann 2004 der Semmeringtunnel freigegeben. Seitdem klagt der Ort aber über deutliche Einbußen beim Geschäft mit dem Durchgangsverkehr. Von der Ostrampe des Passes liegt das Wiener Becken mit Neunkirchen und Wiener Neustadt nicht mehr weit entfernt. Einer der Gründe, warum der Semmering auch als Naherholungsgebiet der Hauptstädter bezeichnet wird.

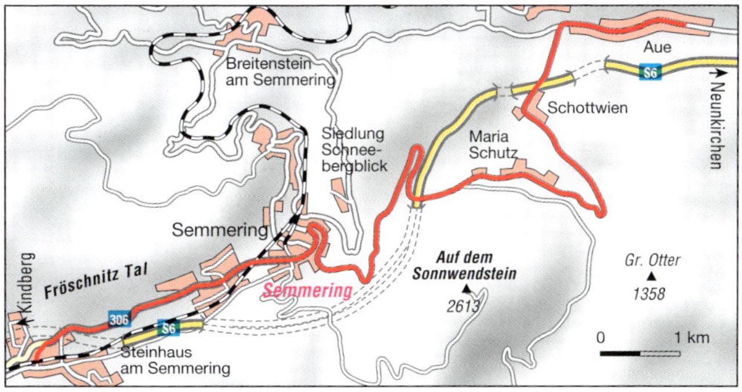

Bild linke Seite: Der Ort Semmering besitzt eine lange, unterhaltsame Geschichte.

Unten: Fahrerisch leicht und dennoch ein Genuss ist dieser Semmering für Biker.

HÖHENPROFIL

Höhenmeter bergauf	255 m
Höhenmeter bergab	585 m
Maximale Steigung	11,2 %
Durchschnittliche Steigung	4,5 %
Maximales Gefälle	14,7 %
Durchschnittliches Gefälle	5,2 %

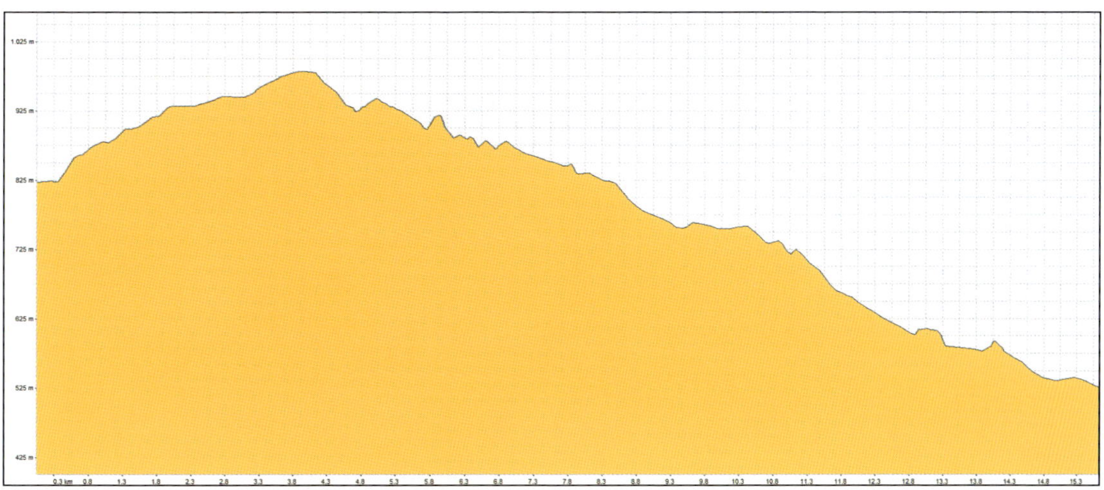

9 Alpenpässe in Österreich
ALPL PASS

IM ÜBERBLICK

Name	Alpl Pass
Land	Österreich
Region	Steiermark
Höchster Punkt	1081 m
Basisorte	Krieglach und Sankt Kathrein am Hauenstein
Anzahl der Kehren	4
Streckenlänge	15 km
Schwierigkeitsgrad	leicht
Mautpflicht	keine
Wintersperre	keine
Kombinierbar mit	Nr. 6, 7, 8
... oder aus Band 1	–

Der Alpl Pass – oder wie die Einheimischen ganz kurz sagen: das Alpl – ist ein Pass in der Steiermark im Herzen der Fischbacher Alpen. Die historische Alpenquerung führt wie so oft über die tiefste Scharte zwischen zwei hoch aufragenden Gipfeln, in diesem Fall dem Hochlantsch mit 1721 Metern sowie dem Stuhleck mit 1785 Metern. Die Passhöhe bildet die Wasserscheide zwischen Mürz und Feistritz. Der Name des Basisortes Krieglach soll übrigens zurückgehen auf ein geheimnisvolles »Krüglein«, das dort in einer Pfütze gefunden wurde. Urkundlich erstmals 1148 erwähnt, wurde Krieglach zwar im Dreißigjährigen Krieg verschont, hatte dafür aber im 17. und 18. Jahrhundert mit den einfallenden Türken, zahlreichen Seuchen und sogar der berüchtigten Pest zu kämpfen. Weithin bekannt ist die Gemeinde heute vor allem als Heimat von Peter Rosegger, dem berühmtesten steirischen Dichter. Er prägte die weithin bekannte »Waldheimat« – ein kleines, traumhaft schönes Refugium in den Fischbacher Alpen, das Rosegger durch seine Werke unsterblich gemacht hat. Waldreiche Hügel durchsetzt von unzähligen Einschichthöfen begeistern heute noch jeden Reisenden.

In Krieglach kann Roseggers Geburtshaus, der Kluppeneggerhof, besichtigt werden. In Sankt Kathrein am Hauenstein, dem zweiten Basisort des Passes absolvierte Rosegger seine Lehre zum Schneider. Auch hier erinnert man sich heute noch gerne an den so heimatverbundenen Dichter.

SEHENSWERTES AM WEGESRAND

Gleichwohl das sich rund um Krieglach ausbreitende Mürztal zu den wichtigsten Industrieregionen Österreichs gehört, haben seine Dörfer und Städte viel Sehenswertes und historisch Wertvolles aus längst vergangenen Zeiten bewahren können. Zum Beispiel Kapfenberg, die drittgrößte Stadt der Steiermark. Bereits 1145 erstmals urkundlich erwähnt, profitierte die Stadt vor allem von der Nähe zum steirischen Erzberg sowie ihrer natürlichen Wasserkraft, die für die Erz verarbeitenden Eisenhämmer von existenzieller Bedeutung war. Oberhalb der Stadt thront die imposante Burg Oberkapfenberg, auf der alljährlich eines der größten Ritterfeste Österreichs stattfindet. Mit Ritterkämpfen, Gaukler-Spectaculum, Musik von Spielleuten, Märchen, Puppenspiel und Zauberei soll es zudem das schönste Ritterfest Österreichs sein. Kindberg, wenige Kilometer weiter, gilt als eine der Perlen des Murtales und gehört zu den schönsten Blumenstätten der Steiermark. Aus dem Wettstreit mit 75 steirischen Gemeinden ging Kindberg vor einigen Jahren mit dem Titel »Schönste Blumenstadt« hervor. Seit 1982 besitzt Kindberg das Stadtrecht, sein Wappen geht auf eine Sage zurück, nach der ein Kind, das durch ein Hochwasser mitgerissen wurde, völlig unversehrt in Kindberg an Land gespült wurde. Seine Eltern fanden es dort auf einer Wiese sitzend und mit einer Blume spielend vor.

Die gut ausgebaute und recht verkehrsreiche Passstraße führt nicht über die eigentliche Passhöhe selbst, sondern wurde auf einen rund 500 Meter nördlich liegenden und geringfügig höheren Nebenpass gebaut. Hier liegt auch der zu Krieglach gehörende Ort Alpl.

Bild linke Seite: Auf »Abwegen« rund um den Alpl Pass

HÖHENPROFIL

Höhenmeter bergauf	477 m
Höhenmeter bergab	331 m
Maximale Steigung	8,7 %
Durchschnittliche Steigung	4,9 %
Maximales Gefälle	15,9 %
Durchschnittliches Gefälle	7,5 %

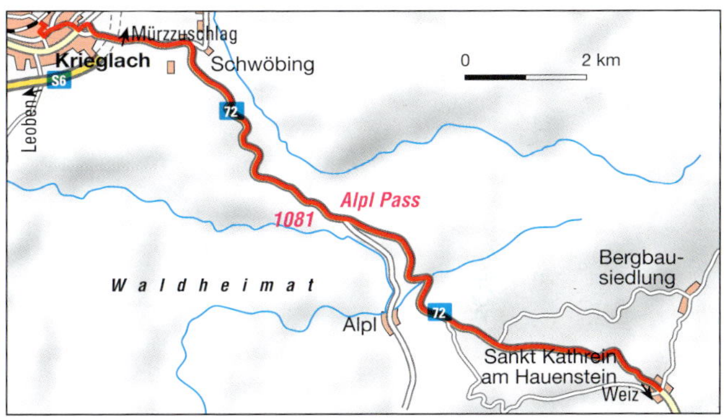

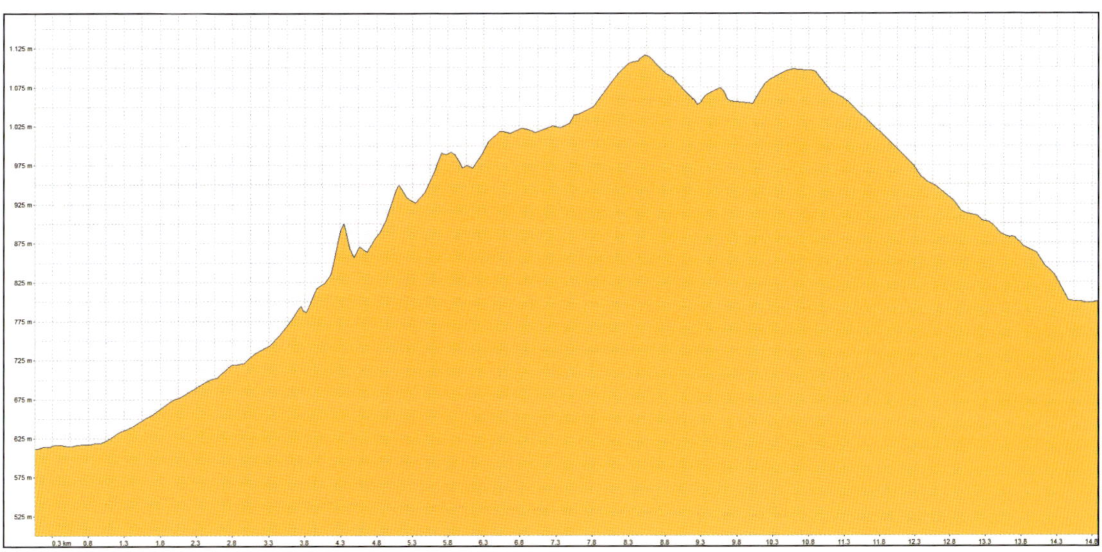

10 Alpenpässe in Österreich
WEINEBENE

IM ÜBERBLICK

Name	Weinebene
Land	Österreich
Region	Steiermark und Kärnten
Höchster Punkt	1668 m
Basisorte	Wolfsberg und Deutschlandsberg
Anzahl der Kehren	22
Streckenlänge	58 km
Schwierigkeitsgrad	leicht
Mautpflicht	keine
Wintersperre	keine
Kombinierbar mit ... oder aus Band 1	– Nr. 12, 13, 15

Ich habe lange gezögert, die Weinebene als Pass zu sehen, handelt es sich doch eigentlich um ein idyllisches Hochplateau mit jeder Menge Natur und schönen Einkehrmöglichkeiten. Aber nachdem selbst offizielle Verzeichnisse die Weinebene als Pass führen und ihre Eroberung im Mopedsattel ein reines Vergnügen ist, hat sie ihren Platz in dieser Sammlung wirklich verdient.

Die bis in eine Höhe von 1670 Metern kurvende, gut ausgebaute Passstraße verbindet Wolfsberg in Kärnten mit Deutschlandsberg in der Steiermark. Tatsächlich bildet die Landschaft dort einen Sattel zwischen zwei Almgebieten. Der etwas irreführende Name bedeutete ursprünglich das Umladen von Frachtgütern, die über den Pass transportiert wurden, er hat nichts mit dem Thema Weinbau zu tun. Bis weit in das 17. Jahrhundert bestanden die Handelsrouten zwischen Kärnten und der Steiermark über die Koralm aus einem dichten Geflecht von Karrenwegen, über die zum Beispiel Salz, Erze und Eisenwaren von Bauern, Tagelöhnern und Leibeigenen gekarrt wurden. Diese durften aber mit ihren Waren das eigene Gebiet nicht verlassen und mussten unmittelbar an der jeweiligen Grenze ihre Waren umladen. Jene Umladestationen hießen im Mittelalter entweder »Weinheben« oder auch Hebalm und gaben dem gesamten Gebiet rund um den Pass letztendlich seinen Namen.

SEHENSWERTES AM WEGESRAND

Burg Deutschlandsberg ist das Wahrzeichen des gleichnamigen Ortes. Sie ist seit 1932 im Besitz der Stadt und beherbergt seit 1981 ein sehenswertes Museum. Das heutige Rathaus der Stadt wurde erstmals im 14. Jahrhundert als zur Burg Deutschlandsberg gehöriger Hofkeller erwähnt und diente als Wohnhaus für Verwalter und Beamte. Nach dem Kauf des Hauses durch die Gemeinde im Jahr 1920 wurde es zum Rathaus umfunktioniert. Alljährlich findet rund um die Burg das Fest »Schilcherberg in Flammen« statt, eine weithin bekannte Tourismusattraktion. Zu dessen Höhepunkten gehört neben den Vorführungen um die Burg auch die große Pyrotechnikshow, die jedes Jahr Menschen nicht nur aus der Steiermark, sondern aus ganz Österreich und dem Ausland anzieht und wohl auch als Reminiszenz an die Vergangenheit als Zündholzmetropole Österreichs gedacht ist. Alle Infos unter www.schilcherberg.at.

HÖHENPROFIL

Höhenmeter bergauf	1385 m
Höhenmeter bergab	1469 m
Maximale Steigung	15,4 %
Durchschnittliche Steigung	5,8 %
Maximales Gefälle	14,8 %
Durchschnittliches Gefälle	6,9 %

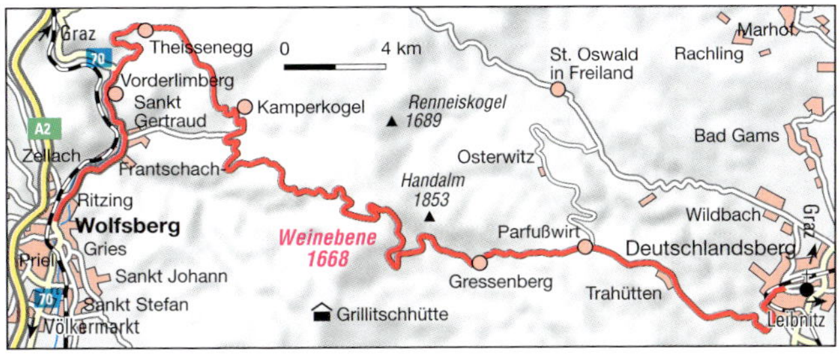

Von Wolfsberg aus schlängelt sich die Passstraße zunächst durch dichten Wald nach oben, bevor sich dieser auf der Höhe lichtet und den Blick freigibt. Die unscheinbare Passhöhe dominiert ein großer Parkplatz, entlang der Piste liegen immer wieder Einkehrmöglichkeiten, die auch außerhalb der Weißen Saison geöffnet haben. Denn von Frühling bis weit in den Herbst hinein ist die Weinebene oder »Weineben«, wie die Einheimischen ihren Pass nennen, ein beliebtes Ausflugs- und Wandergebiet.

Richtung Deutschlandsberg beginnt dann der eigentliche Kurventanz, der uns hinab in die herrliche Steiermark führt. Der Wald schließt sich wieder rasch um uns herum, erst kurz vor dem östlichen Basisort weitet sich das Land rund um das einstige Mekka der Zündholzindustrie.

***Bild linke Seite:** Unscheinbarer Wegweiser auf ein erlebenswertes Naturparadies*

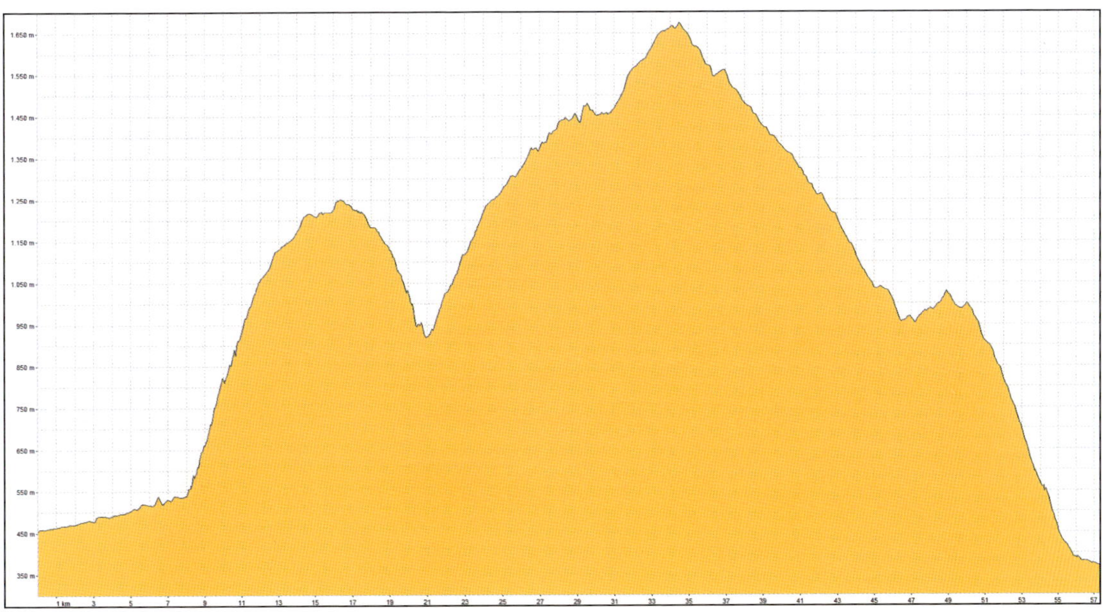

Steiermärker Frühling – ein Traum ganz speziell auch für Motorradfahrer

11 Alpenpässe in Italien und Slowenien
PASSO DEL PREDIL / PREDILPASS

IM ÜBERBLICK

Name	Passo del Predil / Predilpass
Land	Italien und Slowenien
Region	Udine und Trenta
Höchster Punkt	1156 m
Basisorte	Tarvisio (Italien) und Bovec (Slowenien)
Anzahl der Kehren	9
Streckenlänge	32 km
Schwierigkeitsgrad	leicht
Mautpflicht	keine
Wintersperre	keine
Kombinierbar mit	Nr. 12, 13, 15, 16
... oder aus Band 1	Nr. 11, 16, 19

Über den Predilpass führt ein wenig frequentierter Grenzübergang zwischen Italien und Slowenien, der neben einer schönen Kurvenhatz vor allem auch eines zu bieten hat – wahrlich geschichtsträchtigen Boden. Im Jahr 1319 baten die Bürger der Stadt Cividale den Bamberger Bischof um Erlaubnis, auf eigene Kosten eine Straße über den Predilpass bauen zu dürfen. Der Bischof genehmigte die Aktion und bereits 1326 wurde die Passstraße so rege genutzt, dass man über die Erhebung einer Maut nachdachte, um die gewaltigen Bau- und auch Unterhaltskosten wieder hereinzubekommen. Zwischen 1404 und 1490 wurde der Streckenverlauf weiter »optimiert«, es wurden einige Brücken gebaut und Stellen begradigt. Dennoch war die Passstraße auch weiterhin nur für stabil gebaute und hoch belastbare Karren befahrbar und geriet in den darauffolgenden Jahrhunderten durch den Bau anderer Passübergänge beinahe in Vergessenheit. Erst zwischen 1678 und 1684 begann man damit, die Trasse zu reaktivieren und auszubauen.

Während der Napoleonischen Kriege um 1800 kämpften rund um den Predilpass österreichische Truppen gegen das Heer Napoleons I. Für den da-

SEHENSWERTES AM WEGESRAND

Schon antike griechische Quellen berichten über die »Karwankas«, über das Reich des »Karv«, des Hirsches, wie ihn die Kelten nannten. Seit mehr als 2000 Jahren bilden die Karawanken östlich des Predilpasses eine nahezu geradlinig von West nach Ost verlaufende Grenze zwischen unterschiedlichen Hoheitsgebieten, seit 1919 übrigens die zwischen Österreich und Slowenien. Ihr höchster Gipfel – der Hochstuhl oder Veliki Stol – reicht bis hinauf auf 2238 Meter, im Norden gehen die hochalpinen Gipfelwelten sanft in das liebliche Drautal über, im Süden in das Hochtal der Save, dem größten Fluss Sloweniens und Kroatiens. Und bis heute trennen die Berge der Karawanken zwei Welten voneinander: das touristisch perfekt erschlossene Urlaubsparadies des Kärntner Seenlandes und den weitgehend noch im Dornröschenschlaf schlummernden Norden Sloweniens. Gerade dieser Kontrast macht eine Reise durch die Karawanken so erlebenswert. Nehmen Sie sich aber unbedingt genügend Zeit mit auf diese Tour …

mals gefallenen Hauptmann Johann Hermann von Hermannsdorf wurde später das heute noch existierende Löwendenkmal errichtet. Unter dem Predilpass führt ein aus jener Zeit stammender Stollen hindurch, der im Ersten Weltkrieg auch zur Versorgung der Isonzofront diente, die vom Stilfser Joch über den Ortler bis zum Gardasee führte. Der Stollen ist gute fünf Kilometer lang, vom Bergbaumuseum in Cave del Predil kann man ihn noch ein Stück weit besichtigen.

Links und rechts der Passstraße liegen auch heute noch zahlreiche gut erhaltene Festungsanlagen aus dem 19. Jahrhundert wie die Flitscher Klause oder die Hermannsfeste. Auf slowenischer Seite zweigt kurz nach dem Scheitelpunkt die Mangartstraße ab, eine höchst anspruchsvolle mautpflichtige Sackgasse hinauf zur Lahnscharte (Klanska Skrbina), deren Ausblicke allerdings einige Euro Maut erfordern und nur von sehr geübten Bikern angefahren werden sollte.

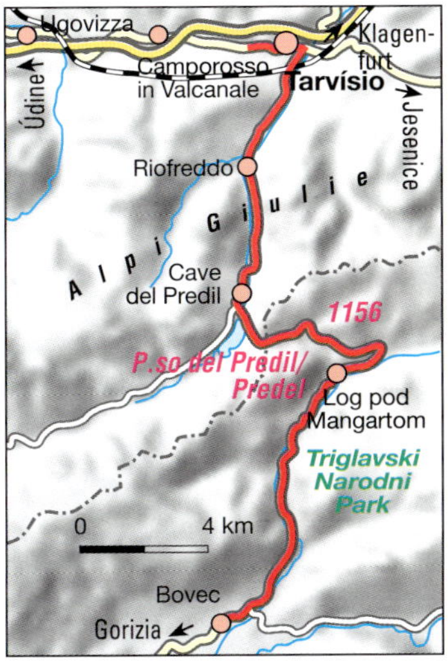

Bild linke Seite: In den Dörfern entlang des Predil gehen die Uhren noch anders.

Unten: Das mächtige Hermansdorf-Denkmal an der Passhöhe

HÖHENPROFIL

Höhenmeter bergauf	485 m
Höhenmeter bergab	824 m
Maximale Steigung	9,5 %
Durchschnittliche Steigung	3,6 %
Maximales Gefälle	10,5 %
Durchschnittliches Gefälle	5,5 %

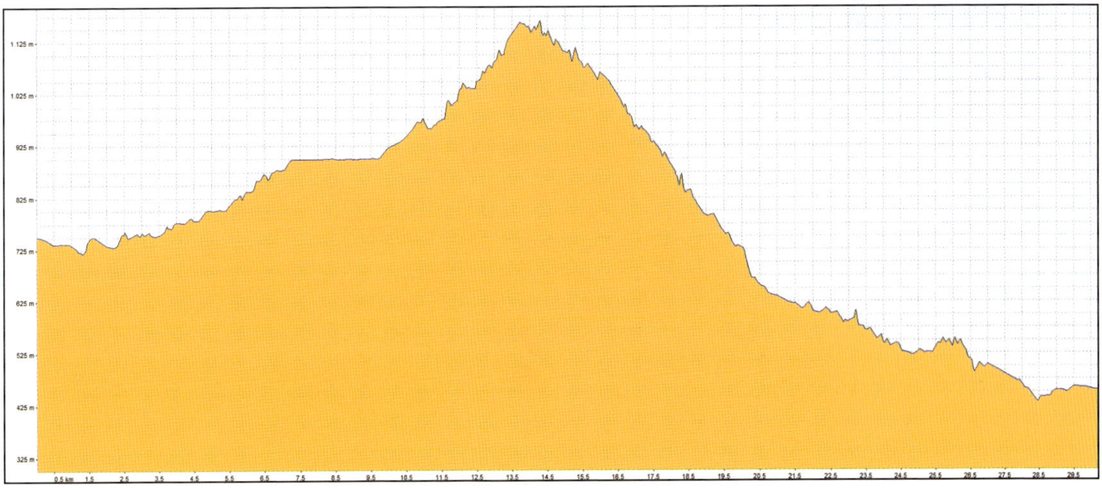

12 Alpenpässe in Italien und Slowenien
PASSO DI TANAMEA

IM ÜBERBLICK

Name	Passo di Tanamea
Land	Italien und Slowenien
Region	Friaul
Höchster Punkt	850 m
Basisorte	Vedronza (Italien) und Zaga (Slowenien)
Anzahl der Kehren	9
Streckenlänge	27 km
Schwierigkeitsgrad	leicht bis mittelschwer
Mautpflicht	keine
Wintersperre	keine
Kombinierbar mit	Nr. 11, 13, 14, 16, 18
... oder aus Band 1	Nr. 19, 20

Der bislang vor allem bei Friauls Bikern beliebte Passo di Tanamea quert eine Region, in der das Leben noch niemals brummte. Eine jener typischen Grenzregionen am einstigen »Eisernen Vorhang«, die auf uns heute nicht zuletzt deshalb einen ganz besonderen Reiz ausüben. Als Lohn für unsere Erkundungsfreudigkeit bekommen wir dann aber noch einen zweiten Pass als Zugabe – auf geht's.

Die durchgehend zweispurig ausgebaute italienische Staatsstraße SS 646 führt von Tarcento am Nordrand der venezianischen Tiefebene nach Vedronza und sodann immer weiter flussaufwärts. Vier Spitzkehren und eine Handvoll Kurven stimmen uns auf den vor uns liegenden Höhepunkt ein, den gerade einmal 850 Meter hohen Scheitelpunkt. Die Passhöhe ist ein recht breiter Sattel, das Passschild behauptet zwar »870 m«, doch weder mein Navi noch Google Maps können diese Angabe verifizieren. Deshalb habe ich die Höhenanzeige meines kalibrierten Navis übernommen. Nahe der Passhöhe stand einmal eine bewirtschaftete Almhütte, die aber in den letzten Jahren dem Verfall anheimgegeben wurde. Bei meinen letzten Besuchen schien das Haus bald einzustürzen. Bitte lautes Hupen vermeiden …

Von der Passhöhe hinunter in den Weiler Uccea sowie weiter nach Slowenien verengt sich das Hochtal deutlich, der Straßenverlauf wird erfreu-

Der Tanamea erlaubt flotte Kurvenhatz.

SEHENSWERTES AM WEGESRAND

Gleich westlich des Basisortes Vedronza erwartet uns das sehenswerte Städtchen Gemona del Friuli. Schon im Mittelalter war Gemona eine selbstständige Kommune unter der Oberherrschaft des Patriarchen von Aquileia, seit 1420 gehörte sie zu Venedig. Traurige Berühmtheit erlangte die Stadt am 6. Mai 1976 durch ein schweres Erdbeben, dessen Epizentrum ganz in der Nähe von Gemona lag. Die Spuren der schweren Zerstörungen sind heute weitgehend beseitigt und auch die Schäden am berühmten Dom Santa Maria Assunta sind repariert, der Campanile, Glockenturm, steht wieder. Nur einige sichtbar schiefe Säulen im Dom erzählen noch von diesem tragischen Ereignis. Die sehenswerte Altstadt rund um den Dom lohnt einen ausgiebigen Boxenstopp mit Einkehrschwung, zum Beispiel im Restaurante Al Duomo in der Via Bini 44, das ich aus eigener Erfahrung empfehlen kann.

lich kurvig, ohne jemals schwierig zu werden. Einsamer und einsamer wird das Land um uns herum, tief tauchen wir ein in echtes – dennoch sehenswertes – »Niemandsland« zwischen West- und Osteuropa.

Die italienisch-slowenische Grenze liegt direkt im Umfeld des Uccea-Passes, des »Sedlo Ucja« auf 735 Höhenmetern. Und gleichwohl es sich topografisch weder um einen Sattel noch um einen Pass handelt, sondern schlichtweg um die Ostrampe des Tanamea, wollen wir Italien und Slowenien diesen »Minipass« gönnen, zumal seine Ostflanke fahrerisch durchaus abwechslungsreich, ja in wenigen Abschnitten sogar herausfordernd ist, verläuft sie doch teilweise nur einspurig und entsprechend unübersichtlich. Für Mountainbiker und Enduristen bietet sich noch eine abenteuerliche Ergänzung über den Stol, einen Schotterpistensattel hinauf zum gleichnamigen Berggipfel. Die Piste kann aber zeitweise immer wieder gesperrt sein, da sie sehr lawinen- und steinschlaggefährdet ist.

HÖHENPROFIL

Höhenmeter bergauf	395 m
Höhenmeter bergab	345 m
Maximale Steigung	9,8 %
Durchschnittliche Steigung	5,6 %
Maximales Gefälle	11,8 %
Durchschnittliches Gefälle	5,4 %

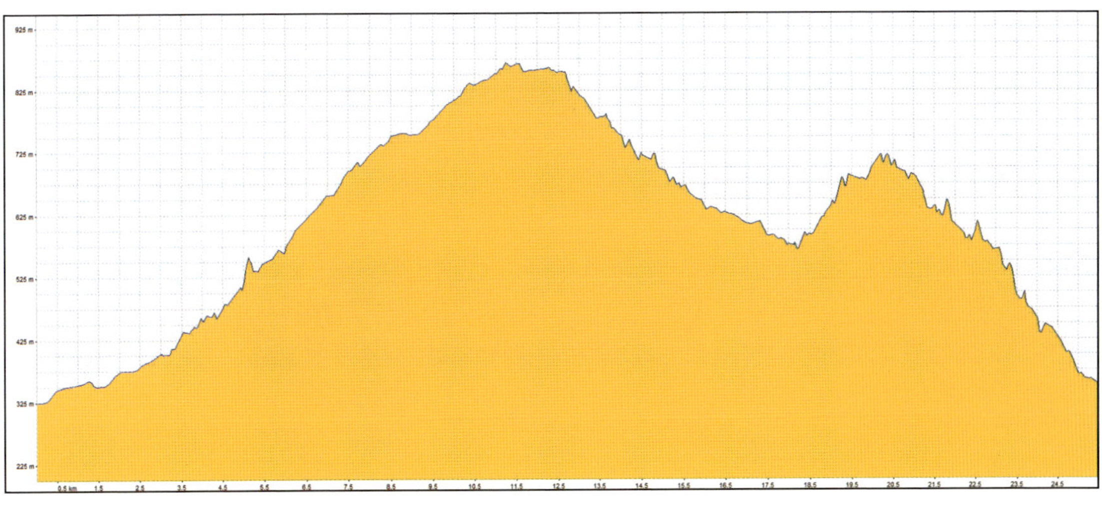

13 *Alpenpässe in Italien* SELLA NEVEA / NEVEASATTEL

IM ÜBERBLICK

Name	Sella Nevea / Neveasattel
Land	Italien
Region	Friaul
Höchster Punkt	1193 m
Basisorte	Venzone und Tarvisio
Anzahl der Kehren	14
Streckenlänge	60 km
Schwierigkeitsgrad	leicht
Mautpflicht	keine
Wintersperre	keine
Kombinierbar mit	Nr. 11, 12, 14, 15, 16, 17, 18
... oder aus Band 1	Nr. 19, 20

Julius Kugy, der weltberühmte Bergsteiger, Erforscher und Kartograf der Julischen Alpen, beschreibt den Neveasattel als märchenhaftes Waldparadies inmitten alpiner Bergwelten. Okay, davon ist heutzutage – 70 Jahre nach dem Tod von Kugy – nicht mehr allzu viel zu finden, denn die Passhöhe hat sich zu einem beliebten kleinen Touristenort gemausert, der alle Annehmlichkeiten bietet, die sich auch der Biker wünscht.

Die zunächst noch gut ausgebaute SS 13 führt von Venzone aus in weiträumigen Kurven und frei von Kehren hinauf zur Passhöhe, die einige Kilometer östlich von Chiusaforte liegt. Der Sattel sowie die nördlich gelegenen Almen gelten übrigens als echtes Schlangenparadies, vor allem Kreuzottern fühlen sich hier trotz aller touristischen Hektik noch recht wohl. Aber keine Sorge: Gleichwohl Kreuzottern Giftschlangen sind, bedarf es des gleichzeitigen Bisses von mindestens fünf Schlangen, bevor ein durchschnittlicher Biker in Lebensgefahr gerät. Und durch ordentliche Mopedstiefel können sich die überaus scheuen Schlangen sowieso kaum durchbeißen. Von der Sella Nevea führt eine Seilbahn hinauf zum 1850 Meter hoch gelegenen Rifugio Celso Gilberti im Kaninstock, der Sattel selbst ist im Winter ein beliebtes Skigebiet und von Frühling bis Herbst eine herrliche Wanderregion. Die insgesamt schmale, aber gut ausgebaute Passstraße stellt eine empfehlenswerte Alternative zum äußerst verkehrsreichen Val

SEHENSWERTES AM WEGESRAND

Wer grenzenlose Einsamkeit sucht, kann anstelle der Sella Nevea auch westlich des Passes in Moggio Undinese Richtung Norden abzweigen und die sehr ruhige und fahrerisch durchaus mittelschwere Piste zur Sella di Cereschiatis wählen. Die durchgängig und vollkommen zu Recht mit dem grünen Band besonderer landschaftlicher Schönheit ausgezeichnete Strecke bietet einige enge Kehren und ebensolche Felsentunnels, besticht aber auch immer wieder mit schönen Ausblicken hinüber zur Monte-Cavallo-Gruppe, einer 2250 Meter hoch aufragenden Bergkette. Ihr Scheitelpunkt liegt auf 1067 Metern Höhe inmitten lichter Bergwälder und bietet nicht nur an heißen Sommertagen viel Erfrischung. Die Strecke ist auch bei Radlern sehr beliebt, allenfalls mit ihnen und ein paar Bewohnern der umliegenden Berghütten müssen wir uns die Piste teilen – aber dennoch kein Vergleich zur viel befahrenen SS 13.

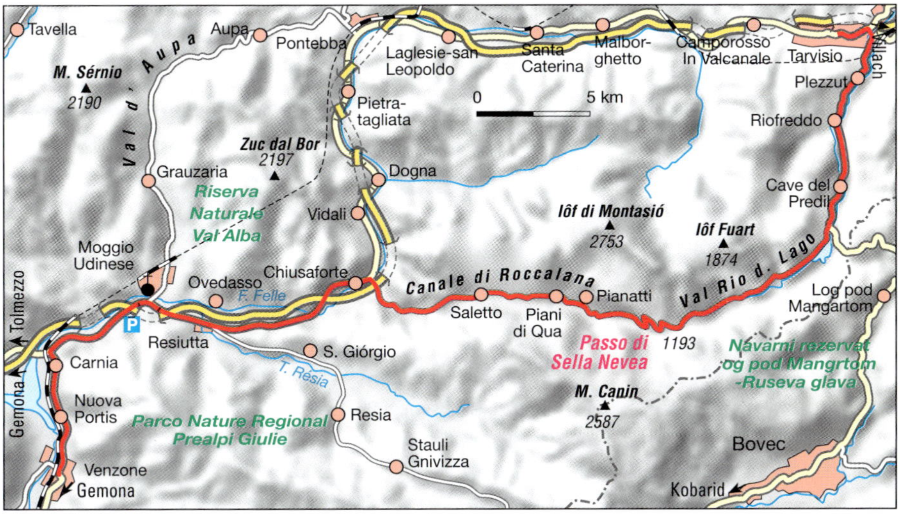

Canale dar und lohnt sich vor allem auch als Anfahrt über den Passo del Predil nach Slowenien. Noch ein Geheimtipp direkt am Scheitelpunkt des Sella Nevea ist die Sackgasse hinauf auf die Hochebene von Montasio. Die vollständig asphaltierte Piste steigt mit maximal 18 Prozent zunächst durch dichten Wald bergan, oberhalb der Baumgrenze bieten sich herrliche Blicke auf die umliegenden Berge. Oben auf dem Plateau erwartet uns dann die Latteria Malga Montasio mit ihrem weithin bekannten Montasio-Hartkäse – nicht nur für Käsefans ein Grund mehr für diesen Abstecher.

HÖHENPROFIL

Höhenmeter bergauf	1075 m
Höhenmeter bergab	570 m
Maximale Steigung	12,9 %
Durchschnittliche Steigung	3,9 %
Maximales Gefälle	7,2 %
Durchschnittliches Gefälle	2,3 %

Bild linke Seite: Keine echten Kehren, dafür herrliche Kurven spendiert der Neveasattel.

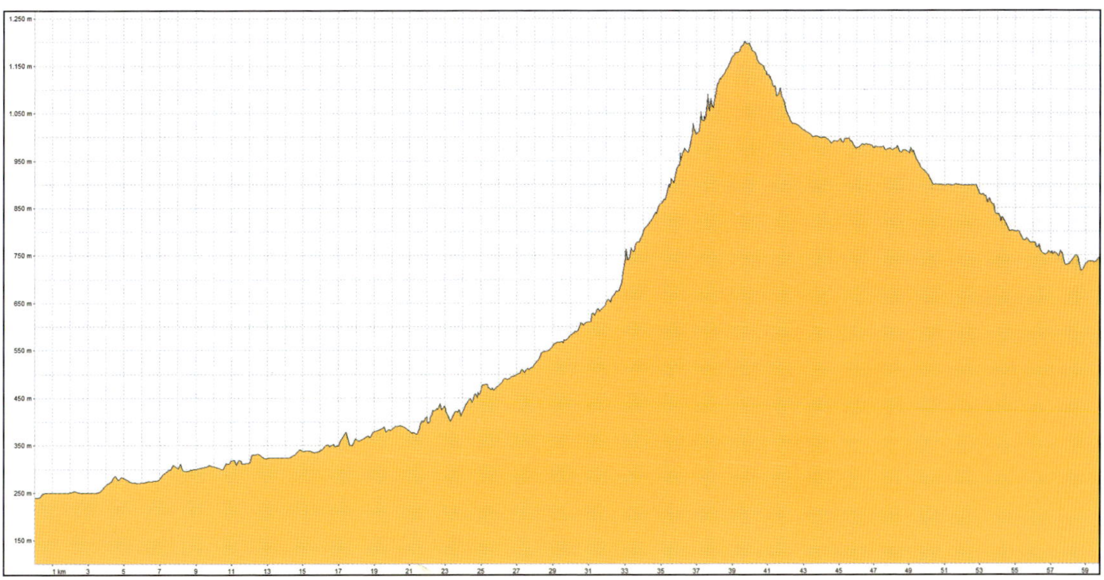

14 *Alpenpässe in Italien*
MONTE SAN SIMEONE (HÖHENSTRASSE)

IM ÜBERBLICK

Name	Monte San Simeone (Höhenstraße)
Land	Italien
Region	Friaul
Höchster Punkt	1218 m
Basisort	Bordano
Anzahl der Kehren	28
Streckenlänge	13 km einfach
Schwierigkeitsgrad	anspruchsvoll
Mautpflicht	keine
Wintersperre	keine
Kombinierbar mit	Nr. 12, 13, 16, 17, 18
... oder aus Band 1	Nr. 19, 20

28 atemberaubende Spitzkehren auf nicht einmal zehn Kilometern Länge, das Ganze garniert mit Rollsplitt, Steinen, Laub, Geäst und unbeleuchteten Einspurtunnels – wer diese Sackgasse erfahren will, der sollte meiner Meinung nach über ein gerüttelt Maß an Erfahrung im Mopedsattel verfügen. Und sein Bike im Schlaf beherrschen. Als Belohnung gibt es grenzenlose Ausblicke, echte Bergeinsamkeit und das gute Gefühl, eines der letzten Stücke echter Wildnis erkundet zu haben.

Zwischen Bordano und Interneppo zweigt gen Norden die Zufahrt zum Monte San Simeone ab. An der gleich anschließend folgenden Gabelung halten wir uns rechts und kurven vorsichtig ein Stück entlang der Südflanke des Monte San Simeone bergan. Die gut 100 Jahre alte, jedoch inzwischen durchgehend asphaltierte Militärstraße verläuft stellenweise sehr ausgesetzt, in den Tunnels kann jeder Fiat Cinquecento unseren Blutdruck zur Explosion bringen. Erfreulich, dass sich allerdings kaum ein Autofahrer auf diese Piste verirrt. Dafür aber Mountainbiker, die uns ungeachtet aller Risiken bergab entgegenbrettern – manchmal sogar auf unserer Ideallinie. Oben an der Kapelle San Simeone auf 1218 Meter Höhe führt eine Offroad-

SEHENSWERTES AM WEGESRAND

Der gleich im Westen liegende malerische Lago di Cavazzo ist der größte Natursee im Friaul, er besitzt eine Fläche von gut 1,2 Quadratkilometern und ist bis zu 40 Meter tief. Um den auch als Naherholungsrefugium sehr beliebten See führt eine asphaltierte Straße, an der sich zahlreiche Einkehr- und Übernachtungsmöglichkeiten anbieten. Der See selbst wird nicht nur bei Anglern geschätzt, sondern auch als Badesee genutzt. Seine Wassertemperatur steigt allerdings aufgrund seiner Tiefe selbst im Hochsommer kaum jemals über 20 °C an, für Warmduscher ist er also eher ungeeignet. Am Ostufer beschreibt ein beschilderter Schmetterlingspfad die hier auffällig häufig anzutreffenden Arten, erläutert die wissenschaftlichen Hintergründe, erzählt aber auch von Märchen, die sich um sie ranken.

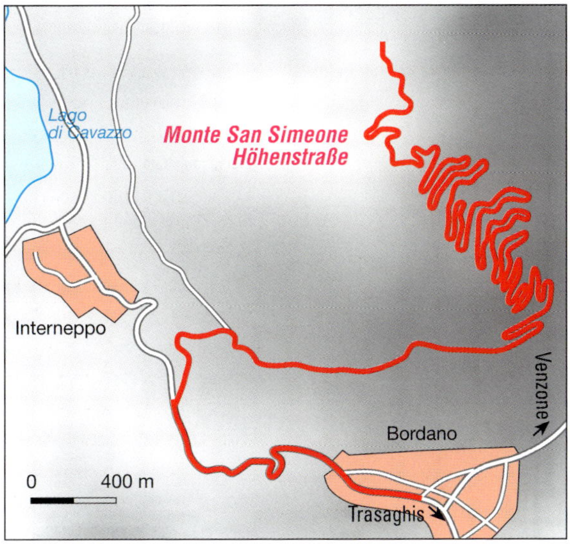

piste weiter zu den Resten militärischer Behausungen, die Strecke ist aber nicht für Motorradfahrer freigegeben.

Apropos: Aus Sicherheitsgründen herrscht auch auf der Hauptstrecke im Sommer oftmals eine Einbahnregelung, die mit leicht zu übersehenden Handzetteln publiziert wird. Vormittags geht es dann bergan, nachmittags ab 14 Uhr erst wieder bergab. Doch kaum jemand scheint sich an diese auch nicht offiziell kontrollierte Regelung zu halten. Wanderer und Bewohner der auf dem Plateau liegenden Berghütten befahren die Piste ganztägig. Falls unser gesundes Bauchgefühl also den Verdacht nahelegt, es könnte Gegenverkehr kommen, einfach vor den Kurven laut hupen. Das stört zwar die Bergidylle, doch zum einen hupen die Einheimischen ebenfalls »um die Wette«, zum anderen geht Sicherheit immer noch vor. Die im unteren Teil der Monte San Simeone abzweigende Schotterpiste mag zwar den ein oder anderen Endurofahrer locken – sie führt an der Westflanke des Berges hinauf zum Monte Festo –, darf aber nur mit Berechtigung befahren werden. Kontrollen habe ich allerdings noch nie erlebt. Mit Reisedampfern oder Streetfightern würde ich die Piste tunlichst ignorieren.

Bild linke Seite: Anspruchsvoller als hinauf zum San Simeone geht es kaum noch.

HÖHENPROFIL

Höhenmeter bergauf	995 m
Höhenmeter bergab	0 m
Maximale Steigung	9,4 %
Durchschnittliche Steigung	7,9 %
Maximales Gefälle	0,5 %
Durchschnittliches Gefälle	1,5 %

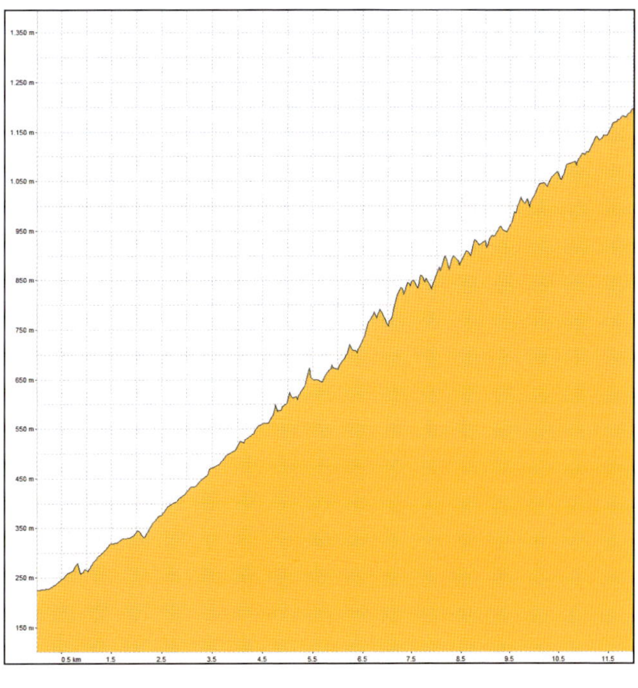

15 Alpenpässe in Österreich
EGGERALM

IM ÜBERBLICK

Name	Eggeralm
Land	Österreich
Region	Kärnten
Höchster Punkt	1420 m
Basisort	Hermagor
Anzahl der Kehren	16
Streckenlänge	22 km
Schwierigkeitsgrad	leicht
Mautpflicht	keine
Wintersperre	November bis April
Kombinierbar mit	Nr. 11, 13, 16
... oder aus Band 1	Nr. 11, 16, 19, 20

Die Eggeralm hoch oben auf einem weiten Plateau ist ein bei Kärntnern sehr beliebtes Naherholungs- und Ausflugsgebiet, dessen Panoramastraße zwar offiziell diese Bezeichnung (noch) nicht trägt, sie dennoch unzweifelhaft verdient. Allerdings muss vor allem an Sommerwochenenden aufgrund der Beliebtheit der Eggeralm mit einem ordentlichen Andrang gerechnet werden.

Der Aufstieg zur Alm und ihren Sennereien beginnt im Süden von Hermagor, die ordentlich betonierte Piste windet sich in 16 Kehren und einigen Kurven bergan bis hinauf auf gut 1400 Meter Höhe, entlang der Nordseite des Karnischen Kamms. Die einstige Weiterfahrt nach Osten über die dort liegenden Almen zum Kesselwaldsattel und wieder hinab in das Gailtal ist seit einigen Jahren für den Durchgangsverkehr gesperrt. Nur Almbesitzer und Berechtigte dürfen diesen Weg hinab in das Tal nehmen. Für alle anderen heißt es, nach dem lohnenden Einkehrschwung umzukehren. Dafür können wir uns dann das Kehrenparadies der Nordrampe nochmals intensiv gönnen, diesmal aus entgegengesetzter Richtung und mit gänzlich neuen Perspektiven.

Die Eggeralm und das Almgasthaus Zur Alten Käserei bieten sowohl schöne Speisekarten als auch einige Zimmer und Bettenlager zur Übernachtung an, die gesamte Alm wird von circa Mitte Mai bis Mitte Oktober bewirtschaftet. Beliebt ist auch der alljährliche »Käseanschnitt« am letzten Sonntag im Juli, bei dem der junge Käse verkostet wird. Um die Alm herum liegen herrliche Wandergebiete, der winzige Eggeralm-See besitzt maleri-

SEHENSWERTES AM WEGESRAND

Hermagor und der Pressegger See sind die perfekte Ergänzung zu unserem Trip auf die Eggeralm. Umgeben von einem weitläufigen Bergpanorama begeistert die sonnenverwöhnte Stadt Hermagor durch ihre kristallklare Luft, einen enormen Erholungsfaktor und unzählige Möglichkeiten, sich auch einmal aus eigener Kraft und abseits des Mopedsattels zu bewegen. Zum Beispiel zu einem Stopp am Pressegger See. Der beliebte Badesee verfügt nicht nur über beste Trinkwasserqualität, er erwärmt sich im Hochsommer sogar bis auf angenehme 28 °C Wohlfühltemperatur. Liebevoll als die »Badewanne des Gailtals« bezeichnet, soll sein kalmushaltiges Wasser sogar eine heilende Wirkung besitzen, ja der See gilt bei Einheimischen als wahrer Jungbrunnen der Natur. Also bitte schön – raus aus der Mopedkluft und ab zum Baden …

Entspannung pur gibt's auf der Eggeralm.

Macht die Bikerseele weit – das Hochplateau rund um die Eggeralm

sche Pausenplätze, er kann aber in heißen Sommermonaten nahezu vollständig austrocknen.

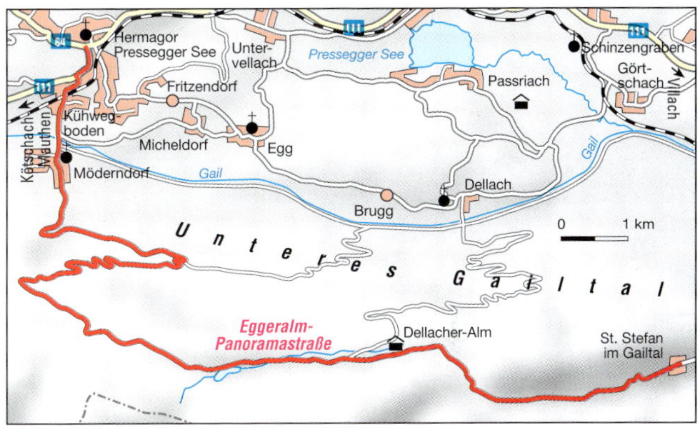

HÖHENPROFIL

Höhenmeter bergauf	990 m
Höhenmeter bergab	371 m
Maximale Steigung	12,4 %
Durchschnittliche Steigung	7,8 %
Maximales Gefälle	15,5 %
Durchschnittliches Gefälle	5,0 %

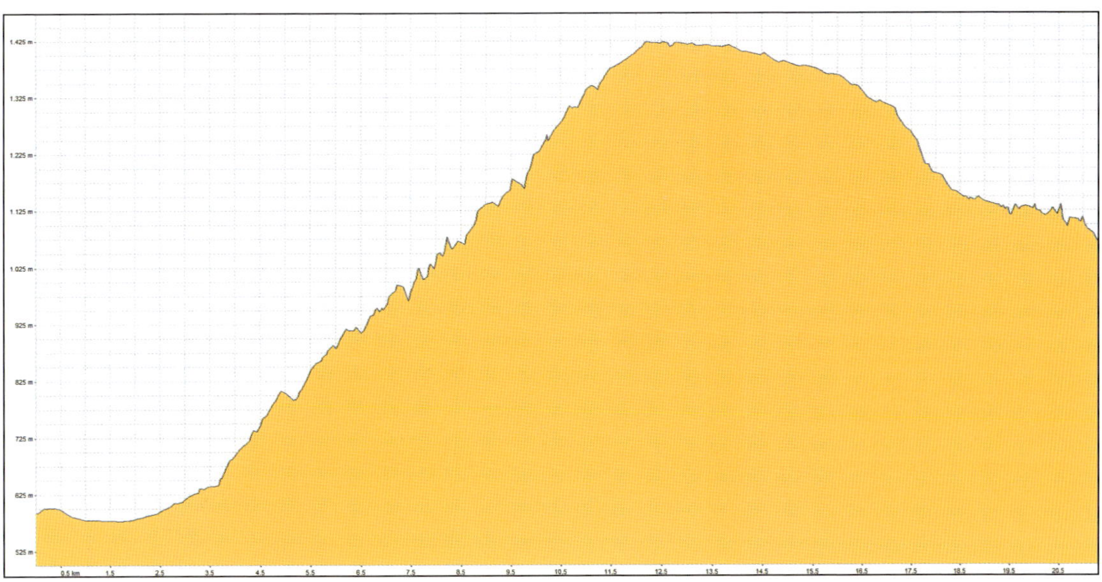

16 *Alpenpässe in Italien* FORCELLA DI LIUS

IM ÜBERBLICK

Name	Forcella di Lius
Land	Italien
Region	Friaul
Höchster Punkt	1072 m
Basisorte	Paluzza und Paularo
Anzahl der Kehren	24
Streckenlänge	14 km
Schwierigkeitsgrad	leicht
Mautpflicht	keine
Wintersperre	keine
Kombinierbar mit	Nr. 13, 17, 19, 20, 21, 22
... oder aus Band 1	Nr. 19, 20

24 Kehren auf 14 Kilometern Länge – allein diese Tatsache rechtfertigt es schon, die ziemlich unbekannte und – zugegeben – nicht besonders hochalpine Piste über die Forcella di Lius in dieses Buch aufzunehmen. Und wenn ich Ihnen dann noch berichte, dass wir die panoramareiche Passstraße allerhöchstens mit wenigen Anwohnern und ihren Kleinwagen sowie einigen Mountainbikern teilen müssen, dann werden Sie den Minipass bei Ihrem nächsten Besuch in Friaul bestimmt gerne in Ihr Tourenprogramm einbauen. Es lohnt sich!

Das landschaftlich wiederum sehr schön verlaufende Passsträßchen verbindet Paluzza im Westen mit Paularo im Osten, die unscheinbare und leicht zu übersehende Scheitelhöhe liegt in einer kleinen Senke neben der Piste, sodass wir das schon in die Jahre gekommene Passschild leicht übersehen können. Seit 2006 ist die Straße durchgehend asphaltiert und, auch direkt verglichen mit bundesdeutschen Straßen, in ordentlichem Zustand. Vor allem die Ostrampe hinunter in das Städtchen Paularo wurde vor einigen Jah-

SEHENSWERTES AM WEGESRAND

Die Karnischen Alpen zählen wie die Dolomiten zu den südlichen Kalkalpen, sie formen das Grenzgebirge zwischen den österreichischen Bundesländern Tirol und Kärnten sowie dem italienischen Friaul. Sie gliedern sich in den bis zu 2780 Meter hoch aufragenden Hauptkamm sowie die sanft gen Süden auslaufenden Karnischen Voralpen. Doch das Beste an diesem bislang vor allem Genussbergsteigern bekannten Grenzgebirge sind die abwechslungsreichen Pisten und zahlreichen teils anspruchsvollen Pässe, die das gesamte Gebiet durchziehen.
Geschmückt wird das Ganze durch prächtige denkmalgeschützte Dörfer, idyllische Bergseen und einige der schönsten Panoramastraßen der Alpen. Wer die hohe Kunst des Pässefahrens ausgiebig trainieren möchte, wer dem sommerlichen Rummel der Dolomiten – nicht nur, aber vor allem auch im August – entfliehen möchte, wer sich auch einmal auf unbekanntes Terrain begeben und fahrerisch richtig »auspowern« möchte, der ist hier in den Karnischen Alpen genau richtig. Probieren Sie es doch gleich einmal aus …

ren erweitert sowie teilweise begradigt. Das hat ihr zwar den gewissen Reiz genommen, dafür ist die gesamte Strecke nun auch zweifelsohne anfängertauglich.

Unweit der Passhöhe zweigt zudem eine Schotterpiste ab, die in mehreren Windungen hinauf zum Monte Paularo auf 1950 Meter Höhe führt, einer fast schon hochalpinen Bergregion im Herzen der Karnischen Alpen. Der kaum noch lesbare Wegweiser am Beginn der Piste deutet an, dass die grob geschotterte und schon lange nicht mehr instand gesetzte ehemalige Militärstraße frei befahrbar ist, allerdings meiner Einschätzung nach nur mit leichten, gepäckbefreiten Enduros und ordentlich Bergerfahrung. Aber aufgepasst: Die Strecke wird gerne auch von Mountainbikern genutzt, die uns auf den ausgewaschenen Pisten dann entgegenschießen. Randsicherungen existieren hier ebenso wenig wie irgendwelche Ausbaupläne seitens der umliegenden italienischen Kommunen.

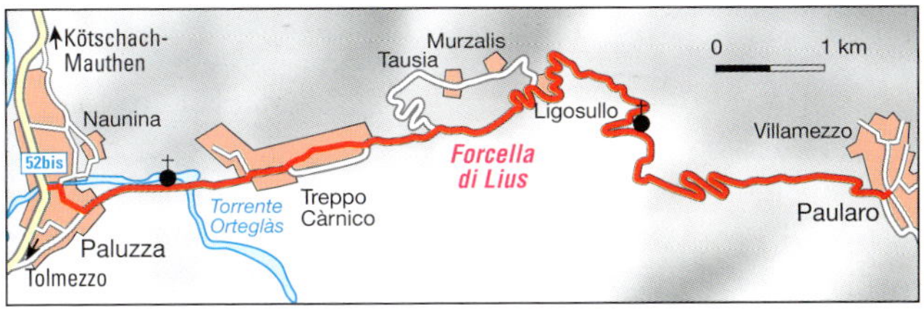

Bild linke Seite: Selbst bajuwarische Sechszylinder passen auf die Strecke – also einigermaßen zumindest.

Unten: Herrlich freie Fahrt haben wir rund um die Forcella di Lius.

HÖHENPROFIL

Höhenmeter bergauf	505 m
Höhenmeter bergab	445 m
Maximale Steigung	13,4 %
Durchschnittliche Steigung	6,8 %
Maximales Gefälle	14,5 %
Durchschnittliches Gefälle	8,0 %

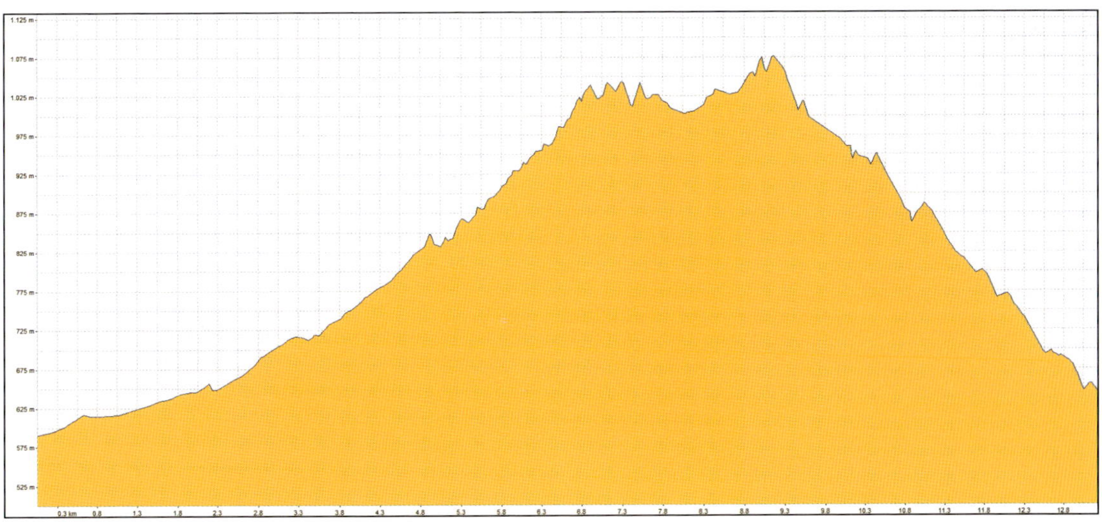

17 *Alpenpässe in Italien*
PANORAMICA DELLE VETTE

IM ÜBERBLICK

Name	Panoramica delle Vette
Land	Italien
Region	Friaul
Höchster Punkt	1969 m
Basisorte	Comeglians (und Ravascletto)
Anzahl der Kehren	37 (bzw. 48)
Streckenlänge	18 km (bzw. 35)
Schwierigkeitsgrad	mittelschwer
Mautpflicht	keine
Wintersperre	November bis Mai
Kombinierbar mit	Nr. 16, 18, 19, 20, 21, 22
... oder aus Band 1	Nr. 20

Zweimal habe ich diese atemberaubende Panoramastraße in den vergangenen Jahren besucht – und zweimal oben am Höhepunkt abbrechen müssen. Das erste Mal war die Weiterfahrt hinab nach Ravascletto wegen Steinschlag und Baustellen gesperrt, das zweite Mal, im Jahr 2012, erlebten wir einen derart dramatischen Wetterumschwung mit »null Sicht« in des Wortes kühnster Bedeutung, dass ich es nicht riskieren wollte, meine beste Sozia und mich in Gefahr zu bringen. Deshalb mein wichtigster Rat vorab: Wählen Sie die Tour auf die Panoramica delle Vette ausschließlich bei sommerlich schönem, klarem Wetter. Und wenn Sie alpine Erfahrung im Mopedsattel mitbringen, dann ist diese Panoramastraße ein Genuss, an den Sie sich noch lange erinnern werden.

Die Bergstrecke zieht sich von Comeglians kommend über Tualis zunächst an der Südflanke des Monte Crostis hinauf. Bereits im unteren Viertel liegen einige anspruchsvolle Kehren, die es zu bewältigen gilt. Im oberen Drittel verläuft die sehr schmale, aber sauber asphaltierte Piste nun nahezu auf gleicher Höhe nach Osten und bietet oberhalb der Baumgrenze atemberaubende Ausblicke auf die Karnischen Alpen. Spätestens jetzt wissen Sie, warum die Panoramica delle Vette zu den schönsten und reizvollsten Panoramastraßen des Friaul gehört.

SEHENSWERTES AM WEGESRAND

Was haben das gen Norden angrenzende Osttirol und das ferne Nepal gemeinsam? Nun, beide sind Regionen der oftmals extremen Gegensätze, ihre Bandbreite reicht von lieblichen, fruchtbaren Tälern bis hinauf in lebensfeindliche Höhen. Wohl deshalb nennt sich Osttirol gerne auch das »Nepal Österreichs«. Die Weite seiner Pässe und Panoramastraßen lädt zum Durchatmen ein, die schattige Kühle seiner Täler erfrischt nicht nur an Sommertagen, die Menschen in den quirligen Städten und Bergdörfern erfüllen den Begriff »Gastfreundschaft« mit Leben, die allerorten unmittelbare Nähe zur allmächtigen Natur der Berge ermöglicht uns die Besinnung auf das wirklich Wesentliche. Doch das vielleicht Beste daran: Osttirol liegt auch heute noch fernab vom Massentourismus und bietet viel Raum für die Entdeckung des Ursprünglichen. Geradezu ideal, um mit den Pässen Friauls kombiniert zu werden. Vielleicht auch als Vorgeschmack auf die Pässe Osttirols, denen wir uns ab Nr. 23 widmen werden.

Kurz vor dem markanten Piz di Mede biegt die Höhenstraße dann gen Süden ab, und hier beginnt der Abschnitt, der mir bislang in meinem Bikerleben noch nicht vergönnt war. Nämlich der Abstieg hinunter nach Ravascletto. Einstmals war dieser gesamte Abschnitt fein geschottert und stellte auch Reisedampfer mit reiner Straßenbereifung vor keine größeren Probleme. Allerdings ist wohl aufgrund der Tatsache, dass die Panoramastraße dauerhaft zum Tourplan der Giro d'Italia zählen soll, inzwischen, also 2011 und 2012, die gesamte Straße ebenfalls komplett asphaltiert worden. Auf jeden Fall müssen Sie bei Befahren des Abstiegs nach Ravascletto nun noch weitere elf Kehren zu den genannten 37 addieren, bevor Sie sich selbst, durch dunklen Tann kommend, in Ravascletto auf die gepolsterten Schultern klopfen können. Sie haben es – im Gegensatz zu mir – geschafft und eine Einkehr mehr als verdient …

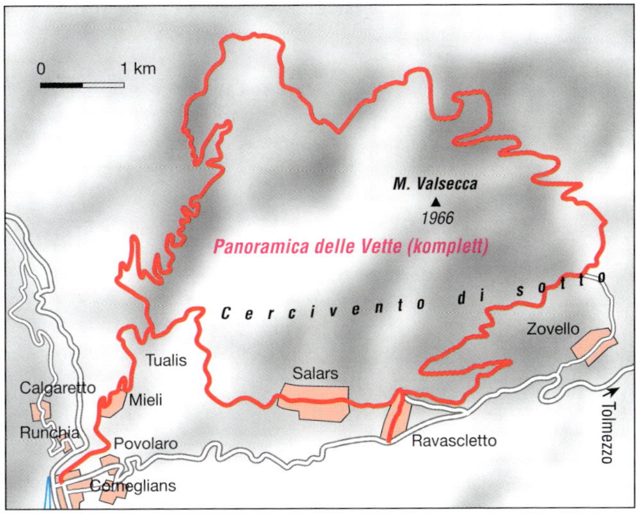

HÖHENPROFIL

Höhenmeter bergauf	1398 m
Höhenmeter bergab	1263 m
Maximale Steigung	14,7 %
Durchschnittliche Steigung	9,0 %
Maximales Gefälle	13,5 %
Durchschnittliches Gefälle	8,3 %

Bereits die Westrampe ist stellenweise durchaus anspruchsvoll.

Bild linke Seite: Schlechtwetter im Gipfelbereich produziert auch Stress in Sozias Blick.

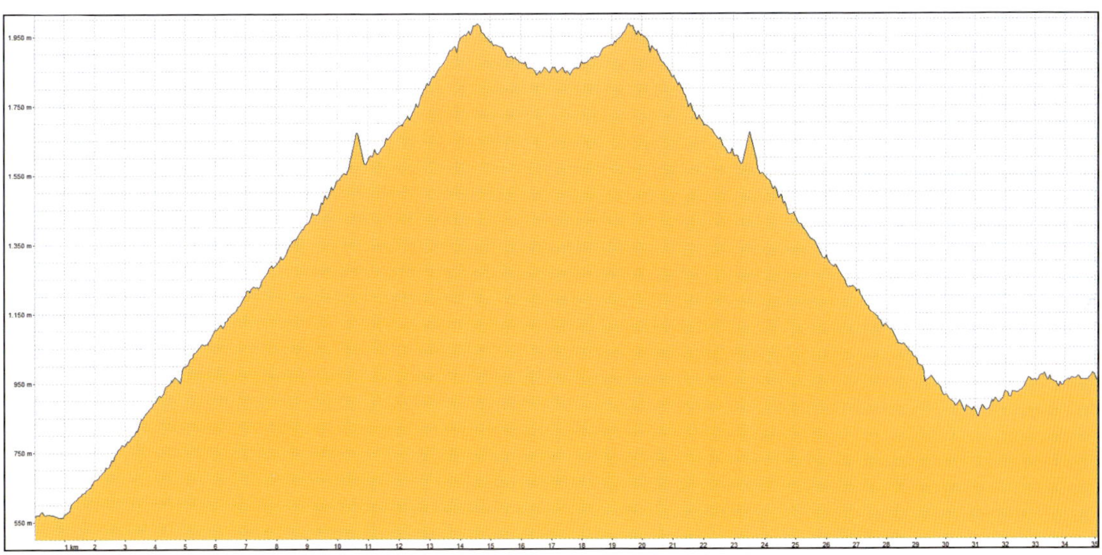

18 *Alpenpässe in Italien*
PASSO REST / FORCOLA DI MONT REST

IM ÜBERBLICK

Name	Passo Rest / Forcola di Mont Rest
Land	Italien
Region	Friaul
Höchster Punkt	1052 m
Basisorte	Ampezzo und Meduno
Anzahl der Kehren	44
Streckenlänge	45 km
Schwierigkeitsgrad	mittelschwer
Mautpflicht	keine
Wintersperre	keine
Kombinierbar mit	Nr. 16, 17, 19, 20, 21, 22
... oder aus Band 1	Nr. 20

SEHENSWERTES AM WEGESRAND

Nördlich von Ampezzo wartet ein Naturspektakel auf den Reisenden, wie es eindrucksvoller kaum noch geht: das Val Lumiei, die Lumieischlucht. Gen Nordwesten abgeriegelt von der gewaltigen Staumauer des Lago di Sauris verbindet die in der Schlucht verlaufende historische Straße den Ort Sauris mit Ampezzo und führt im oberen Teil fast ausschließlich durch enge, aber beleuchtete Tunnel. Achtung: Das historische Kopfsteinpflaster in den Tunnels ist oftmals nass und rutschig. Nach beinahe der Hälfte der Strecke erreicht man die Brücke über den Torrente Lumiei, hier kreuzt auch die alte Talstraße, die heute nicht mehr befahrbar ist. Spätestens an dieser Stelle sollten Sie den Seitenständer ausklappen und einen langen Blick rundum werfen. Sowohl hinab in die tief eingegrabene Schlucht als auch auf den Verlauf der alten Route, die sich an den Berghängen noch abzeichnet. Welch eine spektakuläre Trassenführung hat man damals realisiert. Und vor allem mit technischen Hilfsmitteln, die mit unserer heutigen Straßenbaukunst nicht mehr vergleichbar sind – trotz des Verfalls noch heute sehr beeindruckend, wie ich finde.

Der offiziell als Forcola di Mont Rest geführte, aber da draußen im realen Leben als Passo Rest ausgeschilderte Pass ist ein weiterer fahrerischer Geheimtipp des Friaul. Zwar gerade einmal 1052 Meter hoch, doch gespickt mit Kurven und Kehren sowie dunklen Tunnels, die unsere volle Konzentration fordern. Die Straße selbst ist in recht guten Zustand und erfreulich wenig befahren, sie führt meistens durch dichten Wald, der auch im Hochsommer angenehm schattig bleibt. Die größtenteils unbeleuchteten Tunnels enthalten sogar enge Kurven und Kehren und sind mit Vorsicht anzufahren. Notfalls einfach kurz hupen, um die eigene Anwesenheit anzukündigen. Das machen die Einheimischen ebenso und wahrlich zur Genüge.

Der Pass verbindet das Tagliamentotal von Ampezzo – übrigens nicht zu verwechseln mit Cortina d'Ampezzo! – mit den Weiten Venetiens, insbesondere die venezianische Tiefebene ist am Südfuß des Passes gar nicht mehr fern. Entlang der Passstraße liegen idyllische, blitzsaubere Weiler wie Tramonti di Sopra und Tramonti di Sotto, in denen die Zeit irgendwann vor vielen Jahren einfach stehen geblieben ist. Nicht nur in den winzigen Kneipen

der Dörfer kann man eine ganz besondere Herzlichkeit erleben, die hier noch jedem Reisenden entgegengebracht wird. Übrigens gerade auch, wenn er mit dem Motorrad unterwegs ist.

Die gesamte Passstrecke hat wirtschaftlich kaum eine Bedeutung, sie wird ausschließlich von den wenigen Anwohnern genutzt und ist nicht nur deshalb angenehm frei von Lkws, drängelnden Transportern oder gar Stau und roten Ampeln. Im Süden des Passes empfängt uns der malerisch gelegene Lago di Tramonti, auch Lago di Redona genannt, ein gut zwölf Kilometer langer künstlich aufgestauter Bergsee, umgeben von einem herrlichen Alpenpanorama. Entlang des Ostufers erwarten uns einige schöne Pausenplätze, rein theoretisch eignet sich der See auch zum Baden. Seine Wassertemperatur erreicht aber selbst im Hochsommer kaum die 20 °C. Nichts für Warmduscher also …

Bild linke Seite: Zugegeben – es gibt deutlich schönere Passschilder in diesem Buch!

Unten: Die Pisten um den Passo Rest gehören uns Bikern oftmals im Jahr allein.

HÖHENPROFIL

Höhenmeter bergauf	855 m
Höhenmeter bergab	1160 m
Maximale Steigung	9,5 %
Durchschnittliche Steigung	4,8 %
Maximales Gefälle	12,5 %
Durchschnittliches Gefälle	4,8 %

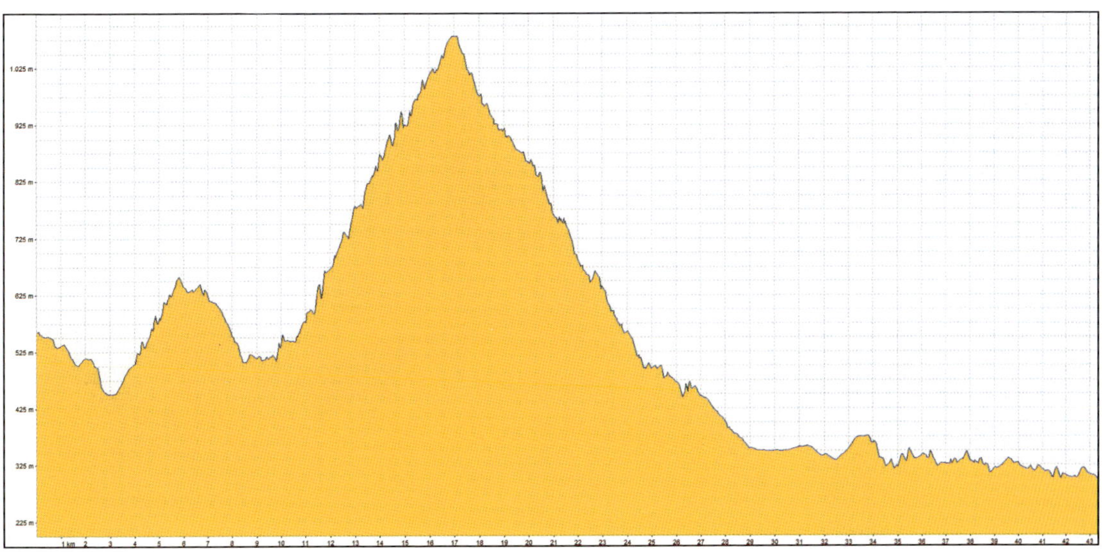

19 Alpenpässe in Italien
SELLA DI RIODA

IM ÜBERBLICK

Name	Sella di Rioda
Land	Italien
Region	Friaul
Höchster Punkt	1802 m
Basisorte	Vigo di Cadore und Ampezzo
Anzahl der Kehren	41
Streckenlänge	43 km
Schwierigkeitsgrad	leicht, abschnittsweise mittelschwer
Mautpflicht	keine
Wintersperre	keine
Kombinierbar mit	Nr. 20, 21, 22, 26, 27, 28
... oder aus Band 1	Nr. 43, 44, 45

Noch immer befinden wir uns in den Karnischen Alpen, dem bis heute eher unbekannten Kurven- und Kehrenrevier Norditaliens im Schlagschatten der mächtigen Dolomiten. Doch schaut man sich einmal eine hochauflösende Tourenkarte des Gebietes genauer an, dann tauchen dort plötzlich und unvermutet eine Vielzahl an Pässen auf, von denen kaum ein deutscher Biker jemals gehört hat. »Okay«, mögen Sie jetzt sagen, »das werden irgendwelche Maulwurfshügel sein, auf die man ein Passschild gestellt hat.« Aber mitnichten!

Nicht nur die Pässe im Karnischen Hauptkamm auf der Grenze zwischen Italien und Österreich sind durchaus herausfordernd – Stichwort »Plöckenpass« aus Teil eins meiner Pässesammlung –, auch hier in den südlichen Karnischen Alpen finden wir Strecken, deren Kehrenreichtum jeden Motorradfahrer porentief begeistern wird. Zum Beispiel rund um diesen Sella di Rioda: Weit über zehn Pässe und Panoramastrecken liegen in Sichtweite rundum und lassen sich herrlich miteinander kombinieren. Schauen Sie einmal auf meine Vorschläge hierzu.

Aus dem Cadore, einer von den Dolomiten eingerahmten Tallandschaft, kommend, wählen wir zunächst die schmale Landstraße von Vigo di Cadore Richtung Osten und folgen den Wegweisern nach Comeglians. Durch dichte Wälder geht es bergan, und rasch befinden wir uns in einem prächtigen Kurvengemenge hinauf zum Forcella di Lavardet. Diesen sowie sein »Schwesterchen« Sella di Razzo erforschen wir allerdings in diesem Buch erst eine Tour weiter. Jetzt heißt es gen Süden abzuzweigen und über den eher unscheinbaren Scheitel der Sella di Rioda zum Lago di Sauris zu huschen. Ganze 20 Spitzkehren stellt uns die kaum mehr als lenkerbreite Piste vor dem Windshield bereit und gleichwohl der Verkehr auf dieser Land-

2 m weniger hoch, als wir gemessen haben. Schwamm drüber …

SEHENSWERTES AM WEGESRAND

Das Cadoretal grenzt im Westen an das Trentino, im Norden an Südtirol, im Osten an Friaul und bildet innerhalb Norditaliens eine Besonderheit. Nicht nur, dass in zahlreichen Orten Ladinisch gesprochen wird, auch die Geschichte des Tales ist reich an spannenden Ereignissen. Die Römer breiteten sich hier aus, und in den Napoleonischen Kriegen wie auch im Ersten Weltkrieg waren das Tal und seine Höhenzüge schwer umkämpfte Gebiete – Stichwort Alpenfront. Und heute? Nun, heute ist das Cadore das Tal der Gelatieri, das Tal der Eismacher. Denn aus dem Cadore stammen nahezu alle echten italienischen Eisdielenbesitzer in Deutschland. Woran man diese echten erkennt? Daran, dass sie im Sommer ihr leckeres Eis verkaufen und im Winter ihre Eisdielen zusperren, um sich in der Heimat, ihrem Cadore, zu erholen.

straße oftmals im Jahr gegen null geht, heißt es »volle Konzentration«.

Das obligatorische Passschild taucht unvermutet rechter Hand am Wegesrand in einer weiten Senke auf – vielleicht entdecken Sie noch unseren »Ich-war-hier«-Aufkleber, den meine beste Sozia überall in Europa verteilt. Nicht ganz legal, aber allseits geduldet, wie man auf vielen Passschildern erkennen kann. Am idyllischen Lago di Sauris können wir erst einmal unseren heftig schunkelnden Gleichgewichtssinn beruhigen, die restlichen Kilometer hinunter nach Ampezzo halten nochmals prächtige Rechts-links-Kombinationen für uns bereit.

HÖHENPROFIL

Höhenmeter bergauf	845 m
Höhenmeter bergab	1215 m
Maximale Steigung	11,8 %
Durchschnittliche Steigung	4,8 %
Maximales Gefälle	13,4 %
Durchschnittliches Gefälle	5,0 %

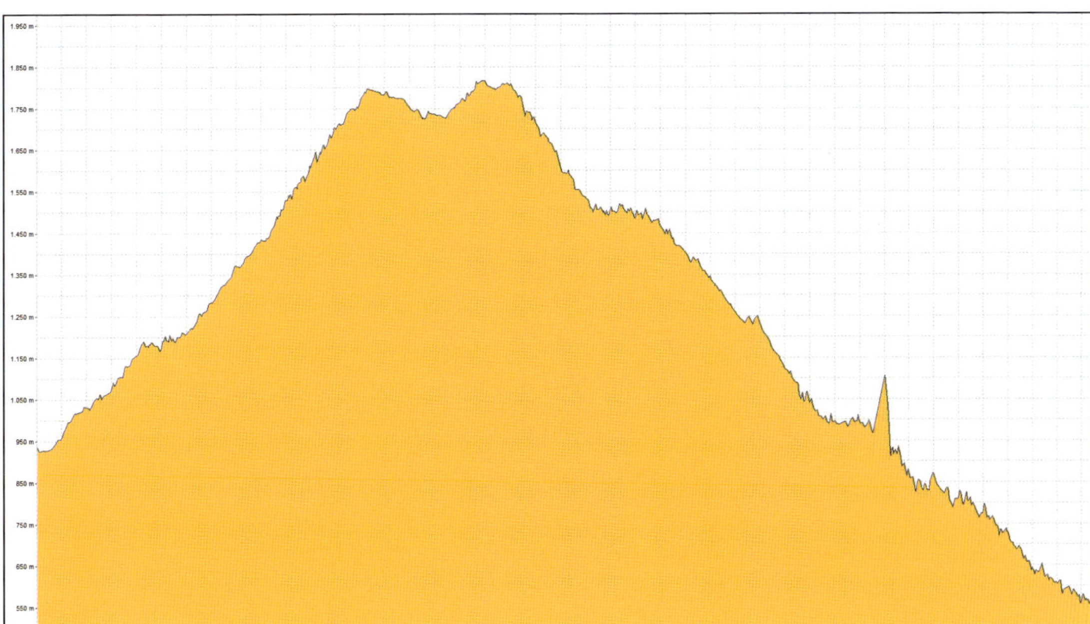

20/21 SELLA DI RAZZO & FORCELLA DI LAVARDET

IM ÜBERBLICK

Name	Sella di Razzo & Forcella di Lavardet
Land	Italien
Region	Friaul
Höchster Punkt	1755 bzw. 1545 m
Basisorte	Vigo di Cadore und Comeglians
Anzahl der Kehren	22 bzw. 30
Streckenlänge	51 bzw. 39 km
Schwierigkeitsgrad	leicht bzw. anspruchsvoll (offroad)
Mautpflicht	keine
Wintersperre	keine
Kombinierbar mit	Nr. 19, 22, 26, 27, 28, 29
... oder aus Band 1	Nr. 43, 44, 45

Vereinzelt lohnt es sich, in diesem Buch zwei erwähnenswerte Pässe in einem Kapitel zusammenzupacken. So wie hier beim Forcella di Lavardet und seiner »Schwester«, der Sella di Razzo, liegen beide doch auf der gleichen Landstraße nur eine Handvoll Kilometer auseinander. Und die dadurch frei werdenden Seiten dieses Buches fülle ich einfach mit herrlichen Fotostrecken auf. Als kleine optische Erholung zwischen all den Buchstaben, Fakten, Zahlen und Geschichten.

Die Straße über die Sella di Razzo sowie den Forcella di Lavardet beginnt ebenfalls im Weiler Vigo di Cadore im Cadoretal und windet sich sogleich Richtung Osten. Diesmal folgen wir allerdings den Wegweisern nach Cadore weiter und erreichen nun nach der Kreuzung, auf der wir soeben noch zur Sella di Rioda abgebogen sind, die Sella di Razzo. Die knapp zweispurige Straße ist ordentlich asphaltiert und herrlich wenig befahren. Der prächtige bajuwarische Sechszylinder, mit dem ich die Sella di Razzo 2012 besuchte, fühlte sich hier in den grünen Hügeln der südlichen Karnischen Alpen äußerst wohl. Immer wieder zweigen Offroadpisten rechts und links des Lenkers ab und führen tief in die teilweise moorhaltige Hochebene. Die musste ich mir mit der K 1600 GT damals allerdings verkneifen, über eine halbe Tonne Lebendgewicht – Bike plus Fahrer und Sozia – ließen es mir angeraten erscheinen. Aber Wiederkommen ist hier sowieso Pflicht.

Wir sind hier in Karnien allerorten herzlich willkommen.

SEHENSWERTES AM WEGESRAND

Wer sich auch einmal abseits des Mopedsattels bewegen möchte, dem sei an dieser Stelle der ausgeschilderte »Cammino delle Pievi« empfohlen, einer der schönsten Höhenwanderwege der Karnischen Alpen. In bis zu 18 Etappen führt der recht leicht zu begehende Wanderweg zu interessanten historischen Plätzen Karniens, zu Kirchen und Wallfahrtsorten und heute noch existierenden Zeitzeugen. Zwei Wochen sollte man für die gesamte Wanderreise einplanen, aber auch in Etappen lassen sich das Land, seine Geschichte und seine Menschen prächtig erkunden. Ganz abgesehen davon, dass Bewegung inmitten frischer Natur ja höchst gesund sein soll. Alle Infos auch unter www.cammino-dellepievi.it.

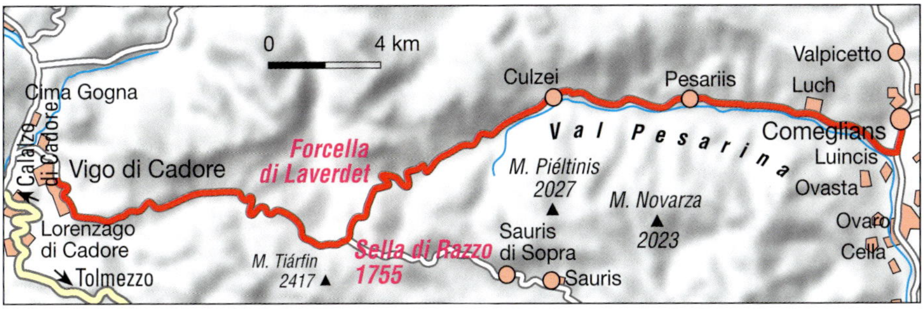

Kurz nach dem Passschild der Sella di Razzo zweigt dann die Piste gen Norden hinüber zum Forcella di Lavardet ab. Dieser optisch eher unscheinbare Pass führt direkt hinunter nach Campolongo und war bei meinem letzten Besuch 2012 ab der Passhöhe wegen Bauarbeiten gesperrt. Anscheinend versucht man mit vielen Millionen Euro aus Europa die bisherige Offroadpiste hinunter nach Campolongo nun endlich zu asphaltieren. Entgegenkommende Biker berichteten mir allerdings, dass weder die offizielle Sperrtafel noch die offiziellen Bauarbeiter entlang der Piste einheimische Biker daran hindern würden, die zum Teil recht ausgewaschene Kiespiste auch während der Bauarbeiten zu befahren. Die Sperrtafel soll wohl nur Haftungsausschlüsse anzeigen, falls uns Bikern auf dem Weg hinab ins Tal etwas passieren würde. Entscheiden Sie bitte selbst und nach Prüfung der aktuellen Verhältnisse, ob Sie den Weg hinunter nach Campolongo in Angriff nehmen wollen. Mein 380 Kilogramm schwerer Sechszylinder sagte damals laut und deutlich »Nein danke, Studti« … Zu Recht, wie ich fand …

HÖHENPROFIL

Höhenmeter bergauf	1089 m
Höhenmeter bergab	1463 m
Maximale Steigung	12,8 %
Durchschnittliche Steigung	5,8 %
Maximales Gefälle	14,5 %
Durchschnittliches Gefälle	4,8 %

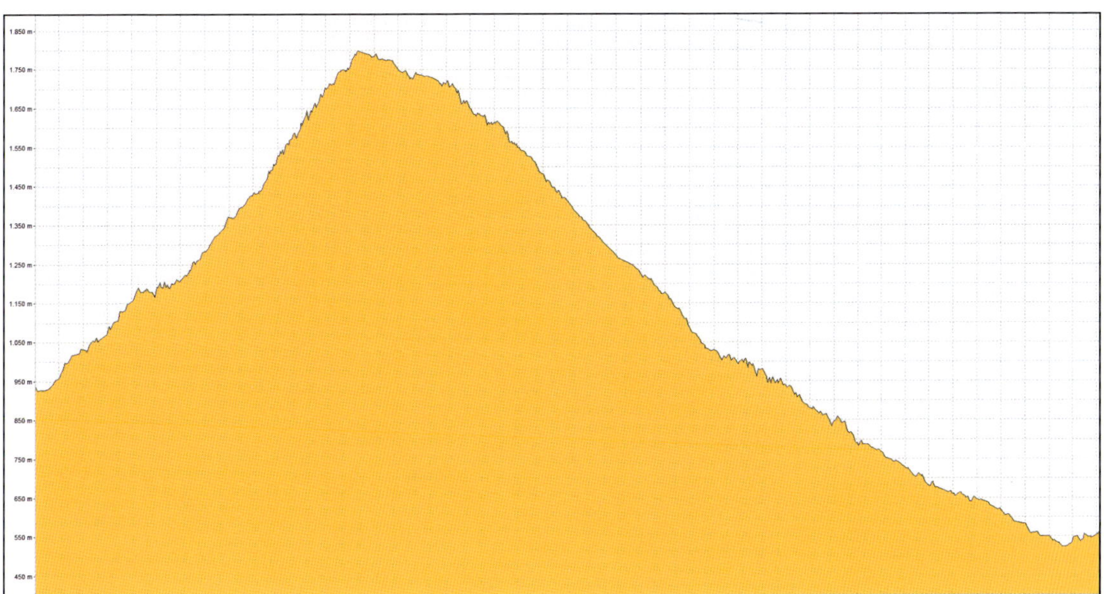

Unsere »Ich-war-hier«-Aufkleber zieren möglichst jedes Passschild.

Sella di Razzo
1760 m s.l.m.

22 Alpenpässe in Italien
CIMA SAPPADA / SAPPADAPASS

IM ÜBERBLICK

Name	Cima Sappada / Sappadapass
Land	Italien
Region	Friaul
Höchster Punkt	1300 m
Basisorte	Santo Stefano di Cadore und Comeglians
Anzahl der Kehren	7
Streckenlänge	37 km
Schwierigkeitsgrad	leicht
Mautpflicht	keine
Wintersperre	keine
Kombinierbar mit	Nr. 17, 19, 20, 21, 25, 26, 27, 28
... oder aus Band 1	Nr. 20, 44, 45

Die kurvenreiche SP 355 über die Cima Sappada verbindet das italienische Friaul mit dem nordöstlichen Teil Südtirols und den nördlichen Ausläufern der Dolomiten. Die durchgehend asphaltierte Strecke ist zwar zweispurig ausgebaut, besitzt aber einige Engstellen, an denen sich zwei Pkws vorsichtig aneinander vorbeischlängeln müssen und somit immer wieder einmal für Verzögerungen sorgen können. Erfreulicherweise beschränkt sich das Verkehrsaufkommen im Grunde auf die wenigen Autos der Anwohner entlang der Strecke.

Das eigentliche Highlight der Passstraße ist vor allem der sich immer wieder bietende prächtige Ausblick auf den nördlich gelegenen Karnischen Grenzkamm. Die südlich verlaufende Alternative über die Sella di Razzo (Nr. 21) ist zwar fahrerisch anspruchsvoller, bietet aber bei Weitem nicht die Möglichkeit zu derart ausgiebigen Rundumblicken.

Der höchste Punkt der Strecke stellt gleichzeitig auch die Passhöhe dar und liegt ziemlich exakt in der Mitte des verschlafenen Weilers Sappada. Dessen Ortsschild stellt also gleichzeitig das Passschild dar, falls Sie das obli-

Zu Fuß und per Enduro geht es noch tiefer in die Bergwelt.

SEHENSWERTES AM WEGESRAND

Mit genügend Zeit im Tankrucksack sollten Sie sich unbedingt den einen oder anderen Abstecher hinauf in die Berge gönnen. Zum Beispiel nach Givigliana oder Collina – allesamt Sackgassen zwar, aber nicht minder lohnend. Und die Piste hinauf in das ausgeschilderte Val Sesis führt auf kaum mehr als lenkerbreiter Piste zu einem der schönsten Hochplateaus, das ich in den Karnischen Alpen bislang entdecken durfte. Oben am Ende der Sackgasse erwarten uns nicht nur prächtig gelegene und liebevoll eingerichtete Pausenplätze, wir können uns im bewirtschafteten Rifugio Sorgenti del Piave sogar lecker kulinarisch stärken. Oder unter der oftmals scheinenden Bergsonne bräunen und entspannen. Oder die Wanderschuhe auspacken und umherstreifen.

gatorische Ich-war-hier-Foto schießen wollen. Für eine Einkehr kann ich übrigens die Trattoria La Rustica empfehlen, gleich neben der Kirche am Hauptplatz rechts. Und wenn Sie draußen auf der Terrasse einen Platz bekommen, wird Ihr Essen noch garniert mit grandiosen Ausblicken auf die umliegenden Höhenzüge der Karnischen Alpen. Echt lecker, kann ich da nur sagen …

Richtung Comeglians erwarten uns dann noch einige waschechte Spitzkehren sowie weitgehend freie Sicht auf die herrlichen Alpengipfel Norditaliens. Die einsamen Weiler entlang der Strecke besitzen einen ganz eigenen Charme, auf den sich anscheinend immer mehr Italiener besinnen. Die einstmals verfallenen Höfe und Hütten werden teilweise sorgfältig und äußerst aufwendig restauriert und zu lebensabendgeeigneten Erst- oder Zweitwohnsitzen umgebaut. Denn in dieser herrlich stillen Landschaft lässt es sich prächtig entspannen.

HÖHENPROFIL

Höhenmeter bergauf	459 m
Höhenmeter bergab	835 m
Maximale Steigung	12,4 %
Durchschnittliche Steigung	3,8 %
Maximales Gefälle	10,9 %
Durchschnittliches Gefälle	4,0 %

Wetterumschwünge am Sappada können sehr schnell kommen.

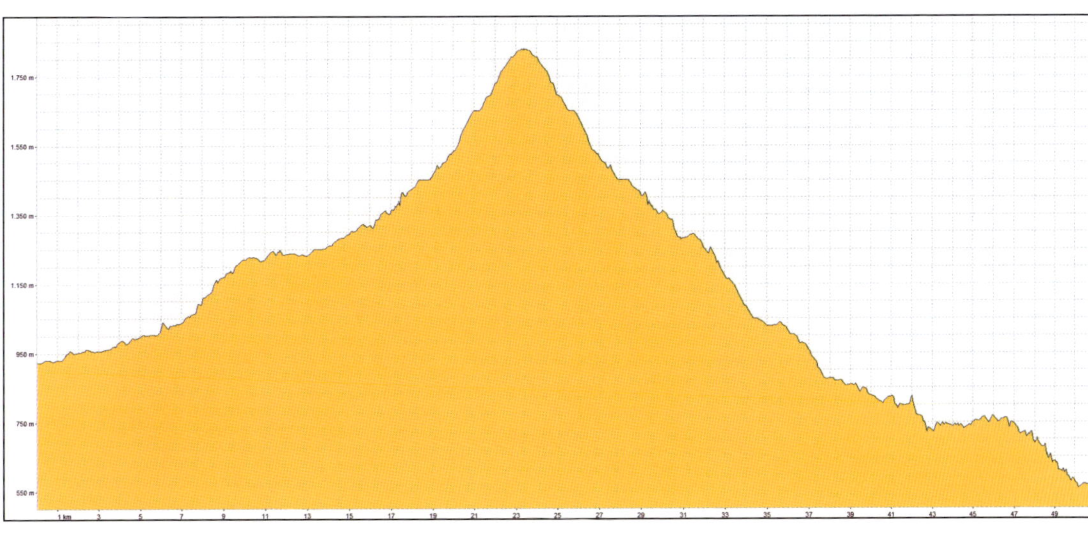

23 Alpenpässe in Österreich
ISELSBERGPASS

IM ÜBERBLICK

Name	Iselsbergpass
Land	Österreich
Region	Osttirol
Höchster Punkt	1204 m
Basisorte	Lienz und Winklern
Anzahl der Kehren	6
Streckenlänge	17 km
Schwierigkeitsgrad	leicht
Mautpflicht	keine
Wintersperre	keine
Kombinierbar mit	Nr. 24, 25
... oder aus Band 1	Nr. 17, 18, 20

Auch beim Iselsberg habe ich lange überlegt, ob ich diesen Pass in die Sammlung aufnehmen soll. Aber unter dem Aspekt, dass ich auch der Heizerfraktion unter uns Bikern einige – vielleicht sogar noch weitgehend unbekannte – Leckerbissen servieren möchte, bekommt dieser Pass ohne Zweifel seine Berechtigung in diesem Buch. Denn der perfekt ausgebaute Iselsberg erlaubt das überaus flotte Vorankommen auf der gesamten Strecke. Einziges Limit ist hier das österreichische Gesetz, das bei 100 km/h auf Landstraßen und 50 km/h in Ortschaften entlang der Strecke unsere Grenzen definiert. Also plus einigen Prozent Messtoleranz …

Und nicht nur in puncto Speed hat der Iselsberg viel zu bieten, auch in Sachen Landschaft braucht er sich nicht zu verstecken. Allein schon der Ausgangsort Lienz, eine der schönsten und sonnenverwöhntesten Städte Österreichs ist ein Genuss, auf den ich später noch ausführlicher zu sprechen komme. Über Nußdorf-Debant gewinnt die als B 107 ausgebaute Südwestrampe des Passes rasch an Höhe, umgehend beginnt der Kurventanz. Die ersten Kehren erwarten uns, Profis lassen hier schon einmal die Fußrasten kleine Funken sprühen. Hinter dem Bergdorf Iselsberg-Stronach beruhigt sich die Piste vor unserem Windshield, während sich ganz langsam die Hohen Tauern blickfüllend ins Bild schieben. Denn die Nordrampe des Iselsbergpasses stellt gleichzeitig den Südeinstieg für eine der schönsten Panoramastraßen der Alpen dar – mehr dazu im Infokasten »Sehenswertes«.

Werfen Sie aber unbedingt vorher noch einen Blick zurück und genießen Sie das herrliche Panorama des Oberdrautales, das sich uns Richtung

Good bye zu Osttirol, Willkommen in Kärnten – der Übergang ist fließend.

SEHENSWERTES AM WEGESRAND

Am 3. August 1935 wurde eine der schönsten Panoramastraßen der Alpen eröffnet – die Großglockner Hochalpenstraße. Das ungekrönte Motorradparadies Österreichs ist der Pflichttermin auf Bikers Lebens-Roadbook und für mich jeden Cent seiner Mautgebühr mehr als wert. In Band 1 meiner Pässesammlung habe ich sie ausführlich beschrieben.

Der Südeinstieg zur Großglockner Hochalpenstraße liegt gleich hinter dem Ort Winklern am Nordende des Iselsbergpasses. An der Mautstelle kurz vor dem legendären Bergdorf Heiligenblut fragen Sie unbedingt nach Kombitickets. Je nach Ihrer weiteren Tourenplanung lassen sich herrliche Passstrecken, wie Felbertauern und auch Gerlospass, günstig kombinieren. Die sehr bikerfreundlichen Mitarbeiter des Mautterminals beraten uns gerne. Über Heiligenblut geht es sodann zur ausgeschilderten Kaiser-Franz-Josefs-Höhe mit prächtigem Blick auf Österreichs höchsten Berg, den Großglockner (3798 m). Und natürlich auf den längsten Gletscher der Ostalpen, die Pasterze.

Die Edelweißspitze als der höchste befahrbare Punkt der Hochalpenstraße zweigt einige Kehren später rechter Hand ab, historisches Kopfsteinpflaster führt uns hinauf auf 2571 Meter – natürlich mit »Bikers Point« und atemberaubendem Rundumblick auf die Hohen Tauern. Vergleichsweise gemütlich geht es anschließend hinab nach Zell am See, einem sehenswerten Städtchen, das uns zum Flanieren und Pausieren einlädt.

Süden bietet. Die gut 17 Kilometer lange Passstraße läuft sodann gemütlich in Winklern aus, dem Südtor in die Hohen Tauern. Da die Straße vom Pass herab in den Ort entlang weitläufiger Almen schwingt, ergeben sich immer wieder prächtige Ausblicke auf eben jenes Winklern und die Tauern. Der Speicherchip meiner kleinen Tankrucksackkamera läuft hier regelmäßig heiß.

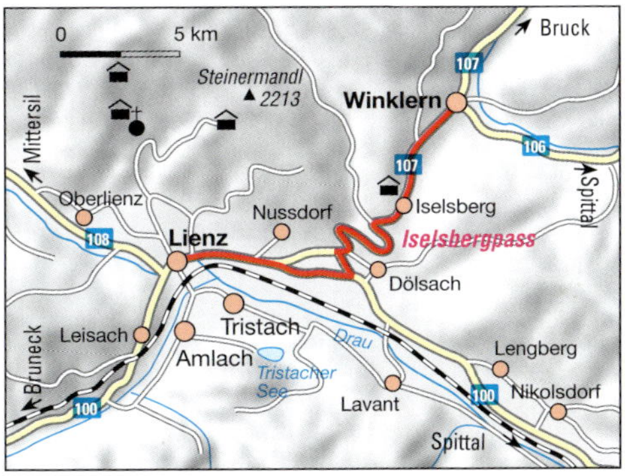

HÖHENPROFIL

Höhenmeter bergauf	565 m
Höhenmeter bergab	308 m
Maximale Steigung	14,0 %
Durchschnittliche Steigung	6,8 %
Maximales Gefälle	9,5 %
Durchschnittliches Gefälle	4,0 %

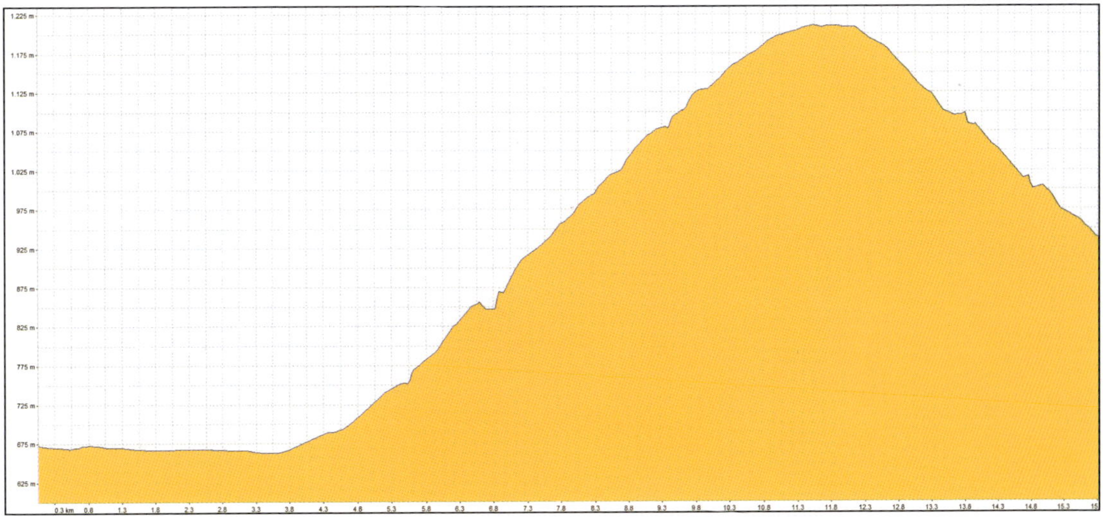

24 Alpenpässe in Österreich
KALSER GLOCKNERSTRASSE

IM ÜBERBLICK

Name	Kalser Glocknerstraße
Land	Österreich
Region	Osttirol
Höchster Punkt	1986 m
Basisort	Huben in Osttirol
Anzahl der Kehren	11
Streckenlänge	20 km
Schwierigkeitsgrad	leicht
Mautpflicht	ja
Wintersperre	November bis April
Kombinierbar mit	Nr. 23, 25
... oder aus Band 1	Nr. 17, 18, 41

Völlig im Schatten des Ruhmes der Großglockner Hochalpenstraße liegt zu Füßen eben jenes Eisriesen ein landschaftliches und fahrerisches Kleinod, das ich jedem Motorradfahrer nur wärmstens ans Bikerherz legen kann: die Kalser Glocknerstraße am Südfuß des Großglockners. Wer die Hohen Tauern erkundet und diese Piste übersieht, macht einen Fehler – und zwar einen richtig großen …

Bei Huben im Iseltal zweigt gen Osten die Straße nach Kals am Großglockner ab. Unversehens und innerhalb weniger Meter lassen wir allen Verkehr und alle Hektik hinter uns zurück und wedeln auf einer kehren- und aussichtsreichen Piste hinauf in das Herz der Tauern. Prachtvolle Lärchenwälder säumen die gut ausgebaute Straße, vor allem im Herbst erzeugen sie eine Orgie aus Farben, die für immer in Erinnerung bleibt. Nach gut zehn Kilometern öffnet sich der Wald, und eine Handvoll wunderschöner Bergbauernhöfe drapiert sich malerisch in einem weiten Hochtal. Absteigen, ins Gras setzen und den Anblick genießen, kann ich da nur empfehlen. Hier scheinen alle Uhren stehen geblieben zu sein inmitten dieser lebensabendtauglichen Postkartenidylle. Mächtig pathetisch, finden Sie? Sie werden mich verstehen, sobald Sie in Kals angekommen sind.

Noch ein deutliches Stück näher an den Großglockner trägt uns dann die von Kals aus rechter Hand abzweigende, mautpflichtige Kalser Glocknerstraße. Acht Kilometer Piste und 600 Höhenmeter später erwartet uns ganz am Ende der Straße das legendäre Lucknerhaus mit einem grandiosen

Ansichtskartentaugliche Idylle in Kals am Großglockner

SEHENSWERTES AM WEGESRAND

Hartnäckig hält sich auch bei mir bis heute die Vermutung, dass die Straßenbauer des im Norden von Huben Richtung Westen abzweigenden Virgentales Motorradfahrer von echtem Schrot und Korn gewesen sein müssen! Denn in wahrlich perfekten Rechts-links-Kombinationen biegt die Talstraße bei Matrei ab und führt über einsame Bergdörfer wie Virgen und Prägraten, vorbei an mächtigen Gehöften auf malerische Almen und mitten hinein in den überwältigenden Charme einstmals grenzenloser Abgeschiedenheit. In Hinterbichl am Ende des Hochtales heißt es dann, den Seitenständer auszuklappen und ein wenig die Seele baumeln zu lassen. Und die Ausblicke für die Ewigkeit und das Fotoalbum daheim zu digitalisieren.
Über 150 Dreitausender, höchst beeindruckende Gletscher und der größte Nationalpark Mitteleuropas bilden das Panorama rund um das Virgental und Matrei am Taleinstieg. Auch das historische Zentrum Matreis eignet sich ideal für einen ausgiebigen Bummel, ebenso perfekt wie seine Umgebung für ausgiebiges Touren in hochalpiner Umgebung. Sei es nun mit dem Motorrad oder auch mit Wanderschuhen.

Großglocknerblick. Wie wäre es jetzt mit einem Einkehrschwung? Dessen landschaftliche Zutaten sind unvergleichlich und die Küche des Lucknerhauses überzeugt ebenso.

HÖHENPROFIL

Höhenmeter bergauf	1135 m
Höhenmeter bergab	35 m
Maximale Steigung	14,9 %
Durchschnittliche Steigung	6,8 %
Maximales Gefälle	5,5 %
Durchschnittliches Gefälle	2,0 %

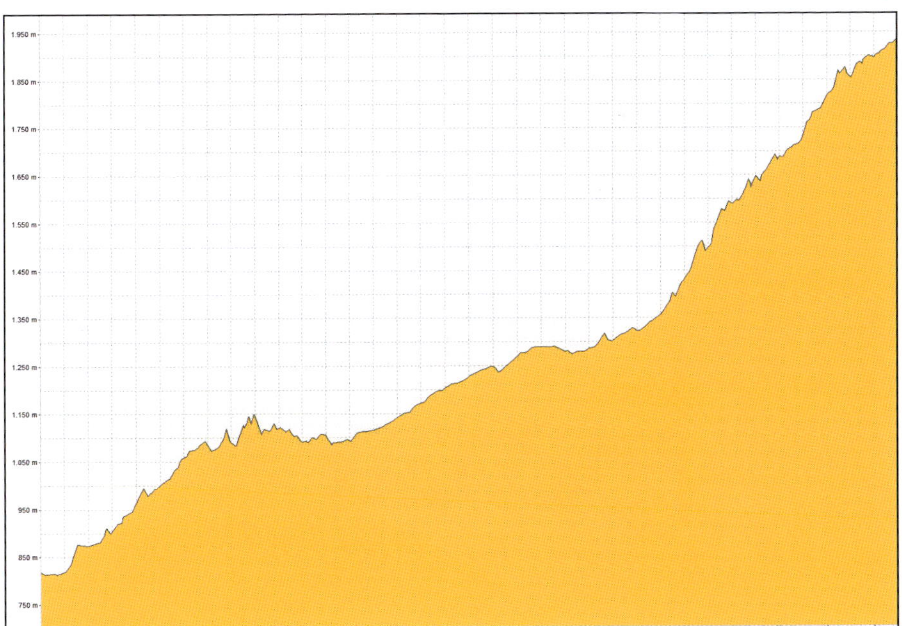

BERGFÜHRER
AKTUELL
NATIONALPARK
AKTUELL
Nationalpark Hohe Tauern
Lucknerhütte
Stüdlhütte
Großglockner

Perfekt abgebogen: Am Südfuß des Großglockners gibt es viel zu entdecken.

25 Alpenpässe in Österreich
PUSTERTALER HÖHENSTRASSE

IM ÜBERBLICK

Name	Pustertaler Höhenstraße
Land	Österreich
Region	Osttirol
Höchster Punkt	1483 m
Basisorte	Abfaltersbach und Lienz
Anzahl der Kehren	16
Streckenlänge	34 km
Schwierigkeitsgrad	leicht
Mautpflicht	keine
Wintersperre	keine
Kombinierbar mit	Nr. 22, 23, 24, 26
... oder aus Band 1	Nr. 18, 41

Immer wenn ich von den Motorradschätzen Osttirols erzähle, gerate ich derart ins Schwärmen, dass ich mich frage, warum ich nicht längst mit Schreibtisch, Wohn- und Schlafzimmer sowie Zahnbürste dorthin umgezogen bin. In unserem Europa ohne Grenzen doch wahrlich keine Schwierigkeit mehr.

Auch die Pustertaler Höhenstraße ist so ein Osttiroler Biker-Highlight, bei dem allein schon das Betrachten meiner Bilder ausreicht, um sofort den PC auszuschalten und aufzubrechen. Eine der schönsten Panoramastraßen Osttirols führt am westlichen Rand von Lienz in einer Höhe von bis zu 1480 Metern über Abfaltersbach nach Vergein und Bannberg. Auf einer natürlichen Sonnenterrasse gelegen, bietet sich uns eine wahre Traumlandschaft abseits aller Hektik, verziert mit herrlich liegenden Höfen, winzigen Dörfern und ungezählten Kurven. Und die Ausblicke auf das Hochpustertal zu unseren Füßen sind ein wahres Gedicht.

Mein Tipp dazu: der Sonnenauf- oder -untergang hoch droben auf der Pustertaler Höhenstraße. Wenn die Sonne allmählich über die Lienzer Dolomiten klettert und die Panoramastraße ausleuchtet, das hat schon etwas. Das bleibt in Erinnerung. Sonnendurchflutete Berghänge, sanft ge-

Für den Entdecker in uns: die Pustertaler Höhenstraße

SEHENSWERTES AM WEGESRAND

Lienz, die Hauptstadt Osttirols, begrüßt uns am Ende dieser Traumroute mit einem Klima, wie es gesünder wohl kaum noch sein kann. Denn Lienz weist statistisch nicht nur die meisten Sonnenstunden von ganz Österreich auf. In Kombination mit ihrer nachweislich sauberen Luft scheint die quirlige Stadt sogar »lebensverlängernde Wirkung« zu besitzen, liegt die Lebenserwartung der Einwohner doch deutlich über dem Landesdurchschnitt. Hinzu gesellen sich ein ganzjährig voller Veranstaltungskalender und die ganz spezielle Gastfreundlichkeit der Lienzer, die diese Stadt am Zusammenfluss von Isel und Drau zu einem optimalen Ausgangspunkt für Rundtouren jeglicher Länge machen. Und nach einem langen Tag im Mopedsattel können wir uns abends in das Lienzer Nachtleben zu Genüssen der ganz anderen Art stürzen.

Welch prachtvolle Alternative zur B100 drunten im Tal

schwungene Almwiesen und sattgrüne Wälder strahlen eine Ruhe aus, die jeden Besucher ergreift. Sehenswert ist auch Schloss Anras, die einstige Sommerresidenz der Bischöfe von Brixen. »Eine Bergsommerfrische wie im Bilderbuch«, lautet der Werbespruch des Ortes. Und wahrlich, es stimmt. Das mächtige Schloss wurde ab 1991 prächtig restauriert und gilt als sehr gelungenes Beispiel moderner Denkmalpflege. Eine Besichtigung lohnt zu jeder Jahreszeit.

HÖHENPROFIL

Höhenmeter bergauf	895 m
Höhenmeter bergab	1163 m
Maximale Steigung	14,0 %
Durchschnittliche Steigung	5,8 %
Maximales Gefälle	14,5 %
Durchschnittliches Gefälle	7,0 %

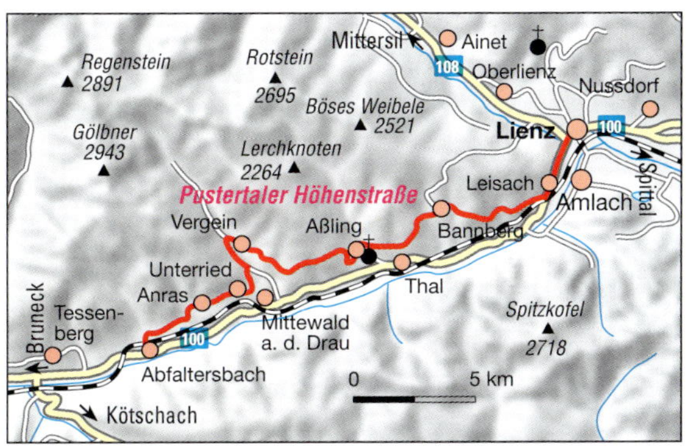

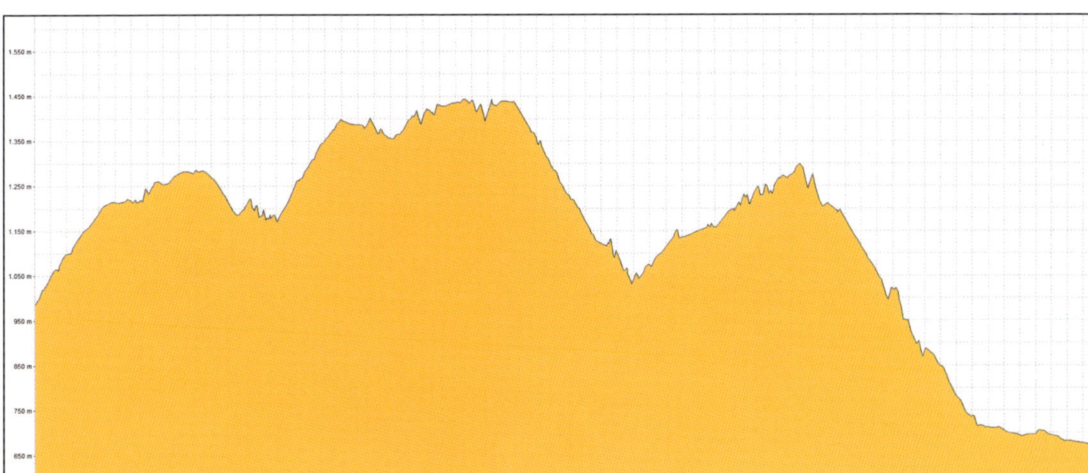

26 *Alpenpässe in Italien*
PASSO SAN ANTONIO

IM ÜBERBLICK

Name	Passo San Antonio
Land	Italien
Region	Venetien
Höchster Punkt	1490 m
Basisorte	Lozzo di Cadore und Santo Stefano di Cadore
Anzahl der Kehren	29
Streckenlänge	28 km
Schwierigkeitsgrad	leicht
Mautpflicht	keine
Wintersperre	November bis März
Kombinierbar mit	Nr. 19, 20, 21, 22, 27, 28, 29
... oder aus Band 1	Nr. 43, 44, 45

29 Kehren auf 28 Kilometern Länge – das nenne ich ein gewichtiges Argument, um den Passo San Antonio in diese Sammlung aufzunehmen. Der Pass liegt südlich der Karnischen Alpen an der Bundesstraße SS 532, die reizvollste Fahrtrichtung für seine Eroberung ist sicherlich von Lozzo di Cadore aus gen Norden über den Lago di Santa Caterina hinauf zum Pass und dann über das Kurvengemenge um Danta di Cadore hinab nach Santo Stefano di Cadore. Wer hingegen oben auf der Passhöhe weiter gen Norden und damit Richtung Padola fährt, bringt sich selbst um das Vergnügen von zwölf echten Spitzkehren durch lichten Mischwald.

Übrigens: Die eher unspektakuläre und dicht bewaldete, deshalb nur wenig Aussicht bietende Passhöhe liegt gut einen Kilometer nach dem Abzweig Richtung Santo Stefano. Also heißt es, zunächst geradeaus zu fahren und dann oben am Pass das Bike zu wenden, zum Beispiel auf dem Parkplatz der Albergo Passo San Antonio, die schon seit Längerem geschlossen zu sein scheint. Bei keinem meiner Besuche war sie geöffnet, und an ihrer Fassade nagt der Zahn der Zeit inzwischen unübersehbar.

Alte Landkarten und Schilder nennen den Passo San Antonio auch noch Passo del Zovo, eine Bezeichnung aber, die auch auf dem offiziellen Passschild kurz nach der Weggabelung Richtung Santo Stefano nicht mehr ge-

SEHENSWERTES AM WEGESRAND

Der Lago di Santa Caterina, auch Lago di Auronzo genannt, ist ein künstlich aufgestauter See mit gut 0,5 Quadratkilometern Fläche und einer maximalen Tiefe von 50 Metern. Bereits im Jahr 1930 begann man mit dem Bau der Staudammmauer, um den Fluss Ansiei, einen Nebenfluss der Piave, für die Stromgewinnung aufzustauen. Das gewaltige Becken fasst über sechs Millionen Kubikmeter Wasser, der Damm selbst ist 55 Meter hoch und an seiner Basis gute 35 Meter dick. Seinen Namen Santa Caterina erhielt er von einer kleinen Kapelle aus dem 15. Jahrhundert, die ganz am Ende des Stausees liegt. An dessen Ostufer erwartet uns mit Auronzo di Cadore ein gemütliches Bergdorf, dessen Zentrum auf jeden Fall einen Besuch wert ist. Für das leibliche Wohl bietet sich zum Beispiel die Pasticceria Tarin auf der Piazza San Giustina in Auronzo mit sonniger Außenterrasse und guten Parkmöglichkeiten an.
Bis zur Mitte des 19. Jahrhunderts war Auronzo übrigens ein wichtiges Bergbau- und Holzzentrum der Region, doch nach dem Niedergang dieser Industrien stellt heute der Tourismus die wichtigste Einnahmequelle der Stadt dar. Nicht zuletzt deswegen sind auch wir Biker hier herzlich willkommen.

bräuchlich ist. Ein weiteres Highlight des San Antonio ist seine leichte Kombinierbarkeit mit anderen Pässen der Umgebung. Sowohl die Cima Sappada, der Kreuzbergsattel Richtung Osttirol, als auch die Höhepunkte der östlichen Dolomiten – zu denen kommen wir anschließend noch – liegen allesamt nur einen Katzensprung entfernt. Und auch der an der Südrampe gelegene, bereits kurz erwähnte malerische Lago di Santa Caterina bietet sich für einen Boxenstopp an.

HÖHENPROFIL

Höhenmeter bergauf	815 m
Höhenmeter bergab	673 m
Maximale Steigung	9,9 %
Durchschnittliche Steigung	5,8 %
Maximales Gefälle	12,5 %
Durchschnittliches Gefälle	5,0 %

Bild linke Seite: Ich empfehle, diesen Pass von Süd nach Nord zu genießen.

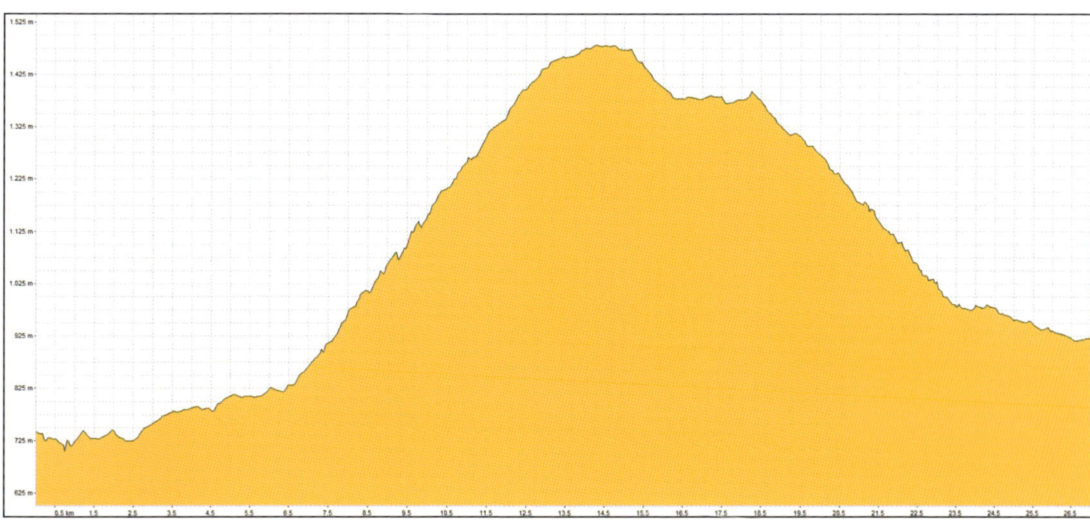

27/28 *Alpenpässe in Italien* COL SANT'ANGELO & PASSO TRE CROCI

IM ÜBERBLICK

Name	Col Sant'Angelo & Passo Tre Croci
Land	Italien
Region	Dolomiten
Höchster Punkt	1758 m + 1809 m
Basisorte	Cortina d'Ampezzo und Dobbiaco
Anzahl der Kehren	16
Streckenlänge	36 km
Schwierigkeitsgrad	leicht
Mautpflicht	keine
Wintersperre	keine
Kombinierbar mit ... oder aus Band 1	Nr. 29 Nr. 43, 44, 45, 46, 48, 49

Auch diese beiden Pässe liegen auf ein und derselben Landstraße, deshalb habe ich sie zusammengefasst, um Platz für einige schöne Bildstrecken im weiteren Verlauf dieses Buches zu bekommen. Und mit dem Col Sant'Angelo, auch Misurinapass genannt, sowie dem Passo Tre Croci sind wir inzwischen in den Dolomiten angekommen, jenem legendären Kurvenparadies, dessen namhafteste Pässe ich in Band 1 meiner Sammlung bereits ausführlich beschrieben hatte. Eine ideale Ergänzung übrigens, wenn ich das an dieser Stelle einmal anmerken darf.

Von Cortina d'Ampezzo kommend begrüßt uns zunächst der Passo Tre Croci, der höhere Pass von beiden. Die im Mittelteil dicht bewaldete Strecke bietet nur wenige Möglichkeiten, auf das in einer alpinen Senke liegende, wohl berühmteste Dolomitenstädtchen zurückzublicken. Erst um den Tre Croci herum lichtet sich der Wald und gibt allmählich den Blick auf die imposanten Felsenregionen rund um die bei Bergsteigern legendären Drei Zinnen (Tre Cime di Lavaredo) frei. Der Name des Passes stammt übrigens nicht von diesen steilen Felsennadeln, sondern von drei Kreuzen, die an den Tod einer Mutter und ihrer zwei Kinder erinnern, die unweit des Passes in einem Schneesturm erfroren sein sollen.

SEHENSWERTES AM WEGESRAND

Die Strada Panoramica delle Tre Cime zweigt direkt am Nordufer des Lago di Misurina gen Nordosten ab und offenbart sich rasch als eine fahrerisch mäßig anspruchsvolle, dafür herrlich aussichtsreiche Panoramastraße steil hinauf in die hochalpinen Felsregionen der Drei Zinnen. Wohl selten in meinem Bikerleben waren gut zehn Euro Maut besser investiert als auf dieser hochalpinen Sackgasse. Da stört es auch wahrlich nicht, dass wir die gut acht Kilometer lange Panoramastraße vor allem an Sommerwochenenden mit Massen an oftmals überforderten Dosenfahrern teilen müssen – pendeln wir einfach an denen vorbei und genießen sowohl die zwölf Kehren wie auch die hochalpine Landschaft, durch die sich diese Höhenstraße windet. Ganz oben am Ende der Piste wartet nicht nur ein großer Parkplatz auf uns, vor allem im letzten Drittel liegen auch herrliche Pausenplätze sowie unzählige Möglichkeiten, sich abseits des Sattels wandernd zu betätigen. Erwähnte ich schon einmal, dass dies höchst gesund sein soll?

HÖHENPROFIL

Höhenmeter bergauf	789 m
Höhenmeter bergab	763 m
Maximale Steigung	12,4 %
Durchschnittliche Steigung	6,8 %
Maximales Gefälle	7,9 %
Durchschnittliches Gefälle	4,0 %

Kurz vor dem Col Sant'Angelo öffnet sich dann das Land vor unserem Windshield und gibt den Blick frei auf eine der schönsten Postkartenidyllen Norditaliens: den malerischen Lago di Misurina, einen gewaltigen Bergsee direkt zu Füßen der Tre Cime di Lavaredo. Zwar ist das Highlight des Parco Naturale delle Dolomiti d'Ampezzo touristisch gut strukturiert und auch ganztägig Ziel nahezu jedes Reisebusses, dennoch finden sich immer wieder Möglichkeiten für einen Boxen- inklusive ausgiebigem Fotostopp. Und gleich hinter dem See gen Norden wartet dann nicht nur die unscheinbare Passhöhe des Col Sant'Angelo auf uns, sondern noch eine Überraschung, die uns landschaftlich und auch fahrerisch begeistern wird. Mehr dazu im Infokasten.

Bild linke Seite: Einen kurzen Blick auf Cortina d'Ampezzo erlaubt der Pass.

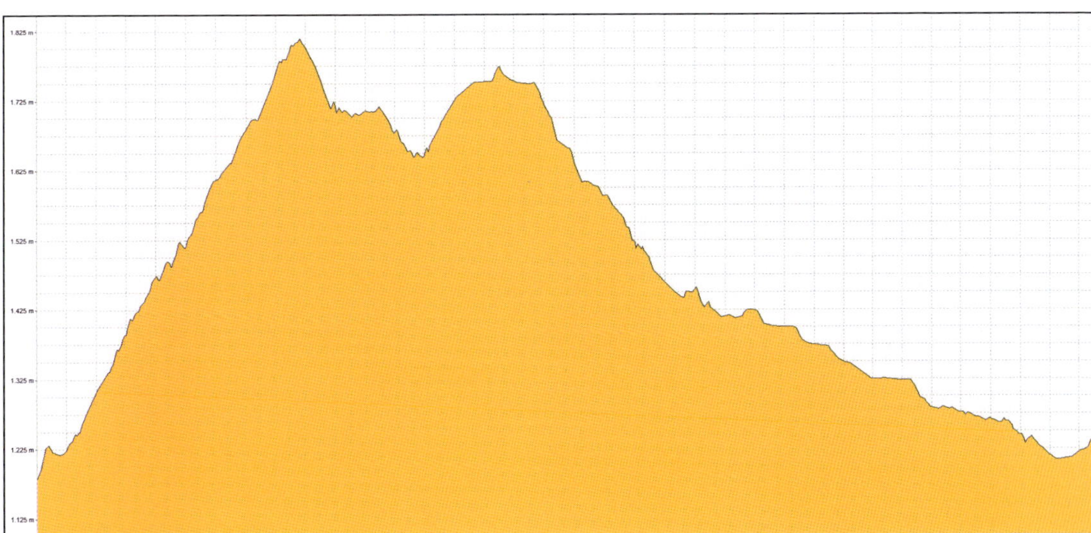

UNESCO-Welterbe Dolomiten – diese Auszeichnung war überfällig.

29 Alpenpässe in Italien
FORCELLA STAULANZA

IM ÜBERBLICK

Name	Forcella Staulanza
Land	Italien
Region	Dolomiten
Höchster Punkt	1770 m
Basisorte	Selva di Cadore und Forno di Zoldo
Anzahl der Kehren	20
Streckenlänge	26 km
Schwierigkeitsgrad	leicht
Mautpflicht	keine
Wintersperre	keine
Kombinierbar mit	Nr. 27, 28, 38
... oder aus Band 1	Nr. 42, 43, 44, 45, 46, 47, 48, 49

Haben Sie vor der Lektüre dieses Buches noch nie vom Forcella Staulanza oder auch Passo Staulanza gehört? Nun, wahrlich kein Grund, sich zu schämen, gehört der mit 1770 Metern eher mittelhohe Pass doch unzweifelhaft zu den ziemlich unbekannten Riesen im Reigen aller Dolomitenpässe. Dennoch sollte man ihn, seine Kehren und bis zu 15 Prozent Steigung respektive Gefälle nicht unterschätzen – geschweige denn ignorieren!

Der Pass verbindet das Val Fiorentina im Norden mit den Zoldotal im Süden. Die landschaftlich sehr abwechslungsreiche Strecke verläuft zwar überwiegend durch Wälder, beschert uns aber dennoch reichlich Fahrspaß. Auf der Passhöhe erwartet uns eine bewirtschaftete Hütte, die vor allem an Wochenenden auch als Bikertreff sehr beliebt ist. Liegen doch all die namhaften Dolomitenpässe im Grunde hier gleich um die Ecke.

Das Passschild – übrigens mit der Schreibweise »Passo« – scheint allerdings ein wenig zu schummeln, alle GPS-Systeme zeigen dort oben maximal 1770 Höhenmeter an, ja manche Beschreibungen des Passes berichten sogar von »nur« 1766 Metern. Macht aber nichts, dafür gibt es unweit der Passhöhe sogar einen Dinosaurierfußabdruck zu bestaunen. Am Fuß des Monte Pelmo liegt er in der Nähe einer Almkäserei und ist auf einer kleinen

Leichtes Terrain mit tollen Ausblicken

SEHENSWERTES AM WEGESRAND

Immer wenn sich rund um Forno di Zoldo das Blickfeld weitet, wenn sich der Wald öffnet, werden Sie sich vielleicht fragen, welch imposantes Felsmassiv sich dort am Horizont wie eine unüberwindbare Mauer aufbaut. Es handelt sich um die markante, ja im Grunde einzigartige Formation der »Civetta«. Der 3220 Meter hohe Berg bildet gemeinsam mit einigen kleineren Gipfeln die sogenannte Civetta-Moiazza-Gruppe, eine sechs Kilometer lange Felsenmauer, die Richtung Westen über 1000 Meter steil in die Täler abfällt. In den 60er-Jahren des letzten Jahrhunderts wurden die Gipfel von dem Jäger und Bergsteiger Simeone De Silvestro erstmals bestiegen. Seine damalige Route ist heute noch Standard, sie und andere teilweise gesicherte Touren zählen immer noch zu den anspruchsvollsten Klettersteigen der gesamten Dolomiten.

ausgeschilderten Wanderrunde zu erreichen. Ob der Abdruck allerdings tatsächlich von einem echten Dino stammt – nun ja, ich habe da so meine Zweifel.

Dafür zählt jener Monte Pelmo mit seinen imposanten 3170 Metern Höhe unzweifelhaft zu den höchsten Gipfeln der Dolomiten. Entlang der gesamten Passstrecke dösen einsame Weiler im warmen Licht der Dolomitensonne, vor allem rund um die Ortschaften weitet sich das Blickfeld, da hier der Wald gerodet wurde. Stress, Hektik oder gar Überholspuren sucht man hier allerorten vergebens. Der Forcella Staulanza eignet sich perfekt, um den eigenen Gleichgewichtssinn auf die gen Norden und Westen anschließenden Dolomitenhöhepunkte zu justieren, um das Thema Pässefahren zu perfektionieren, bevor wir uns an die wirklich schweren Kandidaten wagen. Die habe ich auch in meinen weiteren Kombinationsvorschlägen berücksichtigt.

Beliebt und gut besucht – die Passhöhe des Staulanza

HÖHENPROFIL

Höhenmeter bergauf	495 m
Höhenmeter bergab	987 m
Maximale Steigung	11,4 %
Durchschnittliche Steigung	5,5 %
Maximales Gefälle	14,5 %
Durchschnittliches Gefälle	6,9 %

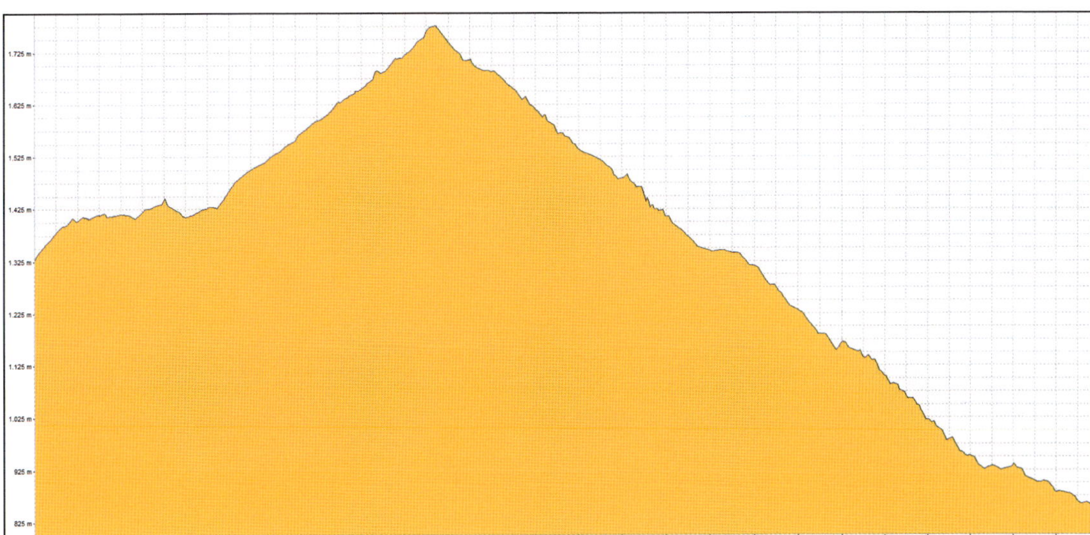

30 Alpenpässe in Italien
PASSO DURAN

IM ÜBERBLICK

Name	Passo Duran
Land	Italien
Region	Dolomiten
Höchster Punkt	1601 m
Basisorte	Agordo und Forno di Zoldo
Anzahl der Kehren	8
Streckenlänge	30 km
Schwierigkeitsgrad	leicht
Mautpflicht	keine
Wintersperre	keine
Kombinierbar mit	Nr. 29, 32
... oder aus Band 1	Nr. 44, 45, 48, 54

Auch der im Süden des Staulanza anschließende Passo Duran bietet uns ein prächtiges Territorium, um dem schönsten Hobby der Welt ausgiebig zu frönen, unseren Kurvenschwung zu optimieren und die Ideallinie zu finden – also die auf der Straße meine ich –, sofern man sein Bike schon einigermaßen gut im Griff hat. Denn die oftmals recht schmale, kurvenreiche Passstraße verlangt volle Konzentration. Gleichwohl sie in 2012 auf nahezu der gesamten Länge neu asphaltiert wurde, verfügt sie immer noch über einige recht schmale Stellen, an denen wir für Gegenverkehr, vor allem in Form von Autos, die Ideallinie unter Umständen immer mal wieder verlassen müssen.

Die Passstrecke verbindet Agordo im Val Cordevole mit dem uns schon bekannten Forno di Zoldo im Val di Zoldo. Direkt auf der Passhöhe bieten sich herrliche Ausblicke zum Beispiel auf den schon erwähnten Monte Pelmo, einen der höchsten Gipfel der Dolomiten.

Trotz aller Enge geht es zumindest an verkehrsarmen Tagen recht zügig bergan, zahlreiche Weiler und Almen liegen rechts und links des Lenkers wie auch so manches herrliche Pausenplätzchen. Dann verschwindet die Straße in lichtem Wald, gewürzt mit einigen Kehren und Kurven geht es hinauf zur Passhöhe, die sich in einer kleinen Senke zwischen zwei mächtigen Dolomitengipfeln befindet.

Am Parkplatz drapieren sich zwei bewirtschaftete Berghütten und laden zur Einkehr ein. Beide Gasthäuser sind auch beliebte Etappenziele auf dem europäischen Fernwanderweg München–Venedig, der hier vorbeiführt. Insgesamt stellt die Pässekombi Staulanza-Duran meine persönliche Lieblingsalternativroute dar, wenn ich von Cortina d'Ampezzo kommend gen

Die Felsregionen der Dolomiten immer im Blick geht es zur Passhöhe.

SEHENSWERTES AM WEGESRAND

Das Val di Zoldo oder auch Val Zoldana rund um seinen Hauptort Forno di Zoldo ist einer der Geheimtipps für Naturfreunde in den südlichen Dolomiten. Das Tal, geformt von dem in sommerlicher Hitze nahezu austrocknenden Torrente Maè, liegt vollständig in der Provinz Belluno und wird von der landschaftlich sehr schön angelegten SP 251 erschlossen.
Teile des Tals rund um den Monte Schiara gehören zum »Parco Nazionale Dolomiti Bellunesi«, einem 1993 gegründeten Nationalpark, der alle Zweitausender der Provinz Belluno umfasst. Die immense landschaftliche Vielfalt der Natur begeistert wohl jeden Besucher: Tief eingeschnittene Täler wechseln mit Almen und sanften Hügellandschaften, aus denen immer wieder imposante Felsformationen in den Himmel ragen. Mit immerhin 2563 Metern ist der Monte Schiara der höchste Gipfel des nahezu unbewohnten Nationalparks.
Der 2185 Meter hohe Monte Rite hat sogar eine spannende Geschichte zu erzählen. Auf seinem Gipfel stehen die Reste eines italienischen Forts aus dem Ersten Weltkrieg. Erbaut 1911 wurde das schwer bewaffnete Fort 1917 von österreichischen Truppen kampflos erobert und 1918 kurz vor Ende des Krieges größtenteils gesprengt. Heute beherbergen die Reste des ehemaligen Forts eines der fünf Messner Mountain Museen. 2002 vom Extrembergsteiger Reinhold Messner ins Leben gerufen, erzählt es die nicht minder spannende Erschließungsgeschichte der Dolomiten.

Süden nach Agordo schwingen will, oder auch umgekehrt. Denn sie ist deutlich weniger verkehrsreich als die Piste über Cencenighe Agordino und Alleghe.

HÖHENPROFIL

Höhenmeter bergauf	1059 m
Höhenmeter bergab	803 m
Maximale Steigung	11,0 %
Durchschnittliche Steigung	7,8 %
Maximales Gefälle	12,9 %
Durchschnittliches Gefälle	6,0 %

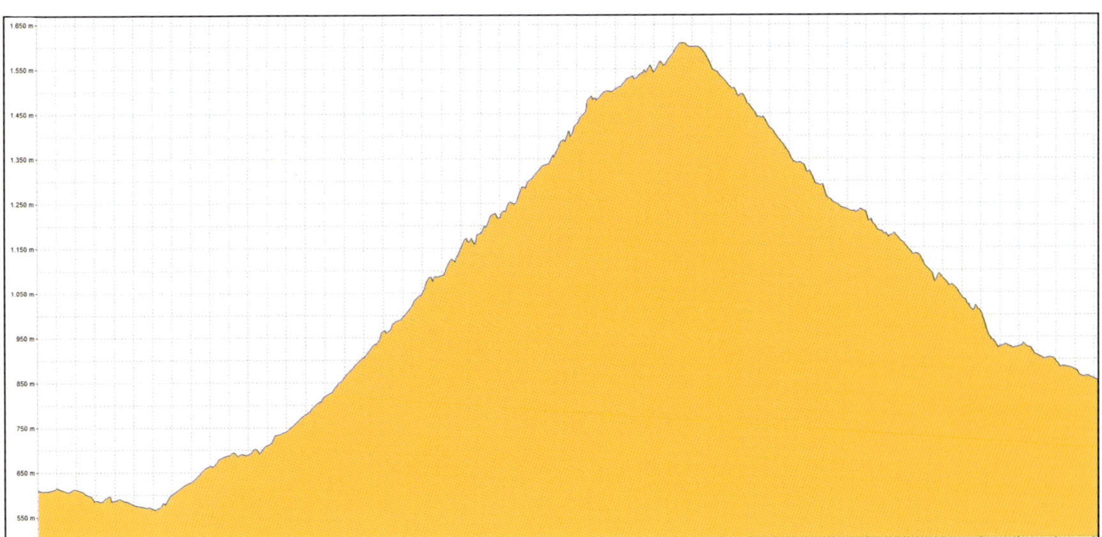

31 *Alpenpässe in Italien* PASSO BROCON

IM ÜBERBLICK

Name	Passo Brocon
Land	Italien
Region	Trentino
Höchster Punkt	1616 m
Basisorte	Castello Tesino und Canal San Bovo
Anzahl der Kehren	17
Streckenlänge	33 km
Schwierigkeitsgrad	leicht
Mautpflicht	keine
Wintersperre	keine
Kombinierbar mit	Nr. 32
... oder aus Band 1	Nr. 53, 54

Mit dem Passo Brocon, auch Passo del Brocon oder di Brocon genannt, verlassen wir das Gebiet der Dolomiten bereits wieder, zumal ich in Band 1 meiner Pässesammlung all die namhaften Höhepunkte dieses legendären Motorradparadieses bereits ausführlich beschrieben habe. Der durchgehend ordentlich asphaltierte und sehr schräglagenreiche Pass liegt zwischen Castello Tesino und Canal San Bovo, zwei beschaulichen Basisorten, in denen das Leben wohl nur an Tagen mit bunten Wochenmärkten richtig pulsiert.

Gleich hinter Castello steigt die Passstraße bergan und der Kurventanz beginnt. 17 Spitzkehren verteilen sich recht gleichmäßig auf beide Rampen, die gesamte Strecke ist recht schmal, auf der eher unscheinbaren Passhöhe liegt ein Gasthof und gleich daneben ein martialisches Kriegerdenkmal geschmückt mit allerlei Kriegsgerät, das an die blutige Geschichte des Passo Brocon erinnert.

Nach dem Krieg von 1866 verlor Österreich-Ungarn die gesamte Region Venetien an Italien. Wer ab da vom Rollepass kommend in das (noch österreichische) Valsugana reisen wollte, musste zwangsläufig einige Kilometer über italienisches Territorium. Eine Tatsache, die vor allem dem österreichi-

Offen in alle Richtungen – ein Offroad-Highlight beginnt hinter dem Passschild.

SEHENSWERTES AM WEGESRAND

Apropos Abwechslung – mein Tipp für Endurofahrer an dieser Stelle lautet: Zwischen dem Gasthof auf der Passhöhe und dem Kriegerdenkmal zweigt eine anfangs noch frisch asphaltierte Single-Track-Road Richtung Westen ab, die uns zur ehemaligen Südrampe des Brocon führt. Ausgeschildert ist ein B&B-Bauernhof, entlang der Gasse zweigen aber immer wieder rechts und links Offroadpisten ab, die nahezu vollständig ohne Beschränkung befahrbar sind. Und die neben einer ordentlichen Portion leichtem Geröll vor allem eines zu bieten haben: prächtige Ausblicke auf die Täler rund um den Passo Brocon.
Dessen Name leitet sich übrigens von der Schneeheide (Erica carnea) ab, einem volkstümlich »Brocon« genannten Heidekraut, das sich vor allem auf mitteleuropäischen Berggipfeln sehr wohlfühlt und jeden Frühling herrlich bunte Farbtupfer in die Landschaft zaubert.

schen Militär verständlicherweise enormes »Bauchweh« bereitete, woraufhin diese den sofortigen Bau einer Militärstraße über den Broconsattel forderten. Es sollte allerdings noch ganze vier Jahrzehnte dauern, bis die Pläne zu dieser Strecke Realität wurden. Erst 1907 begann man mit dem Bau der 45 Kilometer langen Straße, die 1909 feierlich eingeweiht wurde. Rund drei Millionen Österreichische Kronen kostete die Strecke, das wären heutzutage umgerechnet nur wenige Hundert Euro und damit also ein echtes Schnäppchen.

Doch bereits 1918 versank die Straße in der Bedeutungslosigkeit, da sich der Grenzverlauf zwischen Italien und Österreich vollständig geändert hatte und ganz Südtirol zu Italien kam. An der mangelnden militärischen Relevanz der Passstraße hat sich seitdem kaum etwas geändert, heute wird sie vor allem von Einheimischen genutzt. Ach ja – und von Bikern auf der Suche nach einer höchst kurvenreichen Abwechslung.

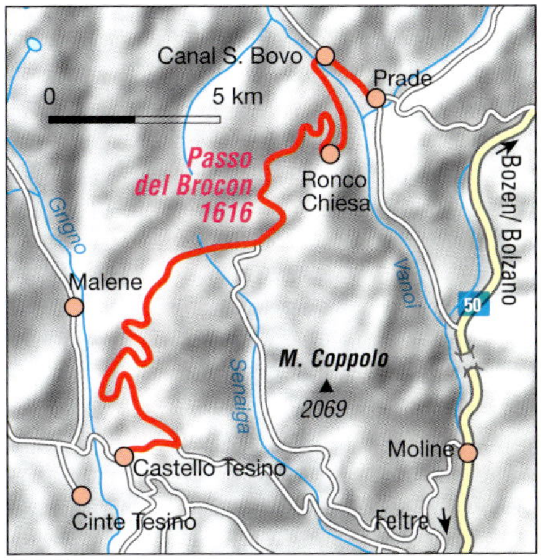

Den Kurventanz trainieren – am Brocon eher Genuss, denn Arbeit

HÖHENPROFIL

Höhenmeter bergauf	775 m
Höhenmeter bergab	946 m
Maximale Steigung	8,7 %
Durchschnittliche Steigung	4,8 %
Maximales Gefälle	12,6 %
Durchschnittliches Gefälle	6,0 %

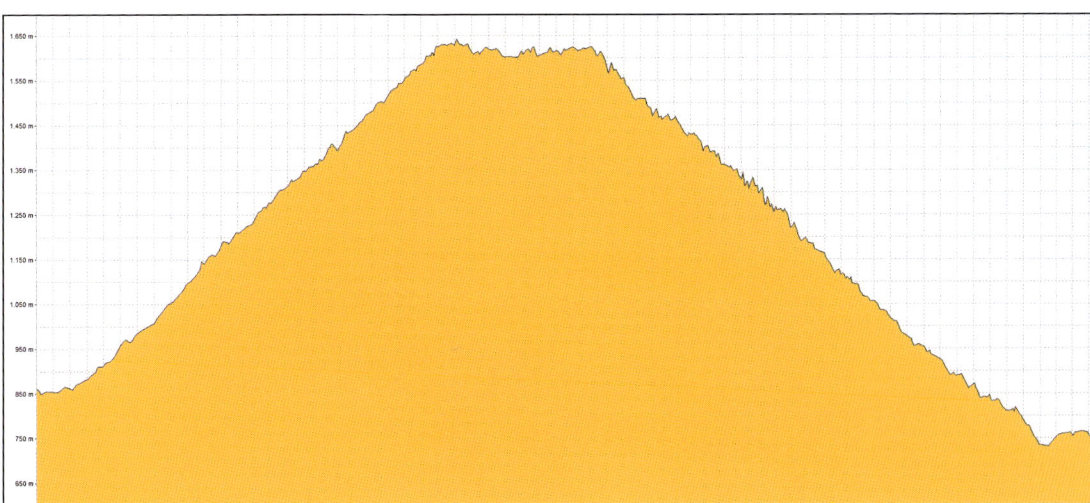

32 Alpenpässe in Italien
PASSO DI GOBBERA

IM ÜBERBLICK

Name	Passo di Gobbera
Land	Italien
Region	Trentino
Höchster Punkt	988 m
Basisorte	Canal San Bovo und Mezzano
Anzahl der Kehren	25
Streckenlänge	19 km
Schwierigkeitsgrad	mittelschwer
Mautpflicht	keine
Wintersperre	keine
Kombinierbar mit	Nr. 30, 31
... oder aus Band 1	Nr. 52, 53, 54

Zugegeben: Mit nicht einmal 1000 Höhenmetern ist er nun nicht gerade spektakulär, dennoch gibt es 25 überzeugende Argumente, die eine Erkundung und Überquerung des Passo di Gobbera zu einem echten Leckerbissen werden lassen. Denn das schmale Sträßlein windet sich über 25 durchaus mittelschwere Serpentinen, garniert mit herrlichen Ausblicken auf die umliegenden Bergketten. Zudem ist der idyllische Weiler Gobbera oben am Pass eine echte Schau. Eine Handvoll Häuser, eine Kneipe, ein Tante-Emma-Laden und mächtig viel Natur drum herum – das war's auch schon, aber genau das nenne ich Idylle pur!

Entlang grüner Wiesen und verfallener Scheunen windet sich die Strecke bergan. Da es einige winzige Abzweige zu beachten gibt und nicht jeder von Ihnen, liebe Leser, den Download der GPS-Daten auf der Verlagswebseite nutzen kann, habe ich Ihnen die Reihenfolge der Weiler hier einmal kurzerhand aufgelistet: Canal San Bovo – SP 239 – Localitá Coroni – Localitá Prade – Localitá Cicona – Localitá Zortea – Localitá Gobbera und Passo di Gobbera – SP 79 – Immer – Mezzano.

Landschaftlich vereint der Passo di Gobbera das Valle del Vanoi mit dem Valle del Primiero, im Winter ist die Passhöhe mit ihren umgebenden Berghängen ein beliebtes, nicht allzu schwieriges und familienfreundliches Wintersportparadies. Von Frühling bis weit in den Herbst hinein gehört die Piste dem entdeckungsfreudigen Biker nahezu allein.

Das schmale kurvige Sträßchen bietet wenige Gelegenheiten zur Aussicht, dafür aber mächtig viel Fahrspaß. Oben auf dem Scheitelpunkt öffnet sich der Wald und gibt den Blick frei auf den Weiler Gobbera sowie die nahe gelegene Kirche San Silvestro. Damit besitzt Gobbera alles, was die Menschen

Eine der leichtesten Kehren im Mittelstück des Gobbera

SEHENSWERTES AM WEGESRAND

Der fast 20 000 Hektar große Parco Naturale Paneveggio – Pale di San Martino beschützt eines der größten Fichtenwaldrefugien Italiens. Er wurde 1967 gegründet und umfasst auch den Fichtenwald des Paneveggio, der bei Geigenbauern für seine hervorragend geeigneten Haselfichtenfasern berühmt ist. Bereits Stradivari soll hier sein Holz für die wohl berühmtesten und teuersten Geigen der Welt eingekauft haben. Deshalb wird der Wald bei Einheimischen auch Foresta dei Violini, Geigenwald, genannt. Heute sind die Wälder geschützt und Stradivari & Co. müssen sich ihr Holz anderswo besorgen.
Mitten im Herzen des Naturparks liegt das hübsche Bergdorf San Martino di Castrozza, berühmt seit den letzten Jahrzehnten des 19. Jahrhunderts, als es von englischen und deutschen Alpinisten entdeckt wurde. Das erste Hotel entstand 1873, die Gästeliste des Dorfes zeigt heutzutage so große Namen wir Sigmund Freud oder König Leopold von Belgien. Arthur Schnitzler schrieb in seinem Roman *Fräulein Else* zu Beginn des 20. Jahrhunderts »Die Luft von San Martino ist prickelnd wie der Champagner« und Richard Strauss ließ sich hier oben für seine *Alpensymphonie* inspirieren.
Der umliegende Wald birgt auch heute noch so manches Geheimnis, wie das des Mazarol, eines wilden Mannes, der den Einheimischen die Kunst der Käsezubereitung beibrachte. Oder das des Caza Beatrik, eines fürchterlichen Menschen, der von fünfpfötigen Hunden begleitet liebend gerne die Wanderer erschreckt. Sie sehen, hier oben in San Martino di Castrozza ist so einiges geboten.

hier zum Leben benötigen: eine Kirche und ein Wirtshaus. Ach ja – einen funktionierenden Brunnen gibt es auch noch im Dorf.

HÖHENPROFIL

Höhenmeter bergauf	438 m
Höhenmeter bergab	563 m
Maximale Steigung	14,4 %
Durchschnittliche Steigung	6,8 %
Maximales Gefälle	9,5 %
Durchschnittliches Gefälle	4,8 %

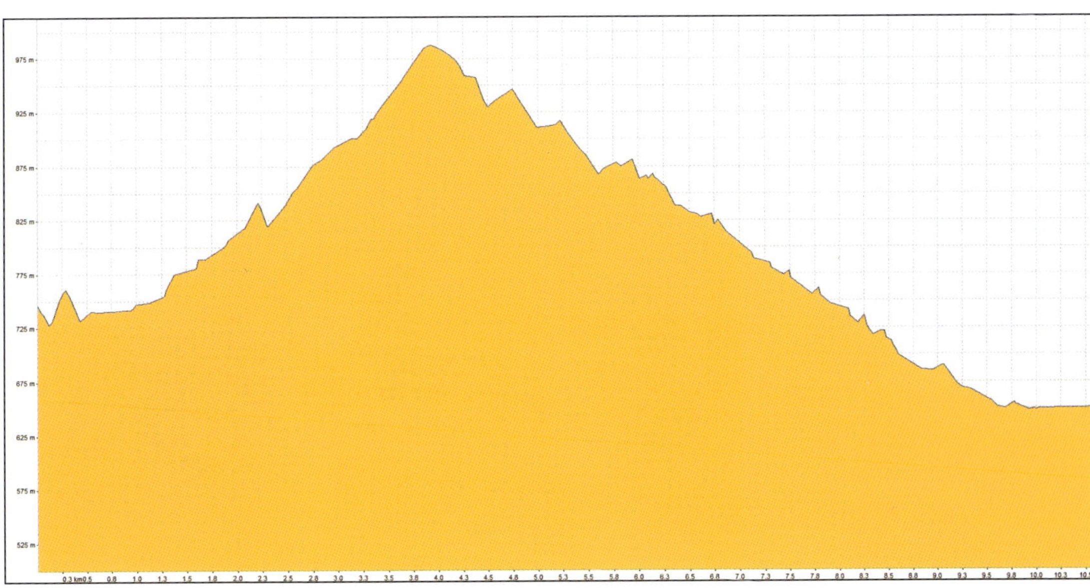

33/34 *Alpenpässe in Italien*
PASSO DI VALBONA & PASSO COE

IM ÜBERBLICK

Name	Passo di Valbona & Passo Coe
Land	Italien
Region	Trentino
Höchster Punkt	1782 m + 1610 m
Basisorte	Folgaria und Arsiero
Anzahl der Kehren	13
Streckenlänge	36 km
Schwierigkeitsgrad	leicht
Mautpflicht	keine
Wintersperre	keine
Kombinierbar mit	Nr. 35, 36, 37
... oder aus Band 1	Nr. 53

Auch im herrlichen Trentino gibt es ein Pässedoppelpack, über das ich gerne berichten möchte: den Passo di Valbona – auch Valico di Valbona genannt – und sein »Vorspiel« namens Passo Coe. Eine liebliche hügel-, aber auch aussichtsreiche Landschaft erwartet uns hier am Übergang der südlichen Dolomiten in das gewaltige Etschtal. Unser Basisort Folgaria, eine 3000-Seelen-Gemeinde, besitzt nicht nur Wurzeln, die immerhin bis in das 12. Jahrhundert zurückreichen, sondern auch eine äußerst spannende Geschichte – die der geheimnisvollen Zimbern in Oberitalien, eines wohl auf bajuwarische Ursprünge zurückgehenden Volksstammes, den es irgendwann einmal nach Oberitalien verschlagen hatte. Knapp 1000 Menschen sprechen heute noch das Zimbrische, die meisten leben im Trentino.

Gen Süden verlassen wir Folgaria und wedeln hinauf zum Passo Coe. Die verkehrsarme Straße verläuft landschaftlich sehr schön, zahlreiche Kurven und einige Kehren später stehen wir oben auf der wahrlich unscheinbaren Passhöhe des Coe auf 1610 Metern. Westlich der Passhöhe liegen die Reste zweier österreichischer Festungen aus dem Ersten Weltkrieg und erzählen von der blutigen Vergangenheit des Passes. Eine Kinderskipiste und eine

Ein aussichtsreiches Hochtal verbindet beide Pässe.

SEHENSWERTES AM WEGESRAND

Das Trentino ist – gemeinsam mit Südtirol – die bekannteste und bei uns Deutschen beliebteste Region Norditaliens, direkt an der sonnenverwöhnten Südalpenseite. Nur 100 Kilometer südlich des Brenners gelegen beginnt dort die Motorradsaison bereits im März mit freien Straßen, sonnenverwöhnten Landschaften und angenehmen Temperaturen.
Trento als Kopf, der tiefe Einschnitt des Etschtales als der Körper, die Täler, Berge und Hochebenen rechts und links als die Flügel – mit genügend Abstand betrachtet ähnelt die geografische Gestalt des Trentino tatsächlich einem Schmetterling und so mag es nicht verwundern, dass dieses luftig-leichte, zur Sonne strebende Wesen zur Symbolfigur der gesamten Provinz gemacht wurde.

Bar komplettieren das Bild, bevor wir weiter gen Südosten huschen.

Die gut ausgebaute Straße schwingt sodann durch ein weites Hochtal mit zahlreichen Felsengipfeln am Horizont und steigt nahezu unmerklich nochmals 170 Höhenmeter bergan. Das obligatorische Passschild des Valbona habe ich allerdings in all den Jahren vergebens gesucht, irgendwo rund um eine kleine Weggabelung der SP 92 muss es einmal gestanden haben. Apropos: Einige Offroadpisten zweigen entlang der Passstraße rechts und links ab und führen zu den Gipfelplateaus der umliegenden Berge. Die Ausblicke dort oben sind zwar bei Kaiserwetter grandios, leider sind einige Pisten aber seit Kurzem für motorisierte Fahrzeuge gesperrt. Echte Offroader sollten sich zumindest aber die nicht gesperrten Pisten unbedingt einmal gönnen. Sie sind mit leichten Enduromaschinen gefahrlos zu erforschen.

HÖHENPROFIL

Höhenmeter bergauf	708 m
Höhenmeter bergab	1575 m
Maximale Steigung	15,4 %
Durchschnittliche Steigung	7,8 %
Maximales Gefälle	11,5 %
Durchschnittliches Gefälle	6,0 %

Kein Pharaonengrab, sondern ein Kriegs-Mahnmal ziert den Passo Coe.

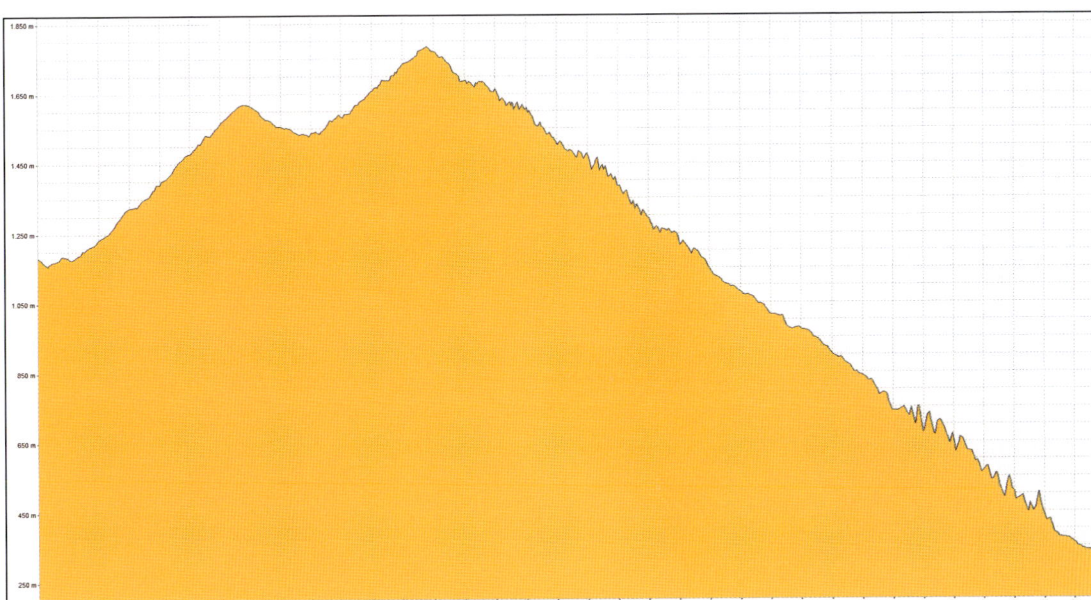

see-the-world.de

Zwischen Folgaria und Arsiero liegen zahlreiche herrliche Motorradstrecken.

35 Alpenpässe in Italien
PASSO DEL SOMMO

IM ÜBERBLICK

Name	Passo del Sommo
Land	Italien
Region	Trentino
Höchster Punkt	1343 m
Basisorte	Folgaria und Caldonazzo
Anzahl der Kehren	12
Streckenlänge	22 km
Schwierigkeitsgrad	leicht
Mautpflicht	keine
Wintersperre	keine
Kombinierbar mit	Nr. 33, 34, 36
... oder aus Band 1	Nr. 53

Auch der Passo del Sommo gibt sich mit 1343 Metern redlich Mühe, ist aber sicherlich nicht geeignet, um am Bikerstammtisch daheim mit seiner Eroberung zu protzen. Aber nicht nur als Ergänzung zum Passo Coe sowie Valbona ist er zu empfehlen, auch als eigenständige Route vom Etschtal hinüber zum herrlichen Seendoppelpack Lago di Caldonazzo und Lago di Levico ist er meine erste Wahl.

Diesmal verlassen wir Folgaria Richtung Osten und nehmen sogleich den Anstieg zur Passhöhe hinauf in Angriff. Drei Kehren und eine Handvoll Kurven später stehen wir inmitten einer weiten Hochebene und suchen die Passhöhe. Die haben Sie direkt an einer kleinen Kapelle sowie dem Abzweig eines ausgeschilderten Höhenweges zum Forte Sommo Alto gefunden. Das Passschild versteckt sich am Beginn der Offroadpiste, die zu diversen Kriegstrümmern führt.

Überall in den umliegenden Hügeln verbergen sich nämlich noch die Reste alter Festungswerke aus dem Ersten Weltkrieg. Das oberhalb der Ortschaft Fondo Grande gelegene und noch recht gut erhaltene ehemalige Fort Sommo Alto ist ein beliebter Exkurs italienischer Enduristen, die trotz eines klaren Verbotsschildes im Mopedsattel zu den frei zugänglichen Festungsanlagen huschen. In deren unterirdischen Gängen – Achtung: Steinschlag und Einsturzgefahr – gibt es noch so manche Zeitzeugnisse zu entdecken. Hochspannend, wie mir einige Biker berichteten.

Richtung Caldonazzo beginnt dann der eigentliche Kurventanz des Passes, ja wir können uns sogar noch den wohl völlig unbekannten Passo della Fricca einverleiben, einen 1135 Meter hohen Sattel, dessen Gipfel aller-

Die Kapelle gilt als Passhöhe, ein Schild ist schwer zu finden.

SEHENSWERTES AM WEGESRAND

Auch das recht beschauliche norditalienische Städtchen Rovereto lohnt einen ausgiebigen Boxenstopp. Die Wurzeln dieser typisch italienischen Stadt gehen immerhin auf das 12. Jahrhundert zurück, sein Zentrum bietet ein Sammelsurium mittelalterlich anmutender Gässchen und herrlicher – aber auch vom Zahn der Zeit mächtig angenagter – Palazzi, eine Burg mit Kriegsmuseum und platanenüberschattete Plätze. Nicht umsonst gelten Rovereto und seine Einwohner aufgrund ihrer heiteren und unbeschwerten Lebensart als die Vorboten Venedigs. Bereits Mozart soll sich hier bei seinen Besuchen Mitte des 18. Jahrhunderts äußerst wohl gefühlt haben. Gönnen wir uns doch einen kleinen Rundgang vor dem nächsten Kurvengemenge.

dings untertunnelt ist. Die historische Passstrecke über den Berg ist zwar noch sichtbar, aber offiziell gesperrt und mit einer Schranke gesichert.

Eine hochinteressante und fahrerisch anspruchsvolle Alternative zum Passo della Fricca ist die östlich über Monte Rovere verlaufende Kaiserjägerstraße – auf die komme ich im Folgenden noch zu sprechen. Unsere Passstraße pendelt nun im idyllischen Caldonazzo direkt an zwei der schönsten Badeseen des Trentino aus. Haben Sie Handtuch, Badehose oder Bikini eingepackt? Dann nichts wie ab in das angenehm warme Wasser.

HÖHENPROFIL

Höhenmeter bergauf	175 m
Höhenmeter bergab	979 m
Maximale Steigung	14,4 %
Durchschnittliche Steigung	4,8 %
Maximales Gefälle	13,5 %
Durchschnittliches Gefälle	6,0 %

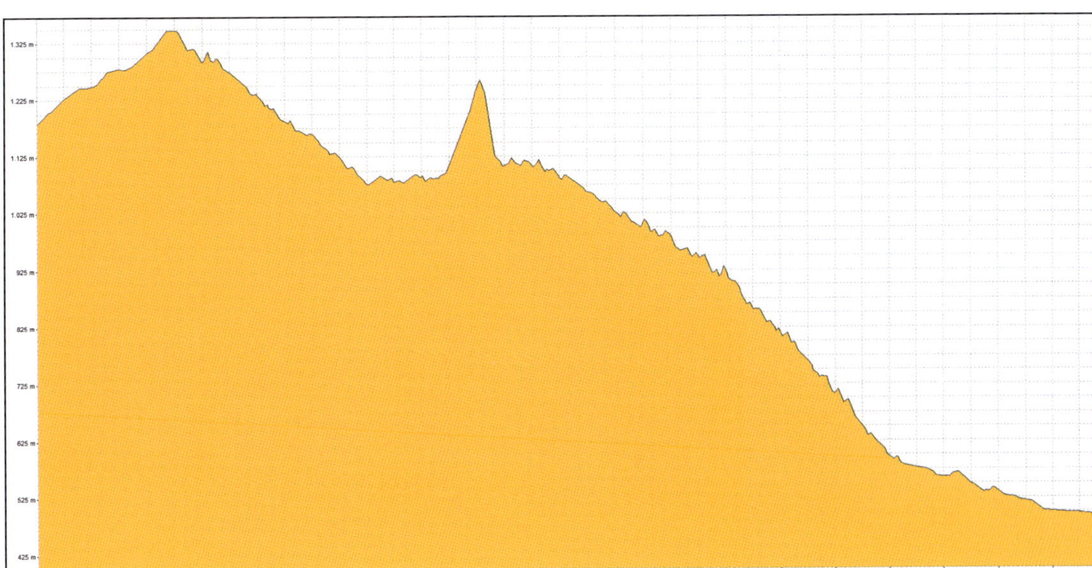

36 Alpenpässe in Italien
PASSO VEZZENA

IM ÜBERBLICK

Name	Passo Vezzena
Land	Italien
Region	Trentino
Höchster Punkt	1402 m
Basisorte	Lavarone und Asiago
Anzahl der Kehren	9
Streckenlänge	32 km
Schwierigkeitsgrad	leicht
Mautpflicht	keine
Wintersperre	keine
Kombinierbar mit	Nr. 31, 33, 34, 35, 37
... oder aus Band 1	Nr. 53

Der Passo Vezzena ist einer der ganz wenigen trentinischen Pässe, die bereits auf spätmittelalterlichen Karten eingezeichnet waren und deshalb eine richtig lange, spannende Geschichte zu erzählen haben. Er liegt direkt auf der Grenze der italienischen Provinzen Trentino und Vicenza hoch droben auf dem vor allem aus dem Ersten Weltkrieg berühmt-berüchtigten Plateau von Lusern.

Während des Gebirgskrieges 1915–1918 verlief ein wichtiger Teil der sogenannten Italienfront direkt hier oben am Pass. Die gesamte Front zog sich vom Stilfser Joch über den Ortler und das Adamello-Massiv bis zum nördlichen Gardaseeufer. Östlich des Etschtales zog sie sich weiter über den 2232 Meter hohen Pasubio sowie die Sette Comuni und erlaubte der Armee Österreich-Ungarns, die italienischen Truppen in die Zange zu nehmen. Doch all das ist lange schon Geschichte.

Hier scheint die Alpensonne auf blutgetränkten Boden.

SEHENSWERTES AM WEGESRAND

Die nur spärlich ausgeschilderte Kaiserjägerstraße oder Strada dell'Alpini wurde im Ersten Weltkrieg von den österreichischen Kaiserjägern, einer Spezialtruppe aus vier Infanterieregimentern der gemeinsamen Armee Österreich-Ungarns, aus dem Fels gehauen und diente lange Zeit als eine der wichtigsten Versorgungslinien der Kriegsfront auf der Lavarone-Hochebene. Heute ist diese atemberaubend trassierte Militärstraße zwar durchgehend ordentlich asphaltiert, sie besitzt aber vor allem im nördlichen Abschnitt neben extrem engen Spitzkehren auch noch enge, sehr unübersichtliche Felsentunnel, die volle Konzentration sowie die Beherrschung des eigenen Bikes erfordern. Und ein gerüttelt Maß an alpiner Erfahrung im Mopedsattel kann auch nicht schaden. Belohnt werden wir dafür mit einem fahrerischen Highlight sowie fantastischen Ausblicken auf die umliegenden Tallandschaften sowie das Seendoppel Lago di Caldonazzo und Lago di Levico.

Die gut ausgebaute Passstraße führt von Lavarone direkt hinauf zum Pass und schwingt sodann über eine weite Hochebene, bevor sie sich gemächlich Richtung Asiago wieder absenkt. Die eigentliche, recht unspektakuläre Passhöhe ist deshalb schwer zu bestimmen, sie befindet sich kurz nach dem Abzweig zur atemberaubenden Strada dell'Alpini, der Kaiserjägerstraße (siehe Infokasten).

Übrigens: Zahlreiche alte Militärstraßen kreuzen die Hochebene oder zweigen von dieser ab, wie zum Beispiel die Erzherzog-Eugen-Straße, die unter anderem hinauf zu den Resten der Gipfelfestung am Cima di Vezzena führt. Alle diese geschichtsträchtigen Offroadpisten unterliegen allerdings offiziell einem strikten Fahrverbot, das aber nach meinen Erfahrungen vor allem von norditalienischen Enduristen zumindest wochentags schlichtweg ignoriert wird. Entscheiden Sie bei Bedarf bitte selbst.

Auf der Hochebene von Lusern erwarten uns viele Geschichten aus längst vergangenen Kriegen.

HÖHENPROFIL

Höhenmeter bergauf	398 m
Höhenmeter bergab	545 m
Maximale Steigung	11,4 %
Durchschnittliche Steigung	3,8 %
Maximales Gefälle	11,5 %
Durchschnittliches Gefälle	2,8 %

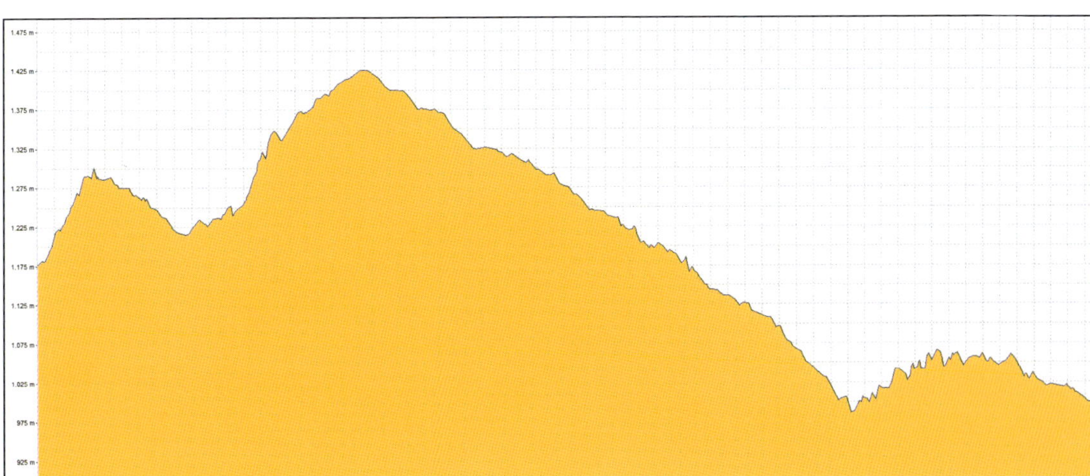

37 STRADA PANORAMICA DEL MONTE BALDO / MONTE-BALDO-HÖHENSTRASSE

IM ÜBERBLICK

Name	Strada Panoramica del Monte Baldo / Monte-Baldo-Höhenstraße
Land	Italien
Region	Trentino
Höchster Punkt	1619 m
Basisorte	Caprino Veronese oder Avio und Mori
Anzahl der Kehren	45, ab Avio 51
Streckenlänge	60 km, ab Avio 47 km
Schwierigkeitsgrad	leicht bis mittelschwer
Mautpflicht	keine
Wintersperre	keine
Kombinierbar mit ... oder aus Band 1	Nr. 33, 34, 35, 36 Nr. 55

Am Ostufer des legendären Gardasees wartet eine Höhenstraße, die uns – mit Ausnahme sommerlicher Wochenenden im Juli und August vielleicht – an vielen Tagen im Jahr nahezu allein gehören wird.

Direkt am See, den jeder kennt, so mancher hasst und viele von uns im Sommer weiträumig umfahren, liegt der reizvolle Einstieg, das Warm-up zu dieser Tour. Gönnen Sie sich doch vorab einen entspannenden Kurvensurf auf der Uferstraße nach Malcesine und Castello di Brenzone. Im Weiler Pasola zweigt sie dann ab, die Stichstraße hinauf in die Berge Richtung Monte-Baldo-Massiv. Zwei Basisorte eignen sich für den Einstieg im Süden – entweder Caprino Veronese oder Avio. Die Südrampe von Caprino aus ist einfacher zu fahren, gleich hinter Avio müssen wir 18 Spitzkehren auf engstem Raum bewältigen, das ist kein Terrain für den Anfänger im Sattel.

Jener Monte Baldo trennt übrigens mit seinem 30 Kilometer langen Bergrücken den Gardasee vom Etschtal, Seilbahnen führen auf seinen Gipfel und herrliche Motorradpisten liegen an seinen Flanken. Entlang der gesamten Strecke locken uns zudem nicht nur herrliche Pausenplätze, sondern auch leicht erreichbare bewirtschaftete Berghütten, die einen Einkehrschwung lohnen. Wer seine Wanderschuhe im Gepäck hat, kann zwischen mehreren verschiedenen Touren wählen, die sogar in einmaligen Ausbli-

SEHENSWERTES AM WEGESRAND

Okay, für so manchen Motorradfahrer ist er eine absolute No-go-Area. Auch ich mache im Sommer, wenn man vor lauter Surfern, Luftmatratzen und planschenden Badeschlappentouris nahezu trockenen Fußes über den See wandeln kann, einen großen Bogen um ihn. Aber von März bis Juni und von September bis in den November hinein ist der Gardasee der greifbar nahe liegende Tipp für unbeschwerten Kurvenschwung inmitten prächtiger, meist sonnenverwöhnter Landschaften. Ja, ich behaupte sogar, dann ist der mit 370 Quadratkilometern Fläche größte See Italiens eines der schönsten Tourenziele südlich des Brenners. Denn in der Nebensaison ist nicht nur seine vom Verkehr befreite historische Uferstraße ein Erlebnis, auch die zahlreichen Stichstraßen hinauf in die Berge entführen uns mit einem Dreh am Gasgriff in eine ungeahnte landschaftliche Vielfalt. Deshalb lautet meine These: Der Gardasee ist Pflicht für jeden Motorradfahrer – zumindest einmal im Leben.

cken auf den im Westen liegenden Gardasee enden.

Apropos Boxenstopp: Am Nordende der Höhenstraße, bevor Sie vielleicht zu ganz anderen Genüssen an den Gardasee schwingen, sollten Sie sich einen erfrischenden Boxenstopp in Mori gönnen – in der Gelateria Pasticceria Bologna in der Via Garibaldi 12. Viele sagen, hier gebe es das beste Eis der gesamten Gardaseeregion. Eine Behauptung, die ich persönlich sofort unterschreiben würde, obgleich die Heimat der meisten und besten Gelatieri ja nahe der Sella di Rioda liegt, wie Sie sich von Tour Nr. 19 her erinnern werden. Zumindest einen professionellen Eismacher hat es aber definitiv nach Mori verschlagen.

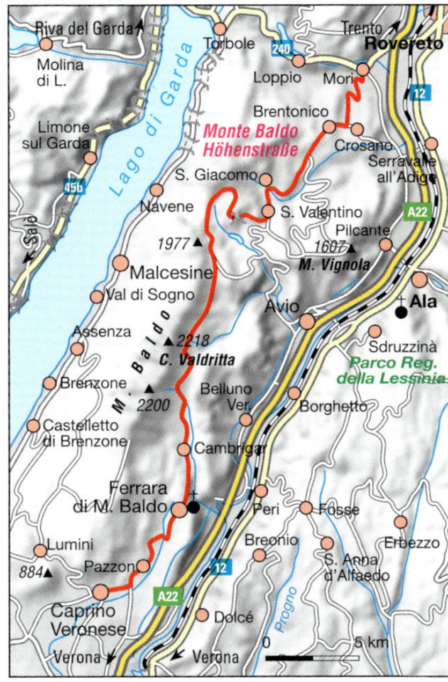

Bild linke Seite: Heizer-Paradies: Weite Teile der Höhenstraße sind schmal, aber perfekt asphaltiert.

HÖHENPROFIL

Höhenmeter bergauf	1545 m
Höhenmeter bergab	1663 m
Maximale Steigung	13,4 %
Durchschnittliche Steigung	4,8 %
Maximales Gefälle	12,5 %
Durchschnittliches Gefälle	6,8 %

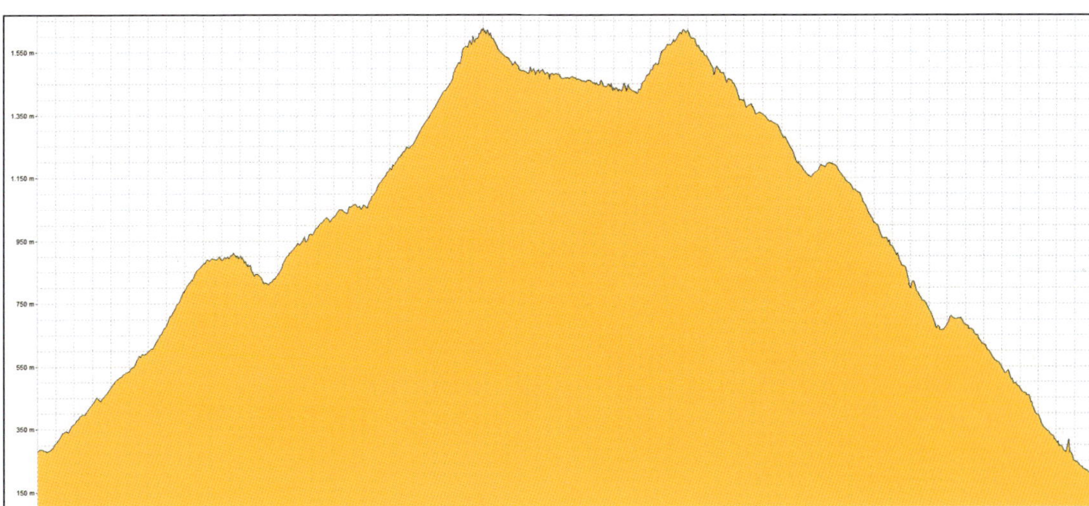

38 *Alpenpässe in Italien*
PASSO DELLE ERBE / WÜRZJOCH

IM ÜBERBLICK

Name	Passo delle Erbe / Würzjoch
Land	Italien
Region	Südtirol
Höchster Punkt	2003 m
Basisorte	Bressanone / Brixen und San Martino in Badia
Anzahl der Kehren	40
Streckenlänge	46 km
Schwierigkeitsgrad	leicht, abschnittsweise mittelschwer
Mautpflicht	keine
Wintersperre	November bis April aus Richtung Brixen
Kombinierbar mit	Nr. 39, 42
... oder aus Band 1	Nr. 39, 40, 42, 43, 46, 47, 49

Das Würzjoch in Südtirol verbindet das gewaltige Eisack- mit dem Gadertal und führt auf einer Höhe von bis zu 2000 Metern über ein Hochplateau, das auch als Naherholungsgebiet der Brixener Bürger sehr beliebt ist. Obwohl die gesamte Strecke gut asphaltiert ist, besitzt sie in ihrem oberen Drittel einige Engstellen, die bei Gegenverkehr eine ruhige Gashand und die Beherrschung des eigenen Bikes erfordern. Vor allem an schönen Sommerwochenenden ist also erhöhte Vorsicht angeraten.

Ladinische Forscher vermuten übrigens, dass das Würzjoch schon seit vielen Jahrhunderten als Alpenquerung genutzt wird, als Indiz dafür führen sie den in der Nähe des Jochs gefundenen Crep de la Scritüra an, den legendären »Fels mit der Inschrift«, der jedoch beim Neubau der Straße von Bauarbeitern zerstört wurde, ohne dass vorher jemand zumindest ein Foto der uralten und rätselhaften Inschrift machen konnte. Absicht oder Versehen – es ist nicht mehr zu klären. Forscher, die den Stein kannten, vermuten, dass es sich um einen römischen Wegweiser gehandelt habe.

Oben auf dem Joch liegt der gern besuchte Almgasthof Ütia de Börz, der auch ein beliebter Bikertreff der Region ist. Hier kann man sich gute Tipps zu den weiteren Highlights der Region holen wie auch den aktuellen Zustand der alternativen Westrampe des Würzjochs erfragen. Die beginnt nämlich im Örtchen Klausen/Chiusa und schwingt durch das Villnösstal nach Osten. Über den Weiler Funes steigt die sehr schmale Piste dann berg-

SEHENSWERTES AM WEGESRAND

Am Zusammenfluss von Eisack und Rienz liegt das über 1000-jährige Brixen mit seinen uralten Gassen, gepflegten Bürgerhäusern, idyllischen Laubengängen und unzähligen Brücken. Eine lebendige Geschichte begleitet den Besucher auf Schritt und Tritt, Alleen und Parks säumen die Altstadt, Weingärten und Obstplantagen prägen die Architektur der Brixener Umgebung. Und inmitten dieser Pracht quirlt das Leben – in Brixen ist immer irgendetwas los, von Altstadtfesten über Konzerte bis zum Kellertheater reicht der proppenvolle Eventkalender. Und gleich im Osten schließt die Brixener Dolomitenstraße an, sie führt auf 30 kurvigen Kilometern durch die nördlichen Ausläufer der Dolomiten über das Würzjoch nach San Martino in Badia. Toll! Infos unter www.brixen.it.

an und mündet schließlich in die von Brixen kommende Hauptroute.

Die Ostrampe des Würzjochs ist deutlich breiter ausgebaut, zumal hier auch eine Buslinie aus dem Gadertal kommend Wanderer auf das Joch befördert. Achtung: Die Busfahrer haben beinahe polizeiähnliche Weisungsbefugnis und nehmen sich meistens die Vorfahrt. Der Klügere gibt auch hier nach.

Bild linke Seite: Der Bikertreff auf der Passhöhe ist beliebt.

HÖHENPROFIL

Höhenmeter bergauf	1725 m
Höhenmeter bergab	1156 m
Maximale Steigung	14,4 %
Durchschnittliche Steigung	5,8 %
Maximales Gefälle	15,5 %
Durchschnittliches Gefälle	8,0 %

Das Joch schenkt uns herrliche Ausblicke

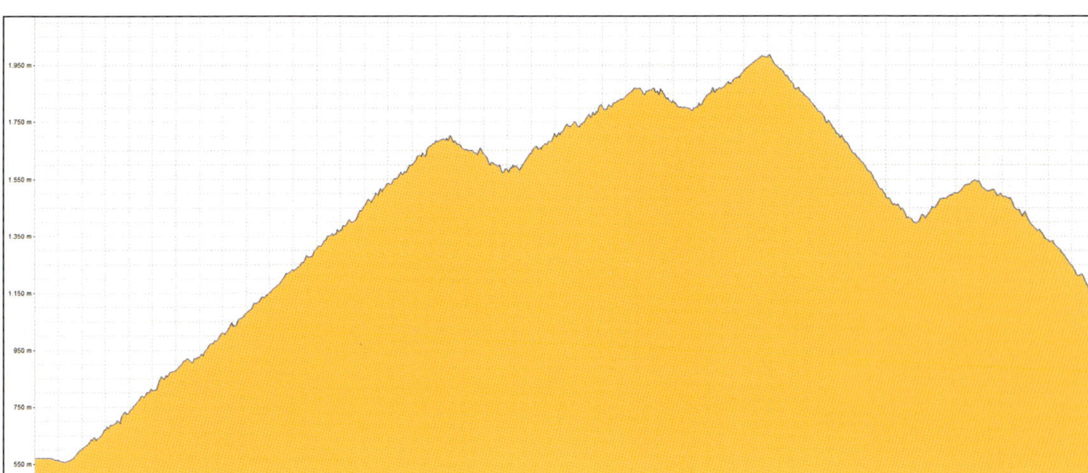

39 *Alpenpässe in Italien*
PASSO FURCIA / FURKELPASS

IM ÜBERBLICK

Name	Passo Furcia / Furkelpass
Land	Italien
Region	Dolomiten
Höchster Punkt	1789 m
Basisorte	Marebbe und Valdaora
Anzahl der Kehren	16
Streckenlänge	19 km
Schwierigkeitsgrad	leicht
Mautpflicht	keine
Wintersperre	keine
Kombinierbar mit	Nr. 27, 28, 38
... oder aus Band 1	Nr. 41, 42, 43, 44, 46, 47, 48, 49

Der Furkelpass ist zwar nicht Pflicht, gehört aber zur gelungenen Kür einer jeden Motorradreise durch die Dolomiten, denn – ja, kein Witz – er ist ein waschechter Dolomitenpass. Zwar am nördlichen Rand des Welterbes gelegen und nur näherungsweise hochalpin, dennoch ein Pass, den wir unserem Lebens-Roadbook auf jeden Fall bei nächster Gelegenheit hinzufügen sollten. Der Pass liegt zwischen dem 2275 Meter hohen Felsmassiv des Kronplatzes im Norden und dem 2507 Meter hohen Piz da Peres im Süden und war sogar schon mehrmals gefürchteter Bestandteil der legendären Giro d'Italia.

Ganz gemütlich steigt die Talstraße ab Marebbe/Enneberg an und führt durch im Sommer eher trostlose Skiresorts inmitten einstmals prächtiger Almwiesen. Dann geht es hinein in lichten Wald, und allmählich nähern wir uns dem steilen Abschnitt der Südwestrampe. Kurz vor dem Scheitelpunkt geht es durch Wälder und vorbei an zahlreichen Liftanlagen des Wintersportgebietes Kronplatz, dessen Höhenzüge aber nur über eine steile Schotterstraße zu erreichen sind. Im Sommer ist diese Piste offiziell gesperrt und sogar mit einer Schranke gesichert.

Dem Vernehmen nach soll sich sogar kein Geringerer als Jan Ullrich zusammen mit anderen Fahrern geweigert haben, die letzten Meter dieses Giro-d'Italia-Gipfels zu erklimmen. Es war ihm wohl zu anstrengend. Die ge-

SEHENSWERTES AM WEGESRAND

Sie ist eine der bekanntesten Städte Südtirols im Pustertal direkt an der Mündung der Ahr in die Rienz gelegen: Das 1256 erstmals urkundlich erwähnte Bruneck ist das wirtschaftliche Zentrum des Pustertales und mit gut 16 000 Einwohnern die fünftgrößte Stadt Südtirols. 2006 feierte Bruneck sein 750-jähriges Bestehen, gegründet wurde der Ort durch den Fürstbischof Bruno von Kirchberg, der dem Ort auch sein heutiges Wahrzeichen, das Schloss Bruneck, erbauen ließ. Man mag es auf den ersten Blick gar nicht glauben, aber Bruneck ist auch ein beliebtes Tourismuszentrum. Ungeachtet der Verkehrsbelastung ist die zentrale Lage an der SS 49 neben der prallen Geschichte Brunecks auch ein Standortvorteil der Stadt. Von hier aus liegen die Highlights des westlichen Pustertales allesamt nur einen Steinwurf entfernt.

HÖHENPROFIL

Höhenmeter bergauf	635 m
Höhenmeter bergab	785 m
Maximale Steigung	14,9 %
Durchschnittliche Steigung	7,8 %
Maximales Gefälle	13,5 %
Durchschnittliches Gefälle	8,0 %

samte Passstrecke ist bei Rennradlern sehr beliebt, auf sie gilt es vor allem beim Abstieg Richtung Nordosten zu achten.

Seit 2003 existiert oben auf der Passhöhe sogar ein künstlich angelegter See, der allerdings keinerlei Naturschutzgedanken verfolgt, sondern einzig und allein der Wasserversorgung der winterlichen Schneekanonen dient. Die ehemalige Schutzhütte des Furkelpasses wurde inzwischen zu einem großen Hotel umgebaut, in dessen öffentlichem Restaurant wir bei Bedarf den Einkehrschwung üben können.

Der Pass ist bekannt vor allem bei Italo-Bikern.

Bild linke Seite: Das Wasser des Speichersees ist für Schneekanonen, nicht für Badegäste.

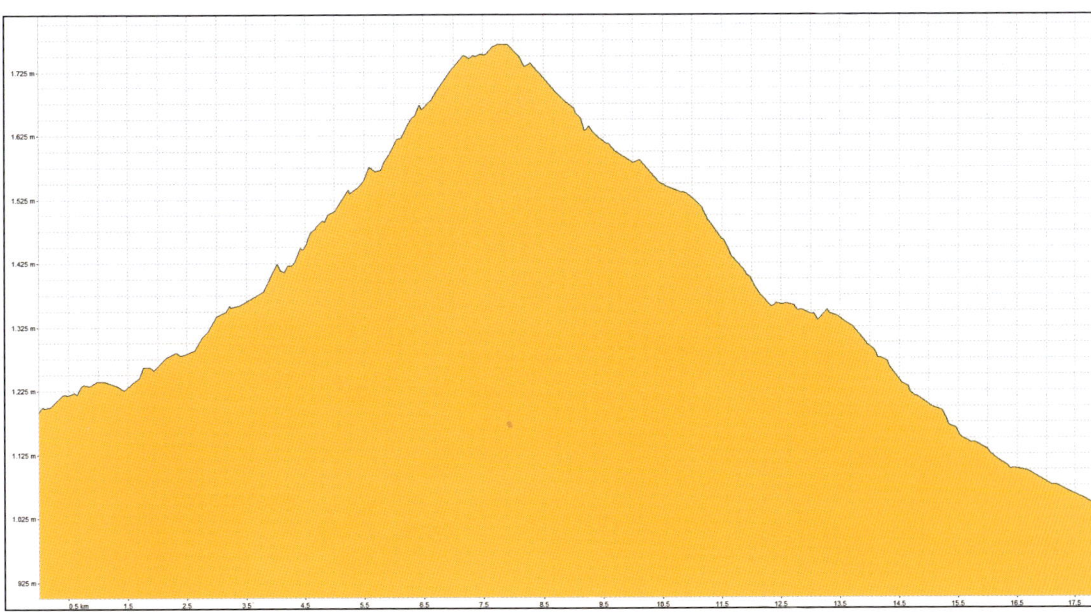

40 Alpenpässe in Österreich
GEOLSALPE UND GARTALM

IM ÜBERBLICK

Name	Geolsalpe und Gartalm
Land	Österreich
Region	Tirol/Zillertal
Höchster Punkt	1835 m
Basisort	Fügen
Anzahl der Kehren	10 bzw. 12
Streckenlänge	17 km
Schwierigkeitsgrad	mittelschwer, teilweise Kiespiste
Mautpflicht	keine
Wintersperre	Dezember bis April
Kombinierbar mit ... oder aus Band 1	Nr. 2, 41 Nr. 4, 21, 23, 24, 25

Diese prächtige, aber auch herausfordernde Sackgasse am Westhang des Zillertales habe ich vor einigen Jahren mehr durch Zufall entdeckt. War ich doch auf der Suche nach dem nördlichen Einstieg in die legendäre Zillertaler Höhenstraße (siehe Infokasten) im Zillertal ein paar Straßen zu früh abgebogen und fand mich auf einmal – gepäckbefreit, solo und gut gestärkt auf dem Bike unterwegs – auf einem freigegebenen Almweg wieder, der mit winzigen Wanderwegweisern auf zwei Almen deutete – eben jene Geolsalpe und die Gartalm.

Was erlaubt ist, kann gut werden, dachte ich mir und trieb meine damalige noch recht leichte Reiseenduro vorsichtig weiter und entdeckte eine Almlandschaft, wie man sie heutzutage nur noch sehr selten im Mopedsattel erreichen darf. Das Ganze garniert mit herrlichen Ausblicken auf das weit unter mir liegende Zillertal – übrigens insgesamt auch eine der schönsten Tourendestinationen Tirols.

Nur mein Navi zeigte sich mehr als irritiert, kannte es doch keinen der Almwege unter meinem Sattel. Sowohl die Zufahrt zur zeitweise bewirtschaftete Gartalm als auch zu der gen Nordwesten liegenden Geolsalpe sind leider Sackgassen und zwingen uns, nach einem erholsamen Boxenstopp

SEHENSWERTES AM WEGESRAND

Sie ist das Bikerhighlight des berühmten Zillertales, sie ist beliebt bei Motorradfahrern ebenso wie bei Mountainbikern, Gleitschirmfliegern, Wanderern und Ausflugstouristen. Ja, sie zählt meiner Meinung nach sogar zu den schönsten Höhenstraßen Österreichs, gleichwohl sich dies noch nicht herumgesprochen hat: die Zillertaler Höhenstraße. Insgesamt vier Auffahrten führen von Ried, Kaltenbach, Zellberg sowie Hippach-Schwendberg aus dem Zillertal hinauf auf eine Höhe von gut 2100 Metern und fordern auch an ruhigen Tagen unsere volle Konzentration. Oberhalb der Baumgrenze bieten sich atemberaubende Ausblicke auf die umliegenden Zillertaler Alpen, garniert mit zahlreichen Gasthöfen und Almwirtschaften.
Die mautpflichtige, atemberaubend enge Piste mit herausfordernden Spitzkehren ist kein Terrain für den Anfänger im Sattel, ein wenig alpine Erfahrung sollten Sie mitbringen, um Stress zu vermeiden. Und im unteren Drittel kann Ihnen sogar ein regelmäßig verkehrender Wanderbus entgegenkommen, dann heißt es unter Umständen sogar: Seitenkoffer abschnallen. Dennoch ist sie jeden Cent ihrer Maut wert, ja eine Reise durch das Zillertal ohne den Abstecher »Zillertaler Höhenstraße« ist für mich schlichtweg unvorstellbar.

und einer Runde »Seele baumeln lassen«, zur Umkehr. Dafür müssen wir beide Pisten höchstens mit den Jeeps der Almwirte wie den Pkws einiger Wanderer teilen, die sich hier auskennen. Ach ja – und mit Mountainbikern, die dieses Revier sehr zu schätzen wissen.

Beide Sackgassen waren übrigens bei meinem letzten Besuch 2012 auf der Gartalm größtenteils asphaltiert, nur am Ende erwartete mich eine kleine Kiespiste, die aber mit ein wenig Motorraderfahrung eigentlich keine Probleme bereitet. Für schwere Reisedampfer oder gar tief liegende Chopper ist

diese Strecke allerdings ungeeignet, den größten Genuss bietet sie auf jeden Fall mit leichten Enduros und gänzlich frei von Gepäck. Ach ja: Und falls Sie sich vorab über den Pistenzustand informieren möchten – in den Gasthöfen in unserem Basisort Fügen erhalten Sie dazu alle nötigen Informationen. Einfach fragen …

Bild linke Seite: Für das »Kolumbus-Gen« in uns: Der Weg zur Geolsalpe.

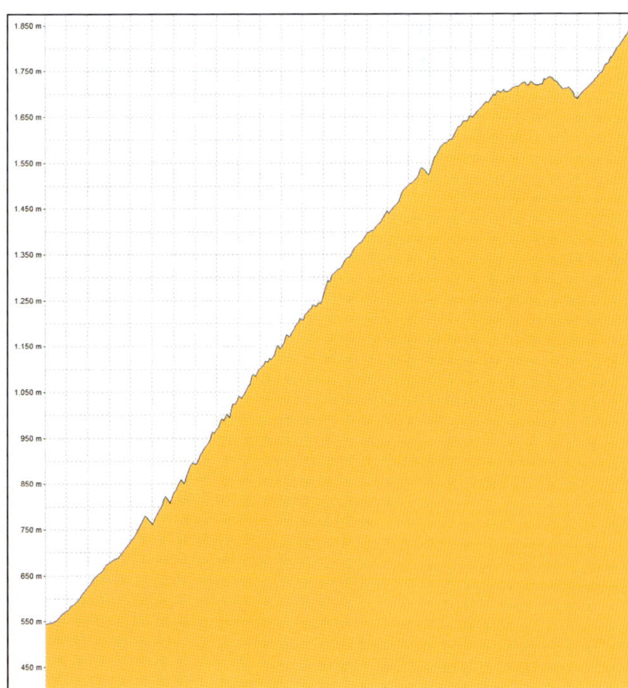

HÖHENPROFIL

Höhenmeter bergauf	1375 m
Höhenmeter bergab	310 m
Maximale Steigung	12,8 %
Durchschnittliche Steigung	9,8 %
Maximales Gefälle	4,8 %
Durchschnittliches Gefälle	3,8 %

41 Alpenpässe in Österreich
SCHLEGEIS ALPENSTRASSE

IM ÜBERBLICK

Name	Schlegeis Alpenstraße
Land	Österreich
Region	Tirol/Zillertal
Höchster Punkt	1805 m
Basisorte	Mayrhofen
Anzahl der Kehren	11
Streckenlänge	25 km
Schwierigkeitsgrad	leicht
Mautpflicht	ja
Wintersperre	November bis April
Kombinierbar mit	Nr. 40
... oder aus Band 1	Nr. 23, 24, 25

Er zählt zu den landschaftlichen Höhepunkten des Zillertales – der Schlegeis-Stausee, tief eingegraben in die Zillertaler Alpengipfel. Direkt am Südrand von Mayrhofen beginnt die legal befahrbare und asphaltierte Rampe zum Speichersee, sie führt uns durch tiefe Taleinschnitte zur Ortschaft Ginzling, einem beliebten Wanderdorf im Zillertal.

Nach der Mautstelle führt uns dann eine gut ausgebaute, aber recht schmale Piste zügig bergan. Acht Kehren und vier Natursteintunnel, die mit ihrer Höhenbeschränkung von 3,6 Metern zum Beispiel automatisch dafür sorgen, dass die Piste für die meisten Reisebusse unpassierbar ist, müssen erobert werden, bevor sich das Blickfeld vor uns öffnet und die mächtige Betonmauer des Schlegeis-Stausees in rund 1800 Metern Seehöhe vor unserem Windshield auftaucht.

Nicht nur Bauingenieure und technikbegeisterte Biker schwärmen hier übrigens von der Möglichkeit, das Innenleben der 725 Meter langen und 131 Meter hohen Schlegeis-Staumauer erkunden zu können. Die circa einstündige Führung in die Schlegeis-Sperre findet von Juni bis Oktober zwischen 10 und 16 Uhr zu jeder vollen Stunde statt. Fachkundige Mitarbeiter der Verbund AG, die mehrere riesige Stauwerke in den Alpen betreiben, bieten uns die seltene Möglichkeit, die hochkomplexe Technik eines derartigen Stausees sowie auch die komplizierten Kontrolleinrichtungen in der

Ein enges Tal führt uns auf ordentlicher Piste hinauf zum Speichersee

SEHENSWERTES AM WEGESRAND

Das Zillertal ist eine der berühmtesten touristischen Regionen Tirols, ja ganz Österreichs. Das gesamte Tal wie auch seine Hänge und Seitentäler sind ein wahres Paradies für Kurzurlaube und Wochenendtrips mit dem Motorrad. In Höhenlagen zwischen ein- und zweitausend Metern bieten sich hervorragende Ausblicke auf so manche Berühmtheiten der Alpen wie die Großglockner- und Venedigergruppe und das zerklüftete Kaisergebirge. Kleine Straßen und Sackgassen führen rechts und links des Lenkers in die immer noch recht einsamen Hochtäler, die vor allem im Sommer abseits allen Rummels auf ihre Entdeckung warten. Denn die berühmte Zillertaler Skisaison endet zuverlässig spätestens im Mai und gibt das Land und seine Pisten frei für uns Biker. Ab Juni dann sogar bis in die höchsten Höhenzüge wie die erwähnte Zillertaler Höhenstraße.

Mauer verständlich erklärt zu bekommen. Und direkt im Kraftwerk Mayrhofen, einem der eindrucksvollsten Krafthäuser im Zillertal, wird der entscheidende Abschnitt der Stromproduktion aus reiner Wasserkraft anschaulich erklärt.

Doch zurück zum gut vier Kilometer langen und zwei Quadratkilometer großen Stausee, dessen 130 Millionen Kubikmeter immerhin 330 Millionen Kilowatt feinsten Naturstrom produzieren – und das inmitten einer herrlichen Alpenlandschaft, umgeben von lichten Zirbenwäldern und einem Wanderparadies besonderer Güte, in dem es sich auch einfach nur gemütlich spazieren lässt. Allein schon der Gang über die gewaltige Krone der Staumauer ist erinnerungswürdig. Probieren Sie es aus.

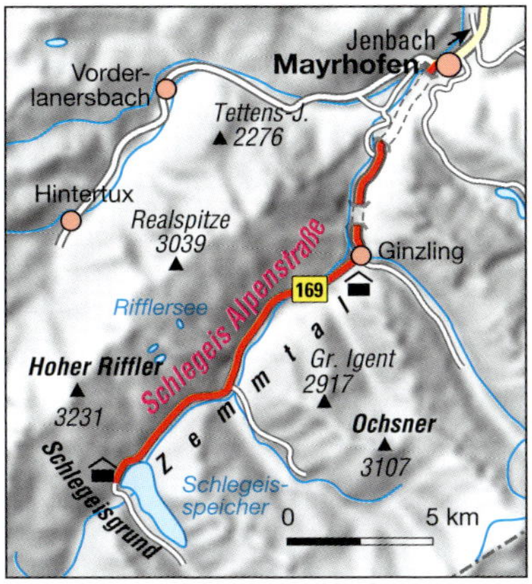

HÖHENPROFIL

Höhenmeter bergauf	1385 m
Höhenmeter bergab	220 m
Maximale Steigung	12,4 %
Durchschnittliche Steigung	6,8 %
Maximales Gefälle	7,5 %
Durchschnittliches Gefälle	6,5 %

Von November bis April bekommt die Natur ihre wohl verdiente Auszeit.

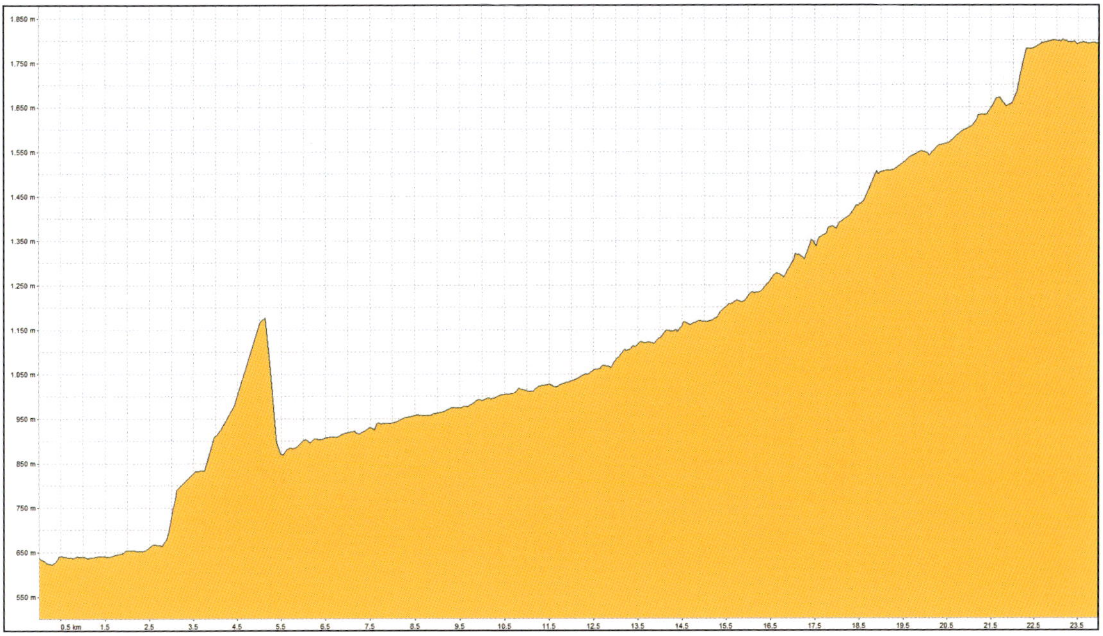

3,5t

Im Zillertaler Abseits lässt sich herrlich motorradtouren.

42 *Alpenpässe in Italien*
PASSO VIZZE / PFITSCHER JOCH

IM ÜBERBLICK

Name	Passo Vizze / Pfitscher Joch
Land	Italien
Region	Südtirol
Höchster Punkt	1500 m, zu Fuß bis 2250 m
Basisort	Vipiteno / Sterzing
Anzahl der Kehren	2
Streckenlänge	21 km
Schwierigkeitsgrad	leicht
Mautpflicht	keine
Wintersperre	für das Tal keine
Kombinierbar mit ... oder aus Band 1	Nr. 41 Nr. 25, 28, 39, 40, 62

»Ein Pass, der nur zu Fuß zu erreichen ist – was soll der denn in diesem Buch?«, werden Sie jetzt vielleicht zu Recht fragen. Doch erstens gehört die Anfahrt zum Joch durch das Pfitschertal zu den landschaftlich schönsten Routen Südtirols. Und zweitens gibt es aktuell Überlegungen, die letzten vier Kilometer Strecke bis hinauf zum Joch ebenfalls für den motorisierten Verkehr freizugeben. Denn die Talbewohner erhoffen sich dadurch eine deutliche Belebung des Tourismus – nicht vergebens, wie ich mir aufgrund der Attraktivität des gesamten Tales vorstellen kann.

Das Pfitschertal zählt zu den typischen Hochtälern der Zentralalpen und verläuft vom Sterzinger Becken auf gut 1000 Höhenmetern schnurstracks nach Nordosten. Nach 25 Kilometern endet es direkt in den Zillertaler Alpen am Pfitscher Joch auf gut 2250 Höhenmetern. Der Name des Tales soll übrigens an ein Unglück vor über 900 Jahren erinnern. In historischer Zeit wur-

Derzeit noch geht es die letzten Kilometer nur zu Fuß weiter.

SEHENSWERTES AM WEGESRAND

Eines der wohl schönsten Relikte Sterzings aus längst vergangenen Römertagen ist Burg Reifenstein, das gut 900-jährige Wahrzeichen ist ein Vertreter perfekter Burgenbaukunst. Auf hohem Fels, versteckt hinter Bäumen, erhebt sich die übrigens niemals eroberte Festung aus den Sümpfen des Sterzinger Moors südlich von Sterzing und zählt heutzutage zu den schönsten Burgen Südtirols. Aber gönnen Sie sich unbedingt auch eine ausgiebige Besichtigung von Sterzing selbst, denn das oftmals als reine Durchgangsstation missbrauchte Städtchen hat ebenfalls eine pralle Geschichte zu erzählen. Vor allem seine vom berühmten Zwölferturm dominierte Fußgängerzone mit ihren unzähligen Einkehr- und Shoppingmöglichkeiten besitzt einen ganz besonderen Reiz. Hier verschmelzen Geschichte und Geschäft, Gestern und Heute zu einer erlebenswerten Melange. Ja spätestens hier kann man feststellen, dass Sterzing genügend historische Substanz besitzt, um ein echtes Südtiroler Highlight zu sein.

de durch einen Bergsturz bei Wöhr ein riesiger See aufgestaut. Einer Legende zufolge soll dieser See dann in der Nacht vom 18. März 1080 über die Ufer getreten und zum Tal »hinausgepfitscht« sein. Dabei richtete er derart schwere Verwüstungen an, dass sie bis heute in den Geschichten des Tales sowie dessen Namen lebendig sind.

Der Zugang zum Pfitscher Joch selbst ist noch für Kraftfahrzeuge gesperrt, die letzten vier Kilometer geht es auch für uns nur zu Fuß weiter. Dennoch lohnt eine intensive Erkundung des Pfitscher Tales zu jeder Jahreszeit. Und lassen Sie sich bitte vom Sperrschild am Ende der Strecke überzeugen, die daran anschließende Kiespiste auch nicht mit leichten Enduros zu erobern. Denn eine Missachtung des Fahrverbotes kann in Südtirol nicht nur bußgeldtechnisch richtig teuer werden, sie könnte auch alle Pläne zur Freigabe der Piste bis hinauf zum Joch schädigen beziehungsweise endgültig atomisieren.

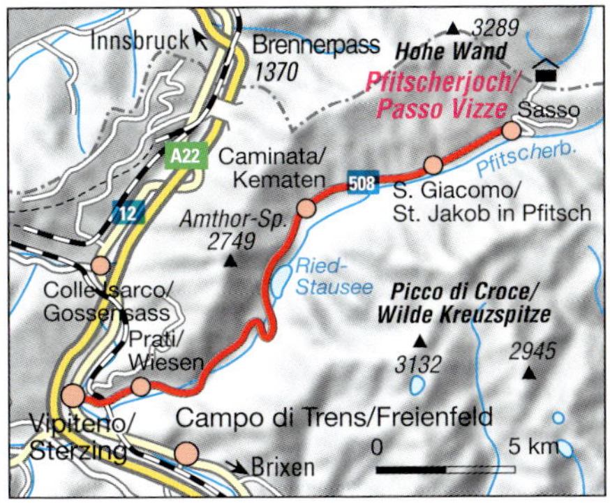

Eine richtig feine Sackgasse ist dieses Pfitschertal.

HÖHENPROFIL

Höhenmeter bergauf	779 m
Höhenmeter bergab	26 m
Maximale Steigung	13,4 %
Durchschnittliche Steigung	3,8 %
Maximales Gefälle	2,5 %
Durchschnittliches Gefälle	1,0 %

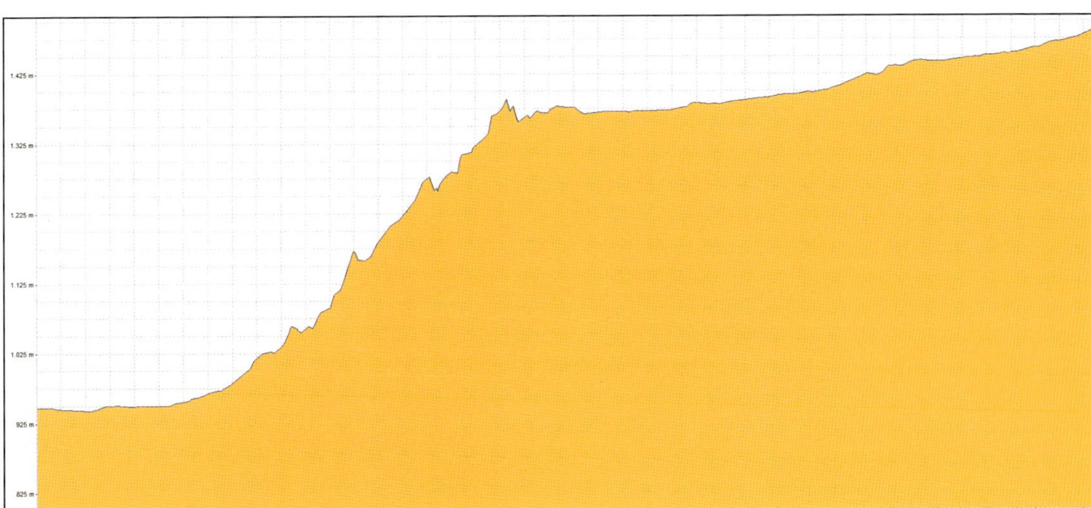

43 Alpenpässe in Österreich
ZEINISJOCH

IM ÜBERBLICK

Name	Zeinisjoch
Land	Österreich
Region	Vorarlberg und Tirol
Höchster Punkt	1842 m
Basisort	Galtür
Anzahl der Kehren	0
Streckenlänge	8 km
Schwierigkeitsgrad	leicht
Mautpflicht	keine
Wintersperre	keine
Kombinierbar mit	Nr. 44, 45
... oder aus Band 1	Nr. 33, 35, 36, 37

Als ich das erste Mal von Bludenz kommend die geniale Silvretta Hochalpenstraße befuhr, bin ich im Rausch der Kurven schlichtweg am winzigen Abzweig zum Zeinisjoch vorbeigebrettert. Ein Fehler, den Sie keinesfalls begehen sollten. Gleichwohl der Abstecher hinauf zum Zeinisjoch nur acht Kilometer Fahrspaß verspricht, gleichwohl die Strecke oben am Joch direkt auf der Rhein-Donau-Wasserscheide als Sackgasse endet und gleichwohl die existierende Westrampe nur mit – schwer zu erhaltender – Sondergenehmigung befahren werden kann, lohnt der Weg bergan auf jeden Fall.

Denn dort oben erwartet uns nicht nur eine prächtige hochalpine Landschaft, sondern auch der malerische Stausee Kops mit seinem Vorbecken und dem Zeinisjochhaus. Ja, Funde aus der Antike zeigen sogar, dass das Zeinisjoch schon zu römischer Zeit genutzt wurde, im angrenzenden Montafon siedelnde Alemannen zogen im frühen Mittelalter über das Joch hinein ins heutige Tirol und die Bewohner des Paznauntals betrieben seit dem 15. Jahrhundert einen derart regen Handel mit den Montafon, dass der uralte Saumweg über das Joch zu einem richtigen Karrenweg ausgebaut und befestigt wurde. Und die Reste einer spätmittelalterlichen Herberge fand man nahe der Scheitelhöhe.

SEHENSWERTES AM WEGESRAND

Die Silvretta Hochalpenstraße gehört bei jedem Besuch Vorarlbergs zu Bikers Pflichtprogramm. Aber bitte aufgepasst – sie entführt uns in die hochalpinen Verhältnisse der Silvretta-Region, und die hat für uns Motorradfahrer klimatisch nur zwischen Juni und Oktober geöffnet.
Ihr höchster Punkt liegt auf gut 2036 Metern, sie begeistert Biker mit 33 Kehren auf einer Länge von gut 26 Kilometern. Ihr Scheitelpunkt an der Silvretta-Bielerhöhe ist der höchste befahrbare Pass im Montafon direkt an der Flanke des berühmten Piz Buin, sie gehört zu den echten Traumstraßen der Alpen. Der größte Bikertreff Vorarlbergs liegt direkt an der Scheitelhöhe, Restaurants laden hier zum Einkehrschwung, das Silvrettahaus gerne auch zu einer Übernachtung. Und der imposante Silvrettasee besitzt mit dem höchstgelegenen Motorbootverkehr Europas eine ganz besondere Attraktion.
Hinab geht es anschließend in das Paznauntal, ein idyllisches Hochtal umringt von der Verwall- und Silvrettagruppe. Dessen Hauptort Ischgl gehört zum Mekka des Sommer- und Wintertourismus, aber auch Galtür und die anderen Ortschaften besitzen nicht nur einen erlebenswerten Charme, sondern auch spannende Geschichten. Alle Infos unter www.silvretta-bielerhoehe.at.

Erst als die Wege über den im Norden liegenden Arlbergpass für den intensiven Handel der Region ausgebaut und damit attraktiver wurden, versank das Zeinisjoch nahezu in der Vergessenheit. Die heutige Talstraße im Paznaun und Montafon wurde um 1885 erbaut und in der Folge dann auch um den Abzweig hinauf zum Zeinisjoch erweitert.

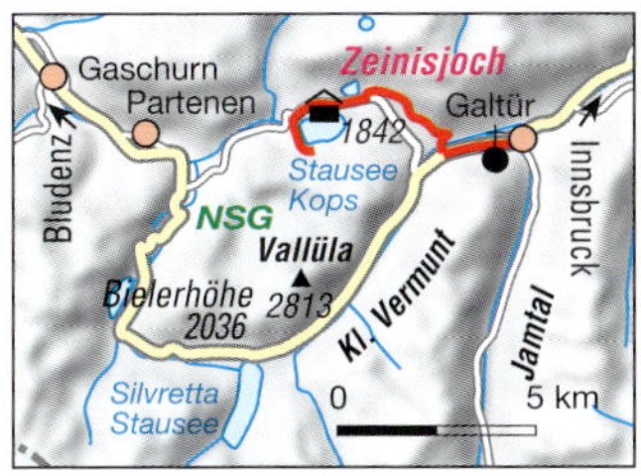

HÖHENPROFIL

Höhenmeter bergauf	315 m
Höhenmeter bergab	116 m
Maximale Steigung	13,4 %
Durchschnittliche Steigung	6,8 %
Maximales Gefälle	12,5 %
Durchschnittliches Gefälle	4,0 %

Bild linke Seite: Kein Badesee für Warmduscher – der malerische Stausee Kops

Links: Auch ohne echte Kehren ist die Strecke ein Genuss.

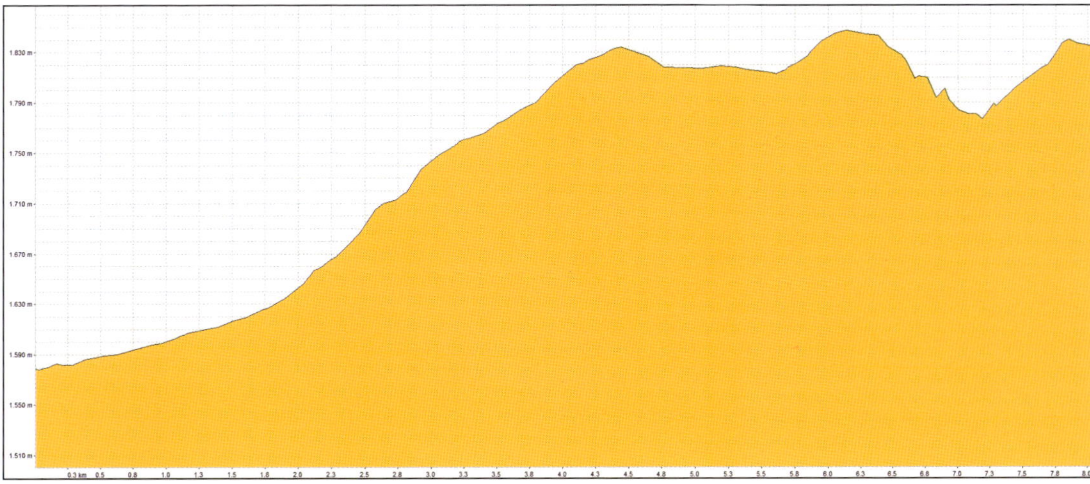

44 *Alpenpässe in Österreich*
BARTHOLOMÄBERG PANORAMASTRASSE

IM ÜBERBLICK

Name	Bartholomäberg Panoramastraße
Land	Österreich
Region	Vorarlberg
Höchster Punkt	1150 m
Basisorte	Sankt Anton im Montafon und Schruns
Anzahl der Kehren	8
Streckenlänge	18 km
Schwierigkeitsgrad	leicht
Mautpflicht	keine
Wintersperre	keine
Kombinierbar mit	Nr. 43, 45
... oder aus Band 1	Nr. 32, 33, 34, 35, 36, 37

SEHENSWERTES AM WEGESRAND

Malerisch umrahmt von den Lechtaler Alpen, dem Schweizer Rätikon und der Verwallgruppe gehört der Tourenstandort Bludenz ganz offiziell zu den schönsten Alpenstädten Europas. Eine Stadt mit wahrlich langer Geschichte, hier bilden Tore und Mauern, ehrwürdige Bürgerhäuser, verwinkelte Gassen und romantische Laubengänge bis heute eine in sich geschlossene Einheit. Historisch wertvoll ist in Bludenz nicht nur ein ausgiebiger Einkehrschwung in der verkehrsfreien Altstadt, auch der vorhergehende oder anschließende Bummel unter Altstadtlauben vorbei an prächtigen Bürgerhäusern ist in Bludenz ganz besonders reizvoll. Und wie so oft besitzt auch diese Vorarlberger Perle einen eigenen Hausberg, den 1400 Meter hohen Muttersberg. Auf dessen Gipfelplateau transportiert uns die Muttersbergbahn ganz bequem mit Panoramakabinen in gerade einmal acht Minuten Fahrzeit. Vom »Dach der Stadt« können wir den gesamten Talkessel überblicken. Und natürlich unser weiteres Tourengebiet mitten hinein in die hochalpinen Schätze Vorarlbergs.

Die sehenswerte Ortschaft Bartholomäberg liegt im Montafon in Österreichs westlichstem Bundesland Vorarlberg und erstreckt sich als weite Streusiedlung über eine Höhendifferenz von gut 700 Metern entlang eines mächtigen, einstmals dicht bewaldeten Bergrückens. Vor allem diese Lage auf einem natürlichen Sonnenbalkon des Montafons machte Bartholomäberg schon in prähistorischen Zeiten zu einem beliebten Siedlungsgebiet, heute ist der Ort die älteste Siedlung Vorarlbergs.

Von der Bronze- und Eisenzeit bis ins Mittelalter war Bartholomäberg ein Zentrum des Bergbaus, Edelmetalle wie Eisen, Kupfer und sogar Silber wurden hier in ansehnlichen Mengen gewonnen. Im Jahr 1319 wird das erste Silberbergwerk urkundlich nachgewiesen und bis in das 16. Jahrhundert nahezu lückenlos dokumentiert, wie auch das Bergbaumuseum in Silbertal berichten kann. Auch der Nachbarort Silbertal an der Panoramastraße erinnert an die spannenden Zeiten, als hier nach Kupfer- und Silber geschürft wurde.

1394 fiel Bartholomäberg zusammen mit dem gesamten Montafon an Österreich, wurde von den Habsburgern regiert und zwischen 1805 und 1814 an Bayern abgetreten. Wieder in österreichischer Hand gehört Bartholomäberg seit der Gründung des Bundeslandes Vorarlberg zu dessen Territorium und war von 1945 bis 1955 Teil der französischen Besatzungszone.

Die heutzutage über diesen natürlichen Sonnenbalkon führende Landstraße L 95 wird nicht nur abschnittsweise als Panoramastraße postalisch gekennzeichnet, sondern verdient diesen Namen auch vollkommen zu Recht. Handelt es sich doch um die aussichtsreichste Höhenstraße des gesamten Montafon – sieht man einmal von der südlich angrenzenden Silvretta Hochalpenstraße ab.

Die Weiler und Ortschaften entlang der kurvenreichen, gut ausgebauten Strecke rühmen sich nicht nur einer erholsamen Beschaulichkeit, nahezu jeder Hausbalkon ist gen Süden ausgerichtet und bietet postkartengleiche Ausblicke bis weit in die Silvrettagruppe und zum legendären Piz Buin.

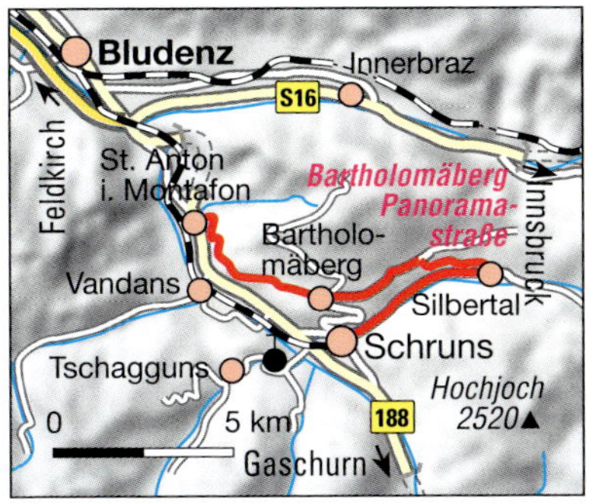

Bild linke Seite: Frühmorgendlicher Blick auf die Häuser von Bartholomäberg

Unten: Die Aussicht auf das Montafon ist ein Gedicht.

HÖHENPROFIL

Höhenmeter bergauf	595 m
Höhenmeter bergab	563 m
Maximale Steigung	12,4 %
Durchschnittliche Steigung	5,8 %
Maximales Gefälle	14,5 %
Durchschnittliches Gefälle	7,7 %

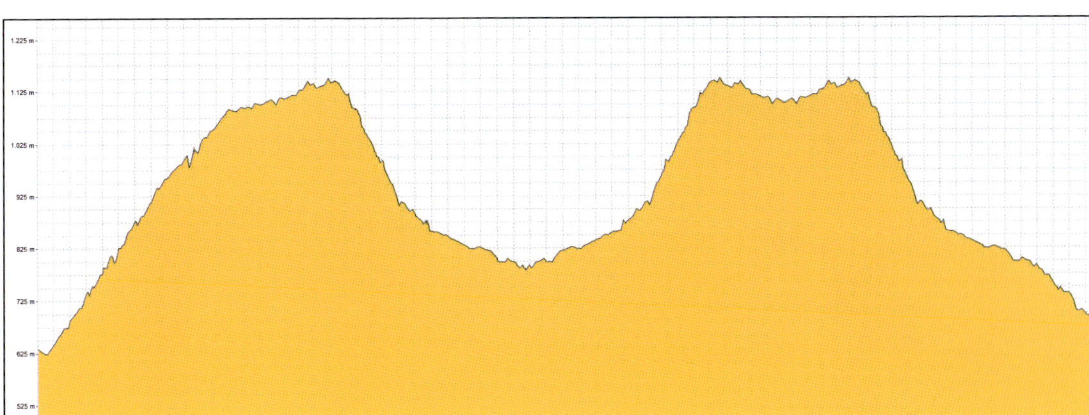

Blick auf Vorarlberg – eine der schönsten Tourenregionen Österreichs

M
UT 633
see-the-world.de

45 Alpenpässe in Österreich
FURKAJOCH

IM ÜBERBLICK

Name	Furkajoch
Land	Österreich
Region	Vorarlberg
Höchster Punkt	1761 m
Basisorte	Rankweil und Au im Bregenzerwald
Anzahl der Kehren	13
Streckenlänge	40 km
Schwierigkeitsgrad	leicht
Mautpflicht	keine
Wintersperre	November bis April
Kombinierbar mit	Nr. 43, 44, 47
... oder aus Band 1	Nr. 1, 32, 33, 34, 35, 36, 73

Achtung Verwechslungsgefahr: Dem Schweizer Furkapass habe ich mich in Band Nr. 1 meiner Pässesammlung bereits gewidmet, hier und heute geht es um das Vorarlberger Furkajoch, einen landschaftlich sehr schön gelegenen Pass – übrigens die höchste befahrbare Strecke des Bregenzerwaldes –, der das Latenser Tal mit dem Tal der Bregenzerach verbindet.

Der Begriff »Furka« allein für sich genommen bedeutet eigentlich bereits »Bergpass« oder »Einschnitt im Gelände«, sodass seine Zusammensetzung mit dem Wort »Joch« quasi »doppelt gemoppelt« ist. Lassen wir uns dadurch aber ja nicht abhalten, das Furkajoch fahrerisch zu genießen. Es eignet sich als perfekte Ergänzung zum Beispiel zum nahe liegenden Faschinajoch oder auch dem Hochtannbergpass. Dies umso mehr, als es einen erheblichen fahrerischen Reiz besitzt, da es auf beiden Seiten durch herrliche voralpine Landschaften führt, deren Strecken nicht umsonst das »Grüne Band« besonderer landschaftlicher Schönheit führen dürfen.

Von Rankweil am Ostrand des mächtigen Rheintales aus beginnt der Kurventanz sogleich in des Wortes erfreulichster Bedeutung. In echten Spitzkehren und weiten Kurven zieht sich die Strecke bald schon oberhalb der Baumgrenze dahin und bietet herrliche Ausblicke auf die umliegenden Alpengipfel. So manch gurgelnder Bach bietet sich hier als ideales Pausenplätzchen an, vor allem auch an sonnigen Sommerwochenenden, um die Kurventechnik der Bikerkollegen aus der gesamten Region ausgiebig zu benoten. Denn das Furkajoch ist eine sehr beliebte Hausstrecke der Vorarlberger Motorradfahrer.

Auf der unscheinbaren Passhöhe liegt eine bewirtschaftete Berghütte, sie ist der Bikertreff der Region mit prächtigen Ausblicken. Die Ostseite des Passes verlangt etwas mehr Aufmerksamkeit, taucht sie doch bald schon

Blick von der Passhöhe Richtung Bregenzerwald

SEHENSWERTES AM WEGESRAND

Geografisch reicht der Bregenzerwald von der Allgäuer Grenze im Norden bis zum Hochtannberg- und Arlberg-Gebiet im Süden. Der typische Bregenzerwälder gilt als selbstbewusst, ja manches Mal sogar mit dem deutlichen Hang zur Eigenwilligkeit. Das kommt nicht von ungefähr. Das einstmals gänzlich von Wald bedeckte Tal zwischen Bodensee und Arlberg gehörte den Grafen von Bregenz, die im Laufe der Jahrzehnte viele ihrer Rechte an Klöster und den niederen Adel abtraten. Die Bauern des Bregenzerwaldes entwickelten schon früh ein starkes Zusammengehörigkeitsgefühl, aus dem sich sogar eine damals wie heute seltene Bauernrepublik mit freien Landgemeinden, eigener Verfassung und Gerichtsbarkeit bilden konnte. Der Landammann wurde in freier Wahl bestellt, sein Rathaus stand zwischen Bezau und Andelsbuch. Heute erinnert dort noch eine steinerne Säule an das frühere Rathaus. Eines des thematischen und kulinarischen Highlights des Bregenzerwaldes ist zweifelsohne die Käsestraße. Ihre verschiedenen Stationen – vom Haubenlokal bis zur kleinen Käsestube – zeigen die höchst unterschiedlichen, aber stets authentischen Gesichter dieser Region. Regionale Besonderheiten, einzigartige Ortsbilder mit historischen Bauten im typischen »Wälderstil«, alteingesessenes Handwerk und traditionelle Veranstaltungen präsentieren den Bregenzerwald ganz nach dessen heutigem Slogan »Wir ehren das Alte und begrüßen das Neue«. Infos unter www.bregenzerwald.at.

hinab in dichten Tannen- und Mischwald. Wer das nahe liegende Faschinajoch in die Tour einbauen möchte, sollte in Damüls kurzerhand den Blinker rechts setzen. Ansonsten pendeln wir im beschaulichen Örtchen Au im Herzen des Bregenzerwaldes aus.

HÖHENPROFIL

Höhenmeter bergauf	1345 m
Höhenmeter bergab	1064 m
Maximale Steigung	15,4 %
Durchschnittliche Steigung	6,8 %
Maximales Gefälle	13,5 %
Durchschnittliches Gefälle	6,0 %

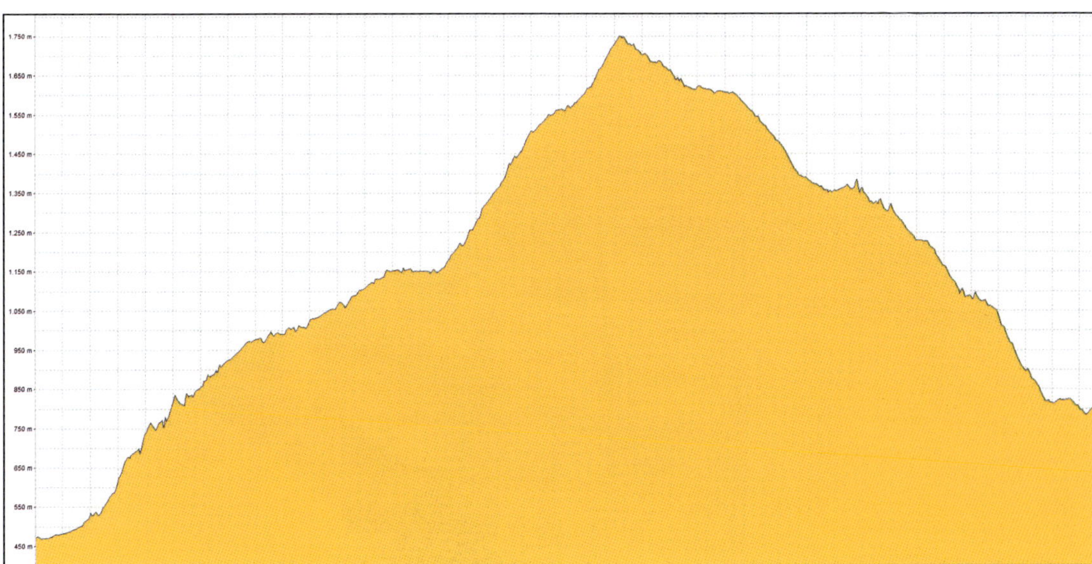

46 Alpenpässe in der Schweiz
LENZERHEIDE-PASS

IM ÜBERBLICK

Name	Lenzerheide-Pass
Land	Schweiz
Region	Graubünden
Höchster Punkt	1549 m
Basisorte	Chur und Tiefencastel
Anzahl der Kehren	11
Streckenlänge	29 km
Schwierigkeitsgrad	leicht
Mautpflicht	keine
Wintersperre	keine
Kombinierbar mit ... oder aus Band 1	Nr. 49 Nr. 67, 68, 69, 70, 71

Mit dem Lenzerheide-Pass begeben wir uns nun erstmals auf Schweizer Territorium. Lenzerheide als Ort wird vor allem für Skifahrer ein Begriff sein, dass ganz nahebei auch der gleichnamige Pass liegt, ist oftmals unbekannt. Die von Chur nach Tiefencastel führende Kantonsstrasse 3 – so benennen die Schweizer ihre Bundesstraßen – wird oftmals nur als Lenzerheide bezeichnet, wobei Lenzerheide-Pass die korrekte Bezeichnung wäre. Die Passhöhe liegt allerdings nicht im Ort selbst oder gar am idyllischen Heidsee, sondern bereits kurz vorher zwischen den Ortschaften Parpan und Valbella.

Lenzerheide ist dabei eine sehr junge Gemeinde, sie entstand erst Anfang des 20. Jahrhunderts. Im 15. und 16. Jahrhundert wurde ringsumher noch intensiv Erz abgebaut, bis zum Ende des 19. Jahrhunderts war das Plateau von Lenzerheide eine Sommerhochalm der Bauern. Doch bereits im Jahr 1879 wurde das erste Gasthaus hier oben erwähnt, das in Kombination mit einer Pferdepoststation betrieben wurde. Das überzeugte wohl einige Bauernfamilien aus den umliegenden Tälern, dass man auch ganzjährig hier oben auf den Sommeralmen leben könne.

Als Gründer des heutigen Ferienortes Lenzerheide gelten Joachim Cantieni, Besitzer des Hotels Kurhaus, das 1882 eröffnete, sowie Fidel Rischatsch-Bläsi, Hotelier vom Lenzerhorn. Allerdings beschränkte sich der Hotel- und Kurbetrieb zunächst weiterhin auf die Sommermonate, im Winter fand kein Gast

Graubündens vielleicht schönster See: der Heidsee

SEHENSWERTES AM WEGESRAND

Das sehenswerte Chur ganz am Nordrand der Passrampe ist die älteste Stadt der Schweiz, gleichzeitig Kantonshauptstadt und bietet viel erlebenswertes Ambiente für ein Kontrastprogramm abseits des Mopedsattels. Pralle 5000 Jahre reichen deren Siedlungsspuren zurück, heutzutage leben circa 35 000 Einwohner zu Füßen von Brambrüesch und Dreibündenstein, den berühmten Churer Hausbergen. Doch neben all der bedächtig quirligen Lebendigkeit in der City Churs hat die Stadt als Tourenausgangspunkt noch einige andere Highlights zu bieten, liegt jenes Chur doch direkt zu Füßen des grandiosen Schanfigg-Tales mit seiner Top-Destination Arosa. Gönnen wir uns doch das Tal zum Abschluss dieses Tourentages …

den Weg hinauf nach Lenzerheide. Das änderte sich aber bereits ab 1890, trotzdem es hier oben zu der Zeit ausschließlich unbeheizte Hotelzimmer gab.

HÖHENPROFIL

Höhenmeter bergauf	1085 m
Höhenmeter bergab	763 m
Maximale Steigung	13,4 %
Durchschnittliche Steigung	7,8 %
Maximales Gefälle	13,1 %
Durchschnittliches Gefälle	5,0 %

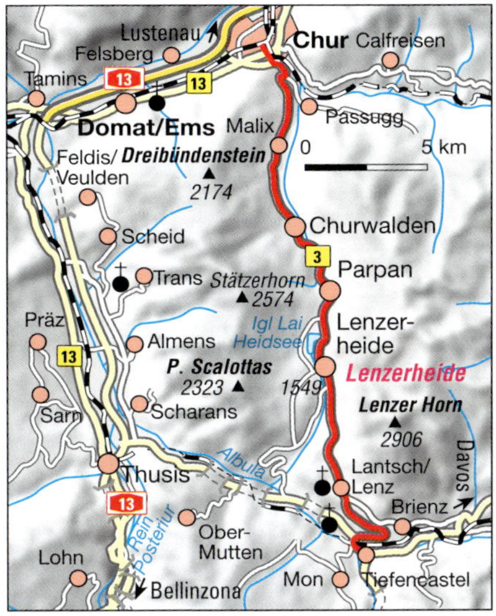

Über eine Million Übernachtungen zählen Lenzerheide und seine Nachbarorte heutzutage, im Sommer begeistern die Gäste vor allem der malerische Heidsee direkt im Ort wie auch die unzähligen Wandermöglichkeiten rund um das Parpaner Rothorn. Während hier in der weißen Jahreszeit allerorten die Post abgeht, kann Biker die Sommer rund um Lenzerheide deutlich geruhsamer genießen. Und das, obwohl die Kantonsstrasse über den Lenzerheide-Pass zu den wichtigsten Verbindungsstrecken Graubündens gehört.

Willste kämpfen? Jungbulle auf der Sommeralm von Lenzerheide

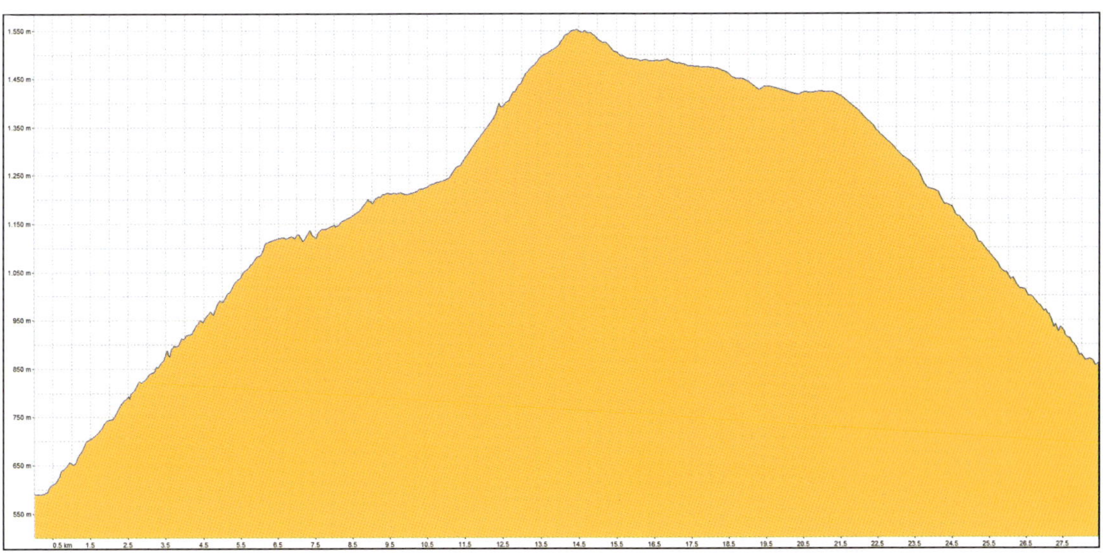

47 Alpenpässe in der Schweiz
RUPPENPASS

IM ÜBERBLICK

Name	Ruppenpass
Land	Schweiz
Region	Appenzell und Sankt Gallen
Höchster Punkt	1003 m
Basisorte	Trogen und Altstätten
Anzahl der Kehren	9
Streckenlänge	16 km
Schwierigkeitsgrad	leicht
Mautpflicht	keine
Wintersperre	keine
Kombinierbar mit	Nr. 45, 48
... oder aus Band 1	Nr. 1, 32, 73

Unscheinbar im Konzert der großen Alpenpässe, aber nicht minder erlebenswert – das ist kurz gesagt der Ruppenpass auf der Grenze zwischen den Kantonen Appenzell und Sankt Gallen. Der Pass und vor allem die liebliche Landschaft, die ihn umgibt, eignen sich perfekt für den Einstieg in die Erkundung des Appenzells, eines echten Stückchen Bilderbuchschweiz.

Der Ruppenpass liegt zwischen den Orten Trogen und Altstätten, sein Scheitelpunkt befindet sich direkt in der Gemeinde Oberegg am Abzweig nach Sankt Anton. Bereits im frühen Mittelalter verband ein viel genutzter Saumpfad das Rheintal rund um den Markt Altstätten mit dem Appenzell im Westen. Zwischen 1837 und 1838 wurde der Saumweg zu einer sogar befahrbaren Trasse ausgebaut, richtig »wichtig« wurde der Pass von 1842 bis 1860, als über ihn täglich die Eilpost zwischen Sankt Gallen und Feldkirch hin und her transportiert wurde. Nach Einstellung des Eilpostverkehrs versank der Pass wieder in der Bedeutungslosigkeit.

Heute wird er vor allem von Anwohnern und Schweizer Töfffahrern – tatsächlich mit drei »f« – geschätzt. Die treffen sich gerne auch in den Gasthäusern entlang der Passstrecke, um ihre weiteren Tourenziele im herrlichen Appenzell zu besprechen. Oder auch einfach nur, um Benzin zu reden.

Dann gibt es für Ortsfremde oftmals auch den Tipp, direkt an der Scheitelhöhe zu einem Abstecher in Richtung Sankt Anton zum ausgeschilderten Aussichtspunkt »Frohe Aussicht« abzubiegen, von dem aus man den schönsten Rundblick über den Bodensee und das Appenzeller Land genießen kann – heißt es. Ganz am südlichen Horizont erhebt sich an klaren Tagen der legen-

Hautnah gestaltet sich der Kontakt zu den »Eingeborenen« rund um den Ruppenpass

SEHENSWERTES AM WEGESRAND

Der Säntis, jener mit 2500 Höhenmetern höchste Gipfel des Appenzell, ist eine Legende in der gesamten Schweiz. Berühmt für seine Geschichten und berüchtigt für seine Wetterkapriolen. So wurden im April 1999 direkt unterhalb des Gipfels rekordverdächtige 816 Zentimeter Schneehöhe gemessen, und die Temperatur am Gipfel beträgt im Jahresdurchschnitt nur –1,9 °C. Dennoch zieht es Einheimische wie Touristen jeden Sommer in Scharen hinauf. Das auch, weil eine äußerst bequeme Aufstiegshilfe existiert: die von der Schwägalpe aus über 1100 Höhenmeter zum Gipfel aufsteigende Säntisbahn.
1846 baute ein gewisser Jakob Thörig oben auf dem Berg eine einfach gemauerte Schutzhütte und nannte sie selbstbewusst Grand Hotel Thörig. Bereits im ersten Jahr hatte er 600 Gäste dort oben. 1882 wird der Säntis zum Wetterberg, die Schweizerische Naturforschende Gesellschaft errichtet eine Wetterstation. Am 21. Februar 1922 spielt sich in der Einsamkeit des Säntisgipfels eine Tragödie ab – der legendäre Mord auf dem Säntis: Die Opfer sind der Wetterwart Haas und seine Frau Maria Magdalena. Der Täter ist der Schustergeselle Gregor Anton Kreuzpointner. Als vier Tage hintereinander die telegrafischen Wetterberichte vom Gipfel ausbleiben, machen sich zwei Bergsteiger auf den mühsamen Aufstieg zum Gipfel und finden die Leichen. Der Mörder Kreuzpointner kann zunächst entkommen, irrt durchs Appenzellerland und erhängt sich drei Wochen später in einer Alphütte. Und gleichwohl nun schon 90 Jahre her, ist dieses Verbrechen auch am legendären Töfftreff rund um die Schwägalp zu Füßen der Säntisbahn immer wieder ein Thema. Infos unter www.saentisbahn.ch.

däre Säntis, der höchste Berg des Appenzell, auf dessen Gipfel sich einst eine der grausamsten Mordgeschichten des Alpenraumes abspielte.

HÖHENPROFIL

Höhenmeter bergauf	254 m
Höhenmeter bergab	763 m
Maximale Steigung	11,4 %
Durchschnittliche Steigung	5,8 %
Maximales Gefälle	12,5 %
Durchschnittliches Gefälle	7,0 %

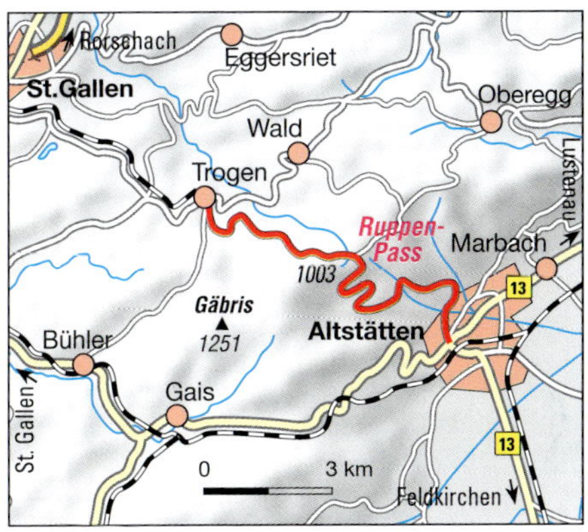

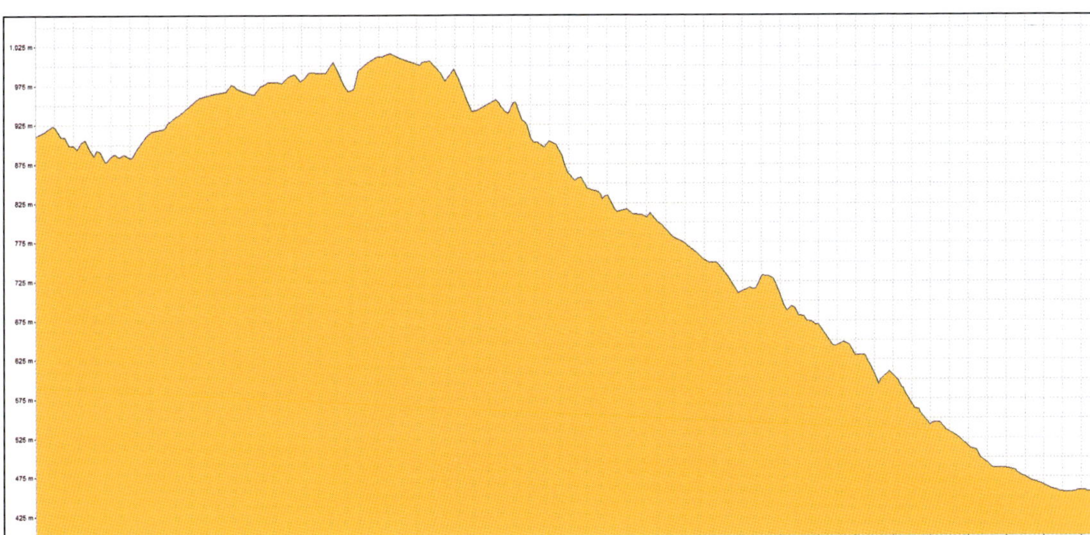

Typisch Appenzell: Das Land rund um den Ruppenpass ist fahrerisch und optisch ein Genuss.

48 Alpenpässe in der Schweiz
WASSERFLUH

IM ÜBERBLICK

Name	Wasserfluh
Land	Schweiz
Region	Sankt Gallen
Höchster Punkt	843 m
Basisorte	Lichtensteig und Sankt Peterzell
Anzahl der Kehren	8
Streckenlänge	10 km
Schwierigkeitsgrad	leicht
Mautpflicht	keine
Wintersperre	keine
Kombinierbar mit	Nr. 50
... oder aus Band 1	Nr. 73

Die Wasserfluh ist einer jener Schweizer Pässe, die sogar bei überzeugten Schweizer Töfffahrer recht unbekannt sein dürften und auf Anhieb selbst auf einer hochauflösenden Straßenkarte nicht lokalisiert werden können. Den landschaftlich schön gelegenen Pass nun explizit und ganz gezielt zu besuchen, mag sich in Anbetracht der restriktiven Schweizer Tempolimits auf Kantonsstrassen (80 km/h!) auch nicht lohnen, wenn man echter Kurvenheizer ist. Ihn aber in die Tourenplanung zu integrieren, zumindest wenn wir sowieso schon im Sankt Gallener Land unterwegs sind, das empfehle ich auf jeden Fall.

Die Wasserfluh liegt im Toggenburg im schweizerischen Kanton Sankt Gallen und verbindet das am Fluss Thur gelegene Städtchen Lichtensteig mit den im Neckertal liegenden Ortschaften Brunnadern und Sankt Peterzell. Die unscheinbare und unbeschilderte Passhöhe liegt mit ihren 843 Metern direkt auf dem Gemeindegebiet von Oberhelfenschwil, die Passstrecke selbst ist als Kantonsstrasse Nr. 8 gut ausgebaut und verbindet die Ost- mit der Innerschweiz.

Doch nicht nur die Landschaft rund um den Pass ist erlebenswert, bereits das altehrwürdige Städtchen Lichtensteig an der Westrampe des Passes lohnt eine Erkundung, ja einen Einkehrschwung. Mein Vorschlag dazu: Das Café Huber in der Postgasse, dort gibt's die leckeren Biberli, ein enorm

Das berühmte Türmli-Haus im Neckertal datiert bis auf das Jahr 1614 zurück.

SEHENSWERTES AM WEGESRAND

Mein Tipp für alle Süßen unter uns Bikern lautet: Besuchen Sie das nahe liegende Flawil, ein hübsches Dorf im Grenzgebiet zu Sankt Gallen. Und folgen Sie dort unbedingt den Wegweisern ins Schoggiland. 1852 legte Aquilino Maestrani in Luzern den Grundstein für die legendäre Schweizer Kunst feinster Schokoladengenüsse. Heute ist das Unternehmen Maestrani der berühmteste Schokoladenproduzent der Schweiz. Und hier in Flawil besteht die Möglichkeit, die Produktion zu besichtigen. Aus Reinheitsgründen zwar hinter Schauglas, doch alle paar Meter stehen Behälter mit kleinen Kostproben der Firma Maestrani. Nebenan im herrlich duftenden Shop – ja, Sie ahnen richtig – da kann man all die Köstlichkeiten zu günstigen Outlet-Preisen erwerben. Die Seitenkoffer Ihres Bikes lassen sich vermutlich kaum noch schließen, nachdem Sie im Schoggiland so richtig zugeschlagen habe. Apropos: Sie erinnern sich – über das zulässige Gesamtgewicht des Bikes gibt uns der Kfz-Schein, die Zulassungsbescheinigung Teil I genaue Auskunft. Alle Infos zum Schoggiland unter www.schoggi-land.ch.

kalorienreiches Honiggebäck mit Mandelfüllung, das neue Kraft verleiht für einen langen Tourentag. Unmittelbar nach dieser Stärkung beginnt bereits der Kurventanz hinauf zum Pass, die erste Portion Spitzkehren und gute zehn Prozent Steigung liegen vor uns.

Den zweiten Schwung Serpentinen schenkt uns dann die Ostrampe hinunter nach Brunnadern und Sankt Peterzell. Mein abschließender Rat hier: Gönnen Sie sich den ein oder anderen Exkurs hinauf auf die umliegenden Höhenzüge, zum Beispiel nach Dreien oder Berg – idyllische Pisten inmitten von ansichtskartentauglichen Landschaften warten auf Sie.

HÖHENPROFIL

Höhenmeter bergauf	255 m
Höhenmeter bergab	163 m
Maximale Steigung	9,40 %
Durchschnittliche Steigung	5,8 %
Maximales Gefälle	5,5 %
Durchschnittliches Gefälle	4,0 %

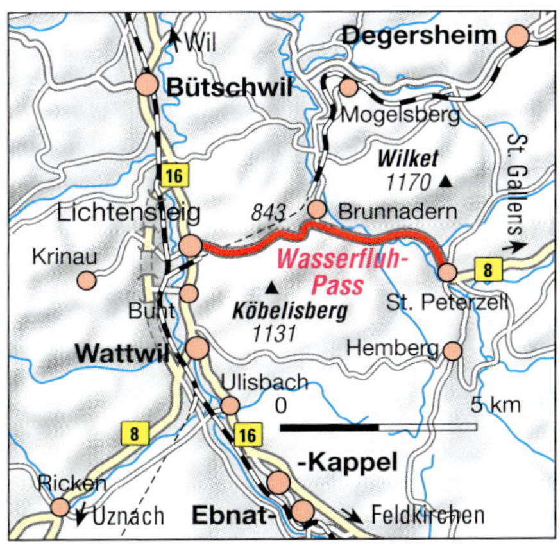

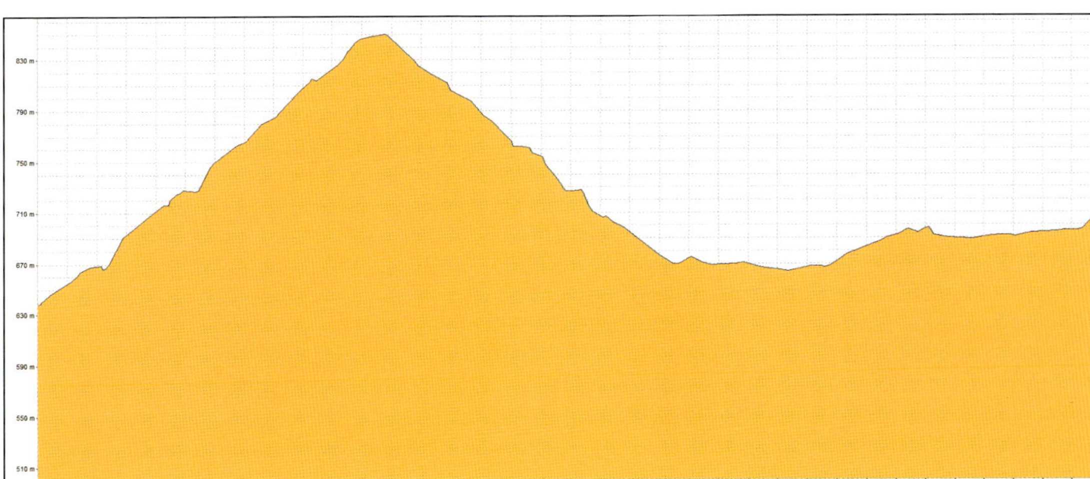

49 Alpenpässe in der Schweiz
FLUMSERBERG HÖHENSTRASSE

IM ÜBERBLICK

Name	Flumserberg Höhenstraße
Land	Schweiz
Region	Sankt Gallen/ Heidiland
Höchster Punkt	1350 m
Basisort	Mels
Anzahl der Kehren	14
Streckenlänge	24 km
Schwierigkeitsgrad	leicht
Mautpflicht	keine
Wintersperre	keine
Kombinierbar mit	Nr. 46, 48, 50
... oder aus Band 1	Nr. 73, 74, 75

Eigentlich ist der Flumserberg hoch über dem Walensee im Schweizer Kanton Sankt Gallen ein vor allem bei Einheimischen beliebtes Wintersportgebiet. Doch auch von Frühling bis Herbst hat es dem erkundungsfreudigen Biker viel zu bieten. Und das auf oftmals freier Piste fernab von Stau und Hektik.

Aufgeteilt in verschiedene Gebiete gehört der Flumserberg den Ortsgemeinden Flums und Quarten und der Alpkooperation Mols. Mit einer Gondelbahn kann man auch ganz bequem vom Walensee hinauf auf die Almen des Skigebietes fahren. Doch wesentlich mehr Spaß macht die Fahrt mit dem eigenen Motorrad. In Mels im lieblichen Seeztal unweit von Sargans beginnt der sanfte Anstieg, kurz hinter der Nordwestgrenze des Ortes begrüßen uns bereits die ersten vier Kehren. Anschließend zieht sich die panoramareiche Hangstraße am Westrand des Seeztales den Berg hinauf, immer wieder begeistern die Ausblicke nicht nur hinunter auf den Walensee und das umliegende Heidiland, sondern vor allem auch auf die mächtige Wand der Churfirsten. Dreizehn Felsengipfel bilden zusammen einen mehrfach unterbrochenen First, dessen Erscheinungsbild wohl einzigartig in den gesamten Alpen ist.

Westlich des Weilers Flums thront dann die alte Bergruine Gräpplang und möchte uns spannende Geschichten aus längst vergangenen Tagen erzählen. 1249 taucht sie erstmals in Urkunden auf, ab dem 18. Jahrhundert hatte niemand mehr Interesse an ihr und sie wurde »auf Abbruch« verkauft sowie in der Folge aller ihrer brauchbaren Gegenstände, wie Ziegel, Eisenbeschläge, Inventar, Holzwerk und Bausteine, beraubt. 1923 übernahm die Gemeinde Flums die Burg und begann sie mit aufwendigen Maßnahmen zu restaurieren. Heute stellt sie immer wieder die perfekte Kulisse für allerlei kulturelle Anlässe und Feste.

Heidis heiler Welt sind wir am Flumserberg ganz nah.

SEHENSWERTES AM WEGESRAND

Heidi ist gerade fünf Jahre alt, als ihre sie bis dahin alleinerziehende Tante Dete wenig Interesse für das das Mädchen zeigt und es daher beim Großvater auf der Alp abgibt. Heidi darf fortan mit dem Großvater, genannt Alm-Öhi, und dem Nachbarsbub, dem Geissenpeter, auf dem Berg leben, sie kann sich gar nicht sattsehen an der Vielfalt der Alpenblumen und staunt über das Wunder, wenn die Sonne am Abend die Felswände in glühend rotes Licht taucht. Im Gegenzug bringt sie viel Freude in Großvaters und Geissenpeters Alltag. Doch plötzlich erscheint Tante Dete wieder und nimmt Heidi mit nach Frankfurt. Heidi wird vor lauter Sehnsucht schwer krank und der Hausarzt ordnet Heidis Heimreise in die Berge an. Kaum zurück auf der Alp wird sie wieder gesund.
Die Schweizer Schriftstellerin Johanna Spyri (1827–1901) gilt als Pionierin der Jugendliteratur, veröffentlichte 48 Werke, doch nur mit ihrer Romanfigur Heidi gelang ihr der internationale Durchbruch. Heidis Erlebnisse wurden in über 50 Sprachen übersetzt und in ebenso vielen Millionen Exemplaren verkauft. Und im ausgeschilderten Heididorf oberhalb von Maienfeld gibt es Heidis heile Almwelt zum Anfassen. Eine echte Schau! Infos unter www.heidiland.com und www.heidihaus.ch.

Überhaupt wird das Brauchtum rund um den Flumserberg aktiv gelebt. Mit dem fassnächtlichen Treiben, mit historischen Käsereien und traditionellem Handwerk wird die gute alte Zeit wieder lebendig, mit den prächtigen Alpabfahrten alljährlich im September die Kühe zu Tal gebracht und mit dem berühmten Chäsmarkt auf der Alp Tannenboden die Zeit der Käsetradition eingeläutet. Und nicht zu vergessen die legendären Kuhrennen, für die alljährlich immer wieder mutige Senner und Sennerinnen gesucht werden.

HÖHENPROFIL

Höhenmeter bergauf	1400 m
Höhenmeter bergab	563 m
Maximale Steigung	14,8 %
Durchschnittliche Steigung	9,8 %
Maximales Gefälle	14,5 %
Durchschnittliches Gefälle	8,0 %

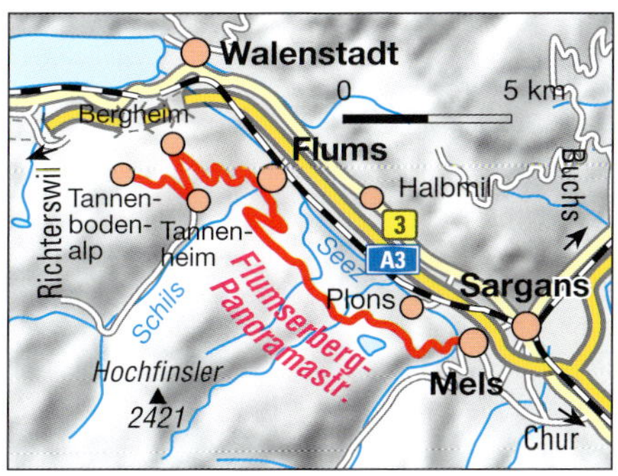

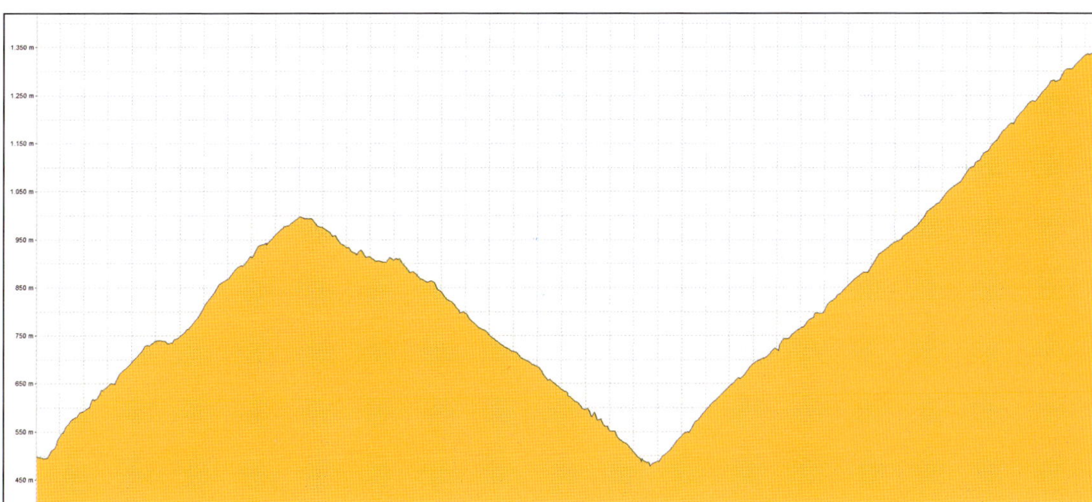

50 Alpenpässe in der Schweiz
SATTELEGG

IM ÜBERBLICK

Name	Sattelegg
Land	Schweiz
Region	Zentralschweiz
Höchster Punkt	1190 m
Basisorte	Willerzell und Siebnen
Anzahl der Kehren	7
Streckenlänge	18 km
Schwierigkeitsgrad	leicht
Mautpflicht	keine
Wintersperre	keine
Kombinierbar mit	Nr. 48, 49, 51
... oder aus Band 1	Nr. 73, 74, 75

Das oder die Sattelegg – beide Artikel werden verwendet, wir bleiben hier einmal bei dem von Schweizern benutzten: Die Sattelegg ist ein Pass im Kanton Schwyz und verbindet die Orte Willerzell am Sihlsee mit Siebnen unweit des Zürichsees oder, geografisch gesagt, das Hochtal von Einsiedeln mit dem Wägital. Schon im Mittelalter war der einstmals »Miesegg« genannte Scheitel Teil des Pilgerweges vom Wägital zum Kloster Einsiedeln. Während des Zweiten Weltkrieges wurde dieser Weg zu einer Militärstraße ausgebaut und ist seit 1990 eine Kantonsstrasse, das heißt eine Schweizer Bundesstraße. Direkt an der Passhöhe liegt das auch bei Schweizer Bikern sehr beliebte Bergrestaurant Sattelegg in einzigartiger Lage vor dem imposanten Panorama der Glarner und Wägitaler Alpen. Vor allem an Sommerwochenenden treffen sich hier bereits früh am Morgen die Motorradfahrer, um zu gemütlichen Exkursionen in das Umland aufzubrechen.

Eine ordentliche Portion Kehren finden wir dann auf der Ostrampe des Passes hinunter nach Siebnen am Südufer des Zürichsees. Aber auch sie sind selbst für Fahranfänger problemlos zu erfahren, da die Straße – typisch für die Schweiz– sehr gut ausgebaut und in tadellosem Zustand ist.

Perfekt erweitern lässt sich die Sattelegg zum Beispiel mit der Ibergeregg (hier die Nr. 51) südwestlich des Sihlsees. Und wer eine ausgiebige, ja beinahe tagesfüllende Rundtour plant, kann den im Süden angrenzenden

Abstand halten ist angesagt, gleichwohl Schweizer Almkühe geruhsame Wesen sind.

SEHENSWERTES AM WEGESRAND

Sein eigentlicher Name »Züricher See« ist in der Schweiz nicht gebräuchlich, sein Hauptzufluss ist die Linth aus dem Kanton Glarus. Das Wasser des Zürichsees hat geprüfte Trinkwasserqualität, bei schönem Wetter sind die Seepromenaden besonders rund um die Stadt Zürich äußerst beliebte Flaniermeilen und Ziel vieler Ausflüge. Das quirlige Zürich ist das wohl wichtigste Wirtschafts- und Kulturzentrum der Schweiz und hat sich dennoch einen eher gemütlichen, kleinstädtischen Charme bewahrt. Sehenswert, weil weltberühmt ist die Bahnhofstraße, eine Shoppingmeile der Luxusklasse, sowie die Altstadt mit ihren verwinkelten Gassen, winzigen Plätzen, Cafés und urgemütlichen Kneipen. Machen Sie doch einmal eine geführte Stadtbesichtigung, die Sie geschichtenreich zu den interessantesten Orten der Zürcher Altstadt führt – ein Erlebnis für alle Besucher. Der See selbst begeistert neben Badegästen vor allem auch Taucher sowie Kapitäne von Segel- und Motorbooten, die sich das Fahrwasser aber mit den offiziellen Fährschiffen der Zürichsee Schifffahrt teilen müssen.

Pragelpass mit dem einzigartigen Klöntal hinzukombinieren und bekommt so eine landschaftlich und fahrerisch sehr abwechslungsreiche Runde von gut 150 Kilometern Länge. Eine Runde, die mit dem Pragelpass sogar einen gehörig anspruchsvollen Streckenabschnitt besitzt. Details zu diesem Kurvenparadies und den malerischen Klöntaler See habe ich in meinem ersten Band dieser Pässesammlung bereits ausführlich beschrieben.

HÖHENPROFIL

Höhenmeter bergauf	395 m
Höhenmeter bergab	763 m
Maximale Steigung	11,4 %
Durchschnittliche Steigung	5,8 %
Maximales Gefälle	12,5 %
Durchschnittliches Gefälle	6,0 %

Beliebter Bikertreff der Zentralschweiz: das Sattelegg

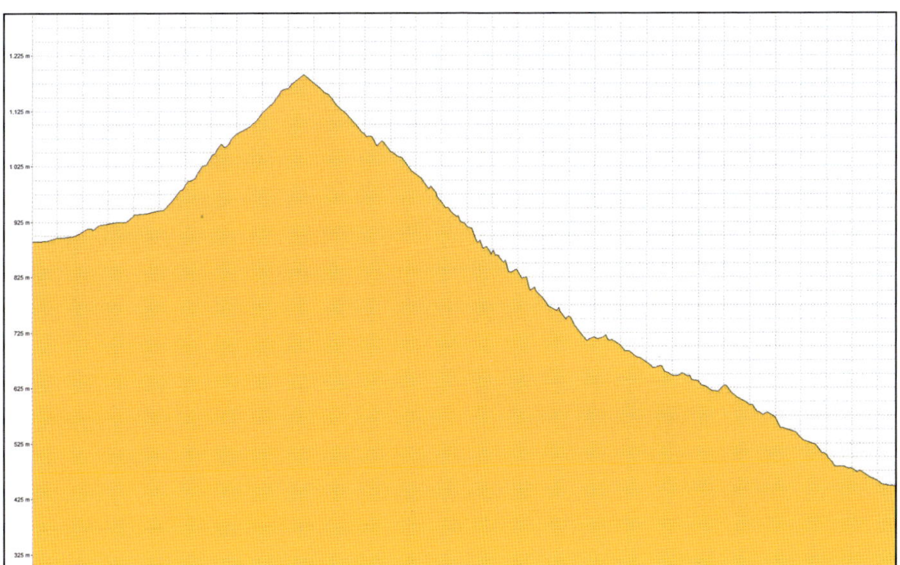

51 Alpenpässe in der Schweiz
IBERGEREGG

IM ÜBERBLICK

Name	Ibergeregg
Land	Schweiz
Region	Zentralschweiz
Höchster Punkt	1406 m
Basisorte	Schwyz und Oberiberg
Anzahl der Kehren	12
Streckenlänge	17 km
Schwierigkeitsgrad	leicht
Mautpflicht	keine
Wintersperre	keine
Kombinierbar mit	Nr. 48, 50
... oder aus Band 1	Nr. 74, 75

Fahrerisch einfach, aber dennoch ein sehr beliebter Töfftreff der Schweizer Biker – so lässt sich die Ibergeregg kurz und treffend beschreiben. Etwas ausführlicher formuliert dann etwa so: Die Ibergeregg ist ein weitgehend unbekannter Pass im Kanton Schwyz, der die Ortschaften Schwyz und Oberiberg miteinander verbindet. Und schon mit dem Ausgangsort Schwyz haben wir ein typisches Schweizer Städtchen, dessen Geschichte wohl kaum spannender hätte verlaufen können.

Denn in Schwyz befindet sich nicht nur das Bundesbriefmuseum mit dem Bundesbrief von 1291, also der Gründungsurkunde der Schweizerischen Eidgenossenschaft. Am reich verzierten Rathaus wird auch von der blutigen Schlacht bei Morgarten nahe dem Ägerisee berichtet, wo 1315 die Bürger aus Schwyz, Uri und Unterwalden erstmals ihre Unterdrücker, die Habsburger, vernichtend in die Flucht schlugen. Und direkt gegenüber dem gewaltigen Morgarten-Schlachtgemälde am Schwyzer Rathaus liegt das nette Café Kreuz & Quer (auch »Rossini« genannt), das ich für einen Boxenstopp sehr empfehlen kann.

Das Gebiet rund um die Passhöhe der Ibergeregg ist ganzjährig ein beliebtes Ausflugsziel, ja im Winter gibt es hier sogar zwei Skilifte. Rund um die Passhöhe liegen zudem zahlreiche Hoch- und Flachmoore, die zu einem Naturschutzgebiet zusammengefasst sind.

Über die Ibergeregg führte ab dem Spätmittelalter ein Saumpfad, der um 1873 zu einer befestigten Straße ausgebaut wurde. Schon seit 1947 besteht zumindest im Sommer auch eine direkte Linienbusverbindung zwischen Schwyz und Oberiberg.

Selbst ein profaner Waschtag wird hier zu einem fotografischen »Leckerbissen«.

SEHENSWERTES AM WEGESRAND

Die Zentralschweiz umfasst die berühmten Urkantone, die ersten Kantone der Eidgenossenschaft, Uri, Schwyz sowie Ob- und Nidwalden. Dazu gesellen sich Luzern und Zug und bilden gemeinsam die »Erlebnisregion Vierwaldstättersee«, deren Herz eben jener wohl berühmteste See der Zentralschweiz ist. Umrahmt von hohen Bergen im Süden und Osten sowie weiten hügelreichen Landschaften im Norden und Westen hat die Zentralschweiz dem Besucher nicht nur enorm abwechslungsreiche Landschaften zu bieten. Hier ist auch die spannende Entstehungsgeschichte des Landes allerorten präsent, die sich im Grunde immerfort um die Frage aller Fragen dreht: Gab es ihn tatsächlich, jenen Wilhelm Tell, diesen sagenhaften Schweizer Freiheitskämpfer? In Sarnen, dem Hauptort des Kantons Obwalden, steht der Hexenturm, heute das Obwaldner Staatsarchiv mit dem berühmten »Weißen Buch von Sarnen«, einer der ältesten Urkundensammlungen der Schweiz. Und in diesem Buch wird berichtet von den Männern namens Thall (Wilhelm Tell) und Gijssler (Hermann Gessler) und jener dramatischen, ja weltberühmten Gehorsamsverweigerung, die Schiller zu seinem Drama inspirierte.
Historisch belegt hingegen ist die Geschichte der Rütliwiese, jenem geheimnisvollen Ort, an dem sich in der mondlosen Nacht auf den 1. August 1291 die Abgesandten von Schwyz, Uri und Unterwalden trafen, um an Eides statt zu schwören, ihr Land von der Herrschaft der Habsburger Landvogte zu befreien. Friedrich Schiller ersetzte einen der Abgesandten aus dramaturgischen Gründen durch Wilhelm Tell und ließ ihn das feierliche Bündnis schwören, das seitdem als der Beginn der Schweizer Eidgenossenschaft gilt. Ja seit 1994 ist der 1. August sogar der höchste Schweizer Nationalfeiertag.

HÖHENPROFIL

Höhenmeter bergauf	899 m
Höhenmeter bergab	363 m
Maximale Steigung	13,4 %
Durchschnittliche Steigung	8,8 %
Maximales Gefälle	10,5 %
Durchschnittliches Gefälle	6,4 %

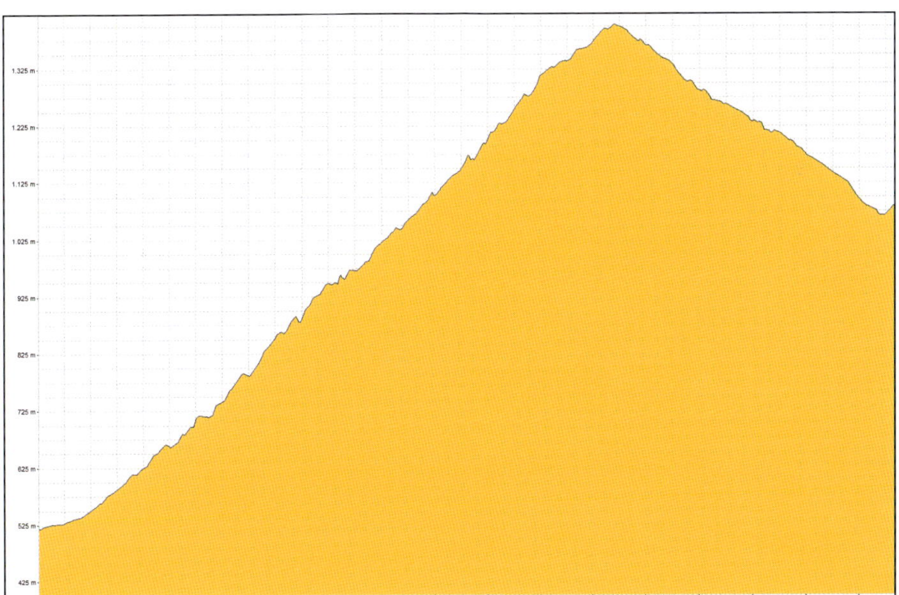

52 Alpenpässe in der Schweiz
BÜRGENSTOCK PANORAMASTRASSE

IM ÜBERBLICK

Name	Bürgenstock Panoramastraße
Land	Schweiz
Region	Zentralschweiz
Höchster Punkt	930 m
Basisort	Ennetbürgen bzw. Stansstad
Anzahl der Kehren	7 bzw. 8
Streckenlänge	7 bzw. 9 km
Schwierigkeitsgrad	leicht
Mautpflicht	keine
Wintersperre	keine
Kombinierbar mit ... oder aus Band 1	Nr. 50, 51, 53 Nr. 74, 75, 76, 83

Der Bürgenstock – auch Bürgenberg genannt – ist ein gut zehn Kilometer langer Bergrücken, der im Norden, Osten und Südosten direkt vom Vierwaldstättersee umschlossen wird. Zwar hat der Bergrücken von Luzern aus betrachtet die Form eines Stockes, die Bezeichnung entstammt in diesem Fall aber aus der Tatsache, dass auch viele Berge als »Stock« bezeichnet werden. In diesem Fall eben der Berg auf der Halbinsel Bürgen.

1871 kaufte ein gewisser Franz Josef Bucher-Durrer die Alpe Tritt, hoch oben auf dem Bürgenberg, und erbaute dort das erste Grandhotel inklusive Verbindungsstraße hinab nach Stansstad. 1904 kam noch ein weiteres Spitzenhotel hinzu, ergänzt um weitere Bauten und Wohnhäuser. Berühmte Namen wie Sophia Loren, Audrey Hepburn und Sean Connery, aber auch Politiker wie Jimmy Carter und Henry Kissinger waren schon Gäste auf dem Bürgenstock, in den heutzutage immer noch als Luxushotels klassifizierten Herbergen ging einst die High Society Europas und der ganzen Welt ein und aus.

Zwei sehr aussichtsreiche Höhenstraßen führen hinauf auf diesen Bürgenstock und enden letztendlich in den Zufahrten zu den Luxusresorts sowie einem Golfplatz. Sowohl von Ennetbürgen südlich des Bürgenstocks als auch von Stansstad am Ufer des Vierwaldstättersees aus führen die gut ausgebauten Pisten bergan, mit grandiosen Ausblicken auf den See sowie das weite Umland. Sie sind für jedermann frei befahrbar, nur eine für den Verkehr freigegebene Zusammenführung beider Auffahrten gibt es bislang nicht. So bleibt uns bislang nur, das einzigartige Bürgenstock-Panora-

Blick vom Bürgenstock auf den Vierwaldstättersee

SEHENSWERTES AM WEGESRAND

Eben jener Hotelier Franz Josef Bucher-Durrer ließ zwischen 1897 und 1902 auch einen attraktiven Spazierweg in den Felsen der steil zum Vierwaldstättersee abfallenden Nordflanke des Bürgenstocks schlagen. Vom Känzeli, dem Endpunkt des Spazierweges ließ er als weitere Attraktion einen offenen Außenlift zur gut 160 Meter tiefer liegenden Hammetschwand-Alpe bauen. Eine halbe Million Schweizer Franken kostete ihn diese verrückte Idee, der Aufzug war mit einer Geschwindigkeit von einem Meter pro Sekunde damals der schnellste Aufzug Europas. Bei Inbetriebnahme 1905 betrug die Fahrtzeit knapp drei Minuten, wobei die Fahrt aufgrund von Spannungsschwankungen äußerst unruhig verlief.
Nach 85 Betriebsjahren und über vier Millionen Fahrgästen verlangten die Behörden 1990 eine Generalsanierung der Anlage. Dabei wurde unter anderem auch die in einer Felskaverne liegende Talstation erweitert. Die neue, dreiseitig verglaste Panoramakabine fasst nun zwölf Personen, die Geschwindigkeit wurde bewusst auf circa drei Meter pro Sekunde gesenkt, um den Fahrgästen eine längere Aussicht zu bescheren. Von der Hammetschwand-Alpe hat man freie Sicht auf den gut 500 Meter tiefer liegenden Vierwaldstättersee sowie die umliegenden Alpen. Nachts wird der Lift, den sogar James Bond in »Goldfinger« schon zur Flucht benutzte, von 16 Lampen beleuchtet. Alle Infos und Öffnungszeiten unter www.buergenstock.ch.

ma auf zwei Sackgassen zu genießen. Nun ja, es gibt durchaus »schlimmere« Schicksale, finde ich …

HÖHENPROFIL

Höhenmeter bergauf	495 m
Höhenmeter bergab	33 m
Maximale Steigung	12,4 %
Durchschnittliche Steigung	7,8 %
Maximales Gefälle	1,5 %
Durchschnittliches Gefälle	1,0 %

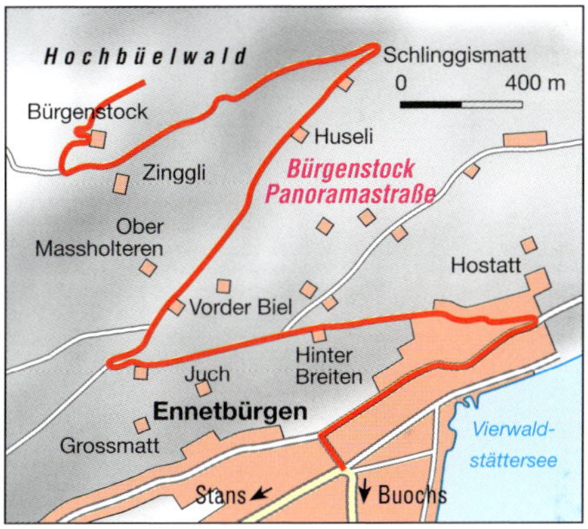

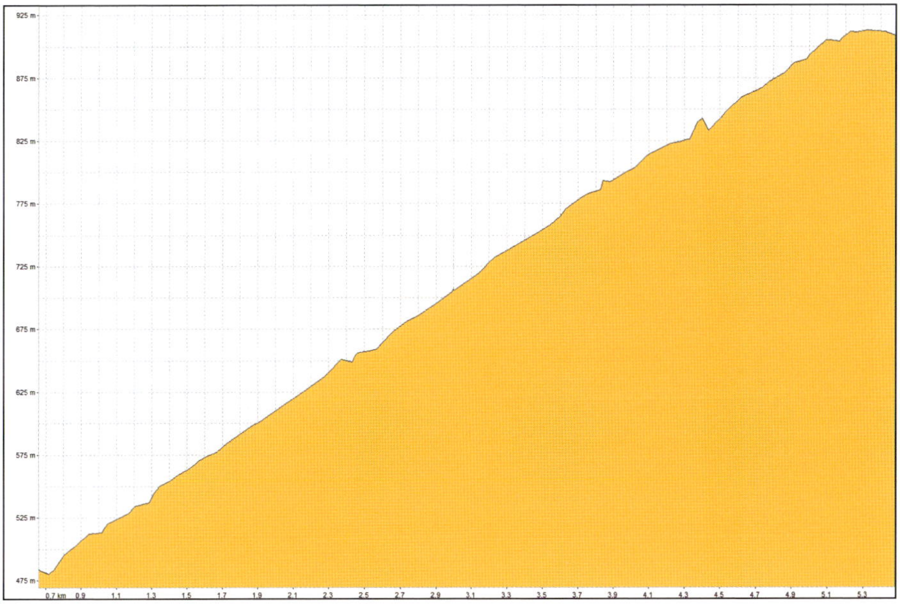

Sackgassen-Genuss auf dem Bürgenberg

53 *Alpenpässe in der Schweiz* BRÜNIGPASS

IM ÜBERBLICK

Name	Brünigpass
Land	Schweiz
Region	Berner Oberland
Höchster Punkt	1008 m
Basisorte	Brienz und Giswil
Anzahl der Kehren	7
Streckenlänge	24 km
Schwierigkeitsgrad	leicht
Mautpflicht	keine
Wintersperre	keine
Kombinierbar mit	Nr. 52, 58
... oder aus Band 1	Nr. 76, 79, 80, 81, 83, 84

Der Brünigpass verbindet das Berner Oberland im Kanton Bern mit dem Kanton Obwalden in der Zentralschweiz. Die Passstraße ist als Nationalstrasse A8 perfekt und großräumig ausgebaut, um dem Verkehrsaufkommen gerecht zu werden. Wenige Meter nördlich der Passhöhe verläuft die Grenze zwischen beiden Kantonen.

Und gleichwohl wir diesen Pass wohl niemals im Jahr für uns alleine genießen können, besitzt er eine Berechtigung, in diese Sammlung aufgenommen zu werden. Denn vor allem die Ausblicke von der Nordrampe des Brünig hinüber in den Kanton Obwalden mit seinen herrlichen Landschaften und idyllischen Seen sind ein Genuss sondergleichen. Geräumige Parkplätze vor allem entlang der Scheitelhöhe sorgen dafür, dass wir auch mit mehreren Motorrädern immer eine Möglichkeit finden werden, den Seitenständer für einen ausgiebigen Rundumblick auszuklappen.

Über den 1008 Meter hohen Pass führt nicht nur die Passstraße, sondern auch eine Bahnstrecke der Schweizer Zentralbahn, die vor allem die Herzen

SEHENSWERTES AM WEGESRAND

Auf dem Ballenberg oberhalb des Brienzer Sees gibt's Geschichte zum Anfassen und Probieren. Auch wenn Freilichtmuseen bekanntlich nicht jedermanns Geschmack treffen, ist der Berg für alle zu empfehlen. Denn der Ballenberg ist anders – gänzlich anders. Auf dem Ballenberg ist die Schweiz so, wie sie einmal war – allerdings befreit von verstaubtem, musealem Charakter, vielmehr lebendig, offen und zu einem Erlebnis für alle Sinne gestaltet. Echte Menschen statt Schaufensterpuppen nehmen den Besucher an die Hand, entführen ihn live in längst vergangene Zeiten. Der in Ehren ergraute Korbflechter kennt sein Handwerk von klein auf, der umtriebige Brotbäcker backt kein Dauergebäck für die Schauvitrine, sondern nach originaler Rezeptur für den Verkauf im angrenzenden Laden. Der Inhalt des Kessels in der uralten Käserei wird nicht allabendlich heimlich weggeschüttet, sondern unter unseren Augen zu echtem Schweizer »Chäs« nach alter Tradition verarbeitet. Ein ideales Ausflugsziel, um Land und Leute noch intensiver zu studieren. (Infos unter www.ballenberg.ch). Echt toll!

von Eisenbahnfreunden höher schlagen lässt. Denn diese Brünigbahn Luzern–Interlaken ist eine Schmalspurbahn, die in einigen Abschnitten aufgrund ihrer erheblichen Steigung im Zahnradbetrieb befahren werden muss und wird. Direkt auf der Passhöhe steht der Bahnhof Brünig-Hasliberg, an dem die eingesetzte Technik auch bewundert werden kann.

Die gesamte Passstrecke wird auch während der Wintermonate von Schneeräumfahrzeugen für den Verkehr geräumt und ist ganzjährig befahrbar. Trotz seiner moderaten Höhenlage ist aber dennoch mit winterlichen Verhältnissen zu rechnen. Im Umfeld der Passhöhe finden zudem alljährlich traditionelle Feste und Wettkämpfe statt wie die bekannte Brünigschwinget, der wohl berühmteste Schwingerwettkampf der gesamten Schweiz mit einer über 100-jährigen Tradition. Immer im August treten hier über 120 Schwinger an, eine echte Schau auch für des »Schwingens« unkundige Touristen.

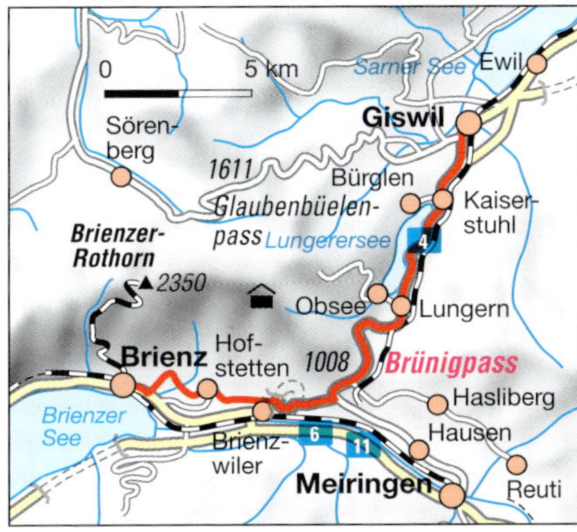

Bild linke Seite: Vor allem die Ausblicke vom Brünigpass sind ein Genuss.

Unten: Erkundungsfahrt auf einer Nebenpiste am Brünig

HÖHENPROFIL

Höhenmeter bergauf	545 m
Höhenmeter bergab	663 m
Maximale Steigung	11,4 %
Durchschnittliche Steigung	4,8 %
Maximales Gefälle	12,5 %
Durchschnittliches Gefälle	6,0 %

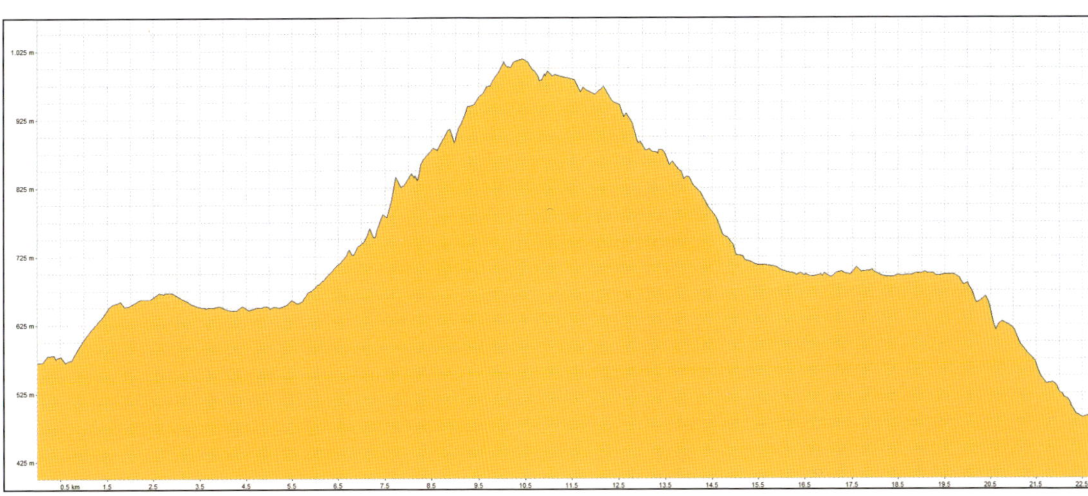

54 Alpenpässe in der Schweiz
PASSWANG PASS

IM ÜBERBLICK

Name	Passwang Pass
Land	Schweiz
Region	Solothurn
Höchster Punkt	943 m
Basisorte	Balsthal und Breitenbach
Anzahl der Kehren	8
Streckenlänge	29 km
Schwierigkeitsgrad	leicht
Mautpflicht	keine
Wintersperre	keine
Kombinierbar mit ... oder aus Band 1	Nr. 55, 56 –

Trotzdem die eigentliche Passüberquerung seit vielen Jahrzehnten schon untertunnelt ist und der eigentliche Scheitelpunkt somit nur Wanderern und Mountainbikern vorbehalten bleibt, lohnt auch die Motorradtour über diesen eher unbekannten Pass im Schweizer Jura sehr.

Die Passwangstrasse verläuft leicht westlich des eigentlichen Kammes und verbindet das Laufental und das sogenannte Schwarzbubenland mit Balsthal am Jura-Südrand. Balsthal gilt gleichzeitig auch als nördliches Tor in das beschauliche Schweizer Mittelland, eine Region in diesem herrlichen Alpengärtlein, die einen ganz eigenen Charakter besitzt.

Die Passstraße erreicht eine Höhe von gut 950 Metern und durchsticht die Felsenregion des Passwanggipfels in einem circa 200 Meter langen Scheiteltunnel.

Seit dem Mittelalter zogen die Säumer über diesen Pass und transportieren ihren Waren zwischen Mittelland und Rheintal hin und her, wie das Historische Lexikon der Schweiz zu berichten weiß. Bereits 1730 wurde der Passwang erstmals urkundlich erwähnt. Um das Jahr 1935 soll dann mit der Untertunnelung des Scheitels begonnen worden sein, wann genau der Tunnel fertiggestellt wurde, ist schwer zu recherchieren, da auch die üblichen Jahresangaben an den mächtigen Mauersteinen des Portales heutzutage nahezu unlesbar sind.

Und was ist das Schöne nun am Passwang Pass? Das ist die Landschaft, in der er liegt. Zunächst gemütlich, steigt die Piste durch das Guldental bergan Richtung Ramiswil, es geht über weite Almen und durch lichte Waldstücke. Mümliswil, das größte Dorf im Guldental, ist rasch durchquert, und kurz nach dem Abzweig Richtung Scheltenpass (Nr. 55) beginnt die Piste vor uns deutlich anzusteigen. Einige Serpentinen würzen den Kurventanz, ohne uns zu überfordern, und lassen viele Gelegenheiten, sich rechts und links des Lenkers umzuschauen.

Unterwegs im Passwang-Tal mit Blick auf Beinwil

SEHENSWERTES AM WEGESRAND

Basel, die drittgrößte Stadt der Schweiz direkt im Dreiländereck Schweiz-Deutschland-Frankreich, will bewusst erobert werden. Mein Tipp: Kämpfen Sie sich unbedingt durch alle Vororte und Industriegürtel bis zum historischen Zentrum durch, stellen Sie das Moped am Rand der Altstadt ab, und schlendern Sie durch die erlebenswerte Geschichte Basels rund um den Marktplatz. Unzählige Einkehrmöglichkeiten warten ebenso auf uns wie auch der gelungene Gegensatz zwischen modernen Bauten und einer mehr als romantischen Altstadt. Aber achten Sie unbedingt darauf, VOR Einbruch der Dunkelheit aus der Altstadt zu verschwinden! Zu Ihrem eigenen Wohlergehen …
Denn immer wenn in dunkler Nacht ein eigentümliches Sausen in der Luft zu hören ist, schließen die Bewohner der Baseler Altstadt rund um das Spalentor rasch ihre Fenster. Denn dann soll das Spalentier umgehen, eine Mischung aus Hund, großem Schwein und Lindwurm. Wie es genau aussieht, kann niemand sagen, denn einerseits kann es sein Aussehen beliebig ändern. Andererseits ist es höchst ungesund, nach dem Tier Ausschau zu halten. Jedes Mal, wenn ein allzu Neugieriger einen Blick zu riskieren versuchte, war sein Kopf anderntags riesig angeschwollen und vollkommen entstellt. Ja einem Baseler, der sich eines Tages erlaubte, das Spalentier zu verspotten, ist bei dessen nächtlichem Anblick der Kopf sogar derart angeschwollen, dass man den kompletten Fensterrahmen ausbauen und zersägen musste, um den leichtfertigen Spötter zurück ins Zimmer und anschließend zu einem Arzt zu bekommen. Alle Infos über Basel gibt es unter www.basel.com.

Seit dem Mittelalter wird er rege genutzt.

Kurz vor dem Scheiteltunnel will uns dann ein Gasthof vom »rechten Weg« abbringen. Die Nordrampe schenkt uns nochmals einige Kehren, bevor sie im Haufendorf Breitenbach im Süden Basels auspendelt.

HÖHENPROFIL

Höhenmeter bergauf	545 m
Höhenmeter bergab	663 m
Maximale Steigung	12,4 %
Durchschnittliche Steigung	4,8 %
Maximales Gefälle	14,5 %
Durchschnittliches Gefälle	4,0 %

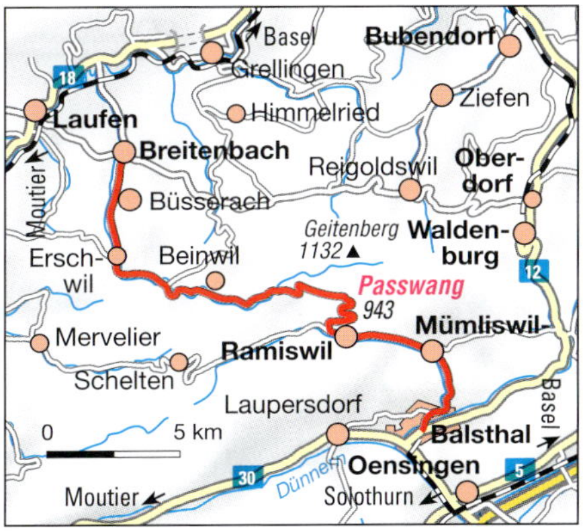

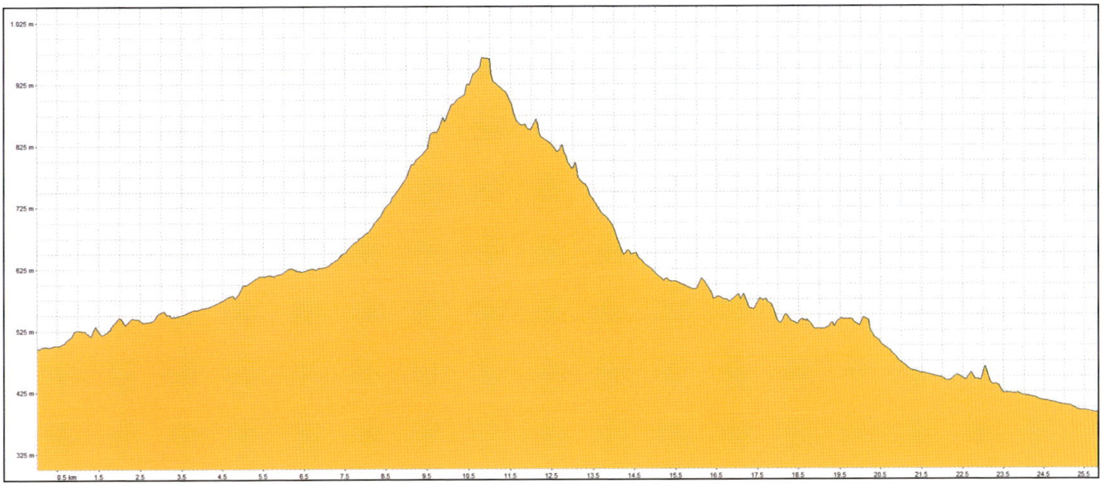

55 Alpenpässe in der Schweiz
SCHELTENPASS

IM ÜBERBLICK

Name	Scheltenpass
Land	Schweiz
Region	Solothurn
Höchster Punkt	1051 m
Basisorte	Mervelier und Balsthal
Anzahl der Kehren	6
Streckenlänge	24 km
Schwierigkeitsgrad	leicht
Mautpflicht	keine
Wintersperre	keine
Kombinierbar mit	Nr. 54, 56
... oder aus Band 1	–

Der Scheltenpass lässt sich nicht nur herrlich einfach mit dem Passwang Pass kombinieren, die Landschaft, in der er »schwingt«, ist sogar noch eine deutliche Spur erlebenswerter und beschaulicher als die des Nachbarpasses.

Der Schelten, von den Einheimischen auch »La Scheulte« genannt, verbindet das Schweizer Jura mit dem Kanton Solothurn – korrekterweise erwähnt: inklusive einer winzigen Passage auf Berner Territorium. Auf der landschaftlich reizvollen Passhöhe gibt es zwar keine Wirtschaft, entlang der Westrampe liegen aber einige Gasthöfe, die für eine Einkehr jederzeit gerne bereitstehen. Auf dem Berner Anteil der Passhöhe erhebt sich die winzige Kapelle Sankt Antonius, auf der Ostseite windet sich die Straße durch das landschaftlich äußerst reizvolle Guldental hinunter nach Ramiswil und weiter nach Balsthal.

Der historische Passübergang über den Schelten wurde aus militärstrategischen Gründen im Ersten Weltkrieg ausgebaut, da er vor allem auf seiner Westseite, durch eine Schlucht begrenzt, recht leicht kontrolliert wer-

Rund um den Schelten liegen beschauliche Pisten.

SEHENSWERTES AM WEGESRAND

Solothurn ist für mich eine der schönsten Städte der Schweiz, sie trägt vollkommen zu Recht das Prädikat »Schönste Barockstadt der Schweiz« und empfängt jeden Besucher mit viel Sehenswertem. Parken Sie das Motorrad am besten am Rande des riesigen Amtshausplatzes, schlendern Sie vorbei am dicken Burristurm durch das Bieltor und stöbern Sie in der angrenzenden Fußgängerzone durch die historischen Schätze Solothurns. Es geht vorbei an unzähligen Straßencafés und Kneipen mit ebenso unzähligen Gründen zur Einkehr. Alle Infos unter www.stadt-solothurn.ch.

den konnte. Eine Gedenktafel unterhalb der Passhöhe auf Solothurner Seite erinnert daran. Auch im Zweiten Weltkrieg war der Scheltenpass immer noch eine wichtige West-Ost-Verbindung, die von der Schweizer Armee zwischen 1939 und 1942 mit zahlreichen Bunkern und Panzersperren gesichert wurde. Zwar sind die meisten Relikte aus diesen Kriegstagen heute in dichtem Wald versteckt, wer sich allerdings rund um die Passhöhe auf die Suche nach ihnen begibt, wird rasch fündig.

Hier beginnen und kreuzen zudem einige beliebte Wanderrouten, zum Beispiel Richtung Delémont oder auf die Hohe Winde, einen 1200 Meter hoch gelegenen Aussichtsgipfel im Schweizer Jura. An klaren Tagen reicht der Bergblick von den Vogesen über den Schwarzwald im Norden bis hinunter zu den Walliser Alpen ganz im Süden. Kein Wunder, dass die Hohe Winde zu einem der beliebtesten Ausflugsziele im gesamten Schweizer Jura zählt.

Unscheinbar, aber erlebenswert ist die Passhöhe.

HÖHENPROFIL

Höhenmeter bergauf	525 m
Höhenmeter bergab	598 m
Maximale Steigung	10,4 %
Durchschnittliche Steigung	5,8 %
Maximales Gefälle	14,5 %
Durchschnittliches Gefälle	4,6 %

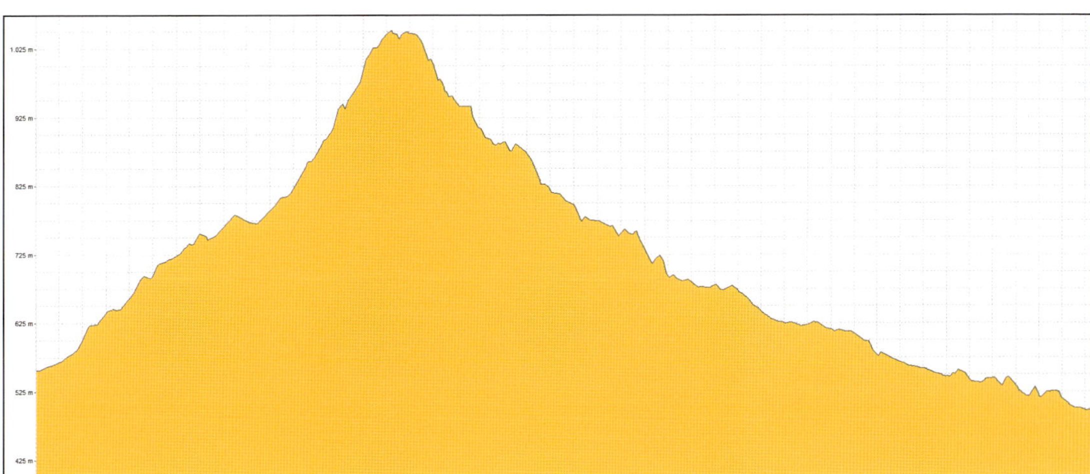

56 Alpenpässe in der Schweiz
COL DE LA CROIX

IM ÜBERBLICK

Name	Col de la Croix
Land	Schweiz
Region	Schweizer Jura
Höchster Punkt	789 m
Basisorte	Saint-Ursanne und Courgenay
Anzahl der Kehren	5
Streckenlänge	12 km
Schwierigkeitsgrad	leicht
Mautpflicht	keine
Wintersperre	keine
Kombinierbar mit	Nr. 54, 55
... oder aus Band 1	–

Wie viele Col de la Croix es insgesamt in den Alpen und ihren Ausläufern gibt, habe ich bis heute nicht recherchieren können. Allein drei davon sind mir persönlich aber gut bekannt – so auch dieser Col de la Croix, der die beiden Jurastädte Saint-Ursanne und Courgenay miteinander verbindet. Nicht spektakulär in seiner Trassenführung, nicht schwer zu erfahren und schon gar nicht geeignet, um am Stammtisch herzhaftes Schulterklopfen der Bikerkollegen zu ernten, besitzt dieser nur auf den ersten Blick unscheinbare Pass dennoch seine Berechtigung in meiner Sammlung der schönsten Alpenpässe. Denn er verfügt über einige erlebenswerte Highlights.

Der erste Höhepunkt des Passes ist sein wunderhübscher Basisort Saint-Ursanne, ein historisches Kleinod im engen Tal der Doubs. Deren Talboden ist meistens gerade einmal 100 Meter breit und von steilen, dicht bewaldeten und felsenreichen Flanken gesäumt. Saint-Ursanne liegt an jener Stelle, an der um 619 der Eremit Ursicinus gelebt haben soll. Missionare gründeten dann über dessen Grab ein Kloster, das 849 erstmals in einer Urkunde erwähnt ist. 1139 wird der Ort Sancti Ursicini genannt, das mittelalterliche Städtchen erhielt 1338 seine Marktrechte. Von 1793 bis 1815 gehörte Saint-Ursanne zu Frankreich, 1815 kam es zum Kanton Bern und mit dem Bau

Einer von vielen: der Col de la Croix im Schweizer Jura

SEHENSWERTES AM WEGESRAND

Der Schweizer Jura ist ein geologisch junges Faltengebirge mit einer Längenausdehnung von etwa 300 Kilometern in einem großen halbmondförmigen Bogen vom Genfer See bis zum Rhein. Sein Klima ist rau und feucht, im Winter oberhalb von 1000 Höhenmetern auch sehr kalt – trotz alledem ist er nicht nur ein Geheimtipp für Wanderer und Radfahrer. Vor allem bei einheimischen Motorradfahrern sind die verkehrsarmen, weitläufigen und oft schön geschwungenen Landstraßen des Jura ein echter Geheimtipp. Ja viele Schweizer Töfffahrer schwärmen davon, an Sommerwochenenden ganz gemütlich ohne Ziel und Plan durch den Jura zu schwingen, an jeder Kreuzung oder Weggabelung einfach dem schönsten Ausblick zu folgen und sich ausschließlich von der Schönheit der Landschaft dirigieren zu lassen. Und von den höchsten Punkten des Schweizer Jura aus hat man an klaren Tagen ein traumhaftes Panorama weit über das Schweizer Mittelland hinweg auf die gesamte Alpenkette.

der Bahnlinie Glovelier–Porrentruy verlor es auch seine isolierte Lage. Saint-Ursanne ist heute nach Delémont und Porrentruy die wichtigste historische Stadt im Kanton Jura und besticht vor allem durch ihr malerisches mittelalterliches Stadtbild sowie ihre Brücken über die Doubs. Auf exponiertem Fels nördlich der Stadt stehen die Ruinen einer einstmals mächtigen Burg, deren Steine allerdings auch zum Brücken- und Mauerbau in der Stadt eingesetzt wurden.

Zugegeben, dagegen hat es Courgenay am Nordende des Passes wahrlich schwer. Dabei kann auch dieser Ort auf viele Jahrhunderte Siedlungsgeschichte zurückblicken. Zwar sind im historischen Kern der Stadt nur noch wenige historische Bauten aus dem 18. und 19. Jahrhundert erhalten geblieben, dennoch lohnt es sich, den Seitenständer auszuklappen und einen ausgiebigen Rundgang zu unternehmen.

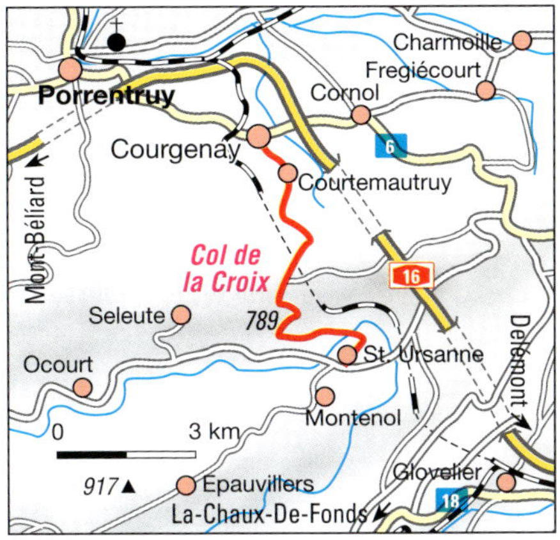

Das Schweizer Jura ist ein sehr beliebtes Tourenrevier.

HÖHENPROFIL

Höhenmeter bergauf	375 m
Höhenmeter bergab	333 m
Maximale Steigung	12,4 %
Durchschnittliche Steigung	8,8 %
Maximales Gefälle	12,5 %
Durchschnittliches Gefälle	5,5 %

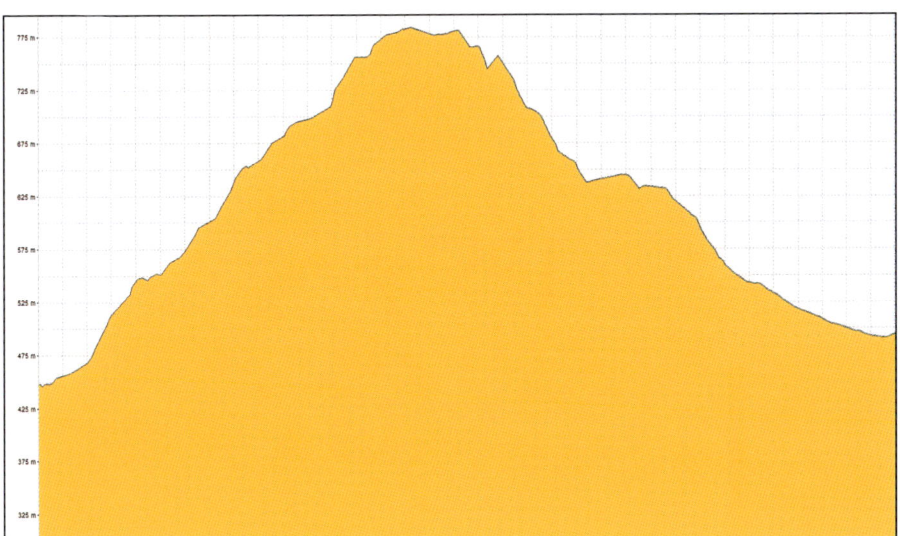

57 Alpenpässe in der Schweiz
GURNIGEL-PASS

IM ÜBERBLICK

Name	Gurnigel-Pass
Land	Schweiz
Region	Bern
Höchster Punkt	1606 m
Basisorte	Plaffeien und Riggisberg
Anzahl der Kehren	16
Streckenlänge	36 km
Schwierigkeitsgrad	leicht
Mautpflicht	keine
Wintersperre	keine
Kombinierbar mit	Nr. 53, 58, 62
... oder aus Band 1	Nr. 82

Der Gurnigel ist ein äußerst markanter Höhenzug im Kanton Bern, der gleichnamige Pass überwindet diesen auf einer Höhe von gut 1600 Metern. Bereits im 19. Jahrhundert war der Gurnigel wegen seiner herrlichen Aussichten bei Reisenden und vor allem auch den Kurgästen des Gurnigelbades sehr beliebt, für viele Maler wurden seine Panoramen zu zentralen Motiven ganzer Schaffensperioden. Der Hauptgipfel des Höhenzuges, der Ober-Gurnigel, ist nur zu Fuß von der Passstraße aus in gut 30 Minuten erreichbar, der Weg beginnt am Gurnigel beim Berghaus mit Wegweiser zur Gurnigel-Berghütte.

Die fahrerisch abwechslungsreichste Variante der Passquerung des Gurnigels beginnt im Ort Plaffeien im Westen und führt über Rüti nach Riggisberg. Im Osten des Passes liegt etwa auf halber Höhe das einstmals bekannte Hotel Gurnigelbad, dessen einstige Zufahrt einen Teil der Passstrecke bildet. Errichtet wurde sie um 1872 auf Wunsch des damaligen Hotelbesitzers Johann Jakob Hauser.

Erst um 1920 wurde die Strecke weiter gen Westen ausgebaut und über die Stierenhütte mit der eigentlichen Passhöhe verbunden. Unterhalb des Scheitelpunktes verzweigt sich die Strecke einerseits Richtung Schwefelbergbad und Sangernboden, andererseits Richtung Schwarzenbühl und Riffenmatt. Letztere Alternative bildet eine aussichtsreiche Höhenstraße, die wir uns als Abstecher unbedingt gönnen sollten.

Der Gurnigel ist speziell auch für Biker ein nahezu ganzjähriges Ziel. Der bekannteste Töfftreff am Gurnigel liegt an der Gantrischhütte und lockt Mo-

Die zahlreichen Ausblicke prägen den Reiz des Gurnigel-Passes.

SEHENSWERTES AM WEGESRAND

Das Gurnigelbad war in der zweiten Hälfte des 19. und der ersten Hälfte des 20. Jahrhunderts eines der größten und bekanntesten Kurhotels der Schweiz. Das Wasser dreier stark schwefelhaltiger Quellen galt damals als heilend und wurde sowohl getrunken als auch für Heilbäder verwendet. Die Quelle Stockbrünneli wurde bereits 1561 erstmals erwähnt, doch die Funde römischer Münzen und die Entdeckung antiker, künstlicher Stollen lassen darauf schließen, dass die Quellen schon im Altertum bekannt waren. War das Wasser bei Austritt aus der Quelle auch noch farblos, so trübte es sich in Verbindung mit Sauerstoff rasch ein. Selbst abgefüllt in Flaschen blieb der extrem starke Geruch monatelang erhalten, weshalb die Quelle gerne auch als Stinkbrünneli bezeichnet wurde. 1728 entdeckte man eine weitere Quelle, das Schwarzbrünneli, dessen Wasser Silber innerhalb kurzer Zeit vollkommen schwarz färben konnte. Diese Quelle galt als eine der stärksten Schwefelquellen der Schweiz. 1862 wurde die Eisenquelle entdeckt, neben Eisen enthielt das Wasser Kalk, Chlorcalcium, Chlormagnesium und Kohlensäure.
Rasch entstanden um die Quellen zwei Grandhotels sowie ein reger Kurbetrieb, der allerdings der Weltwirtschaftskrise zum Opfer fiel und 1931 Konkurs anmelden musste. Die neue Eigentümerin des Geländes, die Schweizer Armee, ließ die Gebäude zu einer Truppenunterkunft umbauen und nutzte die Anlagen bis Ende der 80er-Jahre. 2005 übernahm eine Pächterfamilie das gesamte Areal und führt seitdem das geschichtenreiche Hotel-Restaurant Gurnigelbad inklusive angegliedertem Touristenlager. Kuren gibt es allerdings keine mehr, gleichwohl im Park des Gurnigelbades immer noch Schwefelwasser aus einem kleinen Brunnen strömt.

torradfahrer aus dem gesamten Berner Umland an. Jeweils im September findet hier das Bergrennen Gurnigel statt, eine Rennsportveranstaltung mit langer Tradition. Gestartet wird in verschiedenen Kategorien sowohl für Autos als auch Motorräder.

HÖHENPROFIL

Höhenmeter bergauf	545 m
Höhenmeter bergab	663 m
Maximale Steigung	12,4 %
Durchschnittliche Steigung	4,8 %
Maximales Gefälle	14,5 %
Durchschnittliches Gefälle	4,0 %

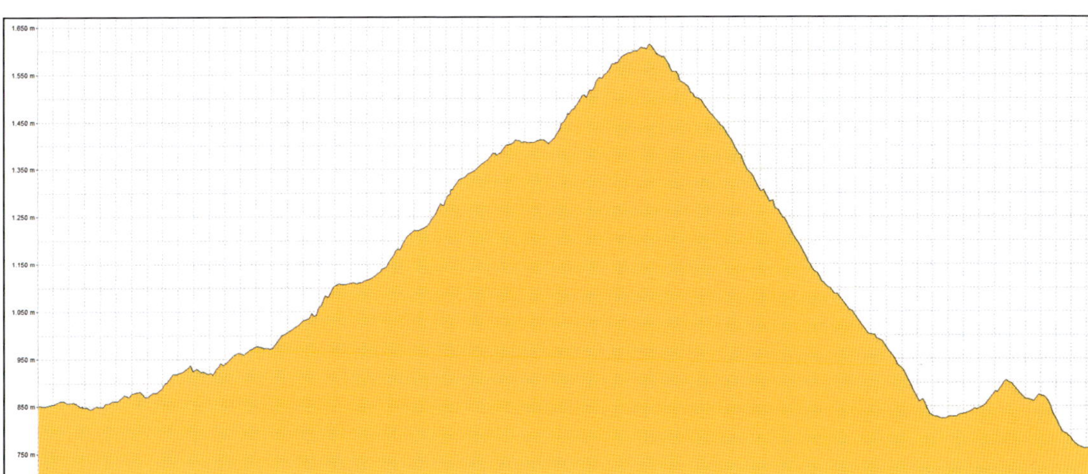

Ob mit Scooter oder Töff – das Berner Oberland ist ein Genuss sondergleichen.

58 Alpenpässe in der Schweiz
GRIESALP

IM ÜBERBLICK

Name	Griesalp
Land	Schweiz
Region	Berner Oberland
Höchster Punkt	1425 m
Basisorte	Reichenbach im Kandertal
Anzahl der Kehren	17
Streckenlänge	25 km
Schwierigkeitsgrad	sehr anspruchsvoll
Mautpflicht	ja
Wintersperre	November bis April
Kombinierbar mit	Nr. 53, 57, 62
... oder aus Band 1	Nr. 81, 82

Diese panoramareiche Sackgasse ist nichts für Fahranfänger oder Gelegenheitsmotorradfahrer. Ja selbst alpenerfahrene Biker habe ich an der Mautstelle im Kiental schon umkehren sehen. Denn die letzten Kilometer hinauf zum herrlichen Almplateau auf der Griesalp zählen zu den schwersten Strecken, die ich jemals im Motorradsattel erobert habe – ausschließlich allein und frei von Gepäck. Die Mautstraße hinauf zur Griesalp ist mit bis zu 28 Prozent Steigung die steilste Postbusstrecke Europas – dieser Satz schildert schon die gesamte Problematik der panoramaarmen Piste: eine enorme Steigung, hautenge Kehren und ein regelmäßig verkehrender, die Piste komplett ausfüllender Postbus mit polizeiähnlicher Weisungsbefugnis. Noch Fragen dazu?

Dabei beginnt alles zunächst so beschaulich und harmlos. Das Kiental, das einstige Viehzentrum des Berner Oberlandes, begeistert mit einer Vielzahl an prachtvollen Bauernhäusern. Die einzige Straße des Tales steigt zwar unmittelbar nach Reichenbach sofort mit guten 15 Prozent bergan und stimmt uns auf kommende Highlights ganz an ihrem Ende ein, doch zunächst einmal ist alles eher ein genüssliches Kinderspiel.

Durch den Weiler Kiental erreichen wir ein idyllisches Zwischenplateau mit einem fröhlich mäandrierenden Bachlauf sowie einigen Almen und erst einige Kilometer weiter stehen auch Sie dann vermutlich zweifelnd vor der Mautstelle und dem Steilanstieg zur Griesalp. Inmitten einer herrlich grü-

SEHENSWERTES AM WEGESRAND

Der Thunersee im Norden des Kandertales ist ein Alpensee im Berner Oberland, gut 50 Quadratkilometer groß, mit einer maximalen Tiefe von 220 Metern. Seit 1835 gibt es auf dem See eine berühmte Passagierschifffahrt, heutzutage mit immerhin zehn Schiffen, darunter dem historischen Schaufelraddampfer Blümlisalp sowie einem weithin bekannten Drachenschiff. An seinem Westufer liegt das sehenswerte Städtchen Thun direkt am Ausfluss der Aare aus dem Thunersee. Thun ist die größte Garnisonsstadt der Schweizer Armee, wundern Sie sich also nicht über Kohorten von »Kampfmaschinen«, die Ihnen tagtäglich joggend begegnen. Der historische Stadtkern mit dem Schlossberg, der Unterstadt, der Oberen Hauptgasse und dem Bälliz lohnt eine ausführliche Erkundung. Jener Bälliz ist eine Insel in der Aare, sie gehört seit dem 14. Jahrhundert zur Stadt und ist seit 1988 eine riesige Fußgängerzone. Und heutzutage das kulturelle Zentrum sowie eine beliebte Flaniermeile.

nen Bergwelt warnt eine überdimensionale Hinweistafel vor dem Kommenden. 28 Prozent Steigung auf ausgesetzter, kehrenreicher und nur wenig mehr als lenkerbreiter Piste, natürlich mit Gegenverkehr in Form des straßenfüllenden Postbusses alle 30 Minuten oder der Geländewagen der ansässigen Bauern. Ach ja, nicht zu vergessen, der ein oder andere angstverschwitzte Tourist.

Mein Tipp: Sind Sie ein erfahrener Biker und solo auf Ihrer von Seitenkoffern befreiten Maschine unterwegs, gönnen Sie sich diesen Abstecher vorbei an rauschenden Sturzbächen hinauf auf die Alpe. Ein schöneres Pausenplätzchen findet sich selten. Aber achten Sie unbedingt auf das Hupzeichen des Postbusses – der hat IMMER Vorfahrt. Anfänger oder randvoll beladene Bikes sollten an der Mautstelle umdrehen – auch ich habe es schon zweimal getan. Kein Grund sich zu schämen …

Bild linke Seite: Die Rampe zur Griesalp führt durch eine grandiose Alpenlandschaft.

Unten: Mit fotografierender Sozia, aber ohne Gepäck geht's bergan.

HÖHENPROFIL

Höhenmeter bergauf	945 m
Höhenmeter bergab	63 m
Maximale Steigung	28,2 %
Durchschnittliche Steigung	7,8 %
Maximales Gefälle	4,5 %
Durchschnittliches Gefälle	2,5 %

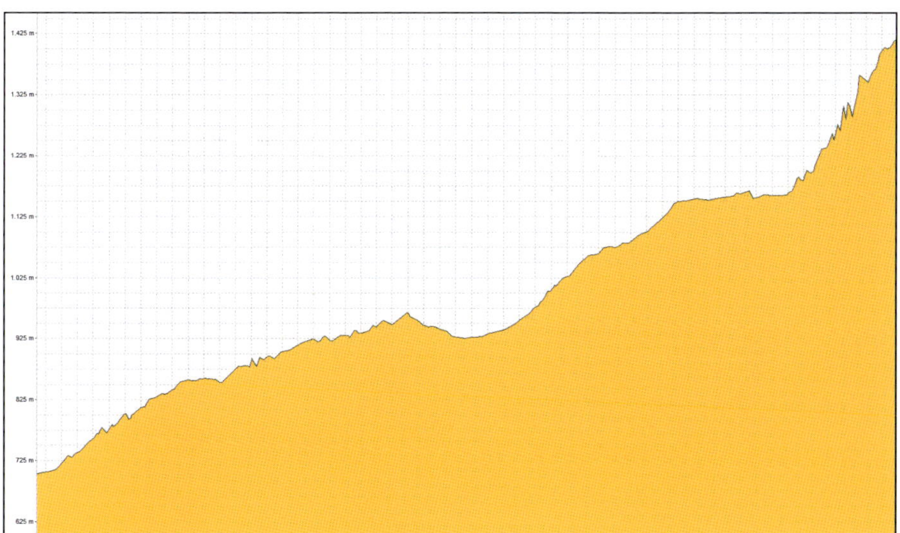

Gleich duscht es! Dabei stammt die Piste in Kiental direkt aus einem Bikertraum.

59 *Alpenpässe in der Schweiz* VAL D'HÉRENS / VAL D'HÉRÉMENCE

IM ÜBERBLICK

Name	Val d'Hérens / Val d'Hérémence
Land	Schweiz
Region	Wallis
Höchster Punkt	2300 m
Basisort	Sion
Anzahl der Kehren	48
Streckenlänge	139 km
Schwierigkeitsgrad	mittelschwer
Mautpflicht	keine
Wintersperre	keine
Kombinierbar mit	Nr. 60, 61, 62, 63
... oder aus Band 1	Nr. 86, 87, 88

Unter dieser Nummer auf dieser Doppelseite habe ich zwei Panoramasackgassen miteinander kombiniert, die zu den schönsten Pisten des Wallis zählen. Da sie in hochalpines Gelände führen, sind sie bitte nur mit einiger Erfahrung im Mopedsattel sowie bei tadellosem Wetter in Angriff zu nehmen. Und natürlich mit genügend Zeit, denn Sie sollten beide Sackgassen bis zu ihrem ultimativen Talschluss befahren, ja keinesfalls zu früh wenden.

Typische Walliser Berghütten in dunkelbraunem, wärmespeicherndem Holz säumen unseren Weg ins Val d'Hérens südlich von Sion. Wenn Sie die Anfahrt in das Bergdorf Euseigne über Veysonnaz und Les-Mayens-de-Sion wählen, können Sie als perfektes Warm-up schon die ersten 23 Kehren auf der heutigen Strichliste verbuchen. Derart perfekt einjustiert treffen wir dann rechter Hand auf den Abzweig durch das Hochtal Val d'Hérémence hinauf zum Stausee Lac des Dix.

Unsere Piste endet zwar am Fuß der gewaltigen Staumauer des Lac de Dix, dennoch ist sie ein erlebenswerter Anblick, zumal jene »Grande Dixence« mit 285 Metern aktuell die zweithöchste Staumauer der Welt ist. Der sich dahinter perfekt verbergende Stausee ist der größte der Schweiz und

Welch prächtige Sackgasse: Piste hinauf nach Arolla

SEHENSWERTES AM WEGESRAND

Als im Jahre 15 v. Chr. die »reisefreudigen« Römer auch das bis dahin keltische Wallis eroberten, bauten sie wie üblich sogleich eine befestigte Siedlung und nannten diese Sedunum. Um 580 wurde dann sogar der Bischofssitz von Martigny hierher verlegt und seit 999 amtierte der Bischof gleichzeitig als Landesherr. Seit über 1000 Jahren ist dieses Sion nun schon die Hauptstadt des Kantons Wallis und bietet heute zu Füßen der mächtigen Festung Valère alle Annehmlichkeiten, die man sich als Biker wünscht. Parken Sie das Moped einfach am Fuß der Burg und schlendern Sie durch die mittelalterlich anmutenden, kaum mehr als schulterbreiten Gassen mit ihren Trödel- und Obstläden, mit winzigen Kneipen und Straßencafés. Und genießen Sie unbedingt auch Sions Gastronomie mit original Walliser Küche. Zum Beispiel beim Zen, den Zenhäusern im Herzen von Sion. Hier könnten Sie sich im Grunde ganztägig kulinarisch verwöhnen lassen.

wird aus 50 umliegenden Gletschern gespeist. Eine kleine Seilbahn bringt Wanderer von Juni bis Oktober in nur fünf Minuten hinauf zur Krone der Staumauer.

Retour in Euseigne werfen Sie unbedingt einen Blick auf die berühmten Erdpyramiden rund um den Ort, gehören diese doch immerhin zum offiziellen Schweizer »Bundesinventar der Naturdenkmäler mit nationaler Bedeutung«. Natürliche Erosion schuf im Laufe von Jahrtausenden diese bis zu 15 Meter aufragenden Felsskulpturen, eben jene Erosion wird sie eines Tages auch von den Landkarten des Wallis tilgen. Gut, wenn man vorher noch ein paar Fotos von ihnen machen konnte.

Ein herrliches Potpourri aus Kurven geleitet uns dann in das Val d'Hérens und nicht minder steil bergan in das malerische Bergsteigerdorf Arolla mit seinen typischen Walliser Häusern und dem omnipräsenten Blick auf den gewaltigen Mont Collon sowie den Arollagletscher.

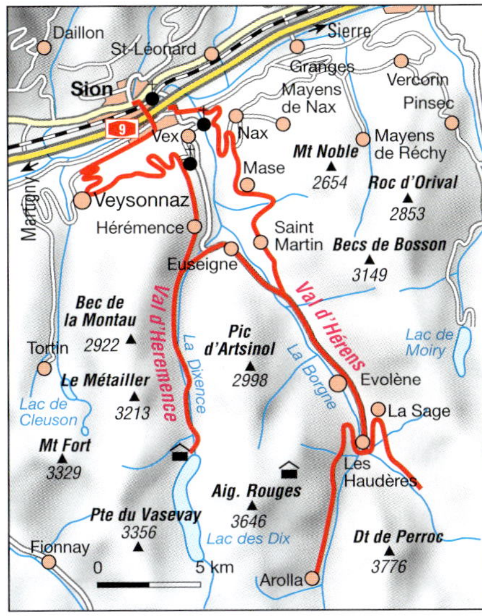

HÖHENPROFIL

Höhenmeter bergauf	545 m
Höhenmeter bergab	663 m
Maximale Steigung	12,4 %
Durchschnittliche Steigung	4,8 %
Maximales Gefälle	14,5 %
Durchschnittliches Gefälle	4,0 %

Dunkles Holz speichert jeden Sonnenstrahl für kalte Nächte.

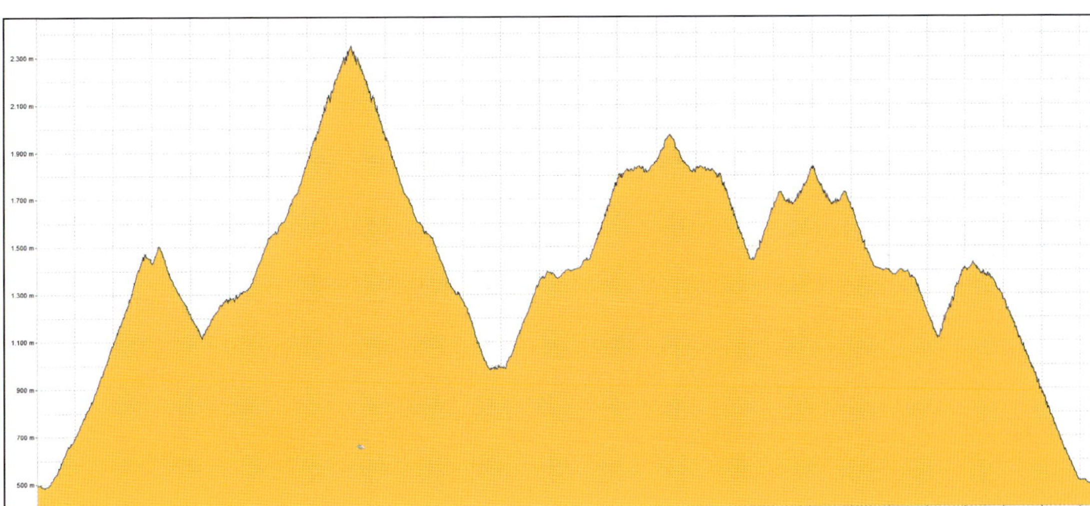

60 Alpenpässe in der Schweiz
COL DE CHAMPEX

IM ÜBERBLICK

Name	Col de Champex
Land	Schweiz
Region	Wallis
Höchster Punkt	1495 m
Basisorte	Valettes / Martigny und Orsières
Anzahl der Kehren	32
Streckenlänge	28 km
Schwierigkeitsgrad	sehr anspruchsvoll
Mautpflicht	keine
Wintersperre	keine
Kombinierbar mit ... oder aus Band 1	Nr. 59, 61, 62, 63, 64 Nr. 86, 87, 88

SEHENSWERTES AM WEGESRAND

In seinem Namen bewahrt Martigny die Erinnerung an den Sendboten Martinus aus dem 4. Jahrhundert, nach dem der von Kelten gegründete Ort 57 v. Chr. benannt wurde. Über 2000 Jahre Geschichte füllen die Chronik des sehenswerten Waliser Städtchens, und wenngleich Martigny heute vor allem ein wichtiger Verkehrsknotenpunkt ist, besitzt der Ort dennoch auch zahlreiche touristische Sehenswürdigkeiten wie zum Beispiel das Schloss Bâtiaz oder die Wassermühle Semblanet. Und nicht zu vergessen, das Musée et Chiens du Saint-Bernard mit Exponaten zu Barry, dem berühmtesten Lawinenhund der Welt – jawohl: dem Stammvater jener Bernhardiner-Hunderasse, die bis heute zu den beliebtesten Familienhunden der Welt gehört.
Vor allem im Zentrum Martignys lässt es sich abends herrlich unterhaltsam flanieren, hier quirlt zwischen Einkaufs- und Einkehrmöglichkeiten das Leben der Stadt. Für Motorradtouren in das Umland sollten wir allerdings recht früh aufbrechen, denn die morgendliche Rushhour darf nicht unterschätzt werden.

32 waschechte Kehren auf gerade einmal 24 Kilometern Länge – Sie beginnen zu ahnen, weshalb ich den Col de Champex als sehr anspruchsvoll einstufe. Der Pass liegt im französischsprachigen Teil des Schweizer Kantons Wallis und bietet die herausfordernde Alternative zur perfekt ausgebauten, aber auch extrem verkehrsreichen Kantonsstrasse 21, die über Sembrancher hinauf zum Großen Sankt Bernhard Pass führt. Der Einstieg zum Aufstieg auf den Col de Champex befindet sich direkt im Weiler Les Valettes, gleich südlich von Martigny.

Vor allem die Nordrampe des Passes verlangt mit ihren 22 engen und sehr steilen Kehren mitten in dunklem Wald eine satte Portion hochalpiner Erfahrung im Mopedsattel. Andernfalls wird aus dieser Fahrt sehr rasch echter Stress. Erst kurz vor dem Weiler Champex entlang der Passhöhe, garniert mit einem malerisch gelegenen See, öffnet sich der Wald und erlaubt erhol-

same Rundumblicke auf ein Hochplateau, wie es schöner kaum hätte von der Natur modelliert werden können.

Der Ferienort Champex ist bekannt durch seine prächtigen Chalets, eine private Stiftung unterhält hier oben einen der artenreichsten Alpengärten der Schweiz mit über 2000 Bergpflanzen aus aller Welt. Am südlichen Ortsrand liegen noch die Reste einer Artilleriefestung aus dem Zweiten Weltkrieg, die besichtigt werden können. Und wer die eigentliche Passhöhe sucht – die liegt direkt am nördlichen Ortseingang, das Ortsschild »Champex-Lac« selbst stellt im Grunde auch das Passschild dar.

Die Südostrampe hinab nach Orsières schenkt uns dann nochmals acht Spitzkehren, bevor wir in die bundesstraßengleiche Rampe hinauf zum Großen Sankt Bernhard Pass einbiegen.

Bild linke Seite: Auf der Südrampe des Champex können wir uns erholen.

Unten: Richtig herrlich: Blick auf Champex mit See

HÖHENPROFIL

Höhenmeter bergauf	968 m
Höhenmeter bergab	663 m
Maximale Steigung	14,9 %
Durchschnittliche Steigung	8,4 %
Maximales Gefälle	11,5 %
Durchschnittliches Gefälle	6,0 %

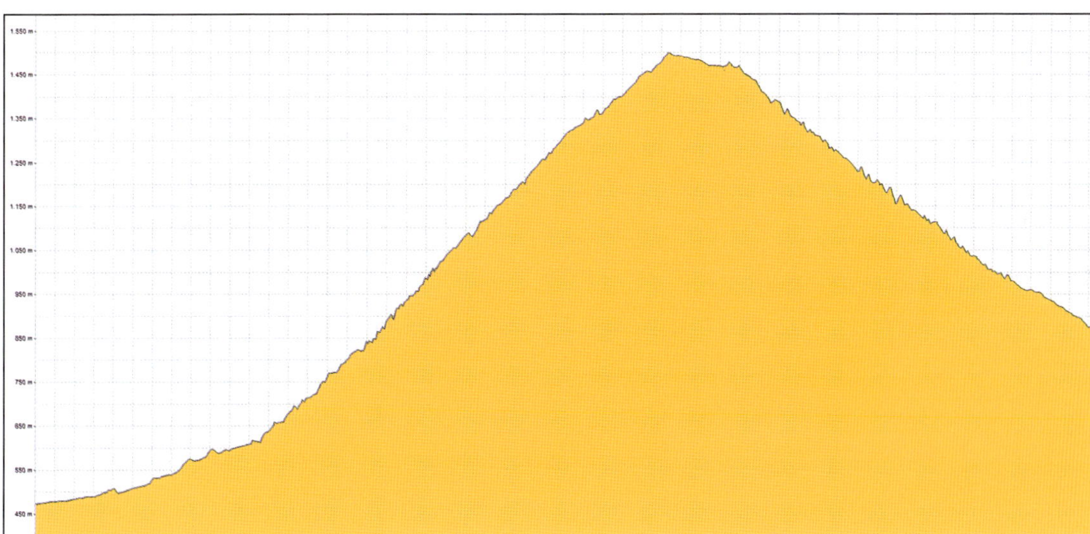

61 Alpenpässe in der Schweiz
COL DE LA CROIX

IM ÜBERBLICK

Name	Col de la Croix
Land	Schweiz
Region	Waadt
Höchster Punkt	1778 m
Basisorte	Bex und Ormont-Dessus
Anzahl der Kehren	14
Streckenlänge	32 km
Schwierigkeitsgrad	leicht
Mautpflicht	keine
Wintersperre	November bis April
Kombinierbar mit	Nr. 59, 60, 62, 63, 64, 65, 72, 73
... oder aus Band 1	Nr. 88

Hier kommt also noch ein Col de la Croix, dieser liegt allerdings im Waadtland an der Nordgrenze zum Wallis und damit ein deutliches Stück näher an den Alpenhauptgipfeln als der vorhergehende Col de la Croix (Nr. 56). Und seine unmittelbare Nähe zu hochalpinen Welten ist ihm durchaus anzumerken, gleichwohl die recht gut ausgebaute Passstraße auch Anfänger fahrerisch nicht überfordern wird.

Die blutgetränkte Geschichte des Passes kann man heutzutage nur noch in detailreichen Geschichtsbüchern nachlesen. Dort steht geschrieben, dass im Jahr 1798 die Soldaten aus dem nahe liegenden Saanen rund um den Pass Napoleons auf dem Vormarsch befindliche Truppen vernichtend zurückschlugen. Auf der recht unscheinbaren Passhöhe inmitten einer verträumten, friedvollen Alpenlandschaft erinnert nichts mehr an diese blutigen Ereignisse.

Dafür besitzt das Städtchen Bex, der westliche Ausgangsort für unsere Passerfahrung, eine Attraktion, wie wir sie in diesem Buch noch nicht hatten: das einzige Salzbergwerk der Schweiz, in dem das »Weiße Gold« sogar im Tagebau abgebaut wird. Echt würzig, sage ich da nur. Gleich im Osten von Bex beginnt dann unser Kurventanz hinauf zum Pass. Durch Weiler und winzige Bergdörfer schwingen wir nach Villars-sur-Ollon mit seinen Gasthäusern und Hotels in prächtiger Aussichtslage. Wenige Kurven später erwartet uns dann der Col de la Croix mit seiner Scheitelhöhe von 1779 Metern und bis zu zwölf Prozent Steigung auf ordentlicher Piste. Rasch den Seitenständer ausklappen und nochmals den Blick zurück genießen, lautet mein Rat.

Eine Saisonabschlusstour rund um den Col de la Croix – das hat etwas.

SEHENSWERTES AM WEGESRAND

Durchschnittlich elf Jahre sollen die Wasser der Rhône benötigen, um einmal von Ost nach West durch den westlich des Passes liegenden Genfer See zu fließen. Hauptsächlich sie sind es, die den mit gut 600 Quadratkilometern größten See der Schweiz speisen. Neben Frankreich, zu dem knapp 40 Prozent des Genfer Sees gehören, teilen sich drei Schweizer Kantone – Genf, Wallis und mehrheitlich das Waadt – den Rest. Vor allem an den Wochenenden trifft sich gerne auch der Schweizer Töfffahrer entlang der Uferstrecken des Sees zu Benzingesprächen in prächtiger Umgebung. Dann heißt es, nach einem aussichtsreichen Frühstück einfach einmal auf Tuchfühlung zum Wasser den prächtigen See zu umrunden. Eine Tour von knapp 200 Kilometern Länge, die außerhalb von Rushhour und Berufsverkehr – also im Grunde vor allem am Sonntag – richtig Spaß machen kann.

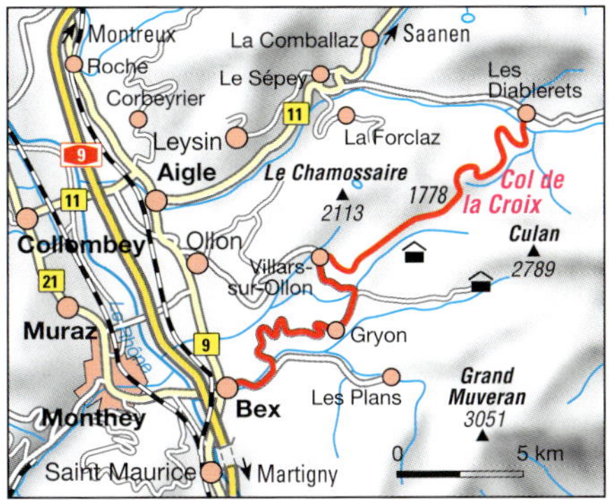

Dann führt uns die kurven- und aussichtsreiche Passstraße immer entlang der Baumgrenze hinüber nach Ormont-Dessus und dem Wintersportparadies Les Diablerets. Wenn Sie Glück haben, hat im Ort sogar das ein Café für einen kurzen Boxenstopp inmitten einer prächtigen Umgebung geöffnet.

HÖHENPROFIL

Höhenmeter bergauf	1345 m
Höhenmeter bergab	563 m
Maximale Steigung	15,4 %
Durchschnittliche Steigung	6,8 %
Maximales Gefälle	9,5 %
Durchschnittliches Gefälle	6,0 %

Unscheinbar, aber unbedingt empfehlenswert

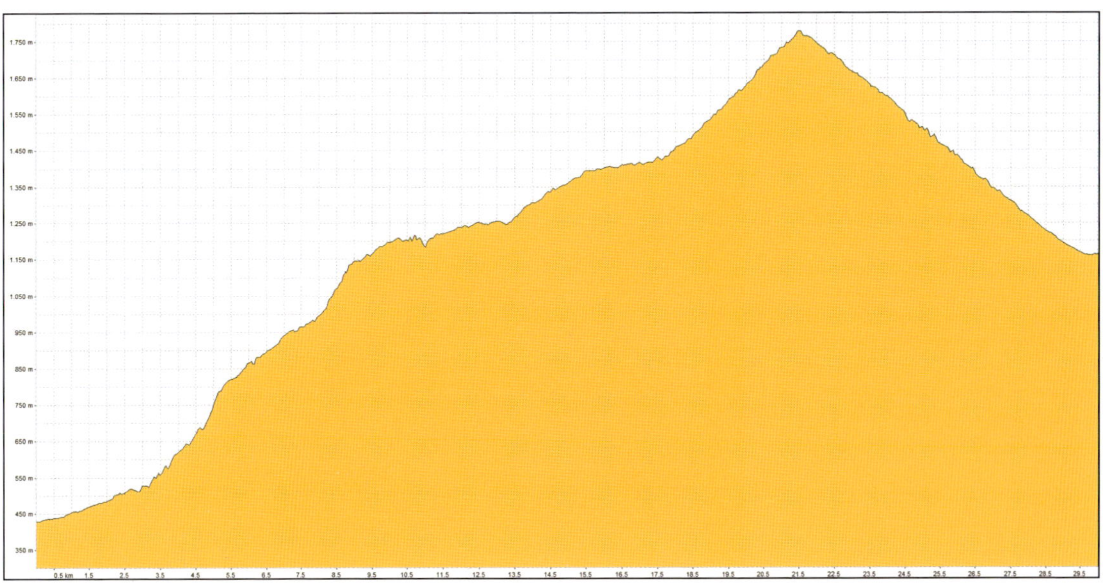

62 *Alpenpässe in der Schweiz*
COL DU PILLON

IM ÜBERBLICK

Name	Col du Pillon
Land	Schweiz
Region	Waadt
Höchster Punkt	1546 m
Basisorte	Ormont-Dessus und Gstaad
Anzahl der Kehren	4
Streckenlänge	24 km
Schwierigkeitsgrad	leicht
Mautpflicht	keine
Wintersperre	keine
Kombinierbar mit	Nr. 59, 60, 61, 63, 64, 65
... oder aus Band 1	Nr. 82, 88

Der Col du Pillon stellt gemeinsam mit dem Col de la Croix (Nr. 61) die fahrerisch wie landschaftlich interessante Verbindung zwischen dem Rhônetal rund um Martigny und dem Berner Oberland, insbesondere dem Thunersee her. Der Pass selbst liegt im Schweizer Kanton Waadt und erschließt mit seiner Straße auch die berühmten Skigebiete rund um Les Diablerets.

Immerhin schon seit 1964 führt eine Seilbahn vom Col du Pillon in zwei Sektionen auf den Gipfel des Scex Rouge und ermöglicht damit von Oktober bis Mai intensives Gletscherskivergnügen. Westlicher Ausgangspunkt der Passstrecke ist Ormont-Dessus, ab der Ortsgrenze geht es sogleich in die Schräglage hinauf zum Pass. Die Passhöhe selbst dominiert die mächtige Talstation der Seilbahn, im Sommer nicht unbedingt ein sehenswerter Anblick. Daneben liegt ein rustikales Gasthaus mit – nach meiner Erfahrung – Öffnungszeiten ganz nach Laune des Wirtes. Was in diesem Fall bedeutet: äußerst selten!

SEHENSWERTES AM WEGESRAND

Eigentlich ist es nur ein mehr oder minder verschlafenes Bergdorf, dieses Gstaad. Dennoch hat man es in vielen Jahrzehnten verstanden, aus der wohl einzigartigen Lage nahe Saanen erhebliches touristisches Kapital zu schlagen, gehört Gstaad doch heutzutage zu den beliebtesten Promiurlaubsorten der Schweiz. Vor allem im Winter trifft sich hier der internationale Jetset – und all die, die einmal dazugehören wollen. Roger Moore, Bernie Ecclestone und viele andere schätzen vor allem die hier im Gegensatz zu Zermatt oder St. Moritz herrschende Ruhe und das weitgehende Fehlen von nervigen Autogrammjägern. Die können sich nämlich die durchaus gesalzenen Preise in und um Gstaad nur selten leisten.
Im Bergsommer geht es aber auch hier deutlich promifreier zu, dann sind die Gstaader Hoteliers und Geschäftsleute sogar dankbar, wenn wir Biker hier den Motor abstellen und zu einer Einkehr oder einem Shoppinggang zu Fuß aufbrechen. Denn der historische Ortskern von Gstaad ist für motorisierte Fahrzeuge gesperrt.

Von der Passhöhe des Pillon gen Osten geht es zunächst nahezu auf gleichbleibender Höhe dahin, wir huschen durch einen lichten Mischwald zum Weiler Gsteig am Rande eines weiten Hochtales. Vor allem diese Kombination aus Col de la Croix und Pillon bildet den ungewöhnlichen Reiz der Passstraße. Von den Weinbergen am Ostufer des Genfer See klettern wir hinauf in das Paradies für Wanderer und Skifahrer und düsen über aussichtsreiche Sommerpisten hinüber zum Thunersee mit seiner sodann gänzlich anderen Landschaft und Kultur. Übrigens: Der Bau dieser Passstrecke kam den Kanton Waadt recht günstig, ließ man doch um 1880 die oberen Drittel der Strecke von Sträflingen bauen. Allerdings nur recht langsam, denn man besaß damals schlichtweg zu wenige verurteilte Straftäter. Deshalb wurden der weitere Verlauf der Passstrecke sowie deren Unterhalt dann auch ganz regulär in Auftrag gegeben.

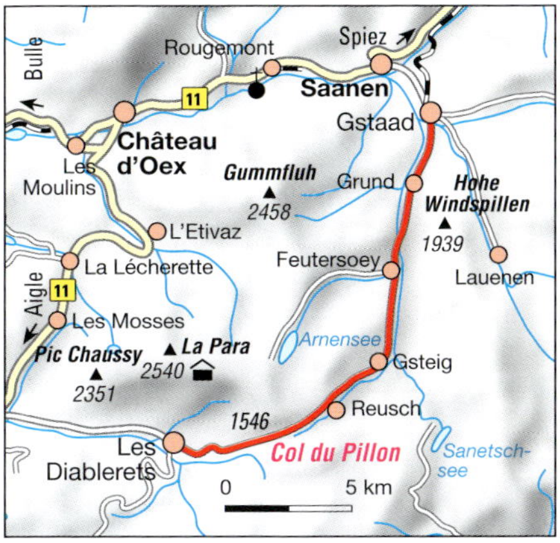

Bild linke Seite: Die Kombi mit Nr. 61 macht den Pillon so reizvoll.

Unten: Herbststimmung in einem bekannten Schweizer Skigebiet

HÖHENPROFIL

Höhenmeter bergauf	445 m
Höhenmeter bergab	563 m
Maximale Steigung	11,4 %
Durchschnittliche Steigung	5,8 %
Maximales Gefälle	11,5 %
Durchschnittliches Gefälle	4,0 %

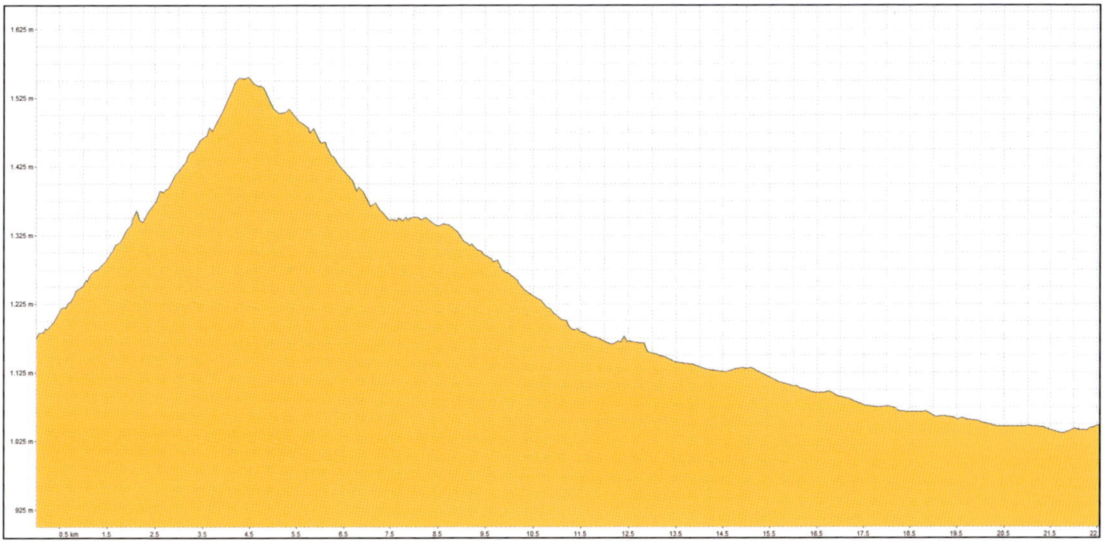

63 Alpenpässe in Frankreich und in der Schweiz
PAS DE MORGINS

IM ÜBERBLICK

Name	Pas de Morgins
Land	Frankreich und Schweiz
Region	Haute-Savoie und Wallis
Höchster Punkt	1369 m
Basisorte	Abondance und Monthey
Anzahl der Kehren	13
Streckenlänge	32 km
Schwierigkeitsgrad	leicht, abschnittsweise mittelschwer
Mautpflicht	keine
Wintersperre	keine
Kombinierbar mit	Nr. 60, 61, 64, 65, 66, 67, 72, 73
... oder aus Band 1	Nr. 88

Mit dem Pas de Morgins, dem Morginspass, begeben wir uns in die nördlichen Ausläufer der französischen Seealpen – und damit bereits in das Land, dessen Reichtum an Pässen und Panoramastraßen uns für die kommenden Seiten dieses Buches faszinieren wird. Der Pas des Morgins liegt direkt auf der Grenze zwischen dem Schweizer Kanton Wallis und der französischen Region Haute-Savoie und verbindet die Orte Monthey und Abondance miteinander. Oben auf der Passhöhe liegt der Grenzübergang, der an vielen Tagen im Jahr wohl unbesetzt ist. Ich habe jedenfalls noch keinerlei Kontrollen über mich ergehen lassen müssen.

Die Passstraße beginnt im hübschen Bergdorf Abondance recht gemütlich und wedelt in harmlosen Kurven mit wenig Steigung über La Chapelle gute zehn Kilometer Richtung Osten. Erst nach dem Wintersportort und dem Weiler Chatel beginnt der eigentliche Kurventanz, ja sogar die ersten Kehren erwarten uns hinauf zur Passhöhe. Sobald Sie den winzigen Lac de Morgins erblicken, haben Sie den Scheitelpunkt erreicht, nahebei steht auch das Passschild für das obligatorische »Schau-an-ich-war-hier«-Foto für unser Facebook-Profil.

Um den verträumten See herum führt ein kleiner Wanderweg und es gibt einige schöne Pausenplätze, um die mitgebrachte Verpflegung auszupacken. Das war's dann auch schon.

SEHENSWERTES AM WEGESRAND

Das französische Département Haute-Savoie ganz im Nordosten Frankreichs liegt direkt auf der Grenze zu den Schweizer Kantonen Genf und Wallis sowie dem italienischen Aostatal. Es ist ein durchgehendes Gebirgsland, das im Süden von der mächtigen Mont-Blanc-Gruppe gekrönt wird. Dazwischen liegen idyllische Täler, weite und panoramareiche Hochebenen sowie beschauliche, typisch französische Dörfer und Städte. Für herrliche Kontraste sorgt im Norden der berühmte Genfer See, von dessen 580 Quadratkilometern Fläche immerhin ein Drittel zum Département Haute-Savoie gehören. Und wie es sich für ein echtes Gebirgsland gehört, besitzt die mit 4400 Quadratkilometern recht überschaubare Region eines der höchsten »Passaufkommen« Frankreichs – gut 20 Stück listen detailreiche Straßenkarten auf, allesamt verbunden mit einem dichten Netz aus winzigen Landstraßen.

Für einen ausgiebigen Einkehrschwung müssen wir noch gut einen Kilometer weiterhuschen, dann begrüßt uns das Bergdorf Morgins auf Schweizer Territorium nicht nur mit einer grandiosen Aussichtslage, sondern auch mit einigen Stärkungsmöglichkeiten. Denn gut gestärkt wollten wir anschließend die Weiterfahrt antreten. Mein Tipp dazu: Das Restaurant Le Di.Vins in der Route de la Patinoire 15 A. Echt lecker!

Falls Sie von Anfang an mitgezählt haben, kommen auch Sie zu dem Ergebnis, dass noch zehn der insgesamt 13 Kehren auf uns warten müssen. Korrekt! Die fahrerisch wesentlich erlebnisreichere Rampe des Passes ist die hinunter in das Schweizer Wallis nach Monthey. Genießen Sie vor allem auch die sich immer wieder bietenden Ausblicke hinab in das mächtige Rhônetal, das wir uns ja auf den Exkursionen der vorangegangenen Pässe schon immer mal wieder gegönnt hatten.

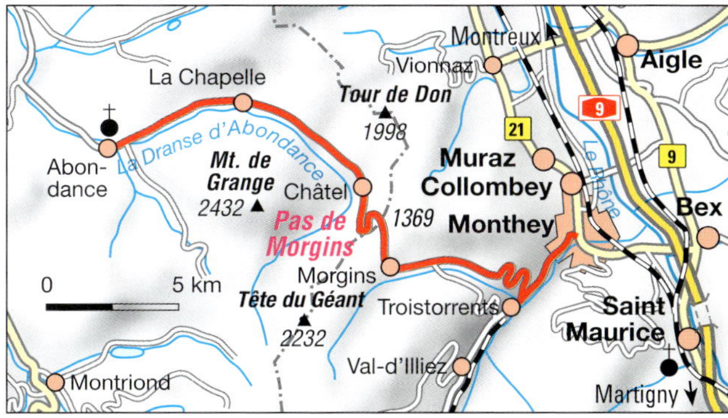

Bild linke Seite: Herzlich willkommen sind Biker hier allerorten.

Unten: Nett, aber auch saukalt – der Lac de Morgins

HÖHENPROFIL

Höhenmeter bergauf	545 m
Höhenmeter bergab	1063 m
Maximale Steigung	10,4 %
Durchschnittliche Steigung	3,8 %
Maximales Gefälle	14,5 %
Durchschnittliches Gefälle	6,0 %

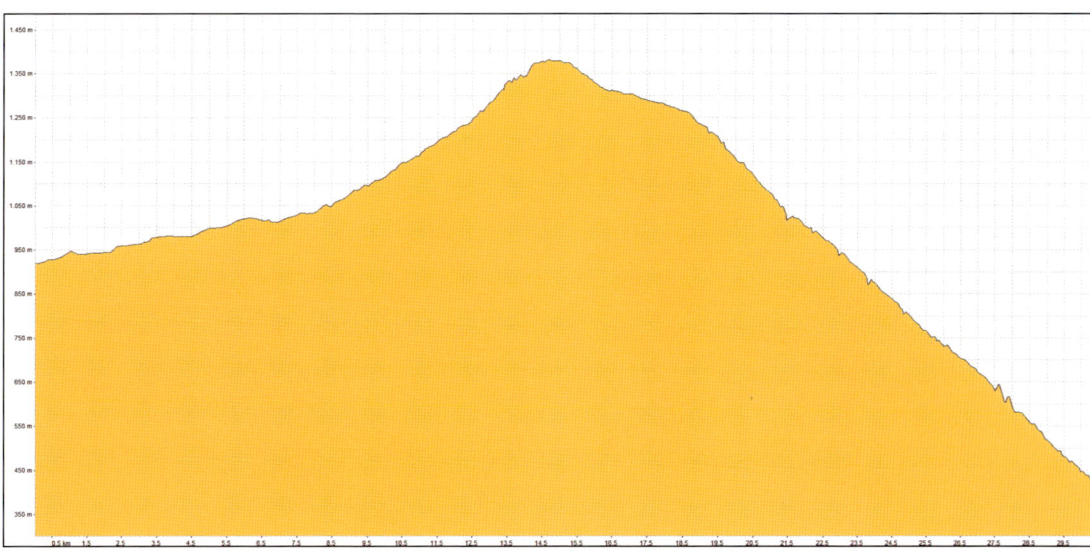

64 Alpenpässe in Frankreich
COL DE LA JOUX VERTE

IM ÜBERBLICK

Name	Col de la Joux Verte
Land	Frankreich
Region	Haute-Savoie
Höchster Punkt	1760 m
Basisorte	Montriond und Morzine
Anzahl der Kehren	40
Streckenlänge	29 km
Schwierigkeitsgrad	mittelschwer
Mautpflicht	keine
Wintersperre	Dezember bis April
Kombinierbar mit	Nr. 63, 65, 66, 67, 68, 69, 70, 71, 72, 73
... oder aus Band 1	Nr. 88

40 Spitzkehren verteilt auf 29 Kilometer Strecke und gute 800 Höhenmeter Differenz – das nenne ich eine herausfordernde Passstraße, für die wir eine ordentliche Portion alpiner Erfahrung mitbringen sollten.

Der Col de la Joux Verte war mit seinen durchaus anspruchsvollen 1760 Höhenmetern auch schon Bestandteil der legendären Tour de France und ist deshalb auch bei französischen Rennradfahrern sehr beliebt. Vor allem an Sommerwochenenden müssen wir uns die Passstrecke friedlich mit ihnen teilen.

Die Passstraße bildet ab Montriond eine weite Schleife nach Westen, die über das Bergdorf Avoriaz nach Morzine führt. Nicht zu verwechseln bitte mit der ausgeschilderten direkten Verbindung von Montriond und Morzine, deren Ortsgrenzen beinahe miteinander verschmelzen. Die einstmals existierende direkte Verbindung zwischen der Nordrampe des Col de la Joux Verte und des im Norden liegenden Pas de Morgins ist leider inzwischen gesperrt und nur noch Wanderern und Mountainbikern zur Benutzung gestattet.

Am Nordufer des winzigen Lac de Montriond wedeln wir sodann nach Osten und beginnen einige Kilometer weiter mit dem Aufstieg zum Pass. Und dieser Aufstieg hat es sogleich in sich, liegen doch 17 waschechte Spitzkehren vor uns. Vor allem im Frühjahr, wenn die teilweise recht schmale Piste mit Rollsplitt gespickt ist, heißt es, größte Vorsicht walten zu lassen und die dann oftmals rutschige Ideallinie tunlichst zu ignorieren. Die unscheinbare Passhöhe nahe des Bergdorfes Avoriaz ist rasch überquert, und schon liegen weite-

Bis in den Scheitelbereich begeistert uns ein herrliches Kurvengemenge.

SEHENSWERTES AM WEGESRAND

Apropos Morzine: Das einstige Bergdorf und heute sehenswerte Touristenstädtchen ist nicht nur ein echter Geheimtipp bei Wanderern, Bergsteigern und Rennradlern, sondern genießt auch bei einer Berufsgruppe hohes Ansehen, die wir beim Anblick des Ortes so gar nicht vermuten würden: bei Psychiatern! Existierte hier doch einstmals eine ganz bestimmte Form von weiblicher Hysterie, die an einer ungewöhnlich großen Zahl von unverheirateten Frauen des einstmals sehr abgeschiedenen Ortes diagnostiziert und studiert wurde. Die Kirche, die in Morzine einen sehr starken Einfluss hatte, untersagte jenen Frauen jegliche Alltags- und Sinnesfreuden und überwachte die Einhaltung dieser Regeln derart scharf, dass es bei den Frauen zu – penibel dokumentierten – hysterischen Manifestationen kam, deren einzigartige Symptomatik Psychiatern der damaligen Zeit um 1860 erste wichtige Einblicke in »weibliches Unglücksbefinden im 19. Jahrhundert« erlaubte. Die »hysterischen Frauen« von Morzine waren ein anerkanntes psychiatrisches Phänomen. Heute allerdings soll es allen Frauen in Morzine – ob verheiratet oder auch nicht – rundherum gut gehen, heißt es.

re Kehren auf engstem Raum vor uns. Zügig geht es bergab Richtung Morzine, auch hier führt satt verteilter Rollsplitt zu einigem Unbehagen. Beruhigung und Stärkung lassen wir unseren Nerven anschließend im sehenswerten Städtchen Morzine zukommen – zum Beispiel im Restaurant La Chamade in der Route de la Plagne, das ich aus eigener Erfahrung empfehlen kann.

HÖHENPROFIL

Höhenmeter bergauf	545 m
Höhenmeter bergab	663 m
Maximale Steigung	12,4 %
Durchschnittliche Steigung	4,8 %
Maximales Gefälle	14,5 %
Durchschnittliches Gefälle	4,0 %

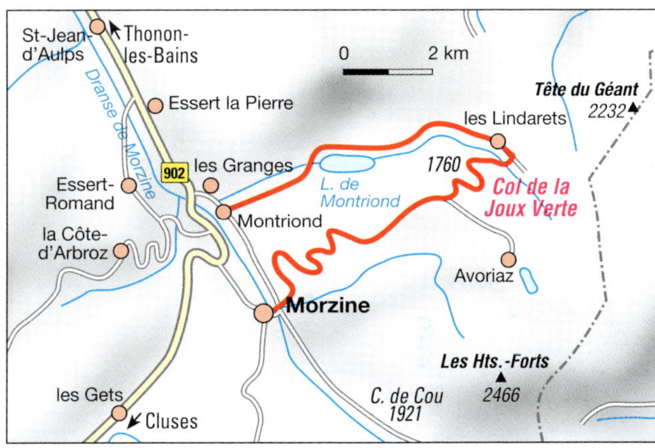

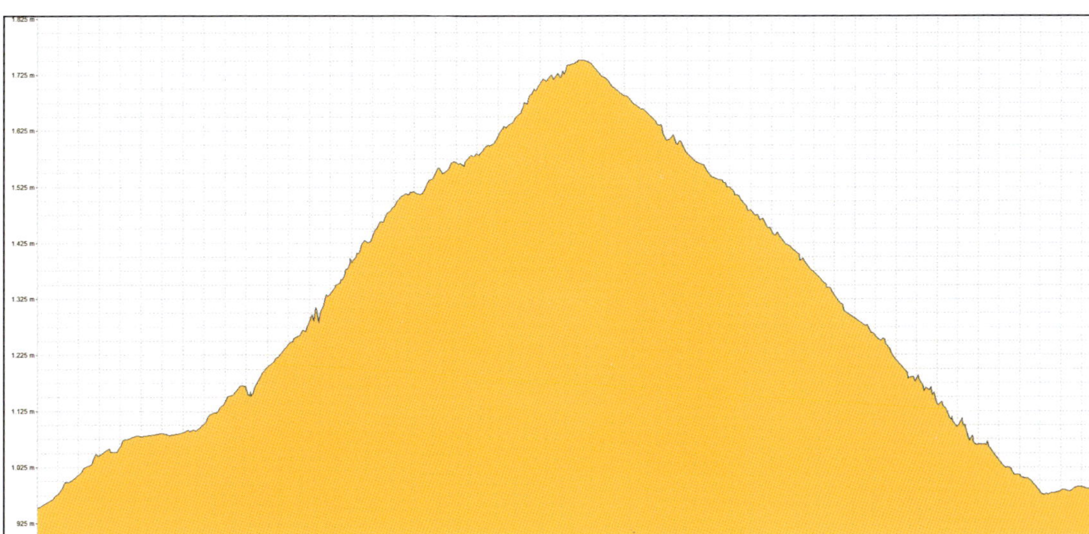

65 Alpenpässe in Frankreich
COL DU CORBIER

IM ÜBERBLICK

Name	Col du Corbier
Land	Frankreich
Region	Haute-Savoie
Höchster Punkt	1237 m
Basisorte	Saint-Jean-d'Aulps und Bonnevaux
Anzahl der Kehren	12
Streckenlänge	15 km
Schwierigkeitsgrad	leicht
Mautpflicht	keine
Wintersperre	keine
Kombinierbar mit	Nr. 63, 64, 66, 67, 68, 69, 70, 71, 72, 73
... oder aus Band 1	Nr. 88

Der Col du Corbier zählt zu den bekanntesten Scheitelpunkten in der mit Pässen so reich gesegneten Region Haute-Savoie. Die gut ausgebaute Straße verbindet die beiden beschaulichen Bergdörfer Seytroux und Bonnevaux miteinander und begeistert sogar durch eine Handvoll waschechte Spitzkehren auf beiden Seiten des Passes. Das Highlight dieses Passes ist aber sicherlich die schöne, fast schon alpine Landschaft, in der dieser Col du Corbier liegt. In Kombination mit der erlebenswerten Streckenführung bietet sich hier ein Motorradvergnügen der geruhsamen und auch Fahranfänger wohl niemals überfordernden Art. Genießen Sie es!

Rund um die mit Appartementanlagen überbaute Passhöhe sortiert sich ein weit verstreutes Feriendorf, das vor allem im Winter zu quirligem Leben erwacht. Außerhalb der weißen Saison tummeln sich hier allenfalls Fuchs und Hase zum allabendlichen Gutenachtsagen. Selbst das Tourismusbüro hat im Sommer meistens geschlossen, die Hauptzielgruppe ist dann wohl definitiv nicht anwesend.

SEHENSWERTES AM WEGESRAND

Das Chablais – das »Haupt des Genfer Sees« – wie die Region rund um Bonnevaux auch genannt wird, gehörte einstmals zu den Besitzungen der Abtei Saint-Maurice und ging 1032 an das Haus Savoyen. In den Burgunderkriegen eroberten die Berner gemeinsam mit den Walisern das Chablais, mussten das hügelreiche und strategisch wertvolle Territorium aber mit den Verträgen von Lausanne und Thonon an Savoyen zurückgeben. Lediglich die Vogtei Monthey (Pass Nr. 63) blieb beim Schweizer Wallis. Als Savoyen dann 1860 endgültig an Frankreich kam, erhielt das Chablais den bis 1919 bestehenden und heiß begehrten Status einer »Grande Zone Franche«, einer Art Freihandelszone, die damals immerhin beinahe 90 Prozent des Départements Haute-Savoie umfasste. Dieser Status wurde nach 1919 allerdings aufgehoben, heute ist das Chablis mit seiner Uferlinie am Genfer See vor allem durch die beiden Badekurorte Thonon-les-Bains und Evian-les-Bains bekannt. Auf die komme ich im Folgenden noch zurück.

Auf der Ostrampe begeistern uns neben acht echten Spitzkehren vor allem auch die Ausblicke auf das mächtige Tal von Abondance und die imposante Bergwelt rund um die Schweizer Grenze. Bonnevaux, unser Zielort am Fuß der Passrampe, wurde bereits im Mittelalter urkundlich erwähnt. Früher gehörte Bonnevaux zum Gebiet der Abtei Sainte-Marie-d'Abondance, erst um 1835 erhielt es seine Selbstständigkeit. Mit gerade einmal 250 Einwohnern gehört Bonnevaux zu den kleinsten Gemeinden des Départements Haute-Savoie, hier ticken alle Uhren deutlich gemütlicher und Überholspuren oder gar Hektik sucht man im und rund um den Ort vergebens. Aber gerade das macht den Erholungswert von Bonnevaux zweifelsohne aus – schauen Sie sich unbedingt intensiv um.

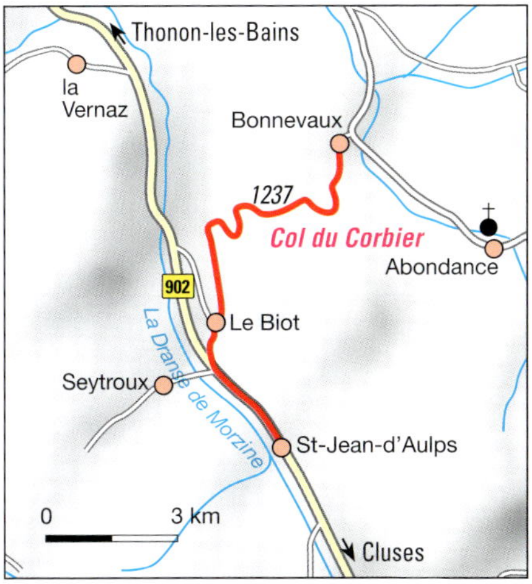

HÖHENPROFIL

Höhenmeter bergauf	517 m
Höhenmeter bergab	463 m
Maximale Steigung	13,4 %
Durchschnittliche Steigung	7,8 %
Maximales Gefälle	7,5 %
Durchschnittliches Gefälle	7,0 %

Bild links: Blumengeschmückte Berghütte am Col du Corbier

Bild linke Seite: Ein kraftvolles Bike und eine belastbare Sozia – was braucht man mehr?

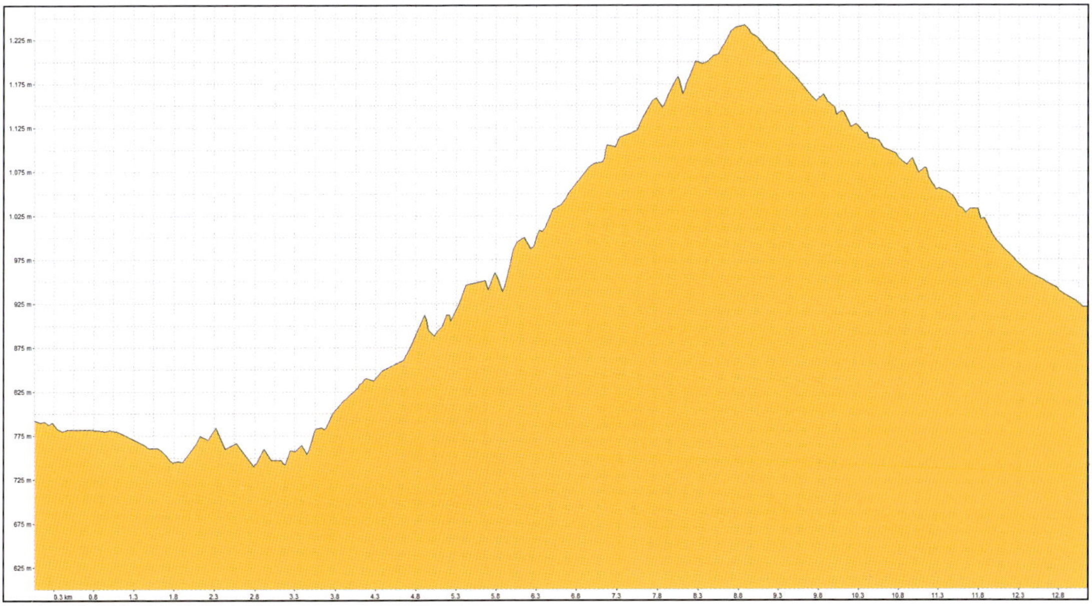

66/67 COL DU GRAND TAILLET & COL DE TRECHAUFFE

IM ÜBERBLICK

Name	Col du Grand Taillet & Col de Trechauffe
Land	Frankreich
Region	Haute-Savoie
Höchster Punkt	1230 bzw. 1241 m
Basisorte	La Vernaz und Vacheresse
Anzahl der Kehren	39 insgesamt
Streckenlänge	28 km
Schwierigkeitsgrad	mittelschwer
Mautpflicht	keine
Wintersperre	keine
Kombinierbar mit	Nr. 63, 64, 65, 68, 69, 70, 71, 72, 73
... oder aus Band 1	–

Noch einmal habe ich hier zwei äußerst aussichtsreiche und gemütlich zu fahrende Pässe zusammengefasst. Nicht nur, um in diesem Buch Platz für ein paar schöne Bildstrecken zu schaffen, sondern auch, weil sie einfach derart nah beieinanderliegen und sich perfekt ergänzen, dass es Verschwendung wäre, sie getrennt anzufahren. Sowohl der Col du Grand Taillet als auch die Sackgasse zum Col de Trechauffe sind spärlich bis gar nicht ausgeschildert, deshalb habe ich hier wiederum die Anfahrt von Westen anhand der Orte und Weiler aufgezählt. Bei Bedarf können Sie gerne auch meine entsprechenden GPS-Datensätze im GPX-Format von der Verlagswebseite herunterladen und auf Ihr Navi spielen.

Der Aufstieg zur Pässekombi beginnt im Weiler La Vernaz südöstlich von Thonon-les-Bains. Hier suchen wir uns die D 22 gen Norden aus dem Ort hinaus, die uns sogleich mit den ersten Kehren verwöhnt und wenig später in die D 902 mündet, der wir nach Osten folgen. Nach einer lang gezogenen Rechtskurve zweigt links eine Piste Richtung La Forclaz ab, die D 122. Bitte abbiegen und die Knie an den Tank nehmen, der Kurventanz geht nämlich sofort weiter hinauf nach Le Cruet und La Forclaz. Auch nach diesem Ort bleiben wir auf der D 122 und erklimmen die Höhenzüge im Süden des Genfer Sees, der uns in der Ferne schon entgegenblinkt.

Die Passhöhe des Grand Taillet ist unscheinbar und dicht bewaldet, das Passschild aber leicht zu erkennen. Und direkt hier zweigt gen Südosten die Sackgasse zum Col de Trechauffe ab, Wegweiser »Route Touristique Panorama«. In der darauffolgenden weiten Linkskurve unbedingt den Seiten-

Blick vom Grand Taillet hinüber zum Genfer See

SEHENSWERTES AM WEGESRAND

1789 wurde die Heilkraft der Quellen von Evian entdeckt und schon innerhalb weniger Jahre stieg der verschlafene Ort zu einem weithin bekannten Zentrum europäischer Bäderkultur auf. Zahlreiche Relikte aus jenen Tagen sind zwar aus dem heute modernen Evian-les-Bains verschwunden, mitten in der Fußgängerzone steht aber immer noch das historische Firmengebäude der Firma Evian, das an jene Tage erinnert. Und am rückwärtigen Ausgang direkt in der Avenue des Sources liegt auch die weltberühmte Cachat-Quelle, aus der das so wertvolle Nass seit Jahrhunderten sprudelt.
Rund 15 Jahre soll das Wasser alt sein, wenn es nach einer Reise durch alle Gesteinsschichten der französischen Nordalpen hier an das Tageslicht tritt. Und wie in alten Zeiten darf jedermann seinen persönlichen Tagesbedarf auch heute noch kostenlos zapfen. Ein Recht, von dem Einheimische wie Touristen gerne Gebrauch machen. Und das nicht nur im Angesicht der Restaurantpreise für dieses Edelwässerchen! Haben Sie schon einmal das Windshield mit echtem Evian-Wasser geputzt? Oder Ihr Helmvisier? Ich schon mehrmals. Man gönnt sich ja kaum etwas …

ständer ausklappen und den Rundumblick über einen faszinierend steilen Abgrund genießen. Bänke laden dazu zum Pausieren ein. Nach weiteren drei Kilometern stehen wir dann am Col de Trechauffe inmitten herrlich liegender Almhütten ganz am Ende einer Sackgasse. Retour auf der D 122 wedeln wir weiter nach Le Fion, wechseln auf die D 22 und erreichen Vacheresse zu einem ausgiebigen Boxenstopp.

Bilderbuch-Pass: der Col de Trechauffe

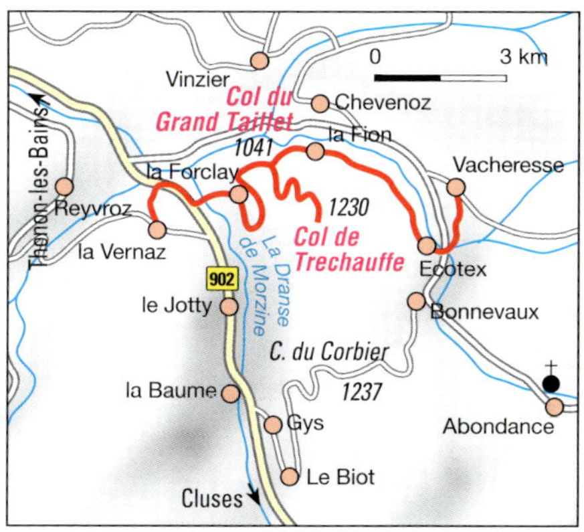

HÖHENPROFIL

Höhenmeter bergauf	795 m
Höhenmeter bergab	763 m
Maximale Steigung	12,4 %
Durchschnittliche Steigung	5,8 %
Maximales Gefälle	9,5 %
Durchschnittliches Gefälle	6,0 %

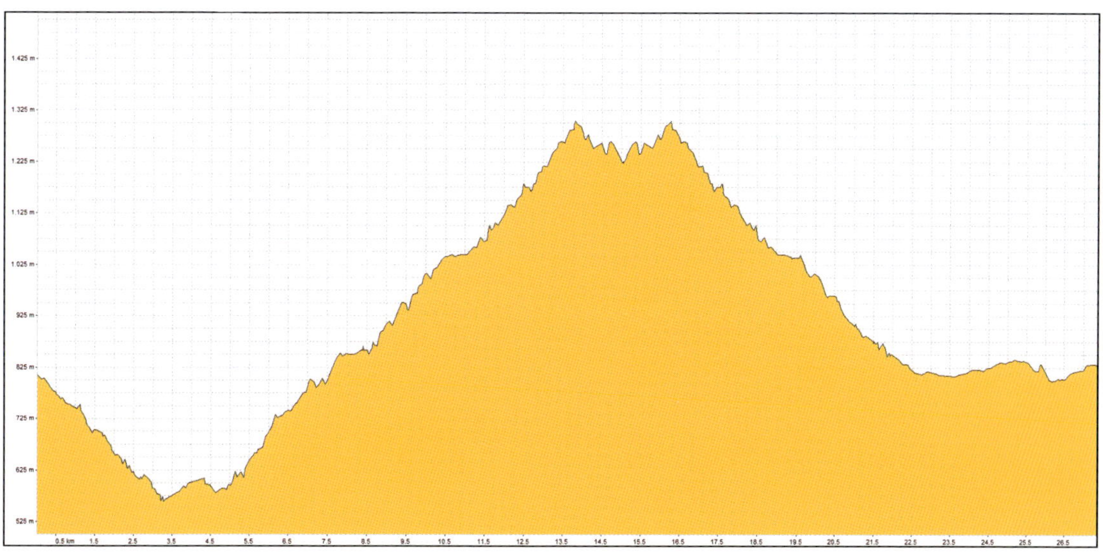

Recht selten: Biker trifft man am Trechauffe noch wenige.

68 Alpenpässe in Frankreich
COL DU FEU

IM ÜBERBLICK

Name	Col du Feu
Land	Frankreich
Region	Haute-Savoie
Höchster Punkt	1120 m
Basisorte	Orcier und Lullin
Anzahl der Kehren	10
Streckenlänge	12 km
Schwierigkeitsgrad	leicht
Mautpflicht	keine
Wintersperre	keine
Kombinierbar mit	Nr. 63, 64, 65, 66, 67, 69, 70, 71, 72, 73
... oder aus Band 1	–

Der Col du Feu ist eines der nördlichen »Tore« nach Hochsavoien. Die kurvenreich über den Pass führende Landstraße D 36 verbindet Orcier nahe des Südufers des Genfer Sees mit Lullin am Nordrand der Haute-Savoie. Beide Rampen sind schmal, aber gut ausgebaut und nicht nur anfängergeeignet, sondern sie erlauben auch ein recht zügiges Vorankommen.

Oben am Scheitelpunkt des Col du Feu wurden die Wälder in den letzten Jahren deutlich ausgedünnt, um das Holz zu verwerten. Bemerkenswerter Nebeneffekt sind die jetzt oftmals freien Ausblicke auf die umliegenden Hügelwelten.

Geografisch gesehen weist die Nordrampe deutlich mehr Höhenmeter auf, der eigentliche Anstieg beginnt gleich hinter den letzten Häusern von Orcier. Wir folgen den Wegweisern nach Lullin und tauchen tief ein in dichten Wald. An der darauffolgenden Kreuzung setzen wir den Blinker links und ergänzen die Passanfahrt durch eine Runde über den Weiler Jouvernaisinaz. Bald schon liegen die ersten Kehren vor uns und es geht merklich bergan durch winzige Streusiedlungen und weite, vom Wald längst schon »befreite« Wiesenflächen.

Erst kurz vor der Passhöhe schließt sich der Wald wieder, oben auf 1117 Höhenmetern erwartet uns ein großer Parkplatz, der auch als Holzzwi-

Zimmer frei? Berghütte am Col du Feu

SEHENSWERTES AM WEGESRAND

Thonon-les-Bains: Kommt Ihnen der Name auch irgendwie bekannt vor? Korrekt – es ist der Einstiegsort der legendären Route des Grandes Alpes. Doch dieses quirlige, typisch französische Kleinstädtchen hat als Tourenstandort noch viel mehr zu bieten. Zum Beispiel eine reiche Geschichte, gehörte die Stadt doch einstmals zum Schweizer Kanton Wallis. Außerdem war Thonon-les-Bains Teil des sagenhaften Départements Léman, dessen Spuren heute nur noch in Geschichtsbüchern zu finden sind. Und als zentraler Boxenstopp der Ausflugsschifffahrt auf dem Genfer See hat uns die Stadt ein weiteres reichhaltiges Abendprogramm zu bieten.

schenlager benutzt wird und von Langholztransportern angefahren wird, die schwer zu überholen sind. Gegenüber dem Parkplatz liegt die Hüttenwirtschaft La Ferme de Paul et Mimi, in der es einen guten Kaffee gibt. Auch die angebotenen Snacks sollen durchaus genießbar sein, wenngleich im kiesgepflasterten Hof kein echtes Biergartenambiente aufkommen möchte.

Hinunter nach Lullin erwarten uns dann nochmals einige Kehren sowie jede Menge Kurven. All diejenigen, die erst hier der Hunger übermannt, sollten am Restaurant-Hotel de la Poste im Zentrum des Ortes den Seitenständer ausklappen und den Einkehrschwung versuchen. Sowohl das Hotel als auch die einfache regionale Küche bekommen immer wieder gute Bewertungen. Auch von mir …

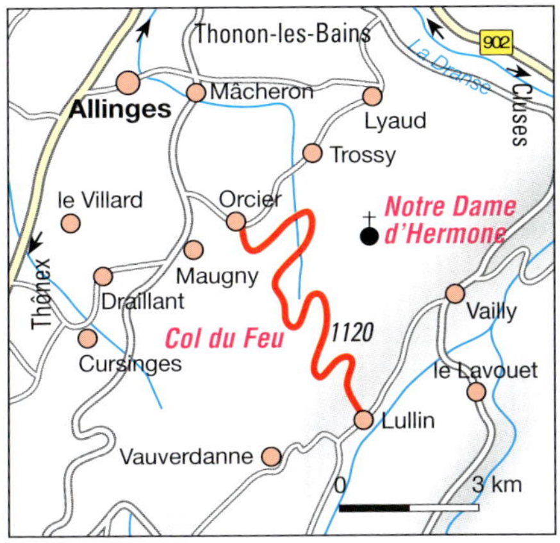

Holz vor der Hütte: Der Pass wurde früher weitgehend »entwaldet«.

HÖHENPROFIL

Höhenmeter bergauf	480 m
Höhenmeter bergab	263 m
Maximale Steigung	9,4 %
Durchschnittliche Steigung	6,8 %
Maximales Gefälle	9,5 %
Durchschnittliches Gefälle	9,0 %

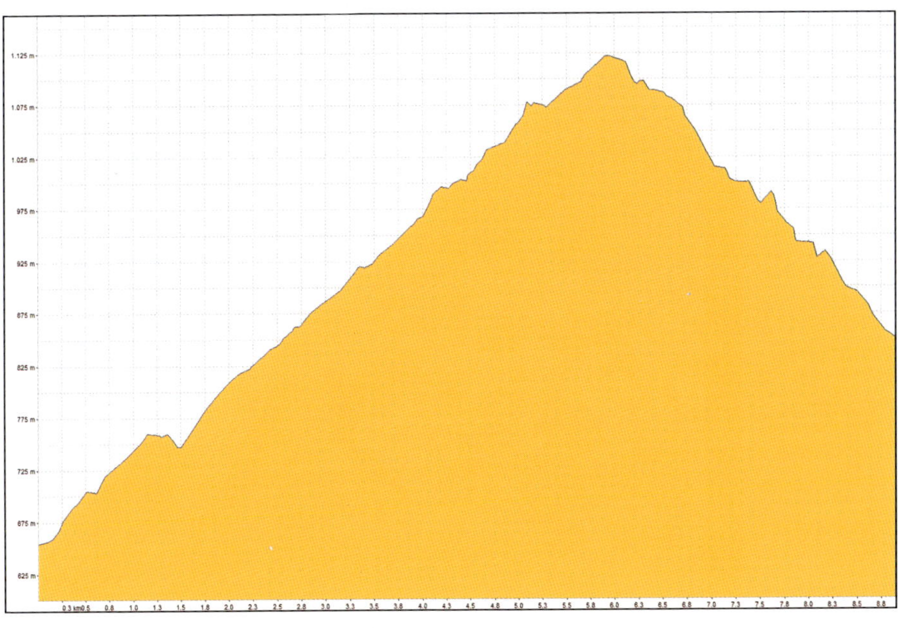

69 Alpenpässe in Frankreich
COL DE JAMBAZ

IM ÜBERBLICK

Name	Col de Jambaz
Land	Frankreich
Region	Haute-Savoie
Höchster Punkt	1027 m
Basisorte	Bellevaux und Mégevette
Anzahl der Kehren	0
Streckenlänge	9 km
Schwierigkeitsgrad	leicht
Mautpflicht	keine
Wintersperre	keine
Kombinierbar mit	Nr. 63, 64, 65, 66, 67, 68, 70, 71, 72, 73
... oder aus Band 1	Nr. 88

Wenn uns nicht der milde Hauch Südeuropas hier schon überdeutlich in das weit offene Visier wehen würde, könnte man meinen, wir befänden uns irgendwo in einem prächtigen deutschen Mittelgebirge auf Mopedtour. Dabei liegt der fast schon unscheinbare Col de Jambaz an der D 26 zwischen Bellevaux und Mégevette mitten im Herzen der Haute-Savoie.

Zugegeben, für den Col de Jambaz eine Extratour zu planen, wäre sicherlich übertrieben. Wenn Sie aber sowieso jene unzähligen Pässe in der Haute-Savoie in einer mehrtägigen Rundreise erleben wollen, dann kommen Sie auch um den Jambaz nicht herum. Ja, ihn aus dem Tourenplan zu streichen, wäre sogar sträflich. Das Angenehme an der gut ausgebauten Rampe auf beiden Seiten des Passes ist, dass wir uns weniger auf die sehr leicht zu fahrende Ideallinie als vielmehr auf die prächtige Landschaft rechts und links des Lenkers konzentrieren können. Denn atemberaubend enge Kehren oder gar Steilanstiege besitzt der Pass auf keiner der beiden Seiten.

Leichte »Kost«: Der Jambaz ist einfach zu erobern.

SEHENSWERTES AM WEGESRAND

Die Region Rhône-Alpes, in der auch das Département Haute-Savoie liegt, ist – wie zu vermuten – nach dem Fluss Rhône und den Alpen benannt. Sie stellt nach den Regionen Guyane und Midi-Pyrénées die drittgrößte Frankreichs dar, ja wirtschaftlich betrachtet kommt sie sogar gleich nach der Region Île-de-France.
Ein Großteil der Region Rhône-Alpes gehörte im Frühmittelalter zum legendären Königreich Burgund und besitzt demzufolge eine nicht minder reiche wie auch spannende Geschichte.
Endgültig zu Frankreich kamen die verschiedenen Gebiete der Region Rhône-Alpes erst um 1960, nach 1972 erhielt die Region wie auch die meisten anderen Regionen Frankreichs mehr und mehr eigene Befugnisse von der Zentralregierung in Paris zugestanden. Heute gehört die Region Rhône-Alpes nicht nur zu den wirtschaftsstärksten Frankreichs, sondern auch zu den bekanntesten Tourismuszielen der Grande Nation.

Von Bellevaux im lieblichen Vallée du Brevon führt die Straße am sonnenverwöhnten Westhang des Tales nach Süden und beginnt nur sehr zögerlich damit, erste Höhenmeter zu sammeln. Gerade einmal gute 100 werden es oben auf der Passhöhe sein, wenn wir unser Navi fragen. Imposante Felswände wachsen über die Kupplungshand in den Himmel, rechts und links des Lenkers liegen einige Gipfel, die vor allem im Sommer bei Wanderern und Gleitschirmfliegern sehr beliebt sind.

Die Passhöhe ist überraschend schnell erobert und bietet sich als gemütliches Pausenplätzchen mit grandioser Aussicht an. Woran Sie die Passhöhe erkennen? Nun, direkt auf dem Abzweig zur D 32 nach Lullin liegt sie, ein explizites Passschild habe ich in all den Jahren allerdings vergeblich gesucht. Der Abstieg hinab nach Mégevette ist dann ebenso ein Kinderspiel wie der bisherige Verlauf der Strecke.

Ja, wo ist denn das Passschild?

HÖHENPROFIL

Höhenmeter bergauf	145 m
Höhenmeter bergab	163 m
Maximale Steigung	9,4 %
Durchschnittliche Steigung	3,8 %
Maximales Gefälle	9,5 %
Durchschnittliches Gefälle	4,1 %

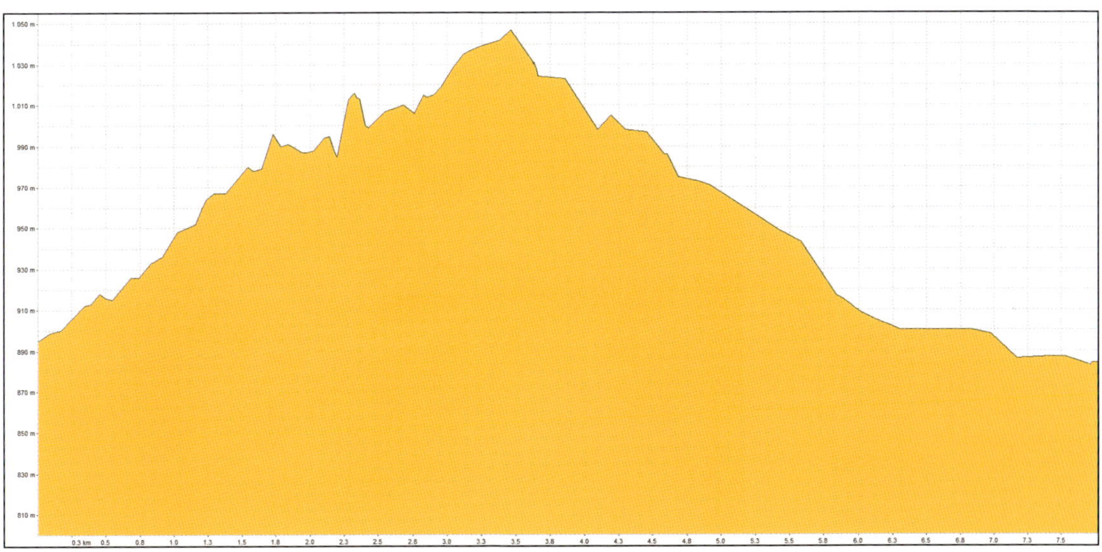

70/71 COL DE LA RAMAZ & COL DE LA SAVOLIÈRE

IM ÜBERBLICK

Name	Col de la Ramaz & Col de la Savolière
Land	Frankreich
Region	Haute-Savoie
Höchster Punkt	1610 m & 1420 m
Basisorte	Mieussy und La Savolière
Anzahl der Kehren	12 bzw. 16
Streckenlänge	19 bzw. 23 km
Schwierigkeitsgrad	leicht, abschnittsweise mittelschwer
Mautpflicht	keine
Wintersperre	keine
Kombinierbar mit	Nr. 63, 64, 65, 66, 67, 68, 69, 72, 73
... oder aus Band 1	Nr. 88

Als ich zur Vorbereitung meiner Fahrt über die schon durch die Tour de France berühmt gewordene Pässekombi Col de la Ramaz und Col de la Savolière im Internet las, sie solle aufgrund von Tunnelarbeiten mehrere Jahre gesperrt sein, wollte ich sie zunächst von meiner Liste streichen. Heute freue ich mich, nicht voreilig gehandelt zu haben, sondern 2011 in guter alter Pioniermanier einfach einmal drauflosgefahren zu sein. Denn der in Teilbereichen sogar etwas anspruchsvolle Col de la Ramaz ist zwischen seinen Basisorten wieder durchgängig befahrbar, selbst auf der weiterführenden Rampe zum Col de la Savolière ist von Sperrungen weit und breit nichts zu sehen.

Die teilweise recht schmale D 308 steigt vom Bergdorf Mieussy im Südwesten der Haute-Savoie zunächst gemächlich bergan. Die ersten Kehren sind noch einfach zu nehmen, erst hinter dem Örtchen Messy beginnt der eigentliche Kurventanz. Neun Kehren, viele Kurven und eine ansehnliche Steigung gilt es, mit ruhiger Gashand zu erobern. Um die Aussicht auf die umliegenden Gipfelwelten der Haute-Savoie zu genießen, rate ich, an geeigneter Stelle einfach kurzerhand anzuhalten und den Seitenständer zu einer Pause auszuklappen.

Es geht durch mehrere gewaltige, in den Fels betonierte Lawinengalerien bergan, bevor die Straße in einem kurzen – neuen – Tunnel verschwindet. An dessen Ausgang erwartet uns ein weites Hochtal mit Almen sowie dem Restaurant du Lac, das sich für einen kurzen Boxenstopp empfiehlt. Die eigentliche Passhöhe liegt dann wenige Kilo- und Höhenmeter weiter an der D 308, sie besteht im Grunde aus mehreren Parkplätzen, die auch von Wohnmobilen gerne ganztags genutzt werden.

Das Passschild des Col de la Ramaz bestand bei meinem letzten Besuch eher aus einem Plastikprovisorium und berichtete von einer Höhe von

Freie Fahrt auf ganzer Strecke – ganz gleich, was andere behaupten

SEHENSWERTES AM WEGESRAND

Col de la Ramaz und Col de la Savolière lassen sich perfekt mit einigen nahe liegenden Pässen der Haute-Savoie kombinieren und zu einer tagesfüllenden Runde ausbauen. Im Norden liegt zum Beispiel unser Nr. 71, den wir allerdings zunächst ignorieren und stattdessen Richtung Süden schwingen. Dort erwarten uns der Col des Gets auf 1165 Metern und wenig später das Bergdorf Les Gets zu einer Einkehr. Spätestens in Morzine können wir dann entscheiden, ob wir sofort Nr. 71 in Angriff nehmen oder uns erst einmal das herrliche Kurvengemenge hinab nach Samoëns gönnen. 32 Kehren erwarten uns auf gerade einmal 25 Kilometer Strecke – da jubiliert der Gleichgewichtssinn noch bis spät in den Abend fröhlich weiter.

immerhin 1610 Metern. Nachdem mein Navi diese Angabe beinahe metergenau bestätigte, entschied ich, die offizielle Höhenangabe von 1560 Metern als »überholungsbedürftig« anzusehen. Schließlich besaß ich ja auch einen echten Fotobeweis.

Die Ostrampe des Passes hinab nach La Savolière führt durch mehrere Skiresorts und Betonbauten, die im Sommer immer wieder einen ganz besonderen Eindruck hinterlassen. Und ganz am Ende der Piste erwartet uns dann noch der Col de la Savolière, der allerdings den Begriff »unscheinbar« neu definiert. Und das liegt nicht nur am Fehlen des Passschildes. Dennoch bietet die gesamte Tour über diese Pässekombi ein erlebenswertes Maß an Abwechslung und Anspruch – deshalb gehört sie auch in dieses Buch.

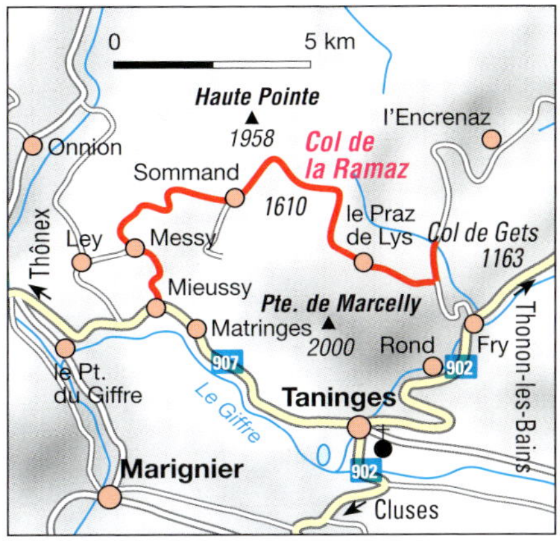

Die Passhöhe des Ramaz besitzt schöne Pausenplätze.

HÖHENPROFIL

Höhenmeter bergauf	945 m
Höhenmeter bergab	161 m
Maximale Steigung	12,8 %
Durchschnittliche Steigung	7,8 %
Maximales Gefälle	6,5 %
Durchschnittliches Gefälle	3,0 %

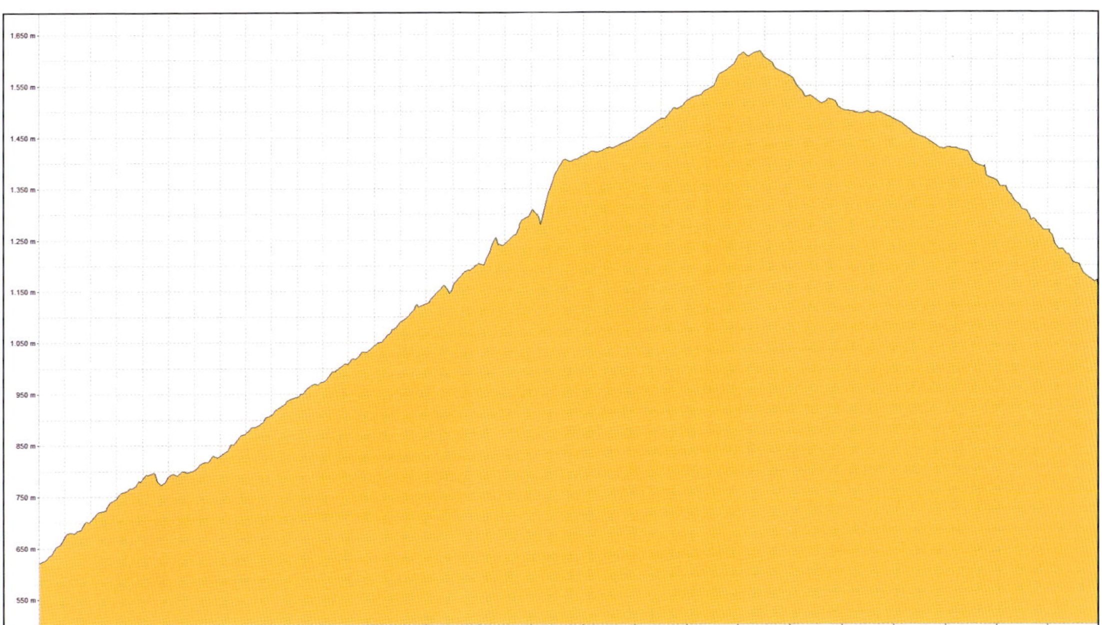

72 *Alpenpässe in Frankreich*
COL DE L'ENCRENAZ

IM ÜBERBLICK

Name	Col de l'Encrenaz
Land	Frankreich
Region	Haute-Savoie
Höchster Punkt	1433 m
Basisorte	La Savolière und Morzine
Anzahl der Kehren	16
Streckenlänge	20 km
Schwierigkeitsgrad	leicht
Mautpflicht	keine
Wintersperre	keine
Kombinierbar mit	Nr. 64, 65, 66, 67, 68, 69, 70, 71, 73
... oder aus Band 1	Nr. 88

Der Col de l'Encrenaz ist der vorletzte Scheitelpunkt dieser Region, der Ihnen neben erheblichem Fahrvergnügen vor allem auch eines beweist: welch ein herrliches Kurvenrevier die gesamte Region der Haute-Savoie uns Bikern bietet. Und mögen auch die echten Zweitausender-Pässe hier mehr als selten sein, so haben uns uns diese extrem kurvenreichen Mittelgebirgs-Höhepunkte dennoch all das zu geben, was wir uns im Mopedsattel an Fahrvergnügen wünschen.

Der Aufstieg zum Col de l'Encrenaz beginnt im Grunde schon im bereits erwähnten Skiresort La Savolière, führt uns zunächst über den gleichnamigen Pass und sodann an der Einmündung auf die winzige Verbindungsstraße zu den Weilern Fry und Bonnavaz strikt gen Norden. Aufgepasst: Einige Beschilderungen nennen den Pass auch Col de l'Ancrenaz.

Die winzige Passstraße ist eine landschaftlich äußerst schöne Alternative zum Morzine-Zubringer, der vergleichsweise stark befahrenen D 902 über Les Gets und den Col des Gets.

SEHENSWERTES AM WEGESRAND

Taninges ist der Hauptort des gleichnamigen Kantons im Arrondissement Bonneville und liegt auf gut 650 Metern Höhe. Das sehenswerte Dorf erstreckt sich am nördlichen Rand des Giffre-Tales, vor allem sein historischer Ortskern mit alten Bürgerhäusern im typischen savoyischen Baustil aus dem 17. bis 19. Jahrhundert begeistert wohl jeden Besucher. Die Dorfkirche Saint-Jean-Baptiste wurde um 1830 herum erbaut, die viel fotografierte Bogenbrücke über den Dorfbach Foron und die Kapelle Sainte-Anne stammen aus dem späten 16. Jahrhundert.

Etwas südöstlich des alten Ortskerns liegt das ehemalige Kartäuserkloster Mélan respektive dessen Reste. Denn das einstmals prächtige Anwesen fiel 1967 einem verheerenden Brand zum Opfer, bei dem allerdings sowohl die Kirche wie auch der immer noch imposante Kreuzgang nahezu vollständig verschont blieben. Bemerkenswert, denn jener Kreuzgang im gotischen Stil wurde immerhin schon um 1530 errichtet. Damals wurde ganz offensichtlich für die Ewigkeit gebaut.

Vier Kehren später können wir bereits oben am Pass den Seitenständer ausklappen und die Aussicht genießen. Oder den Einkehrschwung in der Ancrenaz-Bar zelebrieren, die Wirtsleute brauen einen wirklich guten Kaffee und bieten dazu einige Snacks sowie echte Gastfreundschaft.

Die Abfahrt nach Nordosten ist etwas breiter ausgebaut als die Südwestrampe und bietet zudem schöne, leicht zu fahrende Kehren, auf denen wir nicht nur ausgiebig nach der Ideallinie Ausschau halten können, sondern auch nach dem Ziel am Fuß der Passrampe: dem Bergdorf Morzine und seiner mehr als spannenden Geschichte – zu Nr. 64 habe ich schon darüber berichtet. An dieser Stelle möchte ich Ihnen noch das Bergdorf Taninges südwestlich von Morzine als perfekte Ergänzung dazu ans Bikerherz legen. Schauen Sie sich dort unbedingt einmal um. Details dazu auf der linken Seite.

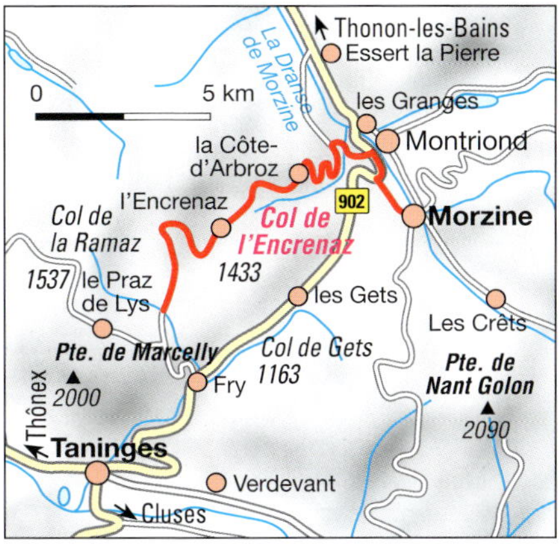

Bild linke Seite: Individueller als das Passschild des Encrenaz geht es nicht mehr.

Unten: Der gewaltige Mont Blanc dominiert den Südhorizont.

HÖHENPROFIL

Höhenmeter bergauf	345 m
Höhenmeter bergab	763 m
Maximale Steigung	13,4 %
Durchschnittliche Steigung	4,0 %
Maximales Gefälle	12,5 %
Durchschnittliches Gefälle	8,0 %

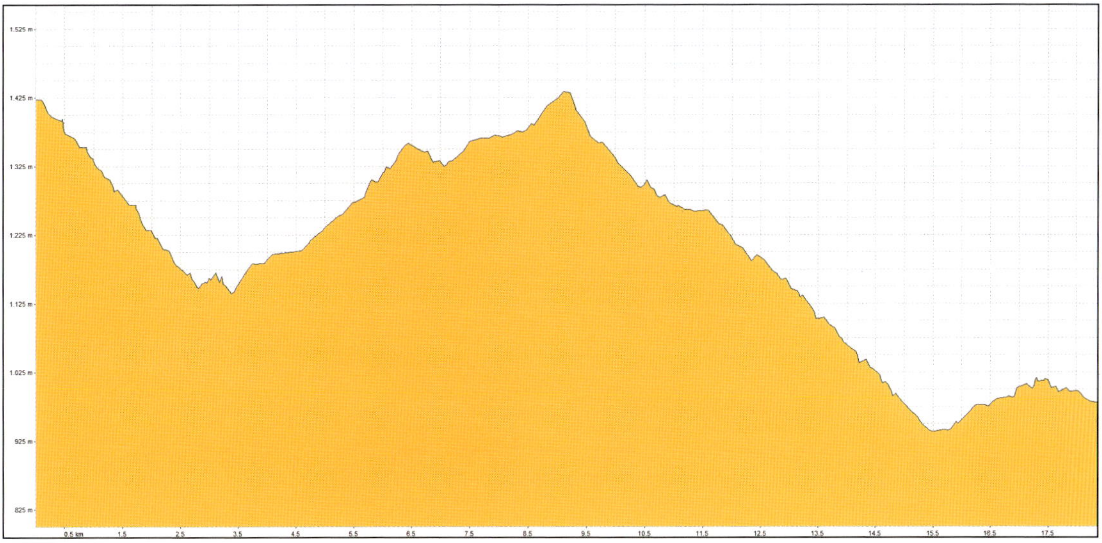

Lecker Kaffee und einige Snacks gibt's hier bereits am Morgen.

perrier

73 Alpenpässe in Frankreich
COL DE JOUX PLANE

IM ÜBERBLICK

Name	Col de Joux Plane
Land	Frankreich
Region	Haute-Savoie
Höchster Punkt	1700 m
Basisorte	Morzine und Samoëns
Anzahl der Kehren	27
Streckenlänge	27 km
Schwierigkeitsgrad	leicht, abschnittsweise mittelschwer
Mautpflicht	keine
Wintersperre	keine
Kombinierbar mit	Nr. 63, 64, 65, 66, 67, 68, 69, 70, 71, 72
... oder aus Band 1	Nr. 87, 88

Auch der Col de Joux Plane folgt wie viele Pässe in der Haute-Savoie einem uralten Saumpfad. Die schmale und sehr kurvenreiche Passstrecke führt gute 50 Meter südlich des höchsten Punktes vorbei und erreicht dabei eine maximale Höhe von 1700 Metern. Um den eigentlichen Pass – und das Passschild – zu erreichen, müssen wir noch gut 200 Meter zu Fuß die Anhöhe erklimmen. Oder aber mit einer leichten Enduro dem Feldweg um einen winzigen See herum gen Norden zum Scheitelpunkt folgen.

Die Passstraße verbindet das bekannte Tourismuszentrum Morzine – siehe Nr. 64 – im Norden mit dem im Süden gelegenen Samoëns im Tal des Flusses Giffre. Während der Col de Joux Plane unter Bikern kaum bekannt ist, genießt er bei Rennradfahrern beinahe schon einen legendären Ruf. 1978 wurde er erstmals in die Tour de France integriert und war seit diesen Tagen weitere zehn Mal ihr Bestandteil. Trotz seiner eher unscheinbaren Höhe wird er als einer der schwierigsten Pässe der Tour de France bezeichnet, begründet vor allem in dem extrem kurvigen und teilweise steil ansteigenden Südabschnitt seiner Rampe. Die Nord-Süd-Richtung wäre auch für Radfahrer deutlich einfacher zu fahren, für spektakuläre Sprints und Verfolgungsrennen wird deshalb stets die Süd-Nord-Richtung festgelegt. Die Bergetappe über den Col de Joux Plane endet dann in Morzine.

Berühmt wurde der Pass, als Jan Ullrich im Jahr 2000 seinem Erzrivalen Lance Armstrong hier die einzige empfindliche Niederlage während einer Bergetappe zufügen konnte und ihn mit beinahe zwei Minuten Vorsprung abhängte. Und das obwohl zumindest Armstrong – wie man heute weiß – damals schon von der Pharmaindustrie ordentlich »gepusht« worden war.

Auf der Südseite des Passes begeistert vor allem das Panorama des Mont-Blanc-Massivs. Das Plateau rund um die Passhöhe selbst ist im Winter ein

Einsamer geht es wohl kaum noch als frühmorgens am Col de Joux Plane.

SEHENSWERTES AM WEGESRAND

Der Mont Blanc auf der Grenze zwischen Frankreich und Italien ist mit 4810 Metern der höchste Berg der Alpen. Sowohl Frankreich als auch Italien reklamieren dabei die Gipfelregion des Mont Blanc für sich, das französische Département Haute-Savoie stellt die Bergwacht und Verwaltung, Italien hingegen möchte die Grenze exakt über den Gipfel verlaufen lassen, sodass der Mont Blanc sowohl der höchste Berg Frankreichs als auch Italiens wäre. Da der Gipfel des Mont Blanc aus ewigem Eis besteht, ist seine Höhe deutlichen Schwankungen unterworfen, die zwischen 4790 und 4812 Metern liegen kann.
Der Mont Blanc wurde 1606 erstmals auf einer Karte eingezeichnet und als »Montagne Maudite«, als verfluchter Berg, bezeichnet, dessen Betreten als äußerst gefährlich galt, da unter seinem Gletscher Drachen und launige Geister wohnten, die keinerlei Besuch duldeten.
Rund um 1760 begannen Bergsteiger mit ihren oftmals tödlichen Versuchen, den Mont Blanc als Erster zu besteigen. Im Juni 1786 stiegen zwei Gruppen von relativ niedrigen Höhen aus auf, da Übernachtungen rund um den Gletscher aufgrund der Geister- und Gespenstergeschichten des Berges immer noch für unmöglich gehalten wurden. Am 7. August 1786 machten sich dann zwei Bergsteiger direkt von Chamonix aus auf den Weg und übernachteten erstmals auf 2300 Metern Höhe. Anderntags um vier Uhr morgens brachen sie dann auf und erreichten über die Nordflanke des Mont Blanc um 18:23 Uhr als Erste den Gipfel.

Langlaufterritorium und demzufolge offen, für uns Biker allerdings wohl nur zwischen April und Ende Oktober gefahrlos befahrbar.

HÖHENPROFIL

Höhenmeter bergauf	785 m
Höhenmeter bergab	999 m
Maximale Steigung	12,8 %
Durchschnittliche Steigung	6,8 %
Maximales Gefälle	9,5 %
Durchschnittliches Gefälle	7,0 %

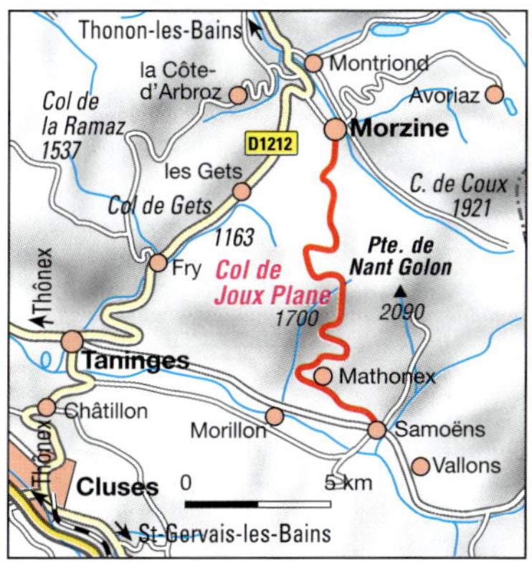

Den Mont Blanc immer im Blick

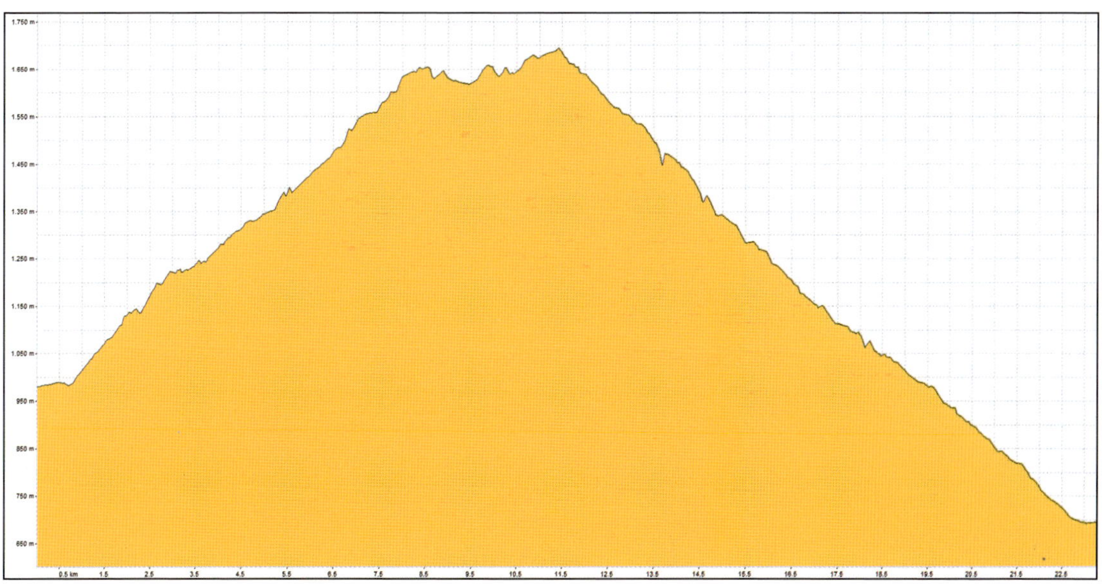

74 Alpenpässe in Frankreich
COL DES SAISIES

IM ÜBERBLICK

Name	Col des Saisies
Land	Frankreich
Region	Savoie
Höchster Punkt	1633 m
Basisorte	Flumet und Beaufort-sur-Doron
Anzahl der Kehren	18 oder 25
Streckenlänge	35 km
Schwierigkeitsgrad	mittelschwer
Mautpflicht	keine
Wintersperre	keine
Kombinierbar mit	Nr. 70, 71, 72, 73, 75, 76, 77
... oder aus Band 1	Nr. 90, 92

Zwei prächtige Alternativstrecken schenkt uns dieser Col des Saisies.

Unser heutiges Tor zu dem französischen Teil der Seealpen bildet der Col des Saisies, dessen fahrerische Besonderheit nicht entlang seines Gipfelplateaus zu suchen ist, sondern nahe seiner beiden Basisorte. Denn um den Col des Saisies zu erobern, stehen uns sowohl kurz nach Flumet als auch im Abstieg nach Beaufort jeweils zwei alternative Rampen zur Verfügung, die jede für sich ein fahrerischer Leckerbissen ist. Nehmen Sie sich also unbedingt Zeit für diesen Pass und vor allem auch seine kurvenreichen Zugaben.

Der Col des Saisies ist zudem Bestandteil der legendären Route des Grandes Alpes, Frankreichs schönster und anspruchsvollster Panoramastraße (siehe Infokasten). Vom Mont Blanc kommend schwingen wir über Megève hinab zum Nordrand der französischen Seealpen und sodann weiter in den Weiler Flumet. Dort bitte am nördlichen Ortsrand sogleich den Wegweisern nach »Les Saisies« und »N.D. de Bellecombe« folgen. Bereits nach wenigen Metern ahnen Sie, warum ich den Pass als mittelschwer kategorisiere. Sieben Spitzkehren in unmittelbarer Abfolge lassen unseren Blutdruck ansteigen. In Bellecombe heißt es dann eine Entscheidung zu treffen: über Crest-Volland und ein Serpentinenparadies im herrlichen Abseits zur Passhöhe klettern – oder dem etwas besser ausgebauten, nicht minder kurvenreichen Hauptweg folgen. Mein Tipp: Crest-Volland.

Die Passhöhe auf einem weiten Plateau ist ein beliebtes Skigebiet, das im Sommer nur ortskundige Wanderer lockt – und einheimische Biker, die sich hier auf den riesigen Parkplätzen treffen. Die Südrampe des Passes verlangt dann erneut unsere Entscheidung. Gleich nach den letzten Häu-

SEHENSWERTES AM WEGESRAND

1910 hatte der Touring Club de France die Idee zu dieser vielleicht schönsten Hochalpen-Panoramastraße Europas – der Route des Grandes Alpes. Zwei Jahre später wurde mit dem Bau begonnen, 1937 war feierliche Eröffnung. Heutzutage führt sie – nahezu durchgängig beschildert – über verschiedene Département- und Nationalstraßen von Thonon-les-Bains am Südufer des Genfer Sees gute 700 oftmals sogar anspruchsvolle Kilometer hinunter nach Menton bei Nizza. Über 20 000 Höhenmeter sind insgesamt auf dieser Strecke zu bewältigen, von 16 Pässen liegen immerhin sechs über 2000 Metern. Durchgängig befahrbar ist sie in der Regel zwischen Juni und Oktober. Danach schließen vor allem die hoch gelegenen Pässe aufgrund von Wintereinbruch. Alle Infos dazu sowie zu vier weiteren prächtigen Alpen-Reiserouten gibt es unter www.grande-traversee-alpes.com.

sern von Les Saisies zweigt rechts die schmale Piste Richtung Villard-sur-Doron ab und schenkt uns insgesamt 14 Spitzkehren talwärts. Geradeaus geht es auf recht breiter Piste direkt nach Beaufort-sur-Doron. Diese Straße verwöhnt uns mit immerhin acht echten Kehren und nicht minder prächtigen Ausblicken.

Kurven- und kehrenreich geht es durch eine Sammlung winziger Weiler und bewirtschafteter Almen, ab und an unterbrochen durch Tannen- und lichte Mischwälder, bis uns das Städtchen Beaufort-sur-Doron begrüßt. Falls Sie nun die bislang ignorierte Alternativstrecke erfahren wollen, bitte einfach kurzerhand umdrehen und eine weitere Stunde Kurvenhatz einplanen wie auch genießen. Und für den »Café-Crème-Boxenstopp« empfehle ich die Bar-Patisserie Le P'tit Randonneur in der Avenue de Captaine Bulle im Herzen Beauforts.

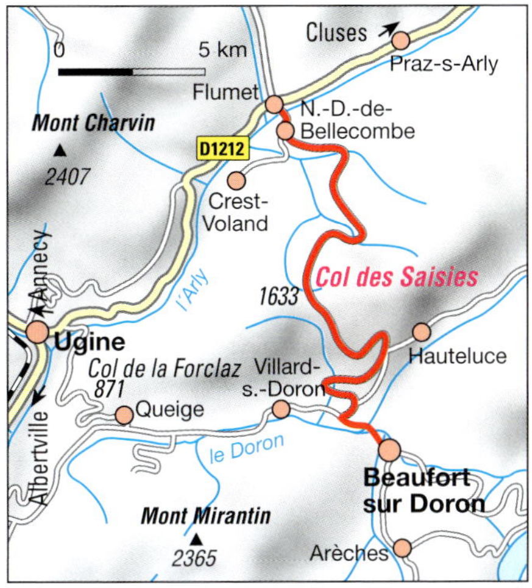

HÖHENPROFIL

Höhenmeter bergauf	875 m
Höhenmeter bergab	963 m
Maximale Steigung	10,4 %
Durchschnittliche Steigung	4,8 %
Maximales Gefälle	11,5 %
Durchschnittliches Gefälle	6,2 %

Man trifft sich gerne entlang der weiträumigen Passhöhe.

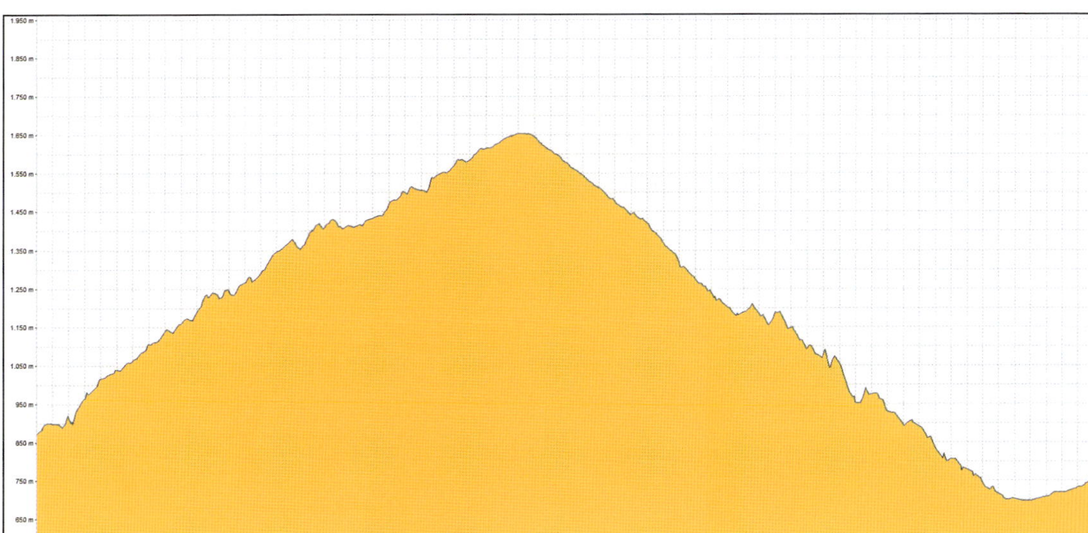

75 Alpenpässe in Frankreich
COL DU PRÉ

IM ÜBERBLICK

Name	Col du Pré
Land	Frankreich
Region	Savoie
Höchster Punkt	1748 m
Basisorte	Beaufort-sur-Doron und Lac de Roselend
Anzahl der Kehren	28
Streckenlänge	19 km
Schwierigkeitsgrad	mittelschwer
Mautpflicht	keine
Wintersperre	Dezember bis April
Kombinierbar mit	Nr. 74, 76, 77
... oder aus Band 1	Nr. 90, 92

Der Col du Pré ist die mittelschwere Alternative hinauf zum malerisch gelegenen Lac de Roselend und weiter nach Bourg-Saint-Maurice. Die gesamte Strecke ist zwar asphaltiert und in recht gutem Zustand, aber extrem schmal und mit 28 Kehren ohne Zweifel herausfordernd.

Gleich an der Südgrenze von Beaufort-sur-Doron beginnt der Kurventanz, ja uns erwarten bereits die ersten Kehren. Noch recht harmlos, werden Sie sagen, das ändert sich aber bald schon. Denn gleich nach der Ortschaft Arêches, einem wohl nur im Winter zum Leben erwachenden Bergdorf, biegen wir links ab und erklimmen einen im Laufe der Jahrhunderte von Menschenhand entwaldeten Berghang mit 14 Spitzkehren und ordentlicher Steigung. Bei Regen oder gar Gefahr von Glätte ist hier äußerste Vorsicht angesagt, da von den Hängen immer wieder schlammreiche Sturzbäche über die Piste schwappen.

Die Passhöhe des Col du Pré erkennen Sie an einer einfachen Schutzhütte sowie einem Kiesparkplatz für Wanderer und dem gerade einmal A4-großen Passschild linker Hand. Vorsicht – sehr leicht zu übersehen, falls Sie ein Ich-war-hier-Beweisfoto machen wollen.

Übrigens: Dieses Schild erzählt von 1703 Metern Höhe, einige Wegweiser entlang der Strecke sowie mein Navi behaupten allerdings standhaft, dass wir 1748 Meter erreichen. Der Grund ist wohl simpel. Das Passschild steht unterhalb des eigentlichen Sattels. Warum und wieso ließ sich allerdings bis heute nicht recherchieren.

Der Aufstieg beginnt recht schwunghaft und simpel.

SEHENSWERTES AM WEGESRAND

Die Roselend-Talsperre oder »Barrage de Roselend« bildet den gleichnamigen Speichersee im Beaufortin-Massiv im französischen Savoyen. Die Sperre wurde 1960 in Betrieb genommen und staut den Fluss Doron zum Lac de Roselend. Das gewaltige Sperrbauwerk kombiniert auf nahezu einzigartige Weise die Technik der Bogen- mit einer Pfeilerstaumauer und begeistert nicht nur deshalb Architekten aus aller Welt. Der in der Mitte des Stausees am Westufer liegende höchste Abschnitt der Mauer bildet einen Bogen mit über 200 Metern Radius, deshalb gilt die Talsperre auch als die vierthöchste in ganz Frankreich. Die Mauerkrone ist übrigens frei befahrbar und führt unter anderem auch zu einigen herrlich liegenden Almen.

Auf der Ostrampe des Passes erwarten uns dann nochmals fünf Kehren, in den untersten davon schiebt sich allmählich der malerische Lac de Roselend in unser Blickfeld, und die immer breiter werdende Passstraße sorgt dafür, dass sich unser Blutdruck langsam wieder senkt. Direkt am westlichen Seeufer mündet die Strecke übrigens in die D 925 und bildet dort den nicht ausgeschilderten Col de Meraillet. Den schauen wir uns gleich noch genauer an.

Während Motorradfahrer auf der Durchreise meistens die ausgeschilderte Hauptstrecke hinauf zum Lac de Roselend und dessen gleichnamigen Pass wählen, ist die Piste über den Col du Pré vor allem bei Mountainbikern und Rennradfahrern äußerst beliebt. Spätestens nach dieser Fahrt werden Sie wissen, warum. Und in Zukunft vermutlich immer diesen Weg wählen.

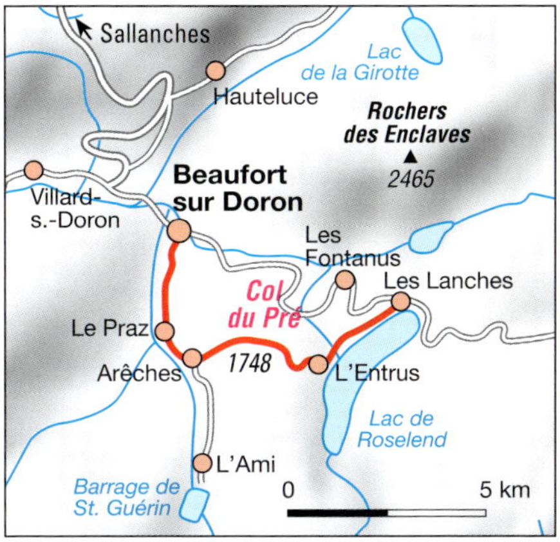

Erinnerungswürdige Ausblicke als Belohnung für unseren Pioniergeist

HÖHENPROFIL

Höhenmeter bergauf	1045 m
Höhenmeter bergab	163 m
Maximale Steigung	13,9 %
Durchschnittliche Steigung	8,8 %
Maximales Gefälle	5,5 %
Durchschnittliches Gefälle	3,4 %

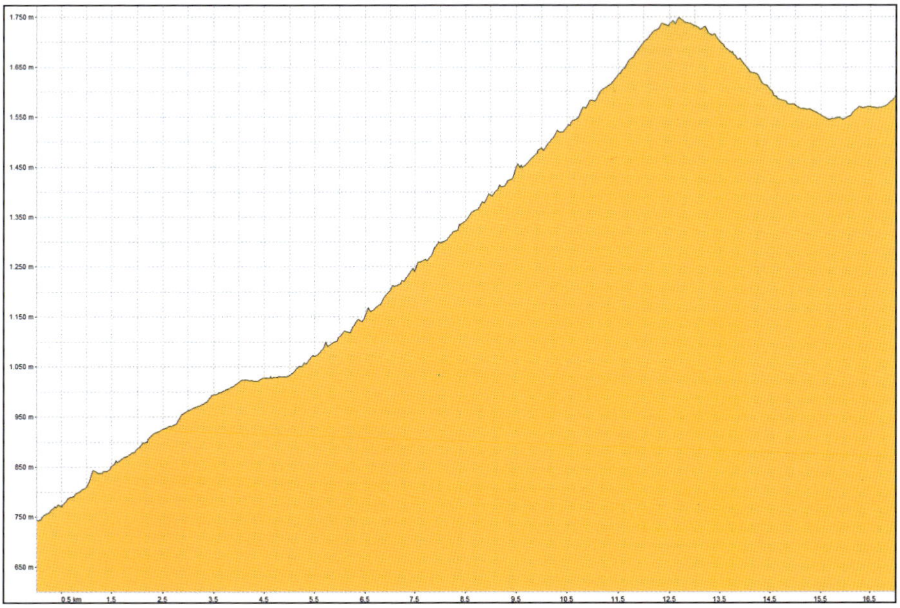

76/77 COL DE MÉRAILLET & CORMET DE ROSELEND

IM ÜBERBLICK

Name	Col de Méraillet & Cormet de Roselend
Land	Frankreich
Region	Savoie
Höchster Punkt	1605 m & 1968 m
Basisorte	Beaufort-sur-Doron und Bourg-Saint-Maurice
Anzahl der Kehren	26
Streckenlänge	42 km
Schwierigkeitsgrad	leicht
Mautpflicht	keine
Wintersperre	Dezember bis April
Kombinierbar mit	Nr. 74, 75
... oder aus Band 1	Nr. 90, 92

Auch diese beiden alpinen Höhepunkte liegen auf einer Strecke und nahe beieinander, sodass es Sinn macht, sie in ein »Kombipack« zu stecken. Die über den Col de Méraillet und die Cormet de Roselend führende französische Landstraße D 902 verbindet Beaufort im Westen mit Bourg-Saint-Maurice im Tal der Isère im Osten und ist mit ihren bereits deutlich hochalpinen Landschaften Bestandteil der Route des Grandes Alpes (siehe Nr. 74). Zudem ist sie die fahrerisch deutlich einfachere Alternative zum vorangegangenen Col du Pré und auf ganzer Strecke bedenkenlos anfängertauglich.

Ganz gemütlich windet sich die Straße ostwärts aus Beaufort-sur-Doron hinaus und nimmt Anlauf für den hochalpinen Abschnitt der Strecke. Erst kurz vor der Passhöhe des Col de Méraillet erreichen wir das Kurven- und Kehrengemenge, es geht durch lichten Tannenwald bergan. Sieben Kehren später erreicht man die Passhöhe des Méraillet – vermutlich ohne sich darüber bewusst zu sein, ein Passschild habe ich hier bislang vergebens gesucht. Direkt am Abzweig zum ausgeschilderten Col du Pré rechter Hand müsste es eigentlich installiert sein.

Ansichtskartengleich liegt der Lac de Roselend vor unserem Windshield

SEHENSWERTES AM WEGESRAND

Am Fuß des Kleinen Sankt Bernhard, am Fuß des Col de l'Iseran sowie am Fuß von Col du Pré und Roselendpass – einen geeigneteren Basisort für sämtliche nördlichen Runden durch die französischen Seealpen als Bourg-Saint-Maurice kann ich weder auf den Landkarten eruieren, noch Ihnen aus eigener Erfahrung empfehlen. Der auf die Römer zurückgehende Ort im Isèretal ist umgeben von idyllischen Tälern, wahrlich namhaften Pässen, höchst aussichtsreichen Hochebenen und jeder Menge alpinem Vergnügen. Und nach einem langen Tag im Sattel kann uns Bourg-Saint-Maurice alle Annehmlichkeiten bieten, die wir suchen, sei es kulinarischer oder kultureller Art oder auch ein Blick in die lange, spannende Geschichte des Ortes.

Der Anblick des Lac de Roselend entschädigt uns dann für dieses Orientierungsungemach, immer auf Tuchfühlung zum Wasser umrunden wir die Nordseite des Stausees. Ein zweites Kehrenkonglomerat liegt dann vor uns und überbrückt weitere 350 Höhenmeter, bis der Cormet de Roselend in unser Blickfeld kommt.

Zehnmal war der Pass schon Bestandteil der Tour de France, allerdings gehört er zur Kategorie 1, also der leichtesten. Macht aber nichts, dafür gehört die gesamte Strecke zu den abwechslungsreichsten Landstraßen der französischen Seealpen. Die anschließende Abfahrt nach Bourg-Saint-Maurice führt durch alpine Geröllhalden und schenkt uns nochmals satte 13 Kehren zum Abschluss eines bestimmt perfekten Tourentages. Denn unser Ziel Bourg-Saint-Maurice ist ein idealer Tourenstandort für die Route des Grandes Alpes.

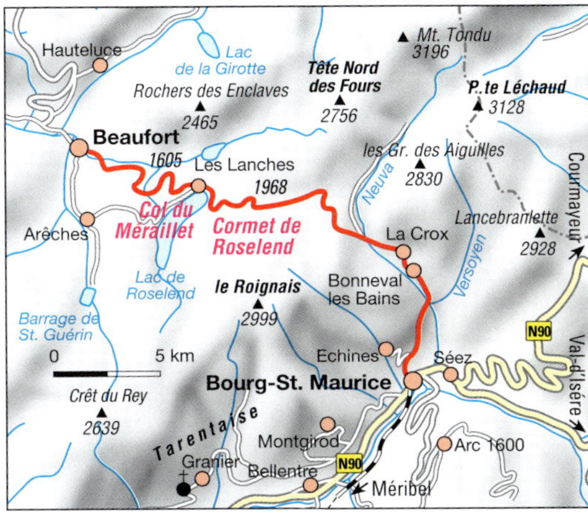

Ein Pass mit prächtigen Basisorten ist dieser Roselend

HÖHENPROFIL

Höhenmeter bergauf	1225 m
Höhenmeter bergab	1163 m
Maximale Steigung	9,4 %
Durchschnittliche Steigung	5,8 %
Maximales Gefälle	10,5 %
Durchschnittliches Gefälle	6,0 %

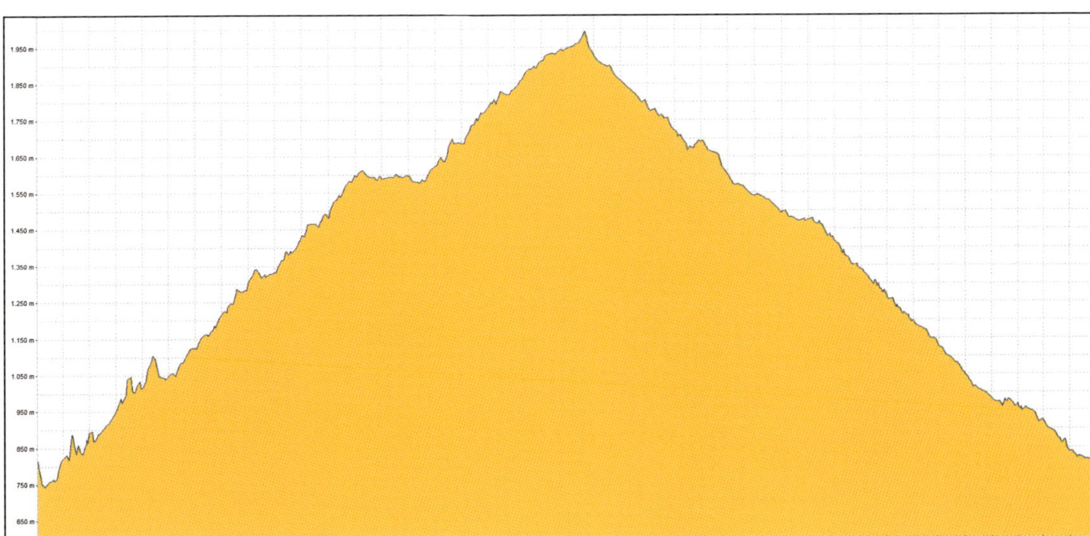

Lebensabendgeeignet!
Blick auf den Lac de
Roselend

78 Alpenpässe in Frankreich
COL DU MONT CENIS

IM ÜBERBLICK

Name	Col du Mont Cenis
Land	Frankreich
Region	Savoie
Höchster Punkt	2084 m
Basisorte	Lanslebourg-Mont-Cenis und Susa (Italien)
Anzahl der Kehren	21, alternativ 32
Streckenlänge	43 km, alternativ 49 km
Schwierigkeitsgrad	mittelschwer
Mautpflicht	keine
Wintersperre	Dezember bis Mai
Kombinierbar mit ... oder aus Band 1	Nr. 79, 80, 83 Nr. 90, 91, 92, 96

Der Col du Mont Cenis liegt offiziell zwar nur auf einer Nebenstrecke der Route des Grandes Alpes, dennoch lohnt es sich, diesen Pass im Grenzland zwischen dem französischen Département Savoie und der italienischen Provinz Turin in unsere Tourenplanung einzubauen. Dies umso mehr, als der Pass eine spannende Geschichte zu erzählen hat.

Der, von Italien kommend, als Colle del Moncenisio ausgeschilderte Pass ist ein südlich an das markante Mont Cenis Massiv anschließender Alpenpass direkt auf der Grenze zwischen den sogenannten »Grajischen Alpen« im Norden und den »Cottischen Alpen« im Süden. Optisch werden auch Sie vermutlich keinen Unterschied feststellen, Geologen behaupten aber, dass es ihn durchaus gebe. Der französische Teil der Region gehört außerdem zum Parc National de la Vanoise.

Fünf Kehren winden sich südlich des Ausgangsortes hinauf in die Berge direkt auf ein natürliches Hochplateau und zur Passhöhe. Leicht zu erkennen auch diesmal an einem großen Parkplatz sowie einer bewirtschafteten Berghütte, dem Relais du Col, in der wir sogar einen hervorragenden Café Crème ordern können. Ein einfaches, handgemachtes Holzschild direkt an der Einkehr sollte auch Bestandteil jedes Facebook-Beweisfotos sein.

Etwas südlich des Scheitelpunktes breitet sich der idyllische Stausee Lac du Mont Cenis mit beinahe fünf Kilometern Länge vor unserem Windshield aus. Entlang seiner Uferlinie liegen prächtige Pausenplätze, um mitgebrachte Stärkungen in einmalig aussichtsreicher Umgebung zu vertilgen. »Guten Appetit«, sage ich da nur.

Bereits im Frühsommer 312 überquerte Kaiser Konstantin I. eben diese Passhöhe, als er einen Feldzug gegen Maxentius führte. Welch ein lebensgefährliches Unterfangen muss das damals gewesen sein. Auch Karl der Große kam hier vorbei, im Januar 1077 dann Heinrich IV. auf seinem berühmten Gang nach Canossa und im Oktober 1310 Heinrich VII. auf dem Weg nach Rom. Nach so viel historischem Verkehr ließ dann Napoleon Bonaparte 1803 die erste befahrbare Straße über den Col du Mont Cenis

Die Passhütte ist der Bikertreff der Region.

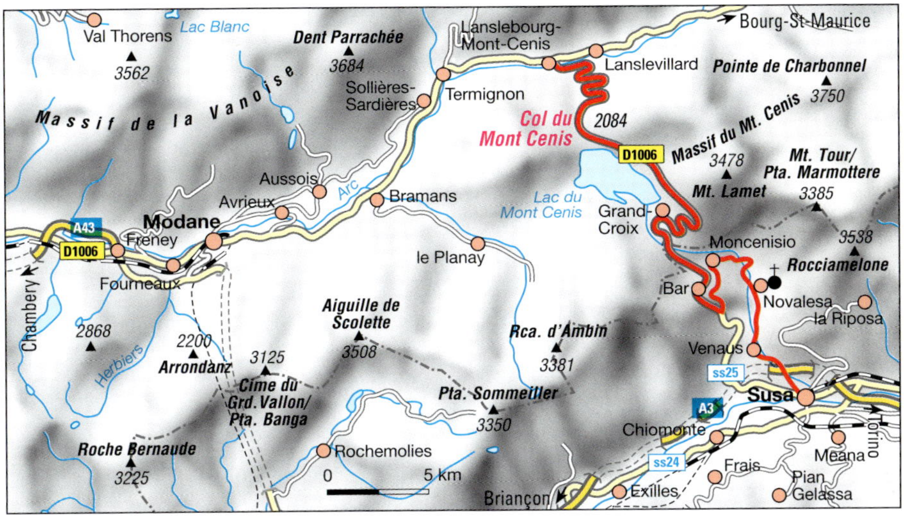

Echt offroad geht es gleich noch weiter …

bauen. Und im Winter 1914 bezwang Alberto Garelli den Pass mit einem selbst gebauten Motorrad.

HÖHENPROFIL

Höhenmeter bergauf	756 m
Höhenmeter bergab	1663 m
Maximale Steigung	8,4 %
Durchschnittliche Steigung	5,8 %
Maximales Gefälle	13,5 %
Durchschnittliches Gefälle	6,2 %

SEHENSWERTES AM WEGESRAND

Doch damit wahrlich noch nicht genug Geschichte: Dieser Col du Mont Cenis erhielt um 1850 sogar eine eigene Eisenbahnlinie, die allerdings nur von 1868 bis 1871 in Betrieb war. Technisch enorm aufwendig und schwierig zu bauen, diente die Linie insbesondere der Beförderung der englischen Post bis in das ferne Indien.

Bei dieser dampfgetriebenen Adhäsions- oder Reibungsbahn wurde die Lok nach dem »Fell'schen System« mit zwei zusätzlichen Rädern ausgerüstet, die durch eine starke Feder an eine Mittelschiene gedrückt wurden, um die für erhebliche Steigungen nötige Reibung und Zugkraft zu erzeugen. Nur so ließen sich die Passagen rund um das Plateau des Mont Cenis mit Dampfloks erklimmen. Von dieser Eisenbahnlinie sind allerdings heutzutage kaum noch Spuren zu finden.

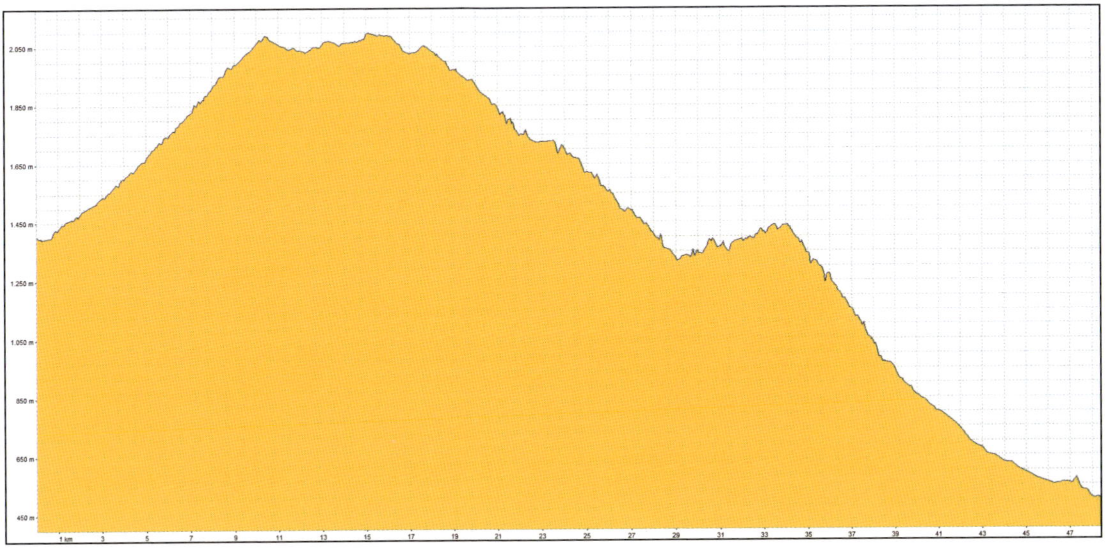

79 Alpenpässe in Frankreich
COL DU PETIT MONT CENIS

IM ÜBERBLICK

Name	Col du Petit Mont Cenis
Land	Frankreich
Region	Savoie
Höchster Punkt	2183 m
Basisort	Lanslebourg-Mont-Cenis
Anzahl der Kehren	7
Streckenlänge	18 km
Schwierigkeitsgrad	sehr anspruchsvoll (teilweise offroad)
Mautpflicht	keine
Wintersperre	Dezember bis Mai
Kombinierbar mit	Nr. 78, 80, 83
... oder aus Band 1	Nr. 90, 91, 92, 96

Der Col du Petit Mont Cenis ist einer der wenigen Pässe dieses Buches, die ich weder reinen Fahranfängern noch Bikern mit Choppern, Sportmotorrädern oder auch Sporttourern empfehlen kann. Ganz im Gegenteil: Für größtmöglichen Genuss sollten Sie eine gepäckbefreite Reiseenduro oder besser noch eine leichte Hard-Enduro antreiben, deren Handling Sie zudem gut kennen. Deshalb habe ich den am vorhergehenden Col du Mont Cenis abzweigenden Col du Petit Mont Cenis auch nicht mit seinem »großen Bruder« kombiniert, sondern ihm ein eigenes Kapitel gegönnt.

Die zunächst noch – allerdings recht dürftig – asphaltierte Piste hinauf zum Col du Petit Mont Cenis zweigt gute 500 Meter nach dem Scheitelpunkt des Col du Mont Cenis noch vor dem Ufer des Stausees rechts ab und weist auf die Comune de Bramans und das Refuge du Petit Mont Cenis hin. Mit spektakulären Blicken auf den Stausee Lac de Mont Cenis geht es über eine schlaglochreiche und kaum mehr als lenkerbreite Piste Richtung Südwesten. Einige Weggabelungen folgen, wir bleiben allerdings tunlichst auf der breitesten Piste und erklimmen allmählich die kargen baumlosen Höhenzüge im Grenzland zu Italien.

Die Berghütte Refuge du Petit Mont Cenis lassen wir dann links liegen und fahren mit ruhiger Gashand weiter, bis ein einfacher Wegweiser vor uns auftaucht, an dessen Spitze das wohl kleinste Passschild dieses Buches auftaucht: das Schild des Col du Petit Mont Cenis an einer Weggabelung, die selbst Reiseenduros wenig Raum zum sicheren Wenden bietet. Wer jetzt noch offroad ein wenig intensiver in den panoramareichen Grenzregionen zwischen Frankreich und Italien räubern möchte, sollte dies auf jeden Fall nur mit einer leichten Enduro ohne Gepäck und Sozia machen – denn das vor uns liegende Gelände wird immer rauer. Ausdrücklich gesperrte Pisten habe ich auch bei meinem letzten Besuch am Col du Petit Mont Cenis im Juli 2012 nicht entdecken können – Ärger mit örtlichen Obrigkeiten sollte es

Biker sind hier echt selten, das bestätigen uns auch die Rindviecher.

SEHENSWERTES AM WEGESRAND

Nur drei von zwölf Monaten im Jahr ist er für Biker überhaupt befahrbar, der höchste Pass der legendären »Route des Grandes Alpes«, der hier gleich nördlich liegende Col de l'Iseran. Kein Baum, kein Strauch wächst dort oben auf unwirtlichen 2770 Metern, ein eiskalter Wind pfeift nahezu ganzjährig um die Ecken der einsamen Gipfelkirche. Und dennoch ist er ein ganz besonderes Erlebnis – und das beginnt schon zu seinen Füßen im hübschen Bergdorf Val d'Isère.
Mit atemberaubenden Ausblicken auf das Isère-Tal geht es dann in anspruchsvollen Kehren hinauf zur Passhöhe des Iseran. Die liegt viele Tage im Jahr in Wolken, ja selbst im Hochsommer muss man im Umfeld von Schlechtwetterfronten hier oben immer wieder mit einem knöchelhohen Gruß des Winters rechnen. Das und die Streckenführung machen die Passfahrt zu einem durchaus anspruchsvollen Unterfangen. Doch haben wir den Pass erst einmal überschritten, beginnt die Wärme des Südens unsere angefrosteten Extremitäten aufzutauen. In weiten Kurven geht es durch hochalpines Gelände bergab Richtung Lanslebourg. Viele weitere namhafte Pässe der gesamten Alpen habe ich in Band Nr. 1 meiner Pässesammlung zusammengestellt und beschrieben, die ideale Ergänzung zu diesem Band Nr. 2.

also nicht geben. Allenfalls mit Wanderern, die dieses Gebiet sehr gerne für sich allein reklamieren möchten. Ein freundlicher Gruß hilft da meistens schon weiter.

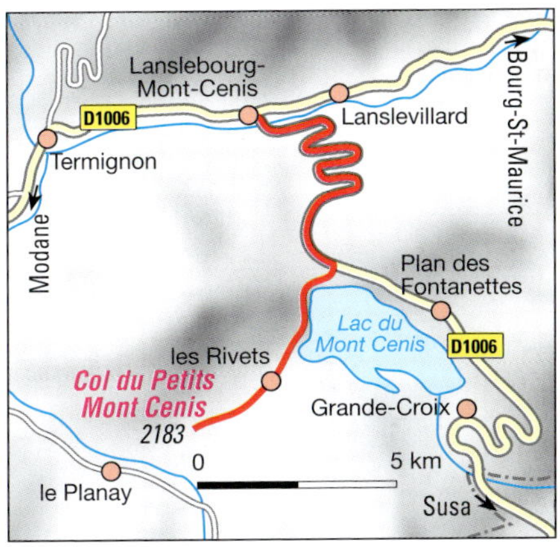

HÖHENPROFIL

Höhenmeter bergauf	828 m
Höhenmeter bergab	63 m
Maximale Steigung	8,4 %
Durchschnittliche Steigung	6,8 %
Maximales Gefälle	5,5 %
Durchschnittliches Gefälle	2,6 %

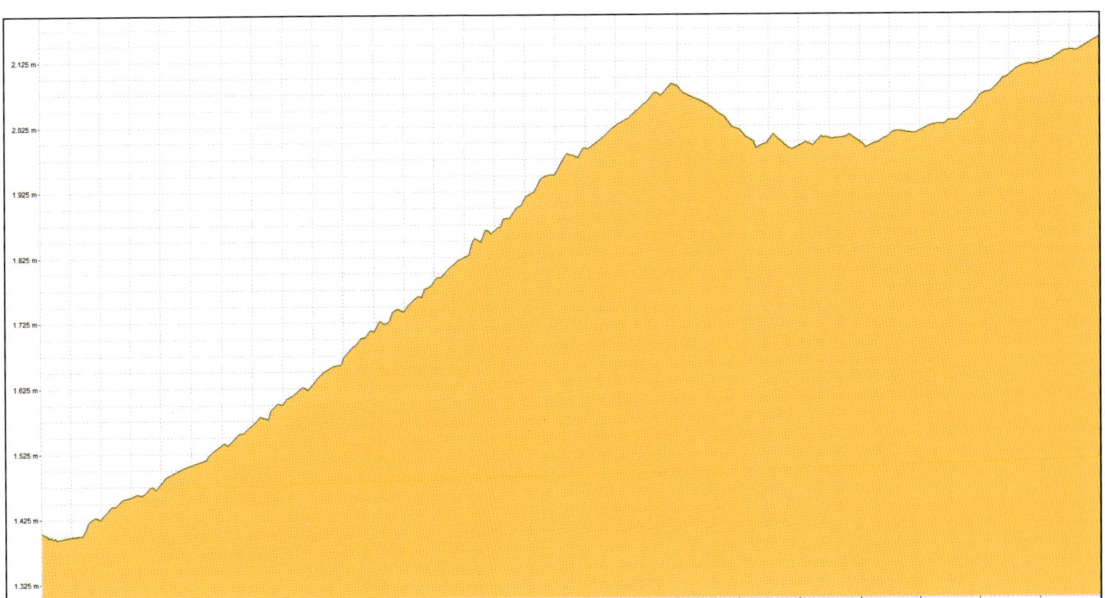

80 Alpenpässe in Frankreich
COL DU MOLLARD

IM ÜBERBLICK

Name	Col du Mollard
Land	Frankreich
Region	Savoie
Höchster Punkt	1638 m
Basisorte	Saint-Jean-de-Maurienne und Saint-Julien-Mont-Cenis
Anzahl der Kehren	91
Streckenlänge	74 km
Schwierigkeitsgrad	anspruchsvoll
Mautpflicht	keine
Wintersperre	keine
Kombinierbar mit ... oder aus Band 1	Nr. 79, 81, 82, 83 89, 91, 93, 94, 96

Eigentlich ist der Col du Mollard mit seiner Höhe von 1638 Metern ein einfacher Mittelgebirgspass inmitten einer herrlich entspannenden, ja lebensabendgeeigneten Berglandschaft. Doch ganz gleich, welche Anfahrt Sie zur Passhöhe auch wählen, immer haben Sie ein Kehrenpotpourri vor sich, das fahrerisch mindestens als mittelschwer einzustufen ist. Und dieser hier gleich beschriebene Schlenker südlich von Saint-Jean-de-Maurienne ist sogar fahrerisch derart anspruchsvoll, dass ich ihn Anfängern und Gelegenheitsbikern vorsichtshalber nicht empfehlen möchte.

Wir starten im quirligen Saint-Jean-de-Maurienne gen Westen und erleben bereits Richtung Jarrier, warum ich die Einstufung »anspruchsvoll« gewählt habe. Dieser vor uns liegende Kehrentanz ist nur der Anfang, keiner der folgenden Orte und Weiler ist auf annähernd gerader Piste zu erreichen: Jarrier – Les Bottières – Fontcouverte-la-Toussuire – Le Corbier – Villarembert – Fontcouverte – Montrond – Le Mollard – Albiez-Montrond – Albiez-le-Jeune – Villargondran – Saint-Julien-Mont-Cenis. Navibesitzern darf ich an dieser Stelle nochmals unseren GPS-Download auf der Verlagswebseite empfehlen.

Der fahrerisch erholsame Scheitelpunkt des Passes liegt am nördlichen Rand der Siedlung Le Mollard. Klappen Sie hier unbedingt den Seitenstän-

Dem Himmel ganz nah sind wir am Mollard-Pass.

SEHENSWERTES AM WEGESRAND

Der direkt an Saint-Jean-de-Maurienne angrenzende Parc National La Vanoise wurde 1963 gegründet, war damit der erste französische Nationalpark und ist heute der wohl beliebteste und auch bekannteste aller französischen Nationalparks. Seine innere, streng reglementierte Zone ist eine Hochgebirgsregion mit gut 500 Quadratkilometern, die allein über 100 Dreitausender umfasst. Die wunderschöne Bergregion mit ihren Tälern und klaren Seen bietet auch im Sommer vielfältige Freizeitmöglichkeiten und lockt mit ihren Landschaften, frei von Durchgangsstraßen, Skiliften und -pisten, viele Besucher.
Noch vor 100 Jahren lebten Bären, Wölfe, Luchse und Bartgeier im Park, heute kann man hier Murmeltiere, Steinböcke, Gämse, Füchse und Marder beobachten. Der letzte Bär wurde 1921 gesehen. Ein ideales Terrain für entspannende Unternehmungen abseits des Motorradsattels. Weitere Infos unter www.vanoise.com.

der aus und atmen Sie tief durch. Denn die jetzt folgende Nordostrampe hält nochmals 46 größtenteils unmittelbar aufeinanderfolgende Spitzkehren für uns bereit, die wir hoch konzentriert bewältigen sollten. Übrigens: Die Gegenrichtung ist etwas einfacher zu fahren, jetzt hier oben am Col du Mollard ist es für diese Entscheidung aber zu spät.

Genießen Sie den Blick auf die wunderschöne Hochebene und ihre verstreut liegenden Almen, auf denen ich gerne einmal einen Bergsommer verbringen würde. Wenn ich denn Zeit für derartige »Sabbaticals« hätte.

Jetzt heißt es, bitte Knie an den Tank und mit ruhiger Gashand Richtung Basisort Saint-Julien-Mont-Cenis schwingen. Und falls auch Ihnen die Ideallinie hierbei immer wieder einmal abhandenkommt, grämen Sie sich nicht. Selbst für Berufsbiker wie mich gilt auf derartigen Pisten: Sicherheit vor Eleganz. Gute Fahrt!

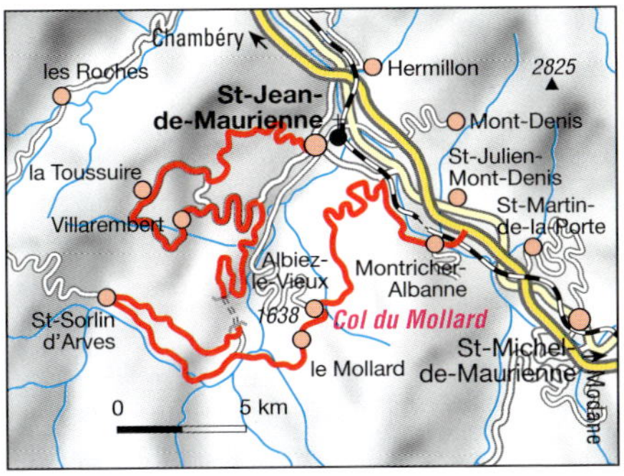

Geradeaus geht es auf dieser Tour sehr selten.

HÖHENPROFIL

Höhenmeter bergauf	2185 m
Höhenmeter bergab	2109 m
Maximale Steigung	12,4 %
Durchschnittliche Steigung	6,8 %
Maximales Gefälle	15,5 %
Durchschnittliches Gefälle	5,5 %

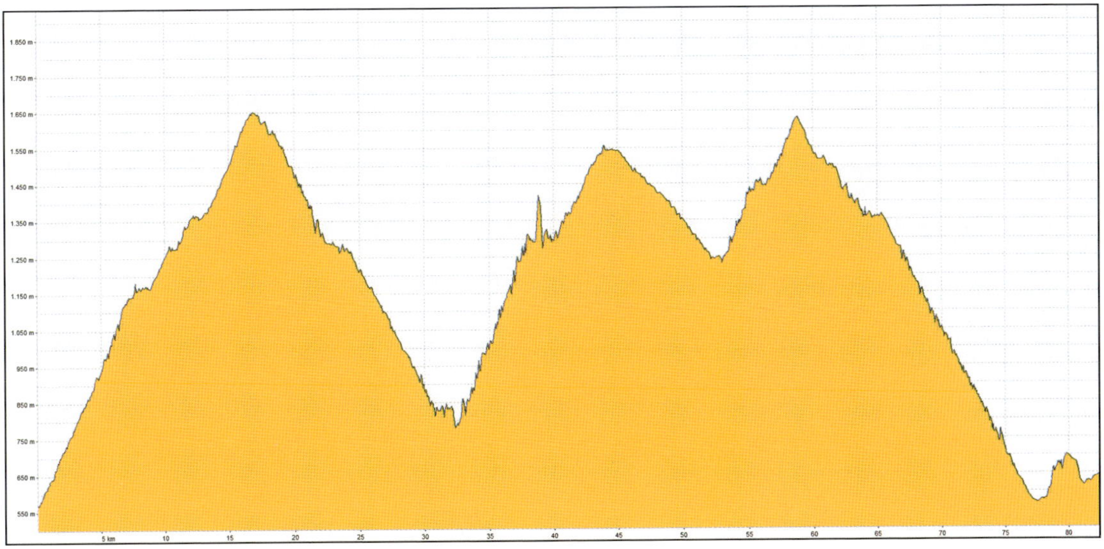

81 *Alpenpässe in Frankreich*
COL DE SARENNE

IM ÜBERBLICK

Name	Col de Sarenne
Land	Frankreich
Region	Isère
Höchster Punkt	1999 m
Basisorte	L'Alpe d'Huez und Mizoën
Anzahl der Kehren	27
Streckenlänge	24 km
Schwierigkeitsgrad	mittelschwer
Mautpflicht	keine
Wintersperre	Dezember bis April
Kombinierbar mit	Nr. 80, 82, 83
... oder aus Band 1	Nr. 89, 91, 93, 94, 96

Auch das Passschild am Col de Sarenne ist so unscheinbar winzig, dass unser Beweisfoto zur ersten echten Aufgabe werden kann. Zumindest wenn wir den Pass von Westen in Angriff nehmen. Denn an seiner Ostrampe wartet eine weitere echte Herausforderung auf uns – aber davon gleich mehr.

Der Col de Sarenne ist im Grunde die Fortsetzung des vor allem unter Rennradlern weltberühmten Aufstiegs zur Alpe d'Huez. Doch die Radler scheinen nach der Eroberung von Alpe d'Huez so erschöpft zu sein, dass kaum einer von ihnen die restlichen zehn Kilometer noch in Angriff nimmt. Gut für uns, dann haben wir die Strecke weitgehend für uns allein.

Über den Anstieg nach Alpe d'Huez erzähle ich im folgenden Kapitel noch mehr, jetzt heißt es erst einmal, sich vom durchaus gewöhnungsbedürftigen Anblick des Skiresorts zu lösen – das fällt nicht schwer – und die ersten Kehren hinauf zum Col de Sarenne in Angriff zu nehmen. Vorbei am Flughafen des Bergdorfes wedeln wir über felsiges Terrain zum ausgeschilderten Pass. Die mit zahlreichen Kälterissen überzogene Piste ist kaum mehr als lenkerbreit, mehr als einmal werden auch Sie vermutlich dankbar über das hier oben auf 2000 Höhenmetern sehr geringe Verkehrsaufkommen sein.

Die Steigung ist moderat, erst oben an der ab und an bewirtschafteten Passhütte beginnt das eigentliche Vergnügen. 19 der insgesamt 27 Spitzkehren des Passes liegen jetzt vor uns. Da die Piste aber nicht besser wird, heißt es nun mit ruhiger Gashand und voller Konzentration bergab zu schwingen. Für ausgiebige Rundumblicke empfehle ich, an geeigneter Stel-

Durchaus alpin sind die Verhältnisse entlang der Passhöhe.

SEHENSWERTES AM WEGESRAND

Die mächtige Chambon-Talsperre staut den Fluss Romanche zum malerischen Lac du Chambon auf. Die beinahe schon historische Staumauer wurde in den Jahren 1930 bis 1934 errichtet und war sogar bis 1936, bis zur Fertigstellung des Hoover-Staudamms zwischen den US-Bundesstaaten Nevada und Arizona, die höchste Talsperre der Welt. Zumindest 16 weitere Jahre durfte sie sich dann noch als die höchste Sperre Europas bezeichnen. Diese Ehre wurde ihr dann 1950 endgültig genommen, als die Talsperre des Lago di Santa-Giustina fertiggestellt war.
Der von ihr gebildete Stausee ist heutzutage noch gute 140 Hektar groß und fasst über 50 Millionen Kubikmeter Wasser. Am Grund des Lac du Chambon ruhen die Dörfer Le Chambon, Le Dauphin und Le Parizet, die für den Staudammbau aufgegeben werden mussten.

le zunächst einmal den Seitenständer auszuklappen. Weiter hinten im Tal sind vor allem nach der Schneeschmelze im Sommer einige prächtige Wasserfälle zu sehen, sie sind allerdings nur zu Fuß erreichbar. In den darauffolgenden Weilern Clavans-en-haut-Oisans und Clavans-le-Bas liegen mächtig einsame Berghütten, die wohl hauptsächlich im schneesicheren Winter genutzt werden. Hier steigt dann noch einmal unser Blutdruck im Angesicht der lenkerbreiten Spalten zwischen den Häusern, durch die wir vorsichtig hindurchschwingen müssen. Ausweichmöglichkeiten bieten allenfalls ein paar Toreinfahrten.

Über den Weiler Mizoën erreichen wir dann schließlich das Nordufer des Lac du Chambon, dessen imposante Staumauer frei befahrbar ist und uns hinüberträgt zum Restaurant-Hotel du Lac – für einen kurzen oder auch ausgiebigen Boxenstopp, denn den haben wir uns jetzt auch verdient. Sogar redlich, wie ich finde.

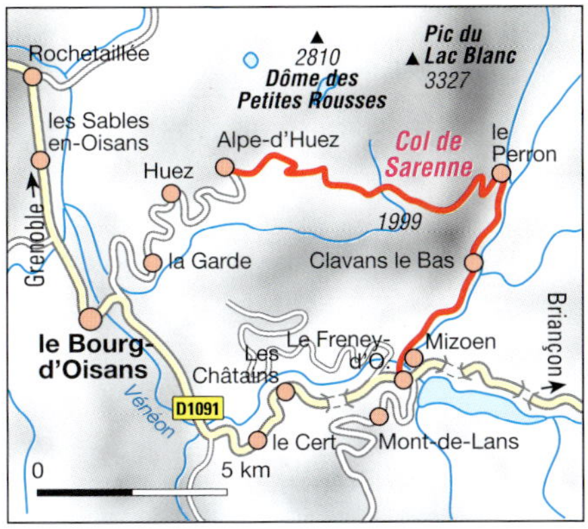

Juckt Ihnen auch die Gashand bei diesem Anblick?

HÖHENPROFIL

Höhenmeter bergauf	369 m
Höhenmeter bergab	1163 m
Maximale Steigung	14,4 %
Durchschnittliche Steigung	6,8 %
Maximales Gefälle	12,5 %
Durchschnittliches Gefälle	6,8 %

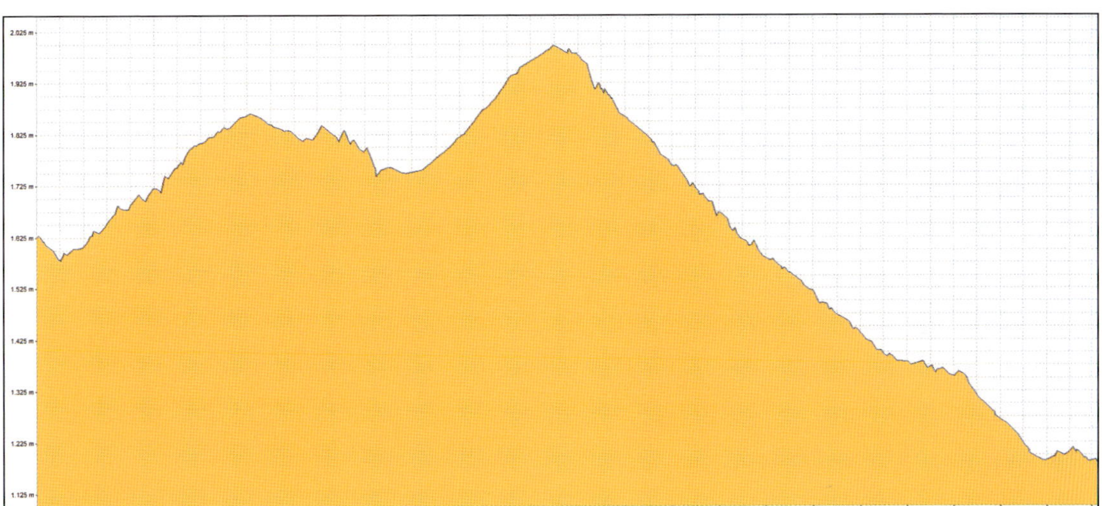

Auch die Südrampe des Col de Sarenne ist ein fahrerischer Leckerbissen.

82 Alpenpässe in Frankreich
ALPE D'HUEZ

IM ÜBERBLICK

Name	Alpe d'Huez
Land	Frankreich
Region	Isère
Höchster Punkt	1860 m
Basisorte	Le-Bourg-d'Oisans und Allemont
Anzahl der Kehren	36
Streckenlänge	39 km
Schwierigkeitsgrad	mittelschwer
Mautpflicht	keine
Wintersperre	keine
Kombinierbar mit	Nr. 80, 81
... oder aus Band 1	Nr. 89, 91, 93, 94, 96

21 Kehren auf gut 20 Kilometer Länge geben uns zunächst einmal ein Signal: Der Südanstieg hinauf in das weltberühmte Skiresort Alpe d'Huez ist kein Kinderspiel. Weder für Rad- noch für Motorradfahrer. Da ein derartiges Kehrenspiel bergauf nicht nur fahrerisch interessanter, sondern auch herausfordernder ist, habe ich die Passquerung diesmal von Süd nach Westen rechnen lassen.

Alpe d'Huez ist fester Bestandteil der Tour de France, fein säuberlich durchnummeriert sind die Kehren auf der Südrampe zur Retortensiedlung, gute 1100 Höhenmeter sind dabei zu überwinden. Wegen der Schwere des Anstiegs hat übrigens ein Etappensieg in L'Alpe d'Huez eine ganz besondere Bedeutung, man spricht vom Mythos von Alpe d'Huez oder auch vom Schicksalsberg. Die Namen aller Etappensieger sind in den Kehren aufgelistet, mal sehen, wie lange Superdoper Lance Armstrong noch dort verewigt sein wird.

Alpe d'Huez selbst ist der wohl bekannteste Wintersportort der französischen Alpen, aber gleichfalls auch einer der wichtigsten archäologischen Ausgrabungsorte in ganz Europa, vor allem für die Erforschung des mittelalterlichen Silberbergbaus, da sich im 12. und 13. Jahrhundert rund um den

Aufstieg nach Alpe d'Huez – motorisiert zwar einfacher, aber kein Kinderspiel

SEHENSWERTES AM WEGESRAND

Nördlich des Basisortes Allemond klettert die Landstraße über den malerischen Lac de Grand Maison hinauf zum Col du Glandon und dem östlich angegliederten Col de la Croix de Fer, zwei fahrerisch recht einfachen Seealpenpässen, auf denen wir die hohe Kunst des Motorradfahrens perfekt trainieren können. Ja, ich möchte sogar behaupten: Was die Südrampe von Alpe d'Huez für Rennradfahrer ist, das ist die Pässekombi Glandon und Croix de Fer für uns Biker – ein perfektes Trainingsgelände fernab von Hektik, Verkehrsgewühl und roten Ampeln. Alle Details nicht nur zu diesen beiden Pässen habe ich in Band 1 dieser Pässesammlung zusammengestellt. Eine ideale Ergänzung, wenn Sie mich fragen …

auf einem Plateau liegenden Ort ergiebige Silbervorkommen befanden, deren Geschichte in zahlreichen bis heute andauernden Ausgrabungen mühsam freigelegt wird. Den im Bergsommer anreisenden Biker erwartet mit Alpe d'Huez ein oftmals recht betongrauer Wintersportgigant, in dem es manchmal sogar schwerfällt, eine geöffnete Bar oder ein Café für einen Schub Koffein zu entdecken. Obwohl – die Kehren rund um Alpe d'Huez treiben den Blutdruck von allein in die Höhe. Da braucht es gar keinen Kaffee mehr.

Nachdem wir durch den Ort geschwungen sind, wählen wir die Westrampe hinab nach Allemond und erfreuen uns an weiteren 15 Kehren. Fahranfängern empfehle ich übrigens die Passquerung von Alpe d'Huez aus Richtung Allemont in Angriff zu nehmen, dann ist das Steilstück hinab nach Le-Bourg-d'Oisans bergab zu bewältigen. Das ist im Zweifelsfall deutlich einfacher als bergauf.

Unten: Blick auf das Zentrum von Alpe d'Huez

HÖHENPROFIL

Höhenmeter bergauf	1245 m
Höhenmeter bergab	1125 m
Maximale Steigung	12,9 %
Durchschnittliche Steigung	7,8 %
Maximales Gefälle	14,5 %
Durchschnittliches Gefälle	5,6 %

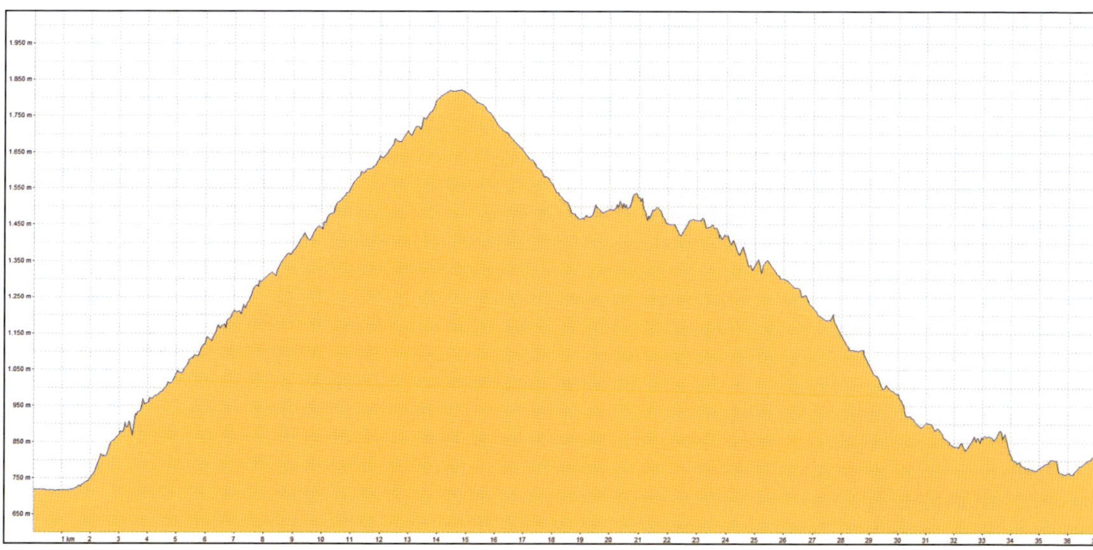

83 Alpenpässe in Frankreich
COL DE MONTGENÈVRE

IM ÜBERBLICK

Name	Col de Montgenèvre
Land	Frankreich
Region	Haute-Alpes
Höchster Punkt	1854 m
Basisorte	Briançon und Cesana Torinese (Italien)
Anzahl der Kehren	7
Streckenlänge	23 km
Schwierigkeitsgrad	leicht
Mautpflicht	keine
Wintersperre	keine
Kombinierbar mit	Nr. 78, 79, 80, 81, 82, 84
... oder aus Band 1	Nr. 89, 91, 94, 95, 96

Zugegeben, mit dem Galibier, dem Lautaret, Izoard und auch Valbelle ist die unmittelbare Umgebung um das prächtige Festungsstädtchen Briançon derart reich gespickt mit namhaften Alpenpässen, dass der Col de Montgenèvre durchaus leicht in Vergessenheit geraten könnte. Zumal er sich auf direktem Weg hinüber nach Italien befindet – und wer verabschiedet sich hier auf der legendären Route des Grandes Alpes schon freiwillig von diesem so gesegneten Kurventhema.

Dennoch sollten Sie sich diesen Abstecher nach Osten einmal gönnen. Erstens ist er nicht besonders lang, zweitens leicht zu fahren und drittens auch notfalls innerhalb von maximal zwei Stunden auf unserem Lebens-Roadbook abgehakt. Die Strecke über den Col du Montgenèvre ist eine hervorragend ausgebaute Direktverbindung zwischen Briançon und Cesana Torinese. Vor allem werktags zwar mit entsprechendem Verkehrsaufkommen belastet, dennoch bewegen wir uns hier immerhin auf historischem Boden, war der Pass wegen seiner vergleichsweise geringen Höhe doch schon bei den Römern äußerst beliebt.

Der in der Antike »Matrona« genannte Col de Montgenèvre war einst Bestandteil der berühmten Via Domitia, der wichtigen Handels- und Militärstraße zwischen dem Rhônetal und der Po-Ebene. Heute ist er nicht nur als Durchgangsverbindung bekannt, sondern auch bei italienischen Motorradfahrern, die auf der gut ausgebauten Nationalstraße 94 einen satten Schluck aus ihrem mitgebrachten Drehmomentreservoir nehmen können. Natürlich mit mächtig viel Getöse, komplett ausgeräumten Auspufftöpfen

Das nenn ich ein klar identifizierbares Passschild!

SEHENSWERTES AM WEGESRAND

An strategisch äußerst wichtiger Stelle wurde 1692 nach einem Großbrand das ehemalige Militärlager Briançon von Frankreichs berühmtestem Festungsbaumeister Vauban wieder aufgebaut und mit einem meterdicken, doppelten Verteidigungsring gesichert – einem Verteidigungssystem, das nicht nur 1815 einem Angriff der Österreicher, sondern sogar bis 1940 noch italienischen Eroberungsversuchen widerstand. Doch nicht nur diese architektonischen Zeitzeugen machen Europas dritthöchstgelegene Stadt am Rande der Durance-Schlucht heutzutage so sehenswert. Die von gut erhaltenen, haushohen Mauern umgebene winzige Altstadt mit ihren kaum lenkerbreiten Gassen ist bequem zu Fuß zu erkunden. Parken Sie das Motorrad entlang der Stadtmauer auf einem der zahlreichen Plätze und schlendern Sie gemütlich durch die historischen Gassen, atmen Sie französische Geschichte in vollen Zügen. Zahlreiche Cafés und Kneipen laden dazu vor allem am Abend zum Verweilen ein. Briançon ist zudem berühmt für sein außergewöhnliches Klima. Dank der geografischen Lage wird die Stadt an 300 Tagen im Jahr mit mehr als jeweils sechs Stunden Sonnenschein pro Tag verwöhnt. Nicht umsonst ist die Stadt ein anerkannter Kurort für Atemwegserkrankungen wie Asthma.

und Überholmanövern im Zentimeterabstand. Meine Devise am Col de Montgenèvre: Ruhig bleiben und Heizer heizen lassen.

Auf der Passhöhe führt die N 94 durch einen Tunnel, der das Skiresort Montgenèvre vom Durchgangsverkehr befreit. Bei Bedarf nach dem Tunnel einfach am Kreisverkehr links in zu einem Ortsbesuch abzweigen. Wenige Kilometer weiter begrüßt uns bereits Claviere in der Provinz Turin. Hungrigen Bikern kann ich dort das Ristorante L'Gran Bouc im Herzen des Ortes empfehlen. Noch eine Portion Kurven und Kehren beschert uns der restliche Abstieg hinunter nach Cesana Torinese, einem 1000-Seelen-Städtchen im Piemont.

HÖHENPROFIL

Höhenmeter bergauf	645 m
Höhenmeter bergab	523 m
Maximale Steigung	10,4 %
Durchschnittliche Steigung	5,8 %
Maximales Gefälle	7,5 %
Durchschnittliches Gefälle	6,0 %

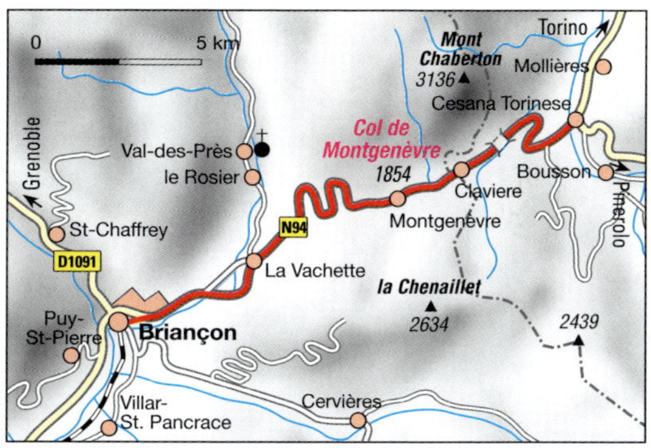

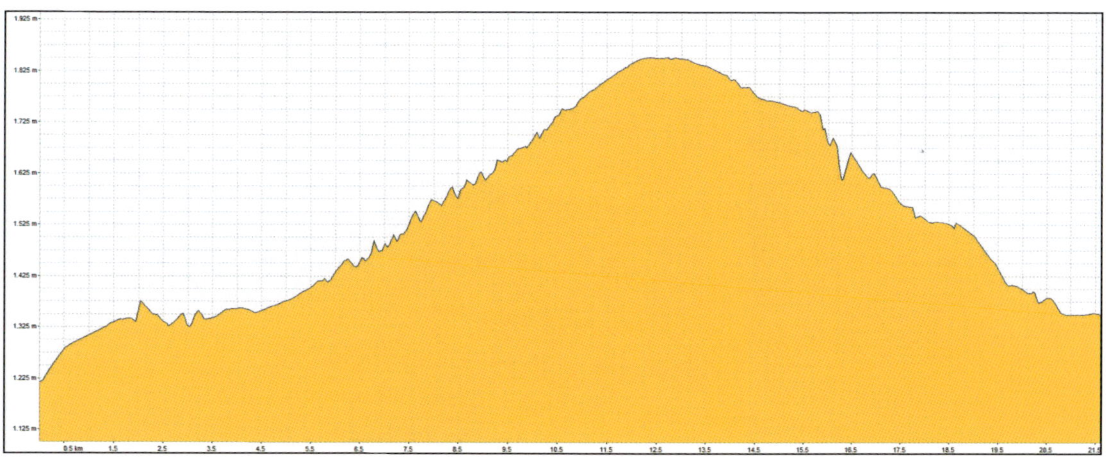

84 Alpenpässe in Frankreich
COL D'IZOARD

IM ÜBERBLICK

Name	Col d'Izoard
Land	Frankreich
Region	Haute-Alpes
Höchster Punkt	2360 m
Basisorte	Briançon und Guillestre
Anzahl der Kehren	36
Streckenlänge	52 km
Schwierigkeitsgrad	mittelschwer
Mautpflicht	keine
Wintersperre	November bis Juni
Kombinierbar mit	Nr. 78, 79, 83, 91
... oder aus Band 1	Nr. 91, 94, 95, 96

Gleichwohl der Col d'Izoard zu den höchsten Pässen auf der Hauptstrecke der Route des Grandes Alpes gehört, wird er im Reigen der ganz großen Seealpenpässe gerne einmal übersehen. Warum, das kann ich auch nach dreimaliger Eroberung des Passes nicht verstehen, denn beide Rampen sind nicht nur fahrerisch äußerst ansprechend, sondern führen auch durch grandiose hochalpine Landschaften, die wohl unvergleichlich sind.

Die Passstraße verbindet Briançon mit Guillestre auf einer Nebenstrecke – und das ist schon das erste Highlight des Izoard. Denn sämtlicher Last- und Durchgangsverkehr nimmt stets die wesentlich schnellere Route via N 94 – den Pass wählen hingegen die Genießer. Also wir Biker zum Beispiel.

Von Briançon aus führt die Straße zunächst durch das Tal der Cerveyette und steigt dabei nur gemächlich an. In dicht bewaldeten Berghängen verstecken sich dann die ersten Kurven und Kehren, der eigentliche und mittelschwere Schräglagentanz beginnt aber erst hinter dem Weiler Cervières. Ganze 20 Kehren, teilweise auf engster Abfolge erfordern Konzentration und einige Erfahrung in hochalpinem Gelände. Dafür dürfen wir auf der herrlich panoramareichen Passhöhe dann in Ruhe entspannen und die Ausblicke auf die französischen Seealpen genießen.

Woran Sie die Passhöhe erkennen? An einem der größten Passschilder dieses Buches, einem mächtigen, haushohen steinernen Monument, das hier im August 1934 errichtet wurde. Das gegenüberliegende winzige Mu-

SEHENSWERTES AM WEGESRAND

Guillestre ist eine beschauliche 3000-Seelen-Gemeinde im Herzen der französischen Seealpen, genauer gesagt im Département Hautes-Alpes. Bereits von Weitem begeistert beim Anblick der Stadt deren Lage auf einem natürlichen, gut 1000 Meter hohen Felsplateau über der Schlucht des Flusses Guil, der hier unterhalb von Guillestre in die Durance mündet. Das Städtchen liegt direkt an der Route des Grandes Alpes und ist wie Briançon ein äußerst beliebter Ausgangspunkt für die Eroberung namhafter Alpenpässen wie dem Col de Vars, dem Col d'Izoard und dem Col Agnel.
Guillestre wurde schon im 12. Jahrhundert erstmals urkundlich erwähnt, damals stand der Ort im Besitz der Bischöfe von Embrun. Während nachfolgender Kriege wurde die Stadt immer wieder aufgrund ihrer strategisch wertvollen Lage angegriffen und mehrfach von feindlichen Heerscharen erobert. Spuren dieser Geschichte finden sich heute allerdings nur noch in den Stadtarchiven.

seum möchte eigentlich gerne die ganze Geschichte des Passes erzählen – auch die der Tour de France –, war aber noch kein einziges Mal auf meinen Reisen über den Col d'Izoard jemals geöffnet.

Auf der Südseite des Passes tauchen wir umgehend ein in das spektakuläre und in den gesamten Alpen wohl einzigartige Felsenlabyrinth der Casse Déserte, der zerbrochenen Wüste, einer steintrockenen Gipfelregion voller Felsnadeln und Schutthänge. Daran anschließend beginnt der Kehrentanz erneut und führt uns hinab durch einige hübsche Weiler wie Brunissard und Arvieux in das tief eingeschnittene Tal des Flusses Guil und seiner umliegenden Landschaft Queyras. Wir folgen dem Flusslauf und landen im sehenswerten Guillestre, einem typisch französischen Alpenstädtchen.

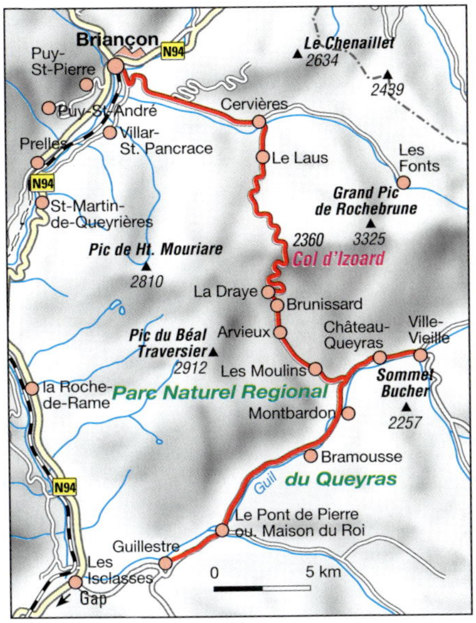

HÖHENPROFIL

Höhenmeter bergauf	1045 m
Höhenmeter bergab	1263 m
Maximale Steigung	9,4 %
Durchschnittliche Steigung	4,9 %
Maximales Gefälle	12,5 %
Durchschnittliches Gefälle	5,0 %

Bild linke Seite: Das imposante »Passchild« des Izoard.

Bild links: Die »zerbrochene Wüste« unterhalb des Passes

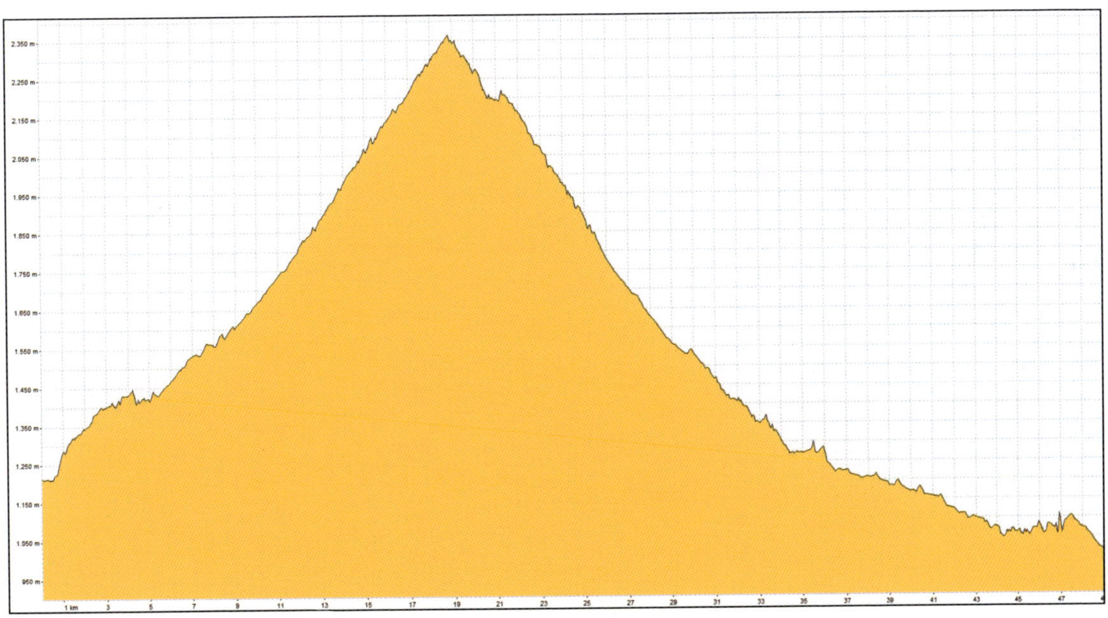

Den Izoard zu ignorieren wäre echt sträflich – wie Sie auch hieran sehen können.

85 *Alpenpässe in Frankreich* COL DE MANSE

IM ÜBERBLICK

Name	Col de Manse
Land	Frankreich
Region	Haute-Alpes
Höchster Punkt	1272 m
Basisorte	La Plaine und Gap
Anzahl der Kehren	9
Streckenlänge	19 km
Schwierigkeitsgrad	leicht
Mautpflicht	keine
Wintersperre	keine
Kombinierbar mit	Nr. 81, 86, 87, 88
... oder aus Band 1	Nr. 91, 94

Der Col de Manse ist so unbekannt und – ja, zugegeben – unscheinbar, dass Sie schon eine sehr hochauflösende Straßenkarte benötigen, um seine Scheitelhöhe zu entdecken. Und um seine Schönheit, bestehend aus den beiden Passrampen im Norden und Süden, zu erfahren. Denn die Gefahr, einfach auf eine auskömmlich breite Landstraße (falsch) abzubiegen, ist hier besonders groß.

Deshalb habe ich Ihnen hier noch einmal sämtliche Weiler und Gehöfte aufgezählt, durch die meine Reise über den Col de Manse führt. Sofern diese natürlich einen eigenständigen Namen besitzen. Beginnen wir in La Plaine im Norden, besser gesagt, dem Ortsteil Haute-Plaine. Entlang der D 944 geht es nach Basse-Plaine. Hier bleiben wir tunlichst auf jener D 944, die uns zu einem gemütlichen Kurventanz auffordert. Mächtig einsam ist es hier, wo sich allabendlich Fuchs und Hase friedlich »Gute Nacht« sagen. Ein Potpourri aus Feldern, Auen und lichten Wäldern säumt die Landstraße, die sich dem natürlichen Verlauf der Landschaft metergenau anpasst.

Er zog zwar vorbei, ob Napoleon aber hier jemals einkehrte, ist ungewiss.

SEHENSWERTES AM WEGESRAND

Gap ist eines der quirligsten Provinzstädtchens römischen Ursprungs, das es in den französischen Seealpen zu entdecken gibt. Zwar hat der Ort im Laufe seiner wechselvollen Geschichte so manch originale Bausubstanz verloren, bietet dem Besucher mit seiner bunten historischen Altstadt aber dennoch enorm viel Erforschenswertes für einen niemals langweiligen Aufenthalt. Schlendern Sie einfach durch die Altstadtgassen mit ihren Cafés, Kneipen und Shoppingmöglichkeiten oder besuchen Sie einen der zahlreichen Wochenmärkte mit ihrem typisch französischen Ambiente. Mitten im Herzen des alten Gap präsentieren sie sich bunt, laut und an allen Ecken und Enden herrlich duftend mit einer dichten Atmosphäre feilschender und debattierender Menschen. Ein Genuss für alle Sinne. Alle Infos über Gap unter www.ville-gap.fr.

Die »Passhöhe« – ich setze das Wort bewusst in Anführungszeichen! – ist schwer zu erkennen, da es sich um keine Höhe im eigentlichen Sinne handelt. Sobald Sie an einer Weggabelung ankommen und rechter Hand das hübsche, aber winzige Wirtshaus Refuge Napoléon entdecken, sind Sie angekommen. Das Passschild wurde vermutlich vor Jahren einmal entwendet und nicht ersetzt, im Wirtshaus kann man Ihnen dazu so manche Geschichte erzählen.

Umgehend nach dem Pass beginnt das eigentliche fahrerische Highlight: Dazu setzen wir den Blinker links und wählen den Abzweig auf eine kaum mehr als lenkerbreite, aber ordentlich asphaltierte Piste, die ab und an sogar ausgeschilderte Route du Lac. Sie führt uns zum idyllisch und einsam gelegenen Speichersee Les Jaussauds, einem 1963 erbauten, gut zwölf Hektar großen Trinkwasserspeicher, der vor allem das nahe liegende Gap mit Frischwasser versorgt. Entlang seiner Uferlinie liegen einige schöne Pausenplätze, das Beste ist aber zweifelsohne die »hautenge« Route du Lac, die uns in unzähligen Kurven zielstrebig weiter nach Gap führt.

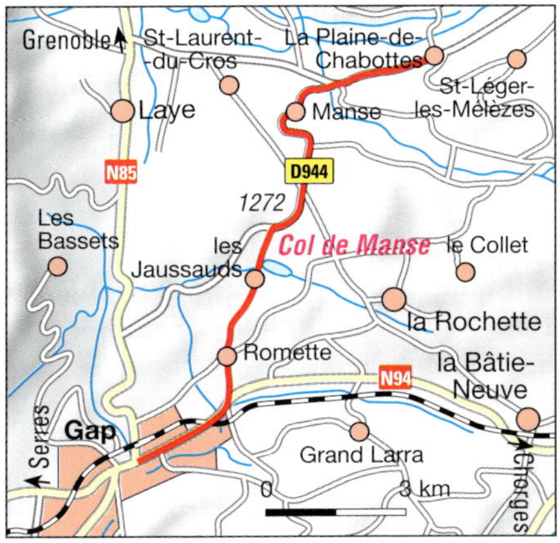

HÖHENPROFIL

Höhenmeter bergauf	245 m
Höhenmeter bergab	563 m
Maximale Steigung	8,4 %
Durchschnittliche Steigung	2,8 %
Maximales Gefälle	14,4 %
Durchschnittliches Gefälle	6,0 %

Ein dichtes Netz aus Landstraßen begeistert hier wohl jeden Biker.

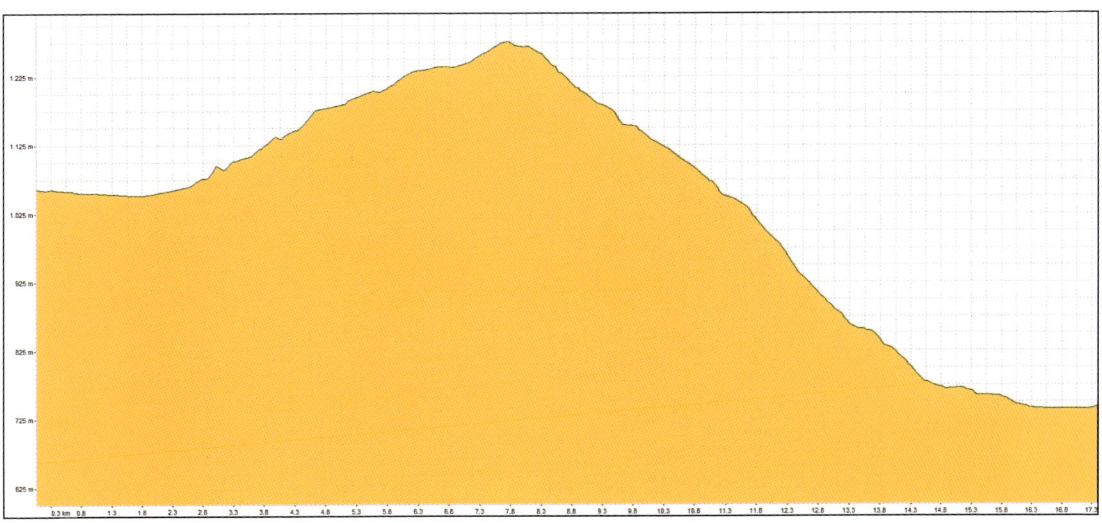

86 Alpenpässe in Frankreich
COL BAYARD

IM ÜBERBLICK

Name	Col Bayard
Land	Frankreich
Region	Haute-Alpes
Höchster Punkt	1248 m
Basisorte	Saint-Bonnet-en-Champsaur und Gap
Anzahl der Kehren	12
Streckenlänge	20 km
Schwierigkeitsgrad	leicht
Mautpflicht	keine
Wintersperre	keine
Kombinierbar mit	Nr. 81, 84, 85, 87, 88, 89
... oder aus Band 1	Nr. 91, 94, 95

Die über den Col Bayard führende Route Nationale Nr. 85 ist nicht nur die gut ausgebaute Alternativstrecke zum vorangegangenen Col de Manse, sie ist auf ihrer Gesamtlänge auch eine der berühmtesten Themenstraßen Frankreichs (mehr dazu im Infokasten). Und sie ist die perfekte Piste für die Heizerfraktion unter uns Bikern, die hier endlich einmal wieder ordentlich am »Quirl« drehen können. Nun ja, zumindest auf beinahe 20 Kilometern Länge und immer angesichts des (selten kontrollierten) Tempolimits auf französischen Nationalstraßen von 90 km/h.

Der Col Bayard verbindet das Durance- mit dem Dractal, die Passstraße wird auch vom Lieferverkehr rege genutzt, führt aber nur durch wenige Weiler und besitzt kaum Staupotenzial. Um den Pass herum liegt eine beschauliche Mittelgebirgslandschaft mit verstreuten Gehöften und Siedlungen. Die eigentliche Passhöhe ist leicht zu übersehen, sobald Sie ein ausgedehntes Golfgelände passieren, haben Sie den Pass schon »überfahren«. Direkt an der Passhöhe liegt ein Rastplatz mit winzigem Weiher, das Passschild steht allerdings einige Hundert Meter entfernt einsam am Straßenrand. Bei regem Verkehr ist der Fotostopp für das Beweisfoto an dieser Stelle etwas schwierig.

Dabei stand der Col Bayard bereits 1905 das erste Mal auf dem Streckenplan der Tour de France und machte sich nicht zuletzt aufgrund der von den

SEHENSWERTES AM WEGESRAND

Die legendäre Route Napoléon ist eine der bekanntesten – und bei den Franzosen wohl wichtigsten – Themenstraßen des Landes. Sie verbindet Grenoble mit der Côte d'Azur und führt durch die Haute-Provence direkt ans Meer nach Cannes. Benannt und bekannt wurde die hauptsächlich als N 85 beschilderte Route, nachdem kein Geringerer als Napoleon Bonaparte im März 1815 exakt auf dieser Route aus seiner auferlegten Verbannung von Elba zurück nach Paris zog. Heimlich und oftmals bei Nacht und Nebel, um seinen Feinden und Verfolgern zu entgehen. Dabei wurde er aber nicht nur allerorten von der Bevölkerung mit offenen Armen empfangen, er hinterließ auch mannigfaltige Spuren, heute gekennzeichnet mit Schautafeln, Wegweisern und unzähligen Anekdoten. Dass heutzutage auch so manche Autowerkstatt Napoleons Namen trägt, ist allerdings keine originale Feldherrenhinterlassenschaft, sondern ein Ausdruck der unveränderten Bewunderung der Franzosen für ihren legendären »Eroberer«. Heute ist die Route Napoléon auch für Biker die ideale Ergänzung für die An- oder Abreise in die Seealpen respektive an die Côte d'Azur, zum Beispiel beginnend oder endend in Lyon. Und Lyon ist via Basel, Beaune und Macon über die A36/A6 sogar ganzjährig frei von Schnee und Eis zu erreichen.

Hügeln der Champsaur-Kette eingerahmten Landschaft einen Namen. Erst die Abfahrt hinab nach Gap beschert uns dann einige Kurven und sogar neun Kehren, die allerdings so weit gefasst sind, dass selbst Fahranfänger hier, ohne vom Gas zu gehen, fröhlich hindurchwedeln können. Und mit welch ganz anderen Freuden uns Gap anschließend verwöhnt, steht auf Seite 208.

HÖHENPROFIL

Höhenmeter bergauf	345 m
Höhenmeter bergab	613 m
Maximale Steigung	14,6 %
Durchschnittliche Steigung	5,8 %
Maximales Gefälle	11,5 %
Durchschnittliches Gefälle	5,9 %

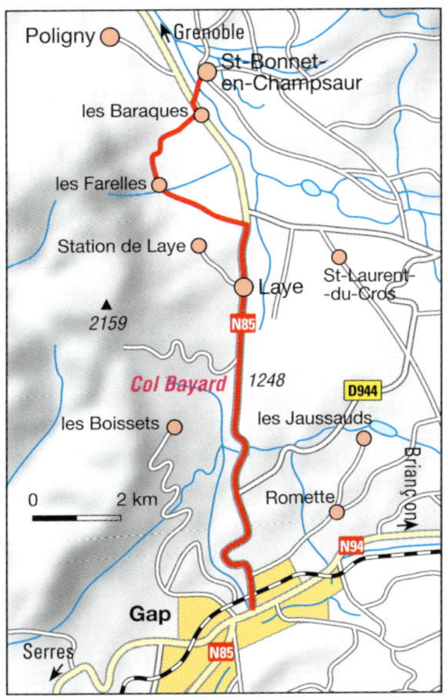

Understatement – kalibrierte Navis behaupten hier: 1248 m Seehöhe.

Bild linke Seite: Die Ausblicke sind es, die den Bayard so reizvoll machen.

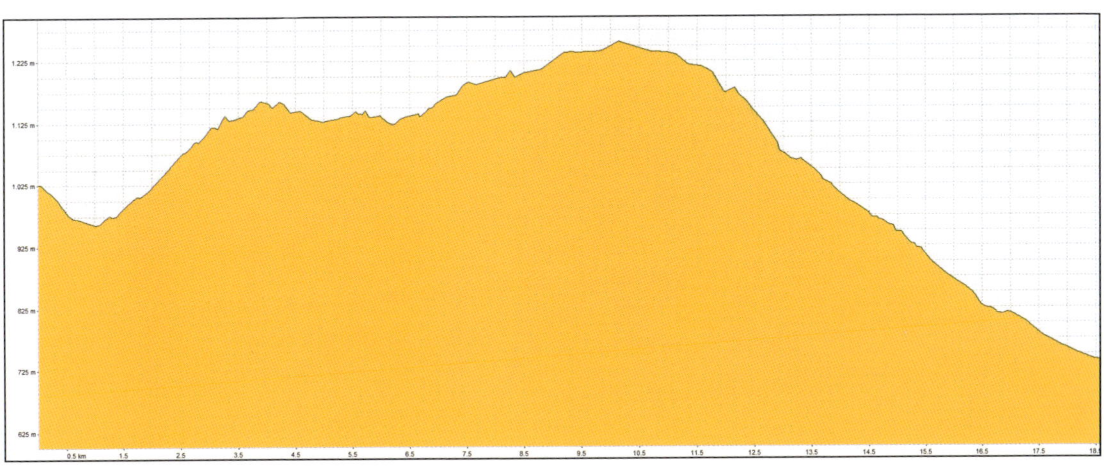

87 Alpenpässe in Frankreich
COL DE MOISSIÈRE

IM ÜBERBLICK

Name	Col de Moissière
Land	Frankreich
Region	Hautes-Alpes
Höchster Punkt	1573 m
Basisorte	Ancelle und Chorges
Anzahl der Kehren	13
Streckenlänge	19 km
Schwierigkeitsgrad	leicht
Mautpflicht	keine
Wintersperre	keine
Kombinierbar mit ... oder aus Band 1	Nr. 84, 85, 86, 88, 89 Nr. 91, 94, 95

Für den Col de Moissière sollten Sie sich unbedingt eines einpacken: ein Picknick. Denn die sich rund um das mächtig einsam liegende Passschild drapierende Hochebene bietet derart herrliche Ausblicke in alle Himmelsrichtungen, dass auch Sie vermutlich umgehend auf die Idee kommen werden, hier oben auf beinahe 1600 Höhenmetern einen ausgiebigen Boxenstopp einzulegen. Wenn jetzt noch die Sonne scheint und der Himmel wolkenlos ist, dann reicht unser Blick bis weit in die Hochalpen hinein. Ja, an richtig klaren Tagen soll man im Norden sogar den Mont Blanc aufblitzen sehen, zu erkennen an seiner gletscherweißen Spitze.

Die über den Col de Moissière führende sehr einsame und vor allem auf ihrer Südrampe extrem kurvige D 213 verbindet das Bergdorf Ancelle mit dem Ort Chorges am prächtigen Lac de Serre-Ponçon. Dazu übrigens mehr im Infokasten.

Während uns die Nordrampe mit gerade einmal zwei Kehren abspeist, erwarten uns auf der Südrampe immerhin ganze elf davon. Dazu noch gespickt mit einigen sehr engen Passagen, die aber nicht zuletzt aufgrund des sehr geringen Verkehrsaufkommens keinerlei Risiko darstellen.

Diejenigen, die den Col de Moissière mit einer leichten Enduro erobert haben, können auf der Südrampe kurz vor der zweiten Kehre – von der Passhöhe ab gezählt – noch linker Hand auf eine im weiteren Verlauf unbefestigte, aber frei befahrbare Piste abzweigen, die sich in vielen Kurven und Kehren in

Idealer Platz auch für leckere Pausenbrote

SEHENSWERTES AM WEGESRAND

Der mächtige Speichersee Lac de Serre-Ponçon östlich von Chorges begeistert neben Wassersportlern vor allem auch Enduristen. Errichtet von 1955 bis 1961, staut er den Fluss Durance zum größten künstlichen See Frankreichs auf. Vor seiner Flutung mussten nahezu 2000 Menschen, zum Teil sogar gegen ihren Willen, umgesiedelt werden. Heutzutage bedeckt der 20 Kilometer lange und bis zu 120 Meter tiefe Stausee eine Fläche von gut 30 Quadratkilometern, seine Wasserreserven dienen vor allem der Stromerzeugung für das nahe liegende Gap und dessen Vororte. Ganz nebenbei dient er der Bewässerung und Trinkwasserversorgung der gesamten Region um Gap.
Rund um diesen gewaltigen Wasserspeicher mit seinem herzzerreißend einsam mitten im See dümpelnden Kirchlein führen zahlreiche winzige, dafür aussichtsreiche Landstraßen sowie immer wieder auch Sackgassen hinunter an das Ufer. Aufgepasst – einige Sackgassen enden unvermutet in Kiespisten, das Wenden des Motorrades auf engem Raum sollte beherrscht werden.

Und natürlich darf unser Aufkleber nicht fehlen …

einem weiten Bogen am Südwesthang des 2465 Meter hohen Le Piolit hinabwindet und prächtige Ausblicke auf die umliegenden Felsenregionen bietet. Nach einem Abstecher auf das Hochplateau unterhalb des Piolit-Gipfels geht es dann hinunter zu den Hütten von Les Brés und retour auf die durchgehend asphaltierte Hauptroute.

Allen, die jetzt eine Stärkung benötigen, kann ich das winzige Restaurant Le 6eme sens in der Grand Rue von Chorges empfehlen.

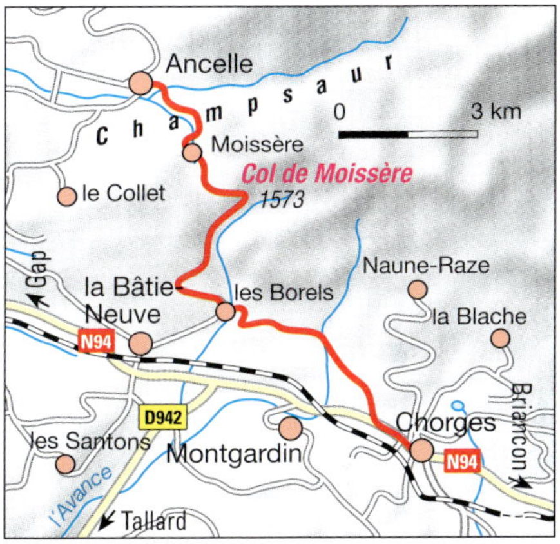

HÖHENPROFIL

Höhenmeter bergauf	289 m
Höhenmeter bergab	763 m
Maximale Steigung	7,4 %
Durchschnittliche Steigung	4,6 %
Maximales Gefälle	10,5 %
Durchschnittliches Gefälle	6,6 %

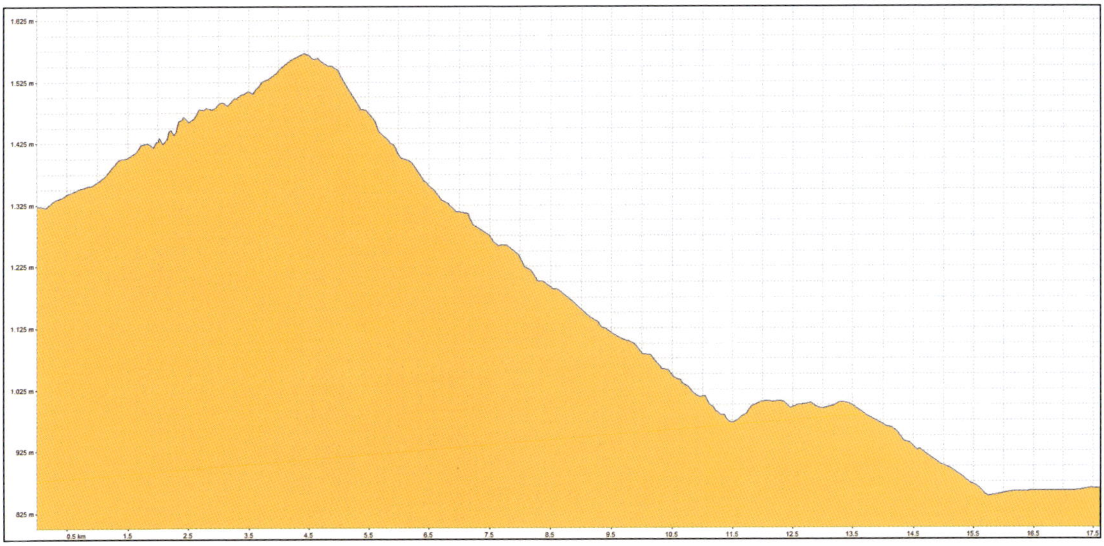

88 Alpenpässe in Frankreich
COL DU FANGET

IM ÜBERBLICK

Name	Col du Fanget
Land	Frankreich
Region	Haute-Provence
Höchster Punkt	1459 m
Basisorte	Seyne und Digne-les-Bains
Anzahl der Kehren	8
Streckenlänge	43 km
Schwierigkeitsgrad	mittelschwer
Mautpflicht	keine
Wintersperre	keine
Kombinierbar mit	Nr. 86, 87, 89, 90, 92, 93
... oder aus Band 1	Nr. 95, 97, 99

Der Col du Fanget, ab und an auch fälschlicherweise »Franget« geschrieben, ist ein weitgehend unbekannter Pass in der Haute-Provence, den man beim Blick auf eine hochauflösende Straßenkarte – und nur dort wird man ihn überhaupt entdecken – sehr leicht unterschätzen kann. Denn die Schwierigkeiten des Passes liegen nicht etwa in einer Vielzahl an Kehren, sondern an den zum Teil erheblichen Steigungen seiner Südrampe.

Der Col du Fanget liegt an der äußerst wenig befahrenen Straßenverbindung D 7 zwischen Seyne und Digne-les-Bains. Die Passstraße beginnt von Seyne kommend mit einem recht harmlos wirkenden Anstieg hinauf zur nahe liegenden Passhöhe. Es geht durch einsames Farmland mit einigen Gehöften und Waldstücken bergan, eine Handvoll Kurven und drei Kehren stimmen uns ein auf einen vermeintlich harmlosen Ritt über den Pass.

Von der Passhöhe hinab nach Digne-les-Bains sind dann immerhin gut 850 Höhenmeter abzubauen, die auskömmlich breite, aber vor allem im Frühjahr mit Frostschäden reich gesegnete Piste fällt teilweise sehr steil

SEHENSWERTES AM WEGESRAND

Die Hauptstadt des Lavendels wird sie gerne genannt, die Präfektur des Départements Alpes-de-Haute-Provence. Direkt an der legendären Route Napoléon gelegen, erstreckt sich das beschauliche Digne-les-Bains in einem weiten Talkessel, umrahmt von richtig hohen Bergen, die einen ganz natürlichen Windschutz darstellen. Dignes leicht alpines Klima ist anerkannt erholsam und zählt gut 300 Sonnentage pro Jahr. Wen wundert's, dass Digne-les-Bains auch bei der Côte d'Azur müden Franzosen inzwischen als beliebter Geheimtipp gehandelt wird. Zur Blüte des Lavendels zwischen Juni und August liegt ein oftmals betörender Duft über dem ganzen Land, das wertvolle Lavendelöl wird für die Produktion von weltberühmten Parfüms ebenso verwendet wie für medizinische Produkte. Vor allem in der »Welthauptstadt des Parfüms« im 100 Kilometer entfernten Grasse kann man die ganze Geschichte des Lavendels studieren. Die Altstadt von Digne-les-Bains ist gesegnet mit zahlreichen historischen Bauten rund um die imposante Kathedrale.

bergab. Mit ruhiger Gashand und voller Konzentration ist das aber unproblematisch zu fahren. Rasch lassen wir ein schroffes Felsenterrain hinter uns zurück, rechts und links liegen teilweise unberührte Schluchten und Gräben, die überzeugte Offroader mächtig reizen werden. Verbotsschilder habe ich keine in Erinnerung, nur mal so als Hinweis.

Insgesamt sollte man sich auch als reiner »Asphaltcowboy« Zeit nehmen für die Schluchten des Col du Fanget, es gibt unendlich viel Natur zu bewundern, garniert mit herrlichen Ausblicken auf die Hügel der südlichen Haute-Provence. An der Einmündung unserer D 7 in die D 900 wenden wir uns nach rechts und wedeln durch das tief eingeschnittene, selbst im Hochsommer recht schattige Bett des Flüsschens Bès Richtung Digne-les-Bains. Immer wieder münden rechts und links Seitentäler in die Schlucht, gewaltige Kiesbette zeugen davon, dass hier einstmals noch gewaltigere Flüsse rauschten, die heutzutage allemal nach der Schneeschmelze noch zu bemerkenswerter Größe anschwellen. Winzige Dörfer säumen unseren Weg, deren Hütten oftmals nur wenige Monate im Jahr direktes Sonnenlicht erhalten. Zu hoch und zu dicht stehen die umliegenden Gipfel im Weg. Erst kurz vor Digne öffnet sich das Tal und gibt den Blick frei auf eine helle, sonnendurchflutete Ebene, die uns unwillkürlich aufatmen lässt.

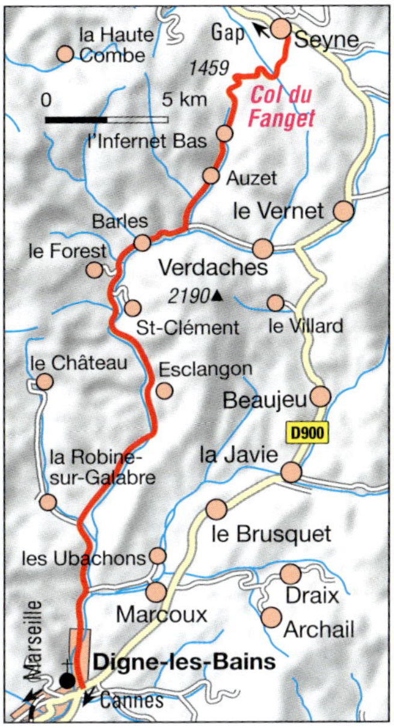

Wird leicht unterschätzt: der Col du Fanget

Bild linke Seite: Schmale Pisten erfordern hier eine satte Portion Erfahrung.

HÖHENPROFIL

Höhenmeter bergauf	375 m
Höhenmeter bergab	938 m
Maximale Steigung	7,9 %
Durchschnittliche Steigung	4,5 %
Maximales Gefälle	14,5 %
Durchschnittliches Gefälle	3,0 %

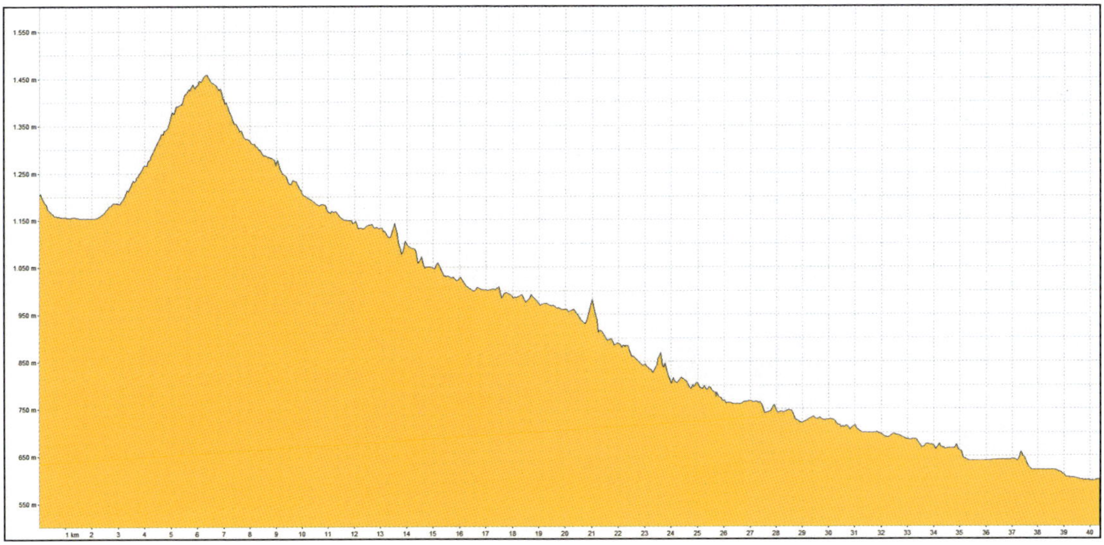

89 *Alpenpässe in Frankreich* COL DU LABOURET

IM ÜBERBLICK

Name	Col du Labouret
Land	Frankreich
Region	Haute-Provence
Höchster Punkt	1240 m
Basisorte	Seyne und Digne-les-Bains
Anzahl der Kehren	3
Streckenlänge	42 km
Schwierigkeitsgrad	leicht
Mautpflicht	keine
Wintersperre	keine
Kombinierbar mit	Nr. 85, 86, 87, 88, 90, 91, 92, 93, 94
... oder aus Band 1	Nr. 89, 95, 97

Die Scheitelhöhe des Col du Labouret ist die hässlichste dieses Buches – mit Abstand! Warum ich den Pass dennoch aufgenommen habe, werden Sie erst verstehen, wenn Sie ihn erfahren haben. Oder besser gesagt, seine beiden Rampen, die uns nicht nur mit einer ordentlichen Anzahl prächtiger Kurven erfreuen, sondern auch mit vielen Gelegenheiten zu einem aussichtsreichen Boxenstopp.

Der Col du Labouret ist die Alternativverbindung zur Piste über den vorangegangenen Col du Fanget, auch er verbindet das hübsche Bergdorf Seyne mit dem Städtchen Digne-les-Bains, führt aber durch den dicht bewaldeten Parc Forrestier Demontzey, eine wichtige »grüne Lunge« für die gesamte Region. Das selbst bei Franzosen recht unbekannte Wandergebiet bietet zahlreiche Möglichkeiten, sich auch einmal abseits des Motorradsattels zu bewegen.

Bei dieser Passbeschreibung bleiben wir allerdings auf asphaltierten Pisten und verlassen unseren Basisort in südöstlicher Richtung auf der ausgeschilderten, aber winzigen D 900. Zur Einstimmung können wir nun erst einmal den Col de Maure auf unserer To-do-Liste abhaken, dessen Scheitelhöhe zwar auf 1346 Metern und damit gut 100 Höhenmeter über unserem Ziel, dem Col du Labouret, liegt, aber nicht minder unscheinbar ist als sein südlich anschließendes »Brüderchen«. Nichts als Wiesen, Felder und

SEHENSWERTES AM WEGESRAND

Auch Sisteron im Westen von Digne-les-Bains ist eine sehenswerte französische Gemeinde direkt am Ufer der Durance. Der Ort bezeichnet sich selbst gerne als »Porte de la Provence«, als Tor zur Provence, und besitzt ebenfalls ein bereits deutlich mediterranes Klima. Sisterons Wurzeln reichen gute 4000 Jahre zurück, wie uralte Siedlungsspuren beweisen sollen. Im 6. Jahrhundert wurde der Ort als Bischofssitz ausgebaut und im 11. Jahrhundert mit einer Festung gesichert. 1483 kam Sisteron an Frankreich, wurde in der Folge immer wieder belagert und war heiß umkämpft. Aus jenen kriegerischen Tagen stammen auch die starken Mauern und die heutige Zitadelle.
Sogar Napoleon Bonaparte kam auf seinem Rückweg nach Paris 1815 hier vorbei, ja die Brücke über die Durance bei Sisteron war einer der kritischen Punkte auf seiner Route. Doch Bürgermeister und Bewohner Sisterons waren Napoleon wohlgesinnt und gaben ihm freies Geleit, Verpflegung und – ganz wichtig – Rückendeckung.

einige Waldstücke schmücken den Rundumblick, zumindest auf der ordentlich ausgebauten Piste unter unseren Reifen können wir geschwind wie der Wind Strecke machen.

Kurz nach dem Weiler Le Vernet heißt es dann aufgepasst. Der Abzweig auf die Passstraße liegt linker Hand und ist ausgeschildert als »Beaujeu« und »La Javie«. Wir tauchen tief ein in schattigen Mischwald und müssen nochmals achtgeben, das unscheinbare Passschild in einer ganzjährig sonnenlosen, langgezogenen Rechtskurve nicht völlig zu übersehen. Und beim ultimativen Beweisfoto achten Sie bitte auf einheimischen Verkehr – kaum jemand vermutet nämlich fotografierende Biker in diesem Kurvengemenge. Es folgt noch ein kleines Kehrenpotpourri, bevor wir bei La Javie in das mächtige Tal der Bléone einbiegen, um entlang ihres Kiesbettes die letzten Kilometer nach Digne-les-Bains zu pendeln.

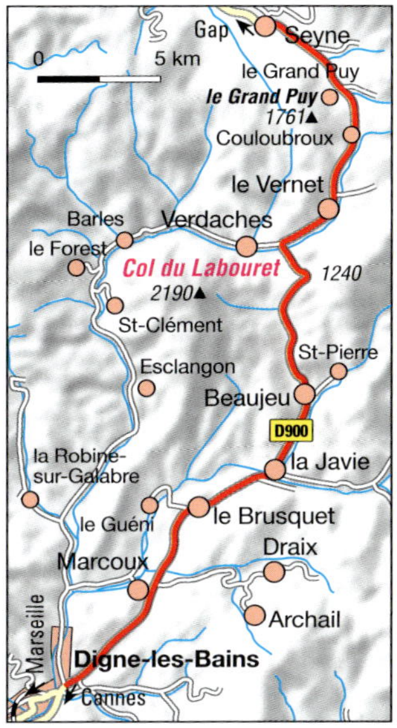

Bild linke Seite: Kurven- und aussichtsreich geht es zum Pass hinauf.

Unten: Verdient es, aufgehübscht zu werden: die Passhöhe des Labouret

HÖHENPROFIL

Höhenmeter bergauf	348 m
Höhenmeter bergab	864 m
Maximale Steigung	13,2 %
Durchschnittliche Steigung	3,3 %
Maximales Gefälle	6,3 %
Durchschnittliches Gefälle	2,7 %

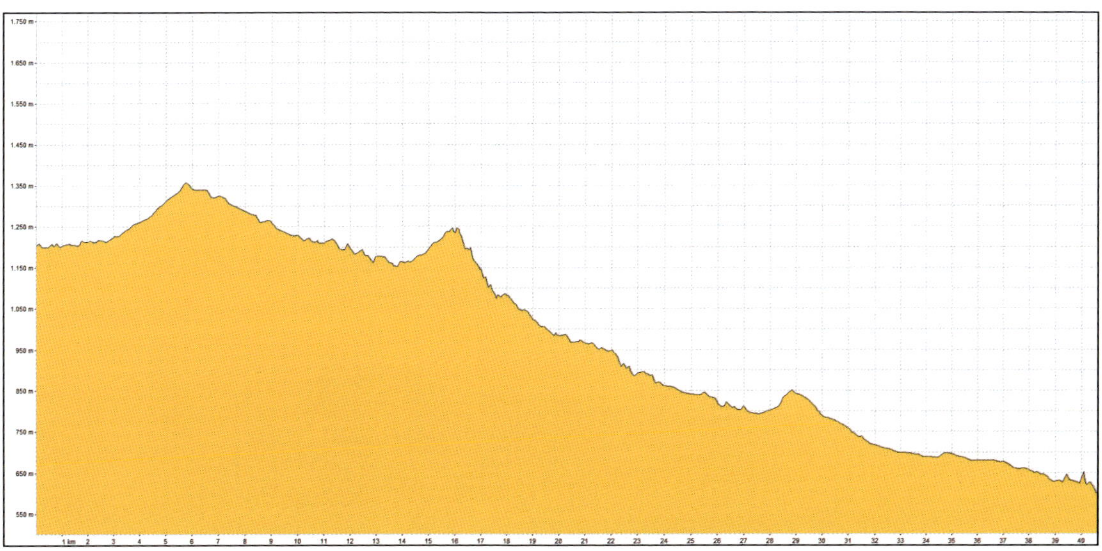

90 Alpenpässe in Frankreich
COL D'ALLOS

IM ÜBERBLICK

Name	Col d'Allos
Land	Frankreich
Region	Hautes-Provence
Höchster Punkt	2240 m
Basisorte	Barcelonnette und Saint-André-les-Alpes
Anzahl der Kehren	20
Streckenlänge	73 km
Schwierigkeitsgrad	leicht, abschnittsweise mittelschwer
Mautpflicht	keine
Wintersperre	November bis Mai
Kombinierbar mit	Nr. 88, 89, 91, 92, 95, 97
... oder aus Band 1	Nr. 95, 97, 99

Für so manchen Alpenbiker ist der Col d'Allos der schönste Pass der gesamten französischen Seealpen. Vor allem die abwechslungsreiche Landschaft entlang der Strecke sowie die herrlich kurvenreiche Piste selbst tragen zu dieser Bewertung sicherlich bei. Die Passhöhe hingegen – nun ja, die ist in puncto Schönheit zumindest »ausbaufähig«. Also wohlwollend formuliert ...

Die Straße über den Col d'Allos verbindet Barcelonnette im Norden und Saint-André-les-Alpes im Süden miteinander. Hieran anschließend bietet sich der Col des Champs an, den ich Ihnen gleich vorstellen werde. Da der Col d'Allos auch bei Radfahrern sehr beliebt ist – gehörte er doch mit bislang 33 Teilnahmen zu den bekanntesten Pässen der Tour de France –, gibt es neuerdings in den Monaten Juli und August jeweils freitags eine Sperrung der Rampe für den motorisierten Verkehr. Immer zwischen acht und elf Uhr, die Polizei wacht intensiv über die Einhaltung.

Schon im Ort Barcelonnette zeigen Wegweiser die Richtung zum Pass an, wenige Kilometer weiter windet sich die Piste in den ersten Kurven und Kehren den Berg hinauf. Die Baumgrenze lassen wir rasch hinter uns zurück und genießen die herrlichen Panoramen des umliegenden Parc National du Mercantour (siehe Infokasten).

Eine satte Portion Kehren später erreichen wir die Passhöhe auf hochalpinen 2240 Metern, ein winziger Parkplatz lädt zu einem Boxenstopp, sofern uns die Dosen- und Wohnmobilfahrer einen Platz gelassen haben. Hinab in das Bergdorf Allos, weiter über Saint-André-les-Alpes stoßen wir dann vor in das Hochtal des Verdon, der nahe des Col d'Allos entspringt und auf seinem weiteren Weg Richtung Rhône dann auch die spektakulären

So schön seine Rampe auch ist, die Passhöhe ist unspektakulär.

SEHENSWERTES AM WEGESRAND

Der Parc National du Mercantour wurde 1979 als Nationalpark gegründet und weist neben einer einzigartigen Landschaft vor allem auch eine überreiche Flora mit weit über 2000 Arten sowie eine weitgehend unberührte Tierwelt auf. Besondere Bedeutung besitzt der Dreitausender Mont Bego, der von Hirten als heiliger Berg verehrt wurde. In verschiedenen Tälern rund um den Monte Bego wurden zudem Felszeichnungen aus der Bronzezeit gefunden, die den Nationalpark damit über Nacht berühmt machten. Steinböcke, Mufflons und Gämsen, ja sogar Wildkatzen lassen sich hier beobachten, sofern wir wandernd und mit Geduld wie auch mit Vorsicht unterwegs sind.

Schluchten des Grand Canyon du Verdon gebildet hat. Im Laufe der letzten Jahrtausende, wie ich Ihnen in Band Nr. 1 dieser Pässesammlung ausführlich erzählen darf. Apropos – im Osten des Col d'Allos liegen direkt einige der berühmtesten Pässe der Seealpen: der Col de la Cayolle sowie der geschichtenreiche Col de la Bonette – natürlich ebenfalls ausführlich gewürdigt in Band Nr. 1. Schauen Sie einmal nach …

HÖHENPROFIL

Höhenmeter bergauf	1250 m
Höhenmeter bergab	1450 m
Maximale Steigung	7,4 %
Durchschnittliche Steigung	5,8 %
Maximales Gefälle	10,5 %
Durchschnittliches Gefälle	3,5 %

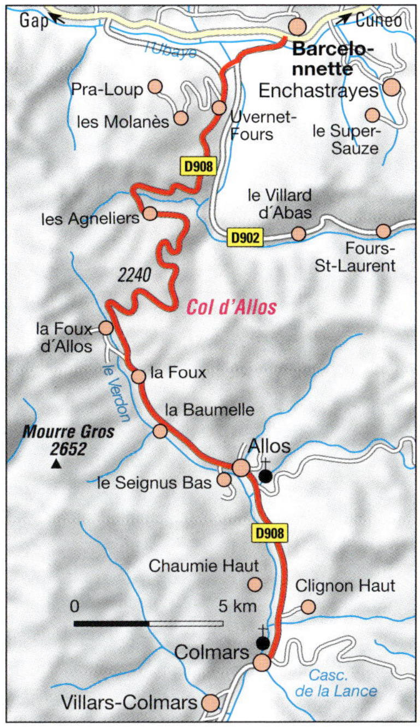

Der Aufstieg zum Allos ist ein fahrerischer Leckerbissen.

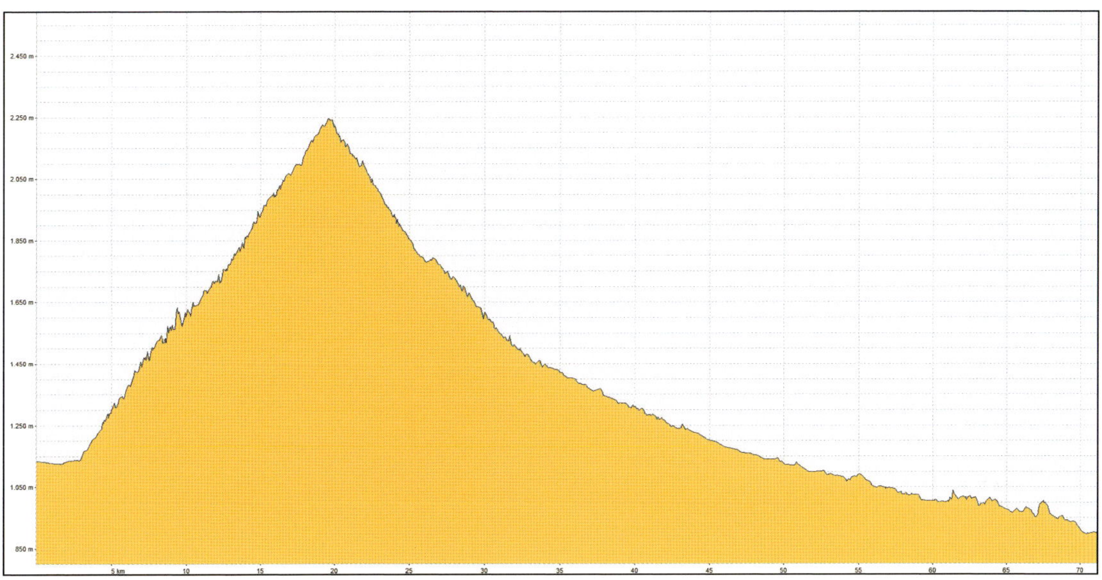

see-the-world.de

Ist der Col d'Allos der Schönste? Entscheiden Sie bitte selbst …

91 Alpenpässe in Frankreich und Italien
COL DE LARCHE

IM ÜBERBLICK

Name	Col de Larche
Land	Frankreich und Italien
Region	Haute-Provence und Cuneo
Höchster Punkt	1991 m
Basisorte	Saint-Paul-sur-Ubaye und Pietraporzio (Italien)
Anzahl der Kehren	25
Streckenlänge	42 km
Schwierigkeitsgrad	leicht
Mautpflicht	keine
Wintersperre	keine
Kombinierbar mit	Nr. 84, 88, 89, 90, 92, 95, 96, 97
... oder aus Band 1	Nr. 95, 97, 99

Der Col de Larche oder Colle della Maddalena markiert die Grenze zwischen Frankreich und Italien und bildet eine 1991 Meter hohe, aber recht flach verlaufende Alpenquerung. Er verbindet das idyllische französische Vallée de l'Ubaye mit dem nicht minder sehenswerten Valle Stura di Demonte – nur der Pass selber ist eher Marke »unscheinbar«.

Gleichwohl die Straße eine direkte Verbindung zwischen Frankreich und Italien darstellt, ist die gut ausgebaute Strecke erfreulich wenig befahren. Während die Westrampe auf französischer Seite nur wenige Kurven und gerade einmal fünf Kehren aufweist, beginnt gleich nach dem Grenzübertritt der eigentliche und prächtige Kurventanz. Oben auf der Passhöhe lohnt es sich, an klaren Tagen einen Blick zurückzuwerfen, um die in der Ferne auftauchenden Reste uralter Befestigungsanlagen, wie des Fort de Tournoux, zu begutachten. Sie alle erzählen von kriegerischen Tagen, als auch diese Passhöhe hart umkämpftes Gebiet darstellte. Die Forts und Ruinen sind zwar über die Reste alter Militärversorgungsstraßen offroad erreichbar, doch leider sind die Pisten nicht immer freigegeben.

Auf der italienischen Seite liegt knapp unterhalb der Passhöhe der kleine, aber sehr idyllische Lago della Maddalena mitsamt einer bewirtschafteten Berghütte, die vor allem ein für italienische Biker immer wieder beliebter Treffpunkt ist. Und das nicht nur, um auf beiden Seiten des Col de Larche eine ordentliche Portion Alpenpässe zu erobern. Liegen doch mit den Col de Vars sowie dem Col de la Bonette inklusive Restefond de la Bonette einige der berühmtesten Scheitelpunkte der Seealpen sozusagen gleich um die Ecke. Allerdings in der Regel nur mit separater Anfahrt er-

Schöner Pausenplatz direkt unterhalb der Passhöhe

SEHENSWERTES AM WEGESRAND

»Am Fuß der Berge« lautet die freie Übersetzung des Wortes Piemont. Die norditalienische Region gleich östlich des Col de Larche ist mit gut 26 000 Quadratkilometern und 4,5 Millionen Einwohnern immerhin die zweitgrößte ganz Italiens. Nur Sizilien ist zumindest flächenmäßig noch etwas größer. Im Norden grenzt das Piemont an die Schweiz, im Westen an Frankreich, im Süden an die Region Ligurien und im Osten an die Lombardei. Während in der gewaltigen Poebene mit ihrem Wirtschaftszentrum Turin ein Großteil der 4,5 Millionen Piemonteser lebt, ist das Hügelland im Süden in erster Linie die Korn- und Reiskammer des Landes. Über ein Viertel der europäischen Reisproduktion stammt aus dem Piemont, die typischen, horizontweiten Felder prägen das größte Reisanbaugebiet Europas. Und natürlich ist das Piemont auch die Heimat berühmter Weine wie des Barolo.

Wirtschaft und Landwirtschaft haben das Piemont zu einer der wohlhabendsten Regionen Italiens werden lassen, natürlich auch ein Verdienst so manches namhaften Turiner Unternehmens wie Fiat und Lancia oder auch Ferrero und Olivetti. Im direkten Vergleich zu den angrenzenden Regionen Italiens liegt das Piemont touristisch aber auch heute noch im Dornröschenschlaf, hier kann der tourende Entdecker immer noch voll und ganz auf seine Kosten kommen.

reichbar, komplette Rundtouren in diesem Gebiet erreichen rasch Längen von 400–500 Kilometern und sind tagesfüllend nicht mehr »abzuarbeiten«.

HÖHENPROFIL

Höhenmeter bergauf	779 m
Höhenmeter bergab	1003 m
Maximale Steigung	12,0 %
Durchschnittliche Steigung	4,8 %
Maximales Gefälle	13,5 %
Durchschnittliches Gefälle	4,9 %

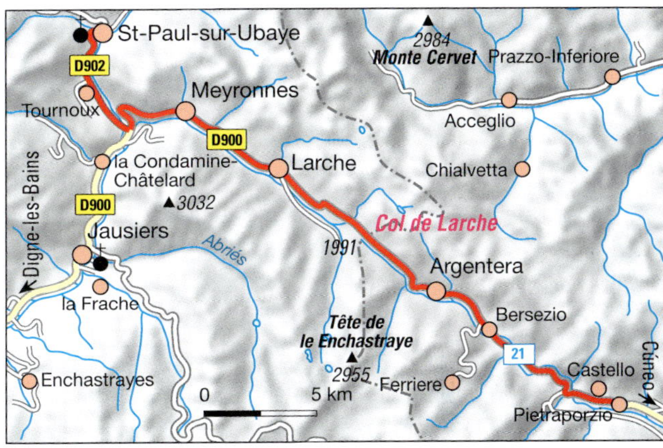

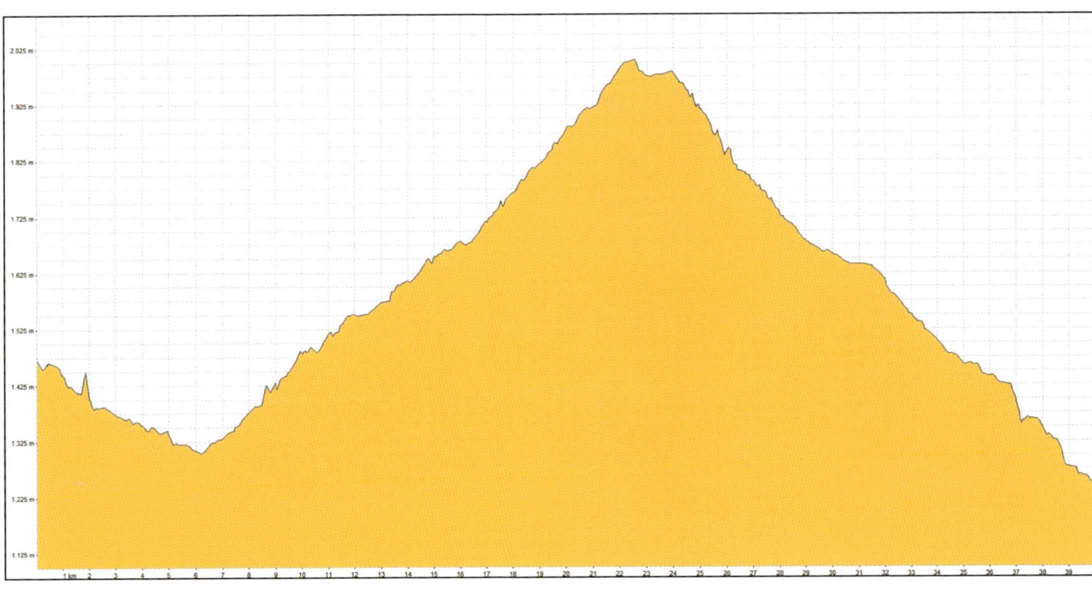

92 Alpenpässe in Frankreich
COL DES CHAMPS

IM ÜBERBLICK

Name	Col des Champs
Land	Frankreich
Region	Hautes-Alpes
Höchster Punkt	2088 m
Basisorte	Colmars und Guillaumes
Anzahl der Kehren	42
Streckenlänge	41 km
Schwierigkeitsgrad	anspruchsvoll
Mautpflicht	keine
Wintersperre	November bis Mai
Kombinierbar mit	Nr. 88, 89, 90, 91, 93, 94, 95, 96, 97
... oder aus Band 1	Nr. 95, 97, 99

Der Col des Champs gehört zu den Pässen dieses Buches, die wir nur bei einwandfreien Wetterverhältnissen erfahren sollten. Vor allem bei Nässe ist die Piste rund um den Scheitelpunkt vergleichsweise gefährlich, ja in den eingelassenen Wasserrinnen können bei Regen ganze Sturzbäche zu Tal rauschen. Bei tadellosem Bergwetter hingegen sinkt der Schwierigkeitsgrad des Col des Champs auf mittelschwer.

Der Pass verbindet Colmars im Tal des Verdon mit Guillaumes in den provenzalischen Alpen. Zudem bildet er die mögliche direkte Verbindung zwischen dem Col d'Allos (Nr. 90) und dem Col de la Cayolle (siehe Band 1 dieser Pässesammlung). Die Passstraße ist zwar durchgehend asphaltiert, vor allem die Rampe hinab nach Colmars ist jedoch sehr schmal und im oberen Segment von tiefen Entwässerungsrinnen durchzogen, die schräg zur Fahrtrichtung verlaufen und vor allem nach der Schneeschmelze sowie nach Regenfällen gut gefüllt sind mit Geröll und Auswaschungen.

Für dieses fahrerische Ungemach bekommen wir allerdings eine vollwertige Entschädigung in Form der herrlichen Landschaft, die sowohl die Passrampen als auch den Scheitelpunkt umgibt. Bewaldete Hügel wechseln mit Felsengebirgen, weit gezogene Kurven mit durchaus anspruchsvollen Kehren. Doch das Beste daran ist, dass wir die Pisten rund um den Col des Champs viele Tage im Jahr für uns allein haben werden, da die Strecke weder für den Durchgangsverkehr interessant noch überregional bekannt ist. Französische Biker kombinieren den Col des Champs gerne mit einem traumhaften Kurventanz über den Col d'Allos und Col de la Cayolle – eine Rundtour von dann gut 125 Kilometern Länge über 3000 Höhenmeter

Endlich einmal ein Pass fast nur für uns Biker gebaut

SEHENSWERTES AM WEGESRAND

Das Bergdorf Colmars, auch Colmars-les-Alpes genannt, ist ein 400-Seelen-Dorf hoch über der gewaltigen Schlucht des Verdon gelegen, dessen mittelalterlicher Charme heute noch jeden Besucher sofort in seinen Bann zieht. Zentral und direkt zu Füßen von Col d'Allos und Col des Champs gelegen, umgibt das malerische Bergdorf eine sehr gut erhaltene Ringmauer, in die sogar zwei Festungsabschnitte integriert sind, die von niemand Geringerem als dem legendären Marquis des Vauban geplant und nach seinen Vorgaben errichtet wurden. Jenem Festungsbaumeister, der für Ludwig XIV. und andere Auftraggeber in seinem Leben sage und schreibe 160 Festungsanlagen plante, baute oder umbaute.
Zu Recht ist man deshalb auch in Colmars-les-Alpes besonders auf die Festungsanlagen jenes weltberühmten Baumeisters stolz, ja sie stellen heutzutage eines der wichtigsten touristischen Highlights dar. Von drei mächtigen Stadttoren gesichert gibt es innerhalb der starken Mauern eine malerische Altstadt mit winzigen verwinkelten Gassen und Wegen zu entdecken, in deren mehrstöckigen Häusern im gotisch-provenzalischen Stil das Leben brummt. Schattige Hinterhöfe, verzierte Brunnen sowie ein weitläufiger Wehrgang laden zur Entdeckung ein. Aber auch außerhalb der Stadtmauern sind Reste der durchaus kriegerischen Vergangenheit Colmars' zu entdecken, wachen dort doch auf hohem Fels zwei Festungen aus dem 17. Jahrhundert über die Stadt, eine davon – das Fort Savoyen – ist während der Sommermonate für Rundgänge geöffnet.

Das Mittelmeer ist schon fast zum Greifen nah.

bergauf und bergab. Ach ja, nicht zu vergessen – mit 79 waschechten Spitzkehren.

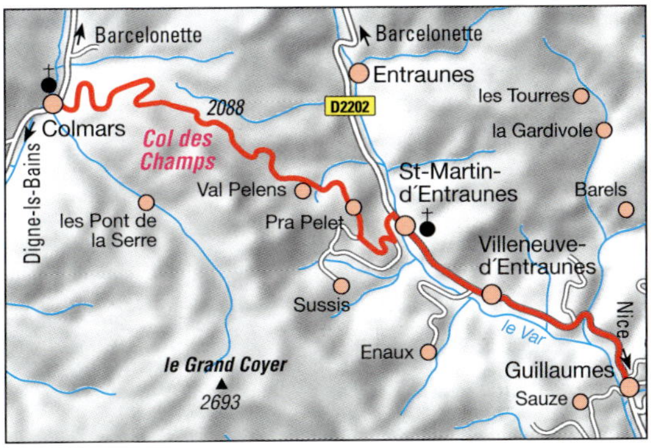

HÖHENPROFIL

Höhenmeter bergauf	879 m
Höhenmeter bergab	1333 m
Maximale Steigung	8,4 %
Durchschnittliche Steigung	7,5 %
Maximales Gefälle	12,5 %
Durchschnittliches Gefälle	4,7 %

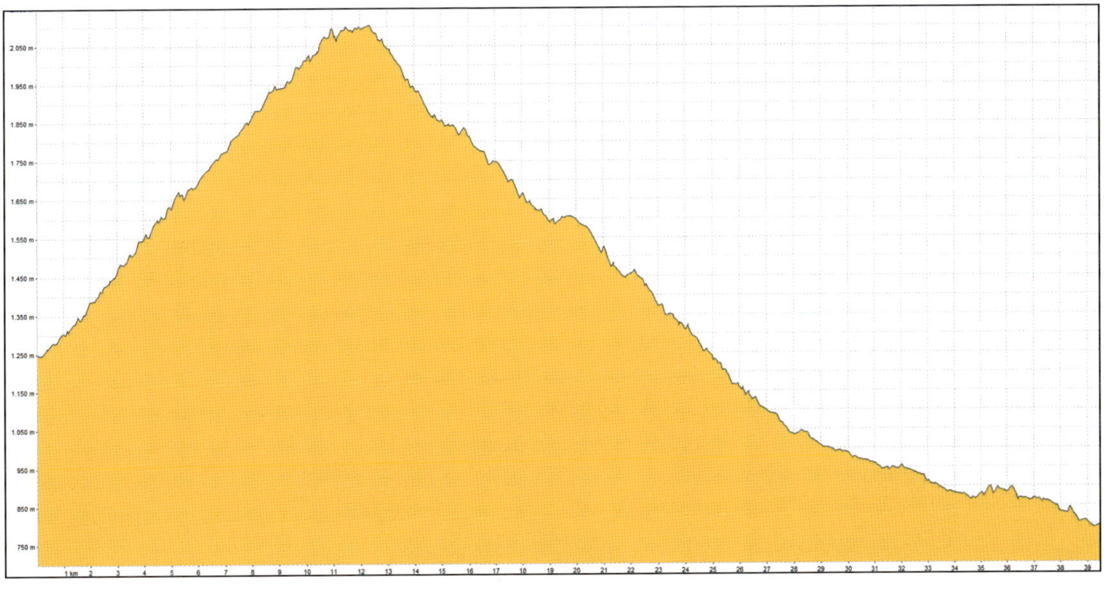

93 Alpenpässe in Frankreich
COL DU COROBIN

IM ÜBERBLICK

Name	Col du Corobin
Land	Frankreich
Region	Haute-Provence
Höchster Punkt	1215 m
Basisorte	Digne-les-Bains und Chaudon-Norante
Anzahl der Kehren	21
Streckenlänge	26 km
Schwierigkeitsgrad	mittelschwer
Mautpflicht	keine
Wintersperre	keine
Kombinierbar mit	Nr. 88, 89, 90, 92, 94, 95
... oder aus Band 1	Nr. 97, 99, 100

Der Col du Corobin ist ein ganz »schüchterner« Geselle. Nicht nur, dass sein meistens völlig unvermittelt auftauchendes Passschild einige Höhenmeter unterschlägt – mein Navi zeigte Werte zwischen 1215 und 1219 Metern an, das Schild erzählt von 1211 Metern –, er liegt auch an einer kaum ausgeschilderten Alternativstrecke zur legendären Route Napoléon, zur RN 85 von Digne-les-Bains nach Barrême. Und er besitzt sogar einen eigenen »Vorpass«, der ebenfalls auf beinahe keiner Straßenkarte zu finden ist, den Col de Pierre Basse mit 1065 Metern. Ach ja, und falls Sie noch ein Argument brauchen, um diese wohl völlig unbekannte Pässekombi in Ihre Streckenplanung zu integrieren, hier kommt das finale Argument: Auf der über beide Pässe führenden Landstraße D 20 müssen Sie selbst zur Hauptferienzeit im Sommer kaum mit Verkehr rechnen, die Piste gehört Ihnen und allenfalls einigen Naturfreunden, die sich in die höchst idyllischen nördlichen Ausläufer der Haute-Provence wahlweise verliebt oder verirrt haben.

Den Einstieg zum Kurventanz rund um beide Pässe erreichen wir in Digne-les-Bains, wenn wir den Wegweisern nach Entrages folgen. Auf der Avenue des Thermes geht es vorbei an den Thermalquellen, die Digne den wertvollen Zusatz »les-Bains« beschert haben, sowie dem empfehlenswert ruhigen Campingplatz Les Eaux Chaudes und dann immer weiter südostwärts. Rasch wird die Piste vor unserem Windshield schmaler und schmaler, wir folgen einem tief eingeschnittenen Tal durch einsame Weiler und Sied-

Geformt von urzeitlichen Kräften präsentiert sich die Passhöhe.

SEHENSWERTES AM WEGESRAND

Nur bei einem Blick auf eine tatsächlich hochauflösende Detailkarte können Sie ausgehend von dieser Pässekombi eine Rundreise zusammenstellen, die Sie über weitere, nahezu unbekannte Pässe der Haute-Provence führen wird. Dazu wählen Sie im Basisort Chaudon-Norante die RN 85 nach Barrême, zweigen dort Richtung Clumanc ab, erobern den Col du Defend (1268 m), schwingen nach Lambruisse und links ab Richtung Le Moustier. Bei Thorame-Haute wählen Sie die östliche Piste zum Col Saint-Michel (1431 m) und retour in Thorame-Haute-Gare folgen Sie dem Wegweiser nach Saint-André-les-Alpes. Heimwärts nach Digne-les-Bains geht es dann via Col des Robines (1004 m) – et voilà: Sie können Ihrem Lebens-Roadbook eine zweifelsohne erinnerungswürdige Rundreise von gut 150 Kilometern Länge hinzufügen.

lungen, deren Häuser sorgenvoll von grassierender Landflucht und Verfall berichten. Kurven und einige Kehren wollen uns begeistern, nur die Ausblicke werden durch dichten Tannen- und Mischwald begrenzt.

Ein winziger Parkplatz für Wanderer und ein »Totempfahl«, an dem wohl einmal das Passschild befestigt war – das ist dann der Col de Pierre Basse. Ideal für eine Zigarettenpause, aber mehr auch nicht. Denn jetzt erst erwartet uns das Kurvengemenge hinauf zum Col du Corobin und auf seiner ausgeschilderten Passhöhe auch der erste und beste Rundumblick der gesamten Strecke. Imposante Felsen ragen wie urzeitliche Kliffs entlang der Kupplungshand in den Himmel, während unser Blick über die Gashand bis in die Unendlichkeit der provenzalischen Alpen schweifen kann. Der Drang, den Seitenständer auszuklappen und sich ins Gras zu setzen, wird auch Sie befallen. Hoffentlich haben Sie genug Zeit mitgebracht.

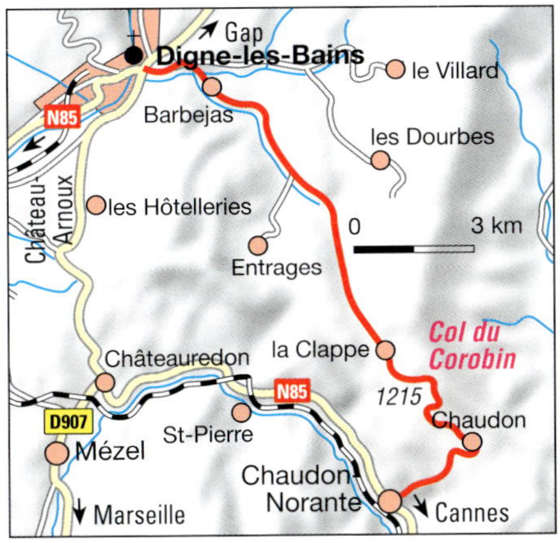

Die Südostrampe über Chaudon nach Chaudon-Norante schenkt uns nochmals eine satte Portion Schräglagengenuss, dann biegt unsere D 20 in die RN 85 ein. Schlagartig ist es nun vorbei mit Ruhe und Beschaulichkeit – das Leben hat uns wider.

HÖHENPROFIL

Höhenmeter bergauf	505 m
Höhenmeter bergab	400 m
Maximale Steigung	7,4 %
Durchschnittliche Steigung	4,6 %
Maximales Gefälle	6,5 %
Durchschnittliches Gefälle	3,4 %

Schummelt ein wenig – das Passschild am Corobin

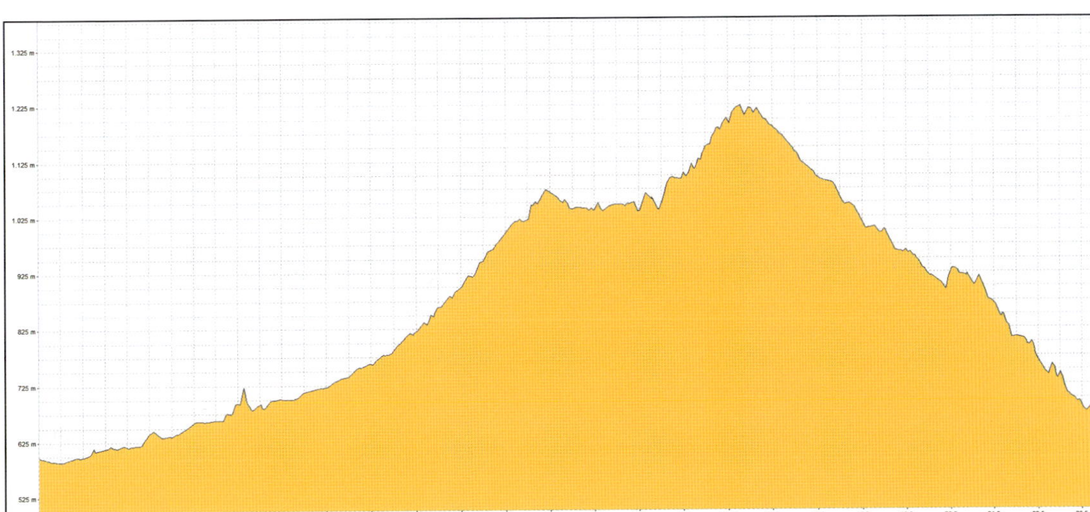

94 Alpenpässe in Frankreich
COL DE TOUTES AURES

IM ÜBERBLICK

Name	Col de Toutes Aures
Land	Frankreich
Region	Haute-Provence
Höchster Punkt	1124 m
Basisorte	Saint-André-les-Alpes und Annot
Anzahl der Kehren	2
Streckenlänge	28 km
Schwierigkeitsgrad	leicht
Mautpflicht	keine
Wintersperre	keine
Kombinierbar mit	Nr. 88, 89, 90, 92, 93, 95, 96
... oder aus Band 1	Nr. 97, 99, 100

Der Col de Toutes Aures ist ein recht flacher Scheitelpunkt zwischen den Flusstälern von Var und Verdon und als Nationalstraße 202 eine verkehrstechnisch vergleichsweise wichtige Verbindung zwischen Digne-les-Bains und dem Hinterland der Côte d'Azur auf Höhe von Nizza. Gerade einmal 100 Kilometer sind es noch bis an die berühmteste Küste Frankreichs. Aber das ist dann doch ein ganz anderes Thema.

Vor allem morgens und abends zur Rushhour ist hier auf der N 202 mit Verkehr zu rechnen, tagsüber sowie an Wochenenden begeistert die gut ausgebaute Strecke immer wieder mit überraschender Einsamkeit. Die Westanfahrt des Col de Toutes Aures führt auf weiter Strecke entlang der Uferlinie des malerischen Lac de Castillon (siehe Infokasten) und bietet immer wieder aussichtsreiche Plätze für einen Boxenstopp oder ein Picknick direkt am Ufer des türkisfarbenen Sees.

Im Basisort Saint-André-les-Alpes folgen wir den Wegweisern nach Saint-Julien-du-Verdon und erreichen umgehend das Seeufer. Die gesamte Passstrecke ist trotz ihres vergleichsweise deutlichen Verkehrsaufkommens eine beliebte Trainingsstrecke für Rennradler, die dort vor allem an Wochenenden in Kohorten auftreten können. Saint-Julien-du-Verdon begrüßt uns kurz vor der westlichen Passrampe als beschaulicher Ort auf einer halbinselähnlichen Ausbuchung im See, von dem wir nun Abschied nehmen müssen. Es geht ab in die Berge Richtung Vergons in einem kleinen Hochtal, jetzt erklimmen wir die Passhöhe. Woran Sie diese erkennen?

Die »Blaue Küste« liegt fast nur noch einen Dreh am Gasgriff entfernt.

SEHENSWERTES AM WEGESRAND

Rund um den Ort Saint-Julien-du-Verdon sollten Sie unbedingt einmal anhalten und den Blick über den malerischen Lac de Castillon schweifen lassen. Der gute acht Kilometer lange Stausee am Oberlauf des Verdon begeistert vor allem bei hochstehender Sonne mit einem leuchtend türkisfarbenen Wasser, das unter anderem auch auf reiches Mineralienvorkommen schließen lässt.
Gleich zwei gewaltige Staumauern sammeln die Wasser des Verdon und bilden ein gut 500 Hektar großes Naherholungsgebiet, das sich in den letzten Jahren zu einem der beliebtesten Badeparadiese der Haute-Provence entwickelt hat. Gleichwohl die Wassertemperatur auch im Hochsommer kaum deutlich über 20 °C ansteigt, gibt es hier alles, was das Herz des Wassersportfans begeistert: Kanu- und Kajakverleih, Wasserski und Tretbootfahren, Bade- und Picknickplätze zuhauf.

An der Kombination Parkplatz plus Mobilfunkantenne – zugegeben es gibt schönere, ja, es gibt wesentlich spektakulärere Passhöhen auch in diesem Band Nr. 2 meiner Sammlung. Dennoch hat mich der Col de Toutes Aures mit seiner Höhe von 1124 Metern fahrerisch überzeugt. Er ist ein gemütliches, niemals überforderndes Trainingsgelände für die Kunst des Motorradfahrens – und die können wir gar nicht oft genug üben, finde ich.

Durch die sanften Hügellandschaften der Haute-Provence senkt sich die Passrampe im Osten dann über Les Scaffarels hinab in das Bergdorf Annot, auf dessen platanenbestücktem Dorfplatz sogar einige Einkehrmöglichkeiten auf uns warten. Zum Beispiel die Pizzeria Le Cesar, deren Mittagstisch mich 2012 überzeugte. Und wenn Sie jetzt das Helmvisier ganz weit öffnen, dann können Sie den Duft der Provence und der nahe liegenden »Blauen Küste« schon inhalieren.

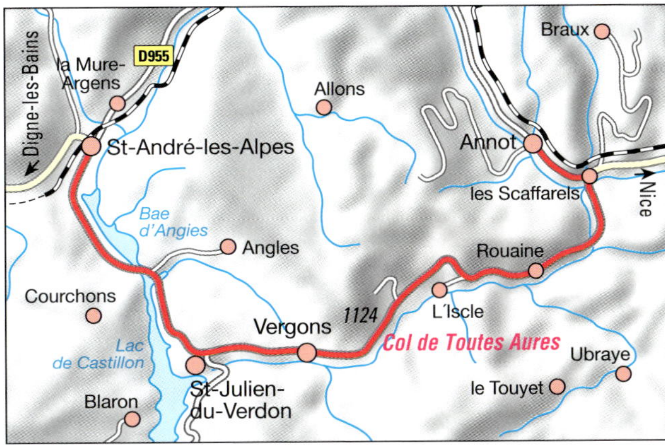

HÖHENPROFIL

Höhenmeter bergauf	289 m
Höhenmeter bergab	459 m
Maximale Steigung	6,4 %
Durchschnittliche Steigung	2,1 %
Maximales Gefälle	5,5 %
Durchschnittliches Gefälle	4,0 %

Nicht spektakulär, aber echt nett, dieser Pass

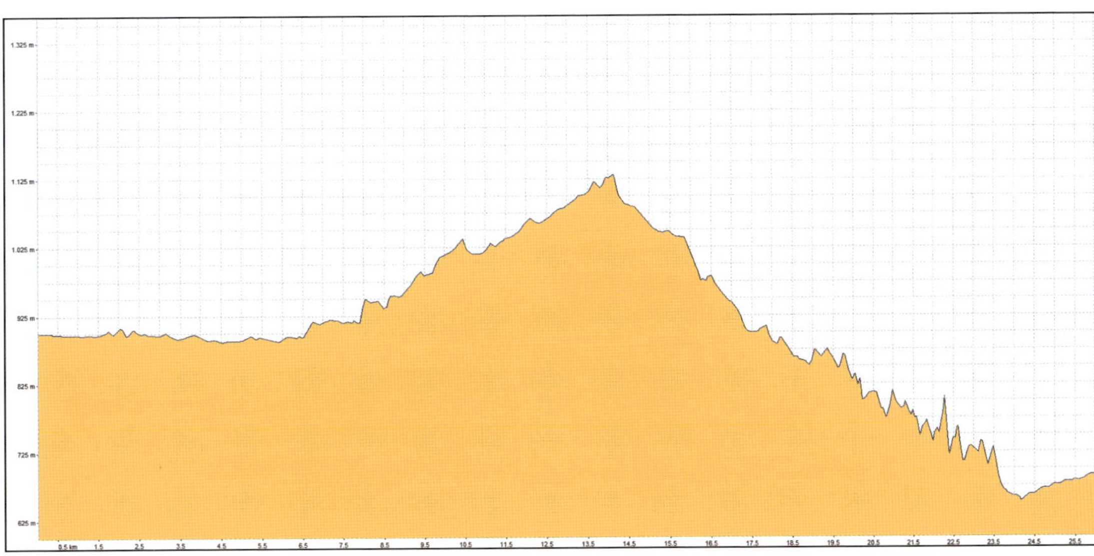

95 Alpenpässe in Frankreich
COL DU VASSON

IM ÜBERBLICK

Name	Col du Vasson
Land	Frankreich
Region	Haute-Provence
Höchster Punkt	1662 m
Basisorte	Guillaumes und Valberg
Anzahl der Kehren	7
Streckenlänge	16 km
Schwierigkeitsgrad	leicht
Mautpflicht	keine
Wintersperre	keine
Kombinierbar mit	Nr. 90, 91, 92, 94, 96, 97, 98
... oder aus Band 1	Nr. 97, 99

Auf so mancher auch heute noch verkauften Straßenkarte wird der Col du Vasson – wenn überhaupt erwähnt – als Col de Valberg betitelt, ein verwirrender Kartenfehler, der sich erst vor Ort, dann allerdings sehr rasch auflöst. Meine Vermutung zum Hintergrund dieses Verwirrspiels: Der Col du Vasson auf 1662 Höhenmetern westlich des Skiresorts Valberg ist eine noch recht jungfräulich betitelte Passhöhe, deren Existenz sich noch nicht einmal bei Google Earth herumgesprochen hat. Das sehr informative Panoramamosaik direkt auf der idyllischen Passhöhe machte jedenfalls bei meinem letzten Besuch 2012 den Eindruck, soeben erst frisch einbetoniert worden zu sein.

Und wo ist dann der Col de Valberg? Nun, dabei handelt es sich ganz einfach um den Ortsrand des wenige Kilometer weiter östlich malerisch auf einem Bergrücken drapierten Wintersportortes Valberg. Direkt am Ortsausgang steht ein unscheinbares Schild in schattigem Wald, lautend auf »Col de Valberg«. Dessen »Passhöhe« ist allerdings so dröge, wie kaum eine andere aus diesem Buch.

Die Höhepunkte dieser »inoffiziellen« Pässekombi sind neben zwei fahrerisch äußerst attraktiven Passrampen vor allem auch die Tatsache, dass im Wintersportresort Valberg auch im Sommer so mancher Boxenstopp geöffnet hat und wir uns hier in herrlich aussichtsreicher Höhenlage entspannen oder stärken können – oder auch beides. Und wir können die Fahrt über Vasson und Valberg zu einer Rundtour ausweiten, die in Erinnerung bleiben wird.

Gleich im Basisort Guillaumes folgen wir dazu den Wegweisern nach Valberg und erklimmen auf vier Spitzkehren die Passhöhe des Vasson. Ein Picknickplatz und das erwähnte Panoramamosaik zeigen metergenau, wo wir den Seitenständer ausklappen sollten. Weitere drei Kehren später erreichen wir Valberg, linker Hand am Ortseingang steht übrigens das Passschild.

Beweis für einen Pass, den es »nicht« gibt

SEHENSWERTES AM WEGESRAND

Das französische Département Alpes-Maritimes erstreckt sich von hier aus Richtung Mittelmeer und Côte d'Azur und gehört zu den geschichtsträchtigsten Regionen der Seealpen. Seine Wurzeln gehen bis auf die reisefreudigen Römer zurück, die hier im Jahre 7 v. Chr. die Provinz Alpes Maritimae ausriefen. Deren Hauptstadt war Cemenelum, heute übrigens ein Vorort von Nizza. In seiner Blütezeit gegen Ende des 3. Jahrhunderts reichte die Provinz bis hinauf nach Digne-les-Bains und sogar Briançon.
Das heutige französische Département Alpes-Maritimes wurde hingegen erst 1860 geschaffen, als die bis dahin unabhängige Grafschaft Nizza an Frankreich ging. 1947 wurde die Region dann nochmals erweitert um die zuvor italienischen Gemeinden Tende und La Brigue, die sich in einer Volksbefragung für den Anschluss an Frankreich entschieden hatten. Nolens volens musste Italien beide Dörfer an Frankreich abtreten.

Wer sich nun noch eine weitere Portion Kehren gönnen möchte, der setzt in Valberg den Blinker links Richtung Péone. Ganze elf Kehren schenkt uns diese Alternativpiste auf gerade einmal acht Kilometern Länge – das nenne ich ein gelungenes Geschenk für Biker. Und von Péone aus geht es dann auf aussichtsreicher Strecke retour nach Guillaumes.

HÖHENPROFIL

Höhenmeter bergauf	959 m
Höhenmeter bergab	40 m
Maximale Steigung	10,4 %
Durchschnittliche Steigung	7,9 %
Maximales Gefälle	5,8 %
Durchschnittliches Gefälle	3,0 %

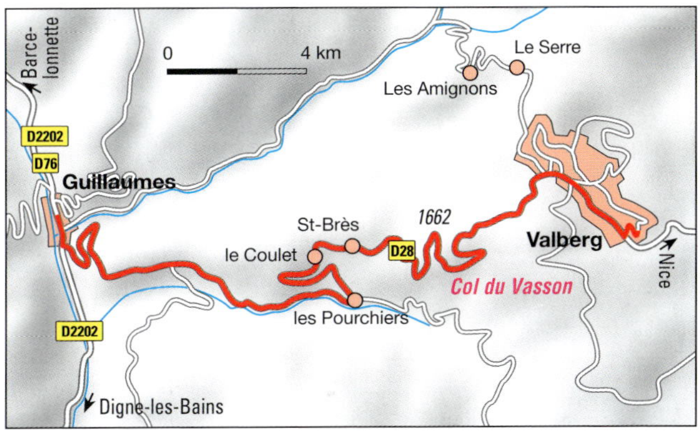

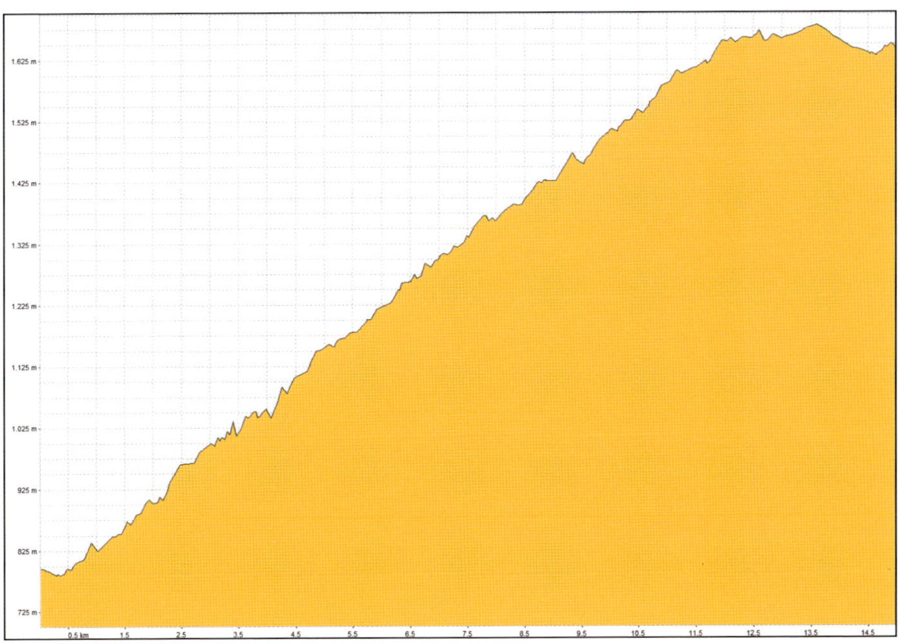

96 Alpenpässe in Frankreich
COL DE LA COUILLOLE

IM ÜBERBLICK

Name	Col de la Couillole
Land	Frankreich
Region	Alpes-Maritimes
Höchster Punkt	1678 m
Basisorte	Beuil und Saint-Sauveur-sur-Tinée
Anzahl der Kehren	19
Streckenlänge	25 km
Schwierigkeitsgrad	mittelschwer
Mautpflicht	keine
Wintersperre	keine
Kombinierbar mit	Nr. 90, 91, 92, 94, 95, 97, 98, 99
... oder aus Band 1	Nr. 97, 98, 99

Es ist eine einsame Gegend rund um dieses 400-Seelen-Bergdorf Beuil, unseren westlichen Basisort. Gleichwohl es nur noch gute 70 Kilometer bis an die ganzjährig quirlige Côte d'Azur sind, hier oben in den Bergen der Seealpen ist davon nichts zu spüren. Dabei reichen die Wurzeln von Beuil immerhin bis zu den Römern zurück, die hier in aussichtsreicher Lage das Castrum Boliacum als Absicherung ihrer Transportrouten nach Italien gründeten.

Malerisch drapieren sich die uralten und neuen Häuser Beuils an einem Hang über dem Tal, die westliche Passrampe streift den Ort und windet sich gleich nach den letzten Bauwerken als Landstraße D 30 bergan. Umgehend geht es ab in die Schräglage, fünf waschechte Spitzkehren erfordern Konzentration und eine möglichst erfahrene Hand im Umgang mit dem Bike. Vor allem bei Regen oder nach Nachtfrost ist die Rampe zudem sehr steinschlaggefährdet, faustgroße Brocken liegen dann meistens auf unserer Ideallinie. Unterschätzen Sie also den Col de la Couillole bitte nicht.

Ein weitläufiges Felsplateau bildet die nur auf den ersten Blick unscheinbare Passhöhe. Denn sie besitzt immerhin eine ganzjährig bewirtschaftete Berghütte mit Nachtlager und leckerer regionaler Küche – das Refuge La Fripounière als selbst ernanntes Tor zum Nationalpark Mercantour. Der umtriebige Wirt hat hier oben sogar einen eigenen Minigolfplatz angelegt.

SEHENSWERTES AM WEGESRAND

Welcher ist der höchste befahrbare Pass der Alpen? Schenken wir uns an dieser Stelle die wohl ewige Diskussion, ob diese Ehre nun dem Col de la Bonette oder doch dem Col de l'Iseran gebührt. Der Col de la Bonette ist mit 2715 Metern ganze 55 Höhenmeter niedriger als der Col de l'Iseran. Nur die Panoramaschleife Cime de la Bonette führt zum Aussichtspunkt auf 2804 Metern, sie ist aber fairerweise nicht als Teil der Passstraße zu betrachten. Sein gesamtes Gipfelprofil liegt in hochalpiner Umgebung, geschmückt mit gruseligen Resten ehemaliger Militärkasernen, in denen schon Napoleons Soldaten unter geradezu unmenschlichen Bedingungen überwintern mussten. Als Route Impériale, als kaiserliche Straße, hatte Napoleon III., der Neffe des berühmten kleinen Franzosen, den Weg von Nizza nach Barcelonnette über den Col de la Bonette klassifiziert. Dementsprechend militärisch gesichert musste er werden. Koste es, was es wolle – finanziell wie menschlich. Mehr Details unter anderem auch dazu gibt es in Band Nr. 1 meiner Pässesammlung.

Den Golfschläger schwingen inmitten exzellenter Aussicht – und sei es auch nur der Minigolfschläger –, das gibt es in den Seealpen nicht so oft.

Die Ostrampe des Passes erfreut uns dann nochmals mit weiteren 14 Kehren, vor allem sie begründen meine Einstufung des Passes als mittelschwer. Ebenso die Durchfahrt durch den sehenswerten Weiler Roubion, die führt nämlich durch einen derart engen Torbogen, dass voll beladene Reisedampfer unter Umständen sogar kurzerhand ihre Seitenkoffer abschnallen müssen. Denn »lenkerbreit« ist an dieser Stelle fast schon übertrieben. Einen ganz besonders schönen Blick auf dieses atemberaubend steile Dorf hat man übrigens vier Kehren weiter von der gegenüberliegenden Hangseite aus. Und in Saint-Sauveur-sur-Tinée können wir uns dann wieder entspannen oder mit einem leckeren Café Crème für die Weiterfahrt stärken, bildet der Ort doch ebenfalls das südliche Basislager für den legendären Col de la Bonette.

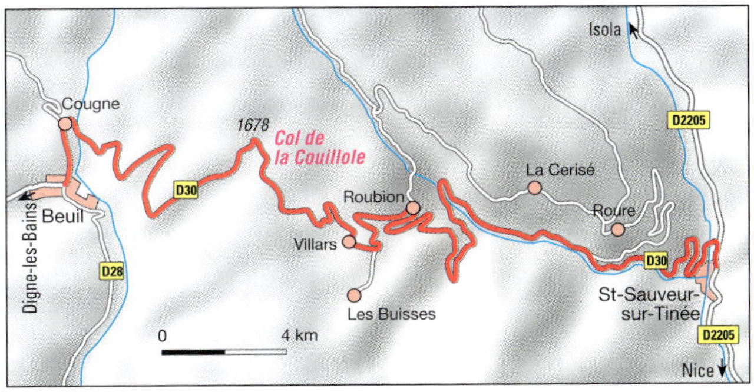

HÖHENPROFIL

Höhenmeter bergauf	349 m
Höhenmeter bergab	1198 m
Maximale Steigung	5,4 %
Durchschnittliche Steigung	3,8 %
Maximales Gefälle	10,1 %
Durchschnittliches Gefälle	7,4 %

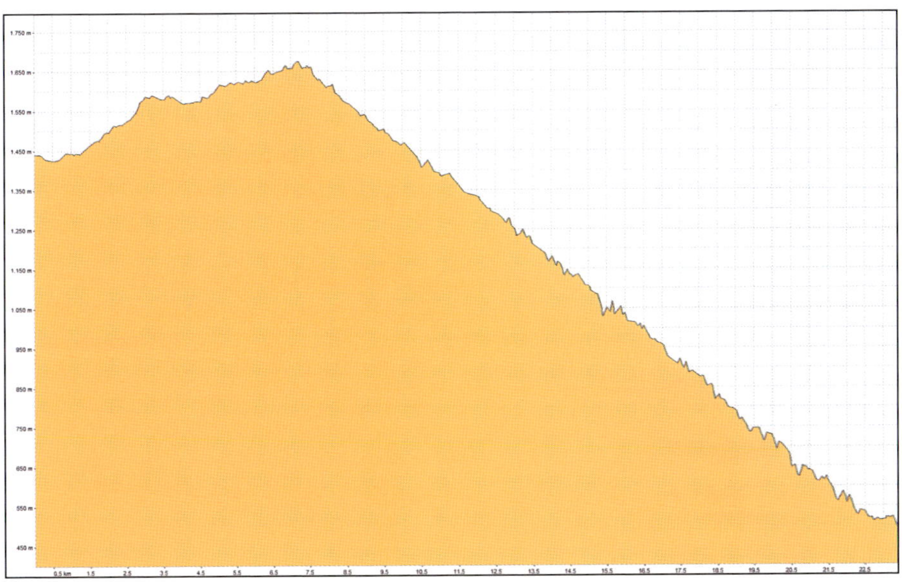

Oben: Die Passhöhe sollte mal dringend »aufgehübscht« werden!

Bild linke Seite: Flotte Kurvenhatz erlaubt uns vor allem die Westrampe.

97 *Alpenpässe in Frankreich und Italien*
COL DE LA LOMBARDE

IM ÜBERBLICK

Name	Col de la Lombarde
Land	Frankreich und Italien
Region	Alpes-Maritimes und Piemont
Höchster Punkt	2350 m
Basisorte	Isola (Frankreich) und Vinadio (Italien)
Anzahl der Kehren	81
Streckenlänge	45 km
Schwierigkeitsgrad	sehr anspruchsvoll
Mautpflicht	keine
Wintersperre	November bis Mai
Kombinierbar mit	Nr. 90, 91, 92, 95, 96, 98
... oder aus Band 1	Nr. 97, 98, 99

Zwei Bedingungen klassifizieren den Col de la Lombarde als sehr anspruchsvollen Pass: die hohe Anzahl teilweise recht steiler Spitzkehren sowie die Tatsache, dass die durchgängig asphaltierte Passstraße vor allem auf italienischer Seite an vielen Stellen kaum mehr als lenkerbreit ausgebaut ist. Da treibt selbst entgegenkommender Einspurgegenverkehr, sprich ein Bikerkollege, unseren Blutdruck sofort in ungesunde Höhe.

Zudem liegt der Col de la Lombarde – auf italienischer Seite als Colle della Lombarda ausgeschildert – in hochalpinem Gelände und sollte nur bei trockenen und sonnigen Wetterprognosen befahren werden. Der Pass markiert die Grenze zwischen dem französischen Département Alpes-Maritimes und der italienischen Region Piemont.

Wenige Kilometer nach dem Start in Isola beginnt bereits der Kurven- und Kehrentanz. Zunächst geht es hinauf in den Retortenskiort Isola 2000 mit seinen ungezählten Hotelburgen. Nahezu jeder Hang des Hochtales ist mit Skiliften und Schneekanonen bestückt und mag uns dieser Anblick zunächst auch mit Grausen erfüllen, es lohnt sich, Isola 2000 einmal näher zu betrachten (siehe Infokasten).

Bald schon verengt sich die Straße auf eine teils nur noch einspurige, aber weiterhin asphaltierte Fahrbahn. Dies und die namhafte Zahl der

SEHENSWERTES AM WEGESRAND

Isola 2000 ist ein etwas anderer, weil vollkommen künstlich geschaffener Wintersportort in den französischen Seealpen. Das einstige Gebiet der Alpe Chastillon wurde 1972 nicht nach ästhetischen, sondern rein nach praktischen Aspekten gebaut. Nahezu alle Apartmenthäuser sind miteinander durch eine Einkaufszeile verbunden, sodass selbst bei schlechtem Wetter kein Gast ins Freie muss.
Sämtliche Pisten beginnen direkt bei den Appartmentanlagen, es geht sozusagen von der Wohnung direkt auf die Ski. 120 Pistenkilometer stehen im Winter zur Auswahl, der Höhenunterschied reicht von 1800 bis auf 2610 Meter an der Cime de Sistron. Von ihr kann man an klaren Tagen sogar in der Ferne das Mittelmeer glitzern sehen. Aufgrund dieser unmittelbaren Nähe zur Côte d'Azur erfreut sich auch Isola 2000 ganzjährig vieler Sonnenstunden und lockt im Sommer aufgrund seines spürbar erholsamen Alpenklimas immer wieder Wanderer und Naturfreunde an.

Spitzkehren verlangen volle Konzentration, oben auf der von der Natur zu einem weiten Plateau geformten Passhöhe können wir durchatmen und uns eine ausgiebige Pause gönnen. Allerdings keinen Einkehrschwung, denn die Passhöhe ist komplett frei von Gastronomie. Dafür ist sie vor allem an Sommerwochenenden ein sehr beliebter Bikertreff, auch der Piemonteser Kollegen. Und die Rundumsicht auf die Felsengipfel der südlichen Seealpen ist ein Genuss für sich.

Auf der italienischen Seite folgt die Strecke zunächst dem Tal von Santa Anna, der mächtige Gebäudekomplex, der wenig später dann am westlichen Talhang auftaucht, ist das Santuario Sant'Anna di Vinadio, ein berühmtes Kloster aus dem 17. Jahrhundert. Im Ort Vinadio pendelt unsere Passstrecke dann in einer Vielzahl an Einkehrmöglichkeiten aus. Na Mahlzeit!

HÖHENPROFIL

Höhenmeter bergauf	1548 m
Höhenmeter bergab	1463 m
Maximale Steigung	12,9 %
Durchschnittliche Steigung	7,8 %
Maximales Gefälle	11,5 %
Durchschnittliches Gefälle	7,0 %

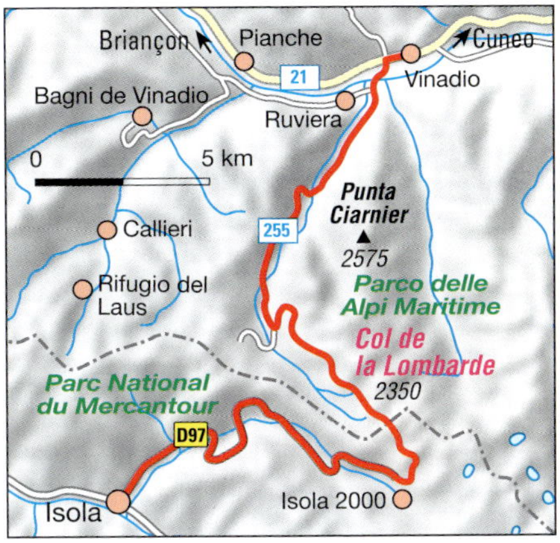

Bild linke Seite: Kein Platz mehr für meine »Ich-war-hier«-Aufkleber!

Unten: Lkw müssen »draußen bleiben« – und das ist auch gut so.

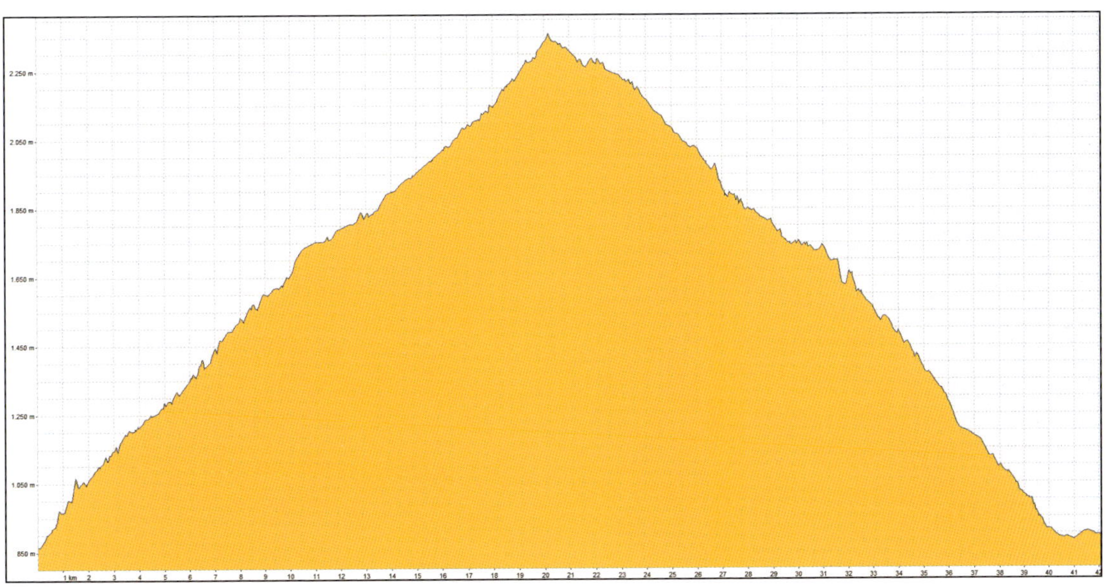

98 Alpenpässe in Frankreich
COL DE TURINI

IM ÜBERBLICK

Name	Col de Turini
Land	Frankreich
Region	Alpes-Maritimes
Höchster Punkt	1604 m
Basisorte	Roquebillière und Sospel
Anzahl der Kehren	60
Streckenlänge	55 km
Schwierigkeitsgrad	anspruchsvoll
Mautpflicht	keine
Wintersperre	keine
Kombinierbar mit	Nr. 95, 96, 97, 99, 100
... oder aus Band 1	Nr. 98

Satte 15 Pässe listet eine detaillierte Straßenkarte im Umkreis von 30 Kilometern um den Col de Turini auf. Sie ahnen schon, welch herrliche Kombinationsmöglichkeiten sich allein in diesem doch vergleichsweise winzigen Tourengebiet nördlich von Menton an der Côte d'Azur ergeben!

Der Col de Turini selbst ist der wohl anspruchsvollste und auch bekannteste dieser Pässe, er liegt direkt im Hinterland der französischen Riviera und weist noch einmal durchaus alpine 1604 Meter Höhe auf. Rund um die Passhöhe breitet sich die äußere, recht dünn besiedelte Zone des Nationalparks Mercantour aus, der Scheitelpunkt des Turini ist von drei Seiten erreichbar: vom nordwestlich gelegenen Roquebillière, vom südwestlich gelegenen L'Escarène sowie dem südöstlich liegenden Sospel. Für die hier zugrunde gelegte Passstrecke habe ich die Piste mit den meisten Kehren und Kurven berechnet, die aber im Vergleich zu den anderen beiden auch die fahrerisch anspruchsvollste darstellt.

Der Col de Turini verdankt seinen Ruf vor allem der legendären Rallye Monte Carlo, die alljährlich eine ihrer Etappen über diesen Pass führt. Vom Ausgangsort Roquebillière aus gönnen wir uns zum Einstieg erst einmal 15 Kehren hinauf nach Belvédère und weiter gen Süden zum eigentlichen Einstieg in die Passstrecke. Derart perfekt aufgewärmt geht es umgehend weiter mit dem Kurven- und Kehrengemenge. Weitere 19 Kehren später können wir oben auf der Passhöhe ganz tief durchatmen und bei Bedarf

Bitte Helm einziehen – die Auffahrt zum Turini ist durchaus spektakulär.

SEHENSWERTES AM WEGESRAND

Unser südlicher Basisort Sospel ist eine typisch südfranzösische Kleinstadt, ungefähr 20 Kilometer nördlich von Menton direkt am Fluss Bévéra. Sehenswert an Sospel ist vor allem seine mittelalterlich geprägte Altstadt, deren historischen Kern wir am besten zu Fuß erkunden. Eine über den Fluss führende Steinbogenbrücke aus dem 11. Jahrhundert besitzt noch ein altes Zollhaus, sie wurde in den letzten Kriegstagen 1944 zwar stark beschädigt, aber um 1953 wieder aufgebaut. Sie ist heute Teil der sehenswerten Fußgängerzone der Stadt. Der zentrale Platz von Sospel ist der Place Saint-Nicolas mit der imposanten Kathedrale Saint-Michel aus dem 17. Jahrhundert. In den umliegenden, teils kaum mehr als schulterbreiten Gassen finden sich Läden, Bars und Einkehrmöglichkeiten mit einem ganz eigenen, mittelalterlichen Flair. Sehr sehenswert!

auch einen Boxenstopp einlegen. Denn die dicht bewaldete und wenig aussichtsreiche Höhe ist mit Hotels und Restaurants gut bestückt.

Als Nachtisch lautet meine Empfehlung dann: einen Espresso oder Café Crème sowie die Route de Turini hinab nach Sospel. Oder gönnen Sie sich vorab noch die Gipfelschleife Origine Circuit de l'Authion, auch ausgeschildert als »Camp d'Argent«, eine zehn Kilometer lange Höhenstraße, die uns an schönen Tagen nicht nur die Herrlichkeit des Nationalparks Mercantour und des Massif de l'Authion von oben zeigt, sondern auch Ausblicke bis hinüber zum Mittelmeer erlaubt. Versteckt entlang der meistens entwaldeten Kuppen liegen immer wieder Reste alter Festungsanlagen aus dem Ersten Weltkrieg. Auch wenn das Leben hier oben damals möglicherweise tödlich endete, eine grandiose Aussicht hatten die Soldaten schon.

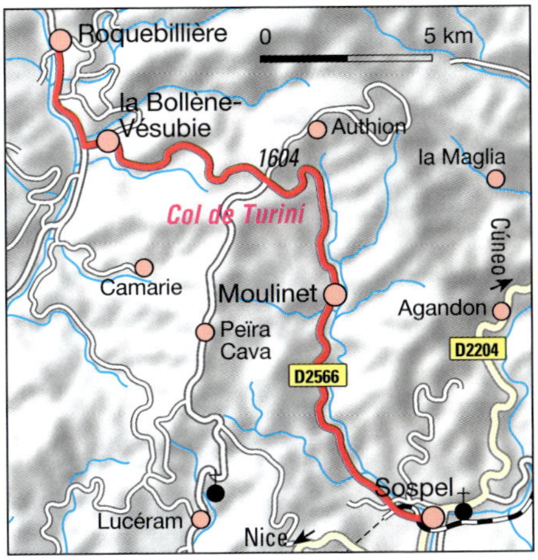

Ausblick von der Gipfelschleife »Authion«

HÖHENPROFIL

Höhenmeter bergauf	1367 m
Höhenmeter bergab	1629 m
Maximale Steigung	10,0 %
Durchschnittliche Steigung	6,8 %
Maximales Gefälle	10,2 %
Durchschnittliches Gefälle	5,2 %

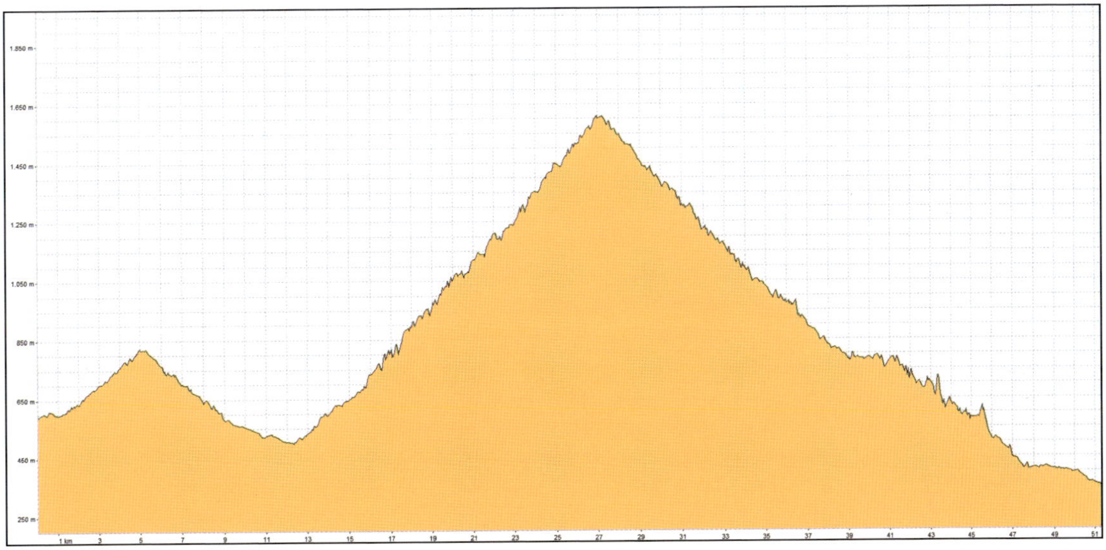

99 Alpenpässe in Frankreich
COL DE L'ORME

IM ÜBERBLICK

Name	Col de l'Orme
Land	Frankreich
Region	Alpes-Maritimes
Höchster Punkt	1000 m
Basisorte	Peira-Cava und Col de Braus
Anzahl der Kehren	41
Streckenlänge	30 km
Schwierigkeitsgrad	mittelschwer
Mautpflicht	keine
Wintersperre	keine
Kombinierbar mit	Nr. 96, 97, 98, 100
... oder aus Band 1	Nr. 98

Den vorletzten Pass aus Band Nr. 2 meiner Sammlung darf ich Ihnen vor allem dann an Ihr Bikerherz legen, wenn Sie viel Zeit mitbringen. Zeit, um rund um den Col de l'Orme ausgiebig und vielleicht sogar herrlich ziellos zu touren. Folgen Sie einfach an jedem Abzweig dem schönsten Ausblick und genießen Sie die Kurvenhatz durch einen der landschaftlich schönsten Abschnitte der Seealpen.

Vor allem die Streckenführung von Peira-Cava nach Süden, zunächst über den Col St. Roch und dann hinauf zum eigentlichen Col de l'Orme, ist an Fahrspaß kaum noch zu überbieten. Aber aufgepasst – 41 Kehren auf 30 Kilometer Länge zeugen davon, dass es sich um eine durchaus anspruchsvolle Route handelt.

Die beginnt im Weiler Peira-Cava, der »Königin des Hochplateaus im Hinterland von Nizza«, wie sich die Gemeinde gerne vollmundig nennt. Hübsch anzuschauen ist der Ort schon – und als Urlaubsdestination auch ein echter Geheimtipp. Ja, selbst das Sozialwerk der deutschen Bundeswehr unterhält hier eine Residenz für urlaubsreife Kampfmaschinen. Auf Steuerzahlerkosten, versteht sich.

Von Peira-Cava aus wedeln wir strikt nach Süden und folgen auf der D 2566 den Wegweisern nach Lucéram hinüber zum Col St. Roch auf gut 990 Metern Höhe. Sobald sich der Wald öffnet, genießen Sie die Ausblicke auf die Südausläufer der Seealpen. Das Glitzern am Horizont kommt übrigens von der Blauen Küste, die nur noch 30 Kilometer entfernt ist. Im Ort Lucéram setzen wir dann den Blinker links und nehmen den Anstieg zum Col de l'Orme in Angriff. Kein wirklich schwieriges Stück Arbeit, aber mit 14 Kehren vor allem für Fahranfänger durchaus fordernd. Dass keiner dieser Pässe durchgehend ausgeschildert ist, zeugt zwar von ihrer relativen Bedeutungslosigkeit im Reigen all der großen Seealpenpässe, schmälert aber den Fahrspaß keinesfalls.

Im Angesicht der Côte d'Azur sind 1000 m ordentlich hoch.

SEHENSWERTES AM WEGESRAND

Ihr Name spaltet die Gemüter, ihre Erwähnung am Bikerstammtisch zieht unweigerlich Kommentare wie »Schickimickimeile« oder »Promibadewanne« nach sich, und ihr Gesicht hat sich in all den Jahrzehnten sicherlich nicht nur zu ihrem Vorteil entwickelt. Dennoch – die Côte d'Azur auf zwei Rädern zu erkunden, das hat etwas. Nur bitte nicht im Hochsommer zur Ferienzeit im August!

Ihr Name geht auf eine Idee des Dichters Stephen Liégeard zurück, der 1887 in einem Buch erstmals über die Schönheit der Côte d'Azur schwärmte und damit wohl den Grundstein für deren Ruhm legte. Von Hyères ganz im Westen bis Menton an der italienischen Grenze reicht ihre Ausdehnung, sie ist der südliche Abschnitt der französischen Region Provence-Alpes-Côte d'Azur. Berühmt für ihre Städte wie Saint-Tropez, Cannes, Nizza und Monaco, beliebt für ihre atemberaubende Küstenlandschaft und begehrt bei Promis der Kategorien A bis D, lebt die Côte d'Azur auch heutzutage noch immer von diesem einstmals legendären Ruf. Dazu spendiert die Natur statistisch an über 300 Tagen im Jahr einen azurblauen Himmel, der in der Ferne nahtlos mit dem ebenso blauen Meer verschmilzt. Und im Abendsonnenschein mischt sich vor allem im Westteil der Côte d'Azur die Farbe Rot ins Spiel, dann setzen die Küstenfelsen der Corniche de l'Esterel einen oftmals atemberaubenden Kontrast zum omnipräsenten Blau des Tageslichts.

Um die Piste zum Col de l'Orme zu finden, folgen Sie der Landstraße D 54. Die offizielle Passhöhe liegt übrigens recht versteckt kurz vor einer einsamen Bergérie.

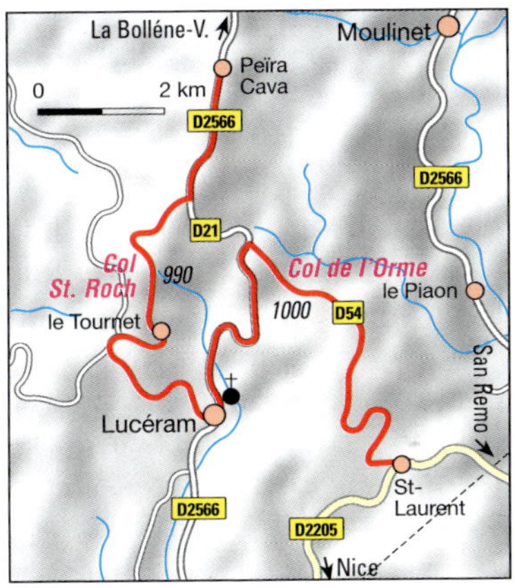

HÖHENPROFIL

Höhenmeter bergauf	495 m
Höhenmeter bergab	931 m
Maximale Steigung	11,4 %
Durchschnittliche Steigung	5,8 %
Maximales Gefälle	9,9 %
Durchschnittliches Gefälle	6,3 %

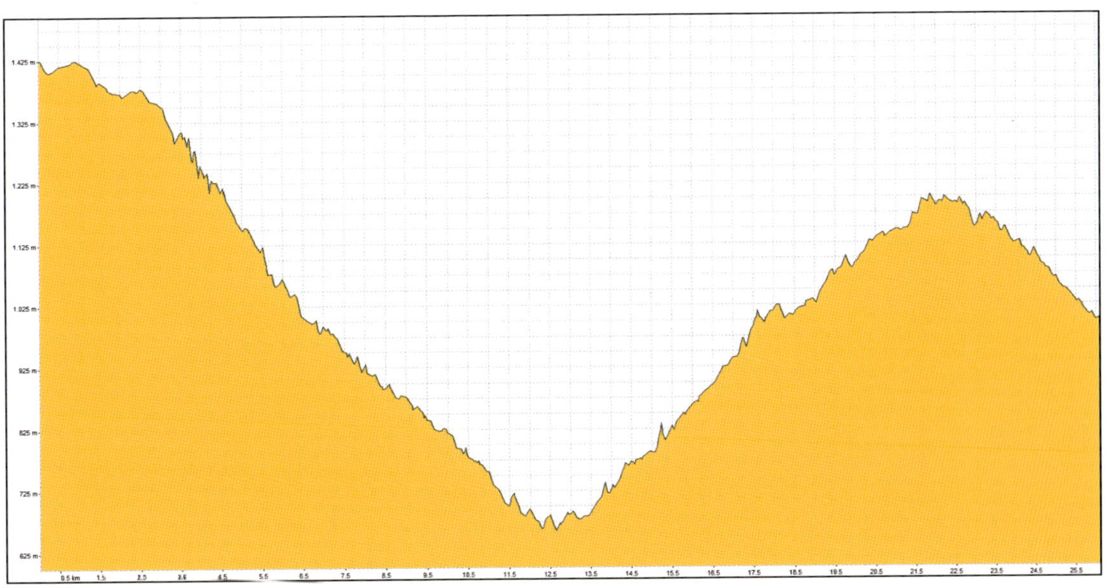

100 *Alpenpässe in Frankreich* COL DE BRAUS

IM ÜBERBLICK

Name	Col de Braus
Land	Frankreich
Region	Alpes-Maritimes
Höchster Punkt	1003 m
Basisorte	L'Escarene und Sospel
Anzahl der Kehren	40
Streckenlänge	22 km
Schwierigkeitsgrad	mittelschwer
Mautpflicht	keine
Wintersperre	keine
Kombinierbar mit	Nr. 95, 96, 97, 98, 99
... oder aus Band 1	Nr. 98

Als ich mit dem Text für dieses Buch, also mit Nr. 1 begann, schien die vor mir liegende Aufgabe, 100 Alpenpässe authentisch und lesenswert zu beschreiben, erneut schier unendlich schwer. Doch nun, nach einigen Wochen am Computer tatsächlich angekommen bei Nr. 100, beim letzten Pass dieser Sammlung, möchte ich mich nicht nur umgehend auf den Weg machen, die nächsten 100 Alpenpässe für Sie zu erforschen und Ihnen anschließend davon zu erzählen. Ich möchte auch, dass dieses Buch mit einem Pass schließt, der einerseits zu den völlig unbekannten, andererseits aber auch wahren Highlights, ja den Geheimtipps der Seealpen gehört. Und deshalb habe ich den Col de Braus ausgewählt. Als perfektes Ende eines weiten Bogens durch sechs Alpenländer.

Der Col de Braus verbindet L'Escarene mit Sospel, seine Passhöhe liegt auf 1003 Metern und war schon im Mittelalter Teil der bedeutenden Salzhandelsstraße von Turin nach Nizza. Das etwas ungewöhnliche Grabmal direkt auf der Passhöhe ist übrigens René Vietto gewidmet, eines in Frankreich populären Radsportlers und mehrfachen Trägers des Gelben Trikots der Tour de France, der hier auf seinem Hausberg gemeinsam mit seiner Frau Giselle die letzte Ruhe fand.

Der Anstieg zur Passhöhe beginnt in L'Escarene noch recht moderat, wir folgen einfach der D 2204 Richtung Sospel. Oder dem Radfahrerwegweiser zum Col de Braus, denn dieser Pass ist aufgrund seiner Tour-de-France-Vergangenheit sehr beliebt. Hinter dem Weiler Touet-de-l'Escarene tauchen die ersten durchaus anspruchsvollen Kehren vor dem Windshield auf. Satte 21 Stück sind es bis zum Scheitelpunkt. Erinnern Sie sich: Hier mündet die Südrampe des Col de l'Orme (Nr. 99) ein. Ein Gasthaus, ein paar Ruinen, ein Parkplatz und ein schlichtes Passschild komplettieren die Passhöhe, schönere Pausenplätze finden wir auf unserem weiteren Weg allemal.

Und natürlich auch die noch fehlenden 19 Spitzkehren. Mit ruhiger Gashand sind sie gefahrlos zu bewältigen, vor allem bei Regen kann die flickenreiche Piste stellenweise extrem rutschig werden. Dicht bewaldet sind die uns umgebenden Hügel der Seealpen und erlauben kaum einen weit-

Von Waldbrand schwer gezeichnet schwingt die Piste hinauf zur Passhöhe.

SEHENSWERTES AM WEGESRAND

Gleich im Südosten des Passes erwartet uns das legendäre Fürstentum Monaco. Dessen Name geht zurück auf griechische Siedler, die sich hier bereits 500 Jahre vor unserer Zeitrechnung niederließen und einen Tempel zu Ehren des heiligen Monoikos errichteten. Daraus entwickelte sich über all die Jahrtausende hinweg das Paradies der Reichen und Schönen dieser Welt. Paradies, weil weder Einkommen- noch Erbschaftsteuer erhoben werden (einzige Ausnahme bei Franzosen), ja sogar explizit Schutz vor ausländischen Steuervergehen gewährt wird.
Die reine Küstenlänge Monacos beträgt gerade einmal vier Kilometer, das gesamte Staatsgebiet ist knapp zwei Quadratkilometer groß. Damit ist Monaco nach dem Vatikan zwar der zweitkleinste Staat der Welt, gleichzeitig allerdings der mit der höchsten Einwohnerdichte! Gut 29 Prozent der Einwohner sind Franzosen, 22 Prozent gebürtige Monegassen sowie 19 Prozent Italiener, die restlichen Prozente verteilen sich auf Großbritannien, Belgien, Schweiz sowie über 100 weitere Nationalitäten.
Monaco ist seit 1489 eine unabhängige Republik, die seit 1911 in Form einer konstitutionellen Monarchie regiert wird. Die ursprünglich aus Genua stammende Fürstenfamilie Grimaldi regiert hier seit dem 13. Jahrhundert und wird dies auch zukünftig unter allen Umständen beibehalten wollen, denn ein Vertrag mit Frankreich regelt, dass beim Aussterben der Grimaldis das Fürstentum umgehend an Frankreich fallen würde. Und das wäre nicht nur für viele Milliardäre ein steuerlicher Super-GAU.

schweifenden Blick. Erst vor Sospel öffnet sich die Natur und gibt den Blick frei.

Hier endet nun unsere Reise über 100 der schönsten Alpenpässe Europas. Eine Reise – am Stück oder in 100 Einzelteilen –, die ich Ihnen nur wärmstens ans Bikerherz legen kann.

HÖHENPROFIL

Höhenmeter bergauf	661 m
Höhenmeter bergab	656 m
Maximale Steigung	12,4 %
Durchschnittliche Steigung	7,4 %
Maximales Gefälle	14,1 %
Durchschnittliches Gefälle	5,7 %

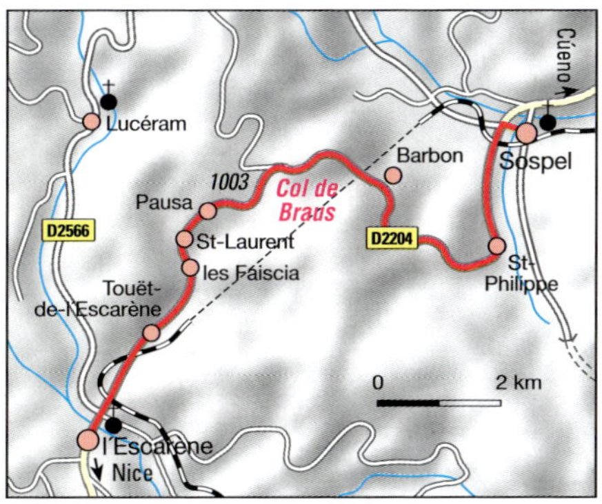

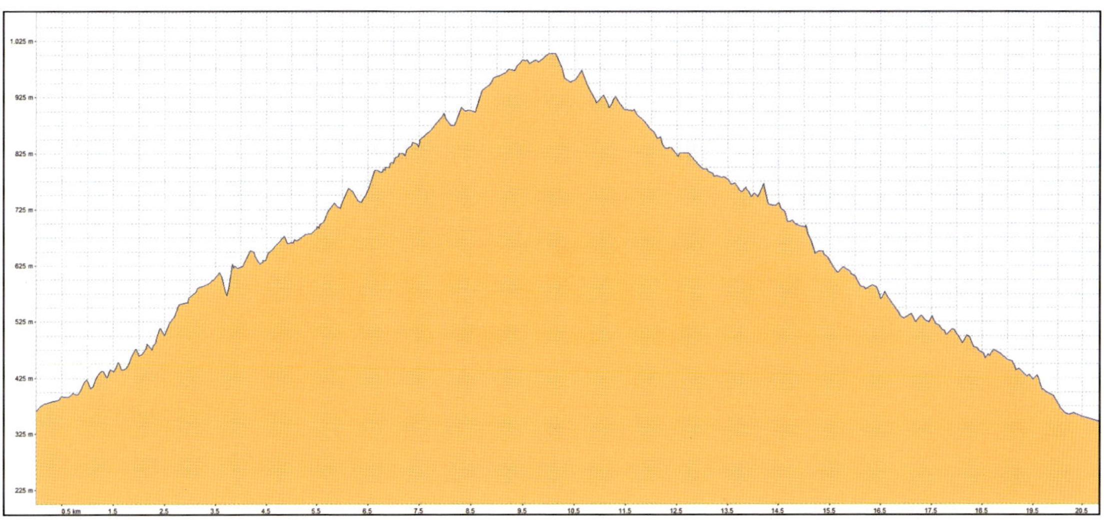

Im Überblick

Eine original napoléonische Landkarte der Haute-Provence? Man könnte es meinen …

Alphabetische Liste der Pässe

Name	Nr.	Land	Region	Höhe	Kehren	Kategorie (maximal)
Alpe d'Huez	82	F	Isère	1860	36	mittelschwer
Alpl Pass	9	A	Steiermark	1081	4	leicht
Bartholomäberg Panoramastraße	44	A	Vorarlberg	1150	8	leicht
Brünigpass	53	CH	Berner Oberland	1008	7	leicht
Bürgenstock Panoramastraße	52	CH	Zentralschweiz	930	8	leicht
Cima Sappada / Sappadapass	22	I	Friaul	1300	7	leicht
Col Bayard	86	F	Hautes-Alpes	1248	12	leicht
Col d'Izoard	84	F	Hautes-Alpes	2360	36	mittelschwer
Col d'Allos	90	F	Haute-Provence	2240	20	mittelschwer
Col de Braus	100	F	Alpes-Maritimes	1003	40	mittelschwer
Col de Champex	60	CH	Wallis	1495	32	sehr anspruchsvoll
Col de Jambaz	69	F	Haute-Savoie	1027	0	leicht
Col de Joux Plane	73	F	Haute-Savoie	1700	27	mittelschwer
Col de l'Orme	99	F	Alpes-Maritimes	1000	41	mittelschwer
Col de l'Encrenaz	72	F	Haute-Savoie	1433	16	leicht
Col de la Couillole	96	F	Alpes Maritimes	1678	19	mittelschwer
Col de la Croix	56	CH	Schweizer Jura	789	5	leicht
Col de la Croix	61	CH	Waadt	1778	14	leicht
Col de la Joux Verte	64	F	Haute-Savoie	1760	40	mittelschwer
Col de la Lombarde	97	F	Alpes-Maritimes und Piemont	2350	81	sehr anspruchsvoll
Col de la Ramaz	70	F	Haute-Savoie	1610	12	mittelschwer
Col de la Savolière	71	F	Haute-Savoie	1420	16	mittelschwer
Col de Larche	91	F	Haute-Provence	1991	25	leicht
Col de Manse	85	F	Hautes-Alpes	1272	9	leicht
Col de Méraillet	76	F	Savoie	1605	26	leicht
Col de Moissière	87	F	Hautes-Alpes	1573	13	leicht
Col de Montgenèvre	83	F	Hautes-Alpes	1854	7	leicht
Col de Sarenne	81	F	Isère	1999	27	mittelschwer
Col de Toutes Aures	94	F	Haute-Provence	1124	2	leicht
Col de Trechauffe	67	F	Haute-Savoie	1241	39	mittelschwer
Col de Turini	98	F	Alpes-Maritimes	1604	60	anspruchsvoll
Col des Champs	92	F	Hautes-Alpes	2088	42	anspruchsvoll
Col des Saisies	74	F	Savoie	1633	25	mittelschwer
Col du Corbier	65	F	Haute-Savoie	1233	12	leicht
Col du Corobin	93	F	Haute-Provence	1215	21	mittelschwer
Col du Fanget	88	F	Haute-Provence	1459	8	mittelschwer
Col du Feu	68	F	Haute-Savoie	1117	10	leicht
Col du Grand Taillet	66	F	Haute-Savoie	1230	39	mittelschwer
Col du Labouret	89	F	Haute-Provence	1240	3	leicht
Col du Mollard	80	F	Savoie	1638	91	anspruchsvoll
Col du Mont Cenis	78	F	Savoie	2084	32	mittelschwer
Col du Petit Mont Cenis	79	F	Savoie	2183	7	sehr anspruchsvoll
Col du Pillon	62	CH	Waadt	1546	4	leicht
Col du Pré	75	F	Savoie	1748	28	mittelschwer
Col du Vasson	95	F	Haute-Provence	1662	7	leicht
Col Sant'Angelo	27	I	Dolomiten	1758	16	leicht
Cormet de Roselend	77	F	Savoie	1698	26	leicht
Eggeralm	15	A	Kärnten	1420	16	leicht
Flumserberg Höhenstraße	49	CH	Sankt Gallen	1350	14	leicht
Forcella di Lavardet	21	I	Friaul	1545	30	anspruchsvoll

Name	Nr.	Land	Region	Höhe	Kehren	Kategorie (maximal)
Forcella di Lius	16	I	Friaul	1072	24	leicht
Forcella Staulanza	29	I	Dolomiten	1770	20	leicht
Furkajoch	45	A	Vorarlberg	1761	13	leicht
Geolsalpe und Gartalm	40	A	Tirol/Zillertal	1835	12	mittelschwer
Griesalp	58	CH	Berner Oberland	1425	17	sehr anspruchsvoll
Gurnigel-Pass	57	CH	Bern	1606	16	leicht
Hengstpass	5	A	Oberösterreich	1010	0	leicht
Ibergeregg	51	CH	Zentralschweiz	1406	12	leicht
Iselsbergpass	23	A	Osttirol	1204	6	leicht
Kalser Glocknerstraße	24	A	Osttirol	1986	11	leicht
Lenzerheide-Pass	46	CH	Graubünden	1549	11	leicht
Monte San Simeone (Höhenstraße)	14	I	Friaul	1218	28	anspruchsvoll
Niederalpl	6	A	Steiermark	1233	2	leicht
Panoramica delle Vette	17	I	Friaul	1969	48	mittelschwer
Pas de Morgins	63	CH	Haute-Savoie und Wallis	1369	13	mittelschwer
Passo Brocon	31	I	Trentino	1616	17	leicht
Passo Coe	34	I	Trentino	1610	13	leicht
Passo del Predil / Predilpass	11	I	Udine und Trenta	1156	9	leicht
Passo del Sommo	35	I	Trentino	1343	12	leicht
Passo delle Erbe / Würzjoch	38	I	Südtirol	2003	40	mittelschwer
Passo di Gobbera	32	I	Trentino	988	25	mittelschwer
Passo di Tanamea	12	I	Friaul	850	9	mittelschwer
Passo di Valbona	33	I	Trentino	1782	13	leicht
Passo Duran	30	I	Dolomiten	1601	8	leicht
Passo Furcia / Furkelpass	39	I	Dolomiten	1789	16	leicht
Passo Rest / Forcola di Mont Rest	18	I	Friaul	1052	44	mittelschwer
Passo San Antonio	26	I	Venetien	1490	29	leicht
Passo Tre Croci	28	I	Dolomiten	1809	16	leicht
Passo Vezzena	36	I	Trentino	1402	9	leicht
Passo Vizze / Pfitscher Joch	42	I	Südtirol	1500	2	leicht
Passwang Pass	54	CH	Solothurn	943	8	leicht
Postalm Panoramastraße	4	A	Salzburger Land	1320	19	leicht
Preiner Gscheid	7	A	Steiermark und Niederösterreich	1070	7	leicht
Pustertaler Höhenstraße	25	A	Osttirol	1483	16	leicht
Ruppenpass	47	CH	Appenzell und Sankt Gallen	1003	9	leicht
Sattelegg	50	CH	Zentralschweiz	1190	7	leicht
Scheltenpass	55	CH	Solothurn	1051	6	leicht
Schlegeis Alpenstraße	41	A	Tirol/Zillertal	1805	11	leicht
Sella di Razzo	20	I	Friaul	1755	22	leicht
Sella di Rioda	19	I	Friaul	1802	41	mittelschwer
Sella Nevea /Neveasattel	13	I	Friaul	1193	14	leicht
Semmering Pass	8	A	Steiermark und Niederösterreich	986	4	leicht
Spitzingsattel	1	D	Bayerische Alpen	1128	0	leicht
Strada Panoramica del Monte Baldo / Monte-Baldo-Höhenstraße	37	I	Trentino	1619	51	mittelschwer
Trattberg Panoramastraße	3	A	Salzburger Land	1550	12	leicht
Ursprungpass	2	A	Bayern und Tirol	849	3	leicht
Val d'Hérens / Val d'Hérémence HS	59	CH	Wallis	2300	48	mittelschwer
Wasserfluh	48	CH	Sankt Gallen	843	8	leicht
Weinebene	10	A	Steiermark und Kärnten	1668	22	leicht
Zeinisjoch	43	A	Vorarlberg und Tirol	1842	0	leicht

PÄSSE ALPHABETISCH MIT KURZBESCHRIEB

Alpe d'Huez – Nr. 82

21 Kehren auf gut 20 Kilometer Länge geben ein deutliches Signal. Der Südanstieg hinauf in das weltberühmte Skiresort Alpe d'Huez ist kein Kinderspiel – weder für Rad- noch für Motorradfahrer. Fein säuberlich durchnummeriert sind die Kehren auf der Südrampe der Retortensiedlung, und gute 1100 Höhenmeter werden dabei überwunden. In den Kehren sind übrigens alle Tour-de-France-Etappensieger aufgelistet – mal sehen, wie lange Superdoper Lance Armstrong noch dort verewigt sein wird.

Alpl Pass – Nr. 9

Der Alpl Pass – oder ganz kurz das Alpl – ist ein Pass im Herzen der Fischbacher Alpen in der Steiermark. Die historische Alpenquerung führt wie so oft über die tiefste Scharte zwischen zwei hoch aufragenden Gipfeln, hier dem Hochlantsch mit 1721 Metern sowie dem Stuhleck mit 1785 Metern. Die Passhöhe bildet die Wasserscheide zwischen Mürz und Feistritz.

Bartholomäberg Panoramastraße – Nr. 44

Die sehenswerte Ortschaft Bartholomäberg liegt im Montafon in Österreichs westlichstem Bundesland Vorarlberg und erstreckt sich als weite Streusiedlung über eine Höhendifferenz von gut 700 Meter entlang eines mächtigen, einstmals dicht bewaldeten Bergrückens. Vor allem diese Lage auf einem natürlichen Sonnenbalkon des Montafons machte Bartholomäberg zu einem echten landschaftlichen Schmankerl, verbunden durch eine aussichtsreiche Höhenstraße.

Brünigpass – Nr. 53

Der Brünigpass verbindet das Berner Oberland im Kanton Bern mit dem Kanton Obwalden in der Zentralschweiz. Die Passstraße ist als Nationalstrasse A8 perfekt und großräumig ausgebaut, um dem Verkehrsaufkommen gerecht zu werden. Und gleichwohl wir diesen Pass wohl niemals im Jahr für uns alleine genießen können, besitzt er eine Berechtigung, in diese Sammlung aufgenommen zu werden. Denn vor allem die Ausblicke von der Nordrampe des Passes hinüber in den Kanton Obwalden mit seinen herrlichen Landschaften und idyllischen Seen ist ein Genuss sondergleichen.

Bürgenstock Panoramastraße – Nr. 52

Der Bürgenstock – auch Bürgenberg genannt – ist ein 10 Kilometer langer Bergrücken, der im Norden, Osten und Südosten direkt vom Vierwaldstättersee umschlossen wird. Seinen Namen hat er aufgrund der Tatsache, dass viele Berge als »Stock« bezeichnet werden. In diesem Fall »der Berg auf der Halbinsel Bür-

Eine kräftige Reiseenduro ist ideal für diese Pässe.

gen«. Zwei Panoramastraßen führen als Sackgasse hinauf auf den Aussichtsberg – von Stansstad und Ennetbürgen aus.

Cima Sappada / Sappadapass – Nr. 22

Die kurvenreiche Strecke über die Cima Sappada verbindet das italienische Friaul mit dem nordöstlichen Teil Südtirols und den nördlichen Ausläufern der Dolomiten. Die durchgehend asphaltierte Strecke ist zweispurig ausgebaut, besitzt aber einige Engpässe, an denen es immer wieder einmal zu Verzögerungen kommen kann. Erfreulicherweise beschränkt sich das Verkehrsaufkommen im Grunde auf die wenigen Anwohner entlang der Strecke. Das Highlight der Passstraße sind vor allem die sich immer wieder bietenden Ausblicke auf den nördlich gelegenen Karnischen Grenzkamm.

Col Bayard – Nr. 86

Der Col Bayard verbindet das Durance- mit dem Dractal. Die Passstraße wird auch vom Lieferverkehr genutzt, führt aber nur durch wenige Weiler und besitzt kaum Staupotenzial. Um den Pass herum liegt eine beschauliche Mittelgebirgslandschaft mit verstreuten Gehöften und Siedlungen, zu denen immer wieder herrliche Sackgassenpisten führen. Gönnen Sie sich die ein oder andere doch einmal.

Col d'Allos – Nr. 90

Für so manchen Alpenbiker ist der Col d'Allos der schönste Pass der gesamten französischen Seealpen. Vor allem die abwechslungsreiche Landschaft entlang der Strecke sowie die herrlich kurvenreiche Piste selbst tragen zu dieser Bewertung sicherlich bei. Die Passhöhe hingegen ist in puncto Schönheit »ausbaufähig«. Die Strecke über den Col d'Allos verbindet Barcelonnette im Norden und Saint-André-les-Alpes im Süden miteinander, ist aber dennoch recht wenig befahren.

Col de Braus – Nr. 100

Der Col de Braus verbindet L'Escarene mit Sospel, seine Passhöhe liegt auf 1003 Meter und war schon im Mittelalter Teil der bedeutenden Salzhandelsstraße von Turin nach Nizza. Das etwas ungewöhnliche Grabmal direkt auf der Passhöhe ist übrigens René Vietto gewidmet, einem in Frankreich populären Radsportler und mehrfachen Träger des Gelben Trikots, der hier auf seinem Hausberg gemeinsam mit seiner Frau Giselle die letzte Ruhe fand.

Angekommen – es war ein Genuss!

Col de Champex – Nr. 60

32 waschechte Kehren auf gerade einmal 24 Kilometer Länge machen den Col de Champex zu einem durchaus anspruchsvollen Terrain für uns Biker. Der Pass liegt im französischsprachigen Teil des Schweizer Kantons Wallis und bietet die perfekte Alternative zur extrem verkehrsreichen Kantonsstrasse 21, die über Sembrancher hinauf zum Großen Sankt Bernhard Pass führt. Vor allem die Nordrampe des Passes verlangt mit ihren 22 engen und recht steilen Kehren mitten im dunklen Wald eine satte Portion hochalpiner Erfahrung im Mopedsattel.

Vom Col de la Croix gibt es gleich zwei in dieser Sammlung.

Col de Jambaz – Nr. 69

Der Pass eignet sich hervorragend als Ergänzung, falls Sie sowieso jene unzähligen Pässe der Haute-Savoie in einer mehrtägigen Rundreise erleben wollen. Dann kommen Sie auch um den Jambaz nicht herum. Das Angenehme an der gut ausgebauten Rampe auf beiden Seiten des Passes ist, dass wir uns weniger auf die Straße vor dem Windshield als vielmehr auf die prächtige Landschaft rechts und links des Lenkers konzentrieren können. Denn atemberaubend enge Kehren oder gar Steilanstiege besitzt der Pass auf keiner der beiden Seiten.

Col de Joux Plane – Nr. 73

Auch dieser Pass folgt wie viele in der Haute-Savoie einem uralten Saumpfad. Die schmale und sehr kurvenreiche Passstrecke führt gute 50 Meter südlich des höchsten Punktes vorbei und erreicht dabei eine maximale Höhe von 1700 Metern. Die Passstraße verbindet das bekannte Tourismuszentrum Morzine im Norden mit dem im Süden gelegenen Samoëns im Tal des Flusses Giffre. Um das obligatorische Passschild zu fotografieren, müssen wir noch einige Meter zu Fuß weiterwandern – oder aber mit einer leichten Enduro dem Feldweg um einen winzigen See herum gen Norden zum Scheitelpunkt folgen.

Col de l'Encrenaz – Nr. 72

Dieser Pass beweist uns einmal mehr sehr eindrucksvoll, welch ein herrliches Kurvenrevier die gesamte Region der Haute-Savoie uns Bikern bietet. Der Aufstieg zum Col de l'Encrenaz beginnt im Skiresort La Savolière, führt uns zunächst über den gleichnamigen Pass und sodann an der Einmündung auf die winzige Straße zwischen den Weilern Fry und Bonnavaz strikt gen Norden. Aufgepasst: Einige Beschilderungen nennen den Pass auch Col de l'Ancrenaz. Die winzige Passstraße ist eine landschaftlich äußerst schöne Alternative zum Morzine-Zubringer, der vergleichsweise stark befahrenen D 902 über Les Gets und den Col des Gets.

Col de la Couillole – Nr. 96

Malerisch drapieren sich die uralten Häuser des Weilers Beuil an einem Hang über dem Tal, die westliche Passrampe streift den sehenswerten Ort und windet sich gleich nach den letzten Bauwerken als Landstraße D 30 bergan. Fünf waschechte Spitzkehren erfordern Konzentration, vor allem bei Regen ist die Rampe zudem sehr steinschlaggefährdet – unterschätzen Sie also den Col de la Couillole bitte nicht. Ein weitläufiges Felsplateau bildet die nur auf den ersten Blick unscheinbare Passhöhe. Denn sie besitzt immerhin eine ganzjährig bewirtschaftete Berghütte mit Nachtlager und leckerer regionaler Küche – das Refuge »La Fripounière« als Tour zum Nationalpark Mercantour.

Col de la Croix (Schweizer Jura) – Nr. 56

Wie viele gleichnamige Pässe es in den Alpen und ihren Ausläufern insgesamt gibt, habe ich bis heute nicht ermitteln können. Allein drei davon sind mir persönlich aber gut bekannt – so auch dieser Col de la Croix, der die beiden Jurastädte Saint-Ursanne und Courgenay miteinander verbindet. Nicht spektakulär in seiner Trassenführung, nicht schwer zu befahren, besitzt dieser nur auf den ersten Blick unscheinbare Pass dennoch seine Berechtigung in meiner Sammlung der schönsten Alpenpässe. Ein Highlight ist allein schon sein Basisort Saint-Ursanne.

Col de la Croix (Waadt) – Nr. 61

Dieser Pass liegt im Waadtland an der Nordgrenze zum Wallis und damit ein deutliches Stück näher an den Alpenhauptgipfeln als der vorhergehende Col de la Croix. Er verbindet die Städte Bex und Ormont-Dessus, die recht gut ausgebaute Passstraße wird auch Anfänger fahrerisch nicht überfordern. Über die blutgetränkte Geschichte des Passes kann man heutzutage nur noch in detailreichen Geschichtsbüchern nachlesen, auf der unscheinbaren Passhöhe selbst erinnert nichts mehr an seine kriegerische Vergangenheit.

Col de la Joux Verte – Nr. 64

40 Spitzkehren verteilt auf 29 Kilometer Strecke und gute 800 Höhenmeter Differenz – das nenne ich eine herausfordernde Passstraße, für die wir eine ordentliche Portion alpiner Erfahrung mitbringen sollten. Der Col de la Joux Verte war mit seinen durchaus anspruchsvollen 1760 Höhenmetern auch schon Bestandteil der legendären Tour de France, vor allem an Sommerwochenenden müssen wir uns die Passstrecke mit Kohorten von Radfahrern teilen.

Col de la Lombarde – Nr. 97

Zwei Bedingungen klassifizieren den Col de la Lombarde als durchaus anspruchsvollen Pass: die hohe Anzahl und auch Abfolge teilweise recht steiler Spitzkehren sowie die Tatsache, dass die durchgängig asphaltierte Passstraße vor allem auf italienischer Seite an vielen Stellen kaum mehr als lenkerbreit ausgebaut ist. Zudem liegt der Col de la Lombarde in hochalpinem Gelände und sollte nur bei einwandfreien Wetterprognosen befahren werden. Der Pass markiert die Grenze zwischen dem französischen Département Alpes-Maritimes und der italienischen Region Piemont.

Col de la Ramaz – Nr. 70

Der in Teilbereichen sogar leicht anspruchsvolle Col de la Ramaz verbindet Mieussy und La Savolière miteinander. Die recht schmale D 308 steigt vom Bergdorf Mieussy im Südwesten der Haute-Savoie bergan, um die Aussicht auf die umliegenden Gipfelwelten zu genießen, rate ich an geeigneter Stelle anzuhalten und den Seitenständer zu einer Pause auszuklappen. Über ein weites Hochtal geht es zur eigentlichen Passhöhe mit mehreren Parkplätzen, die auch von Wohnmobilen gerne genutzt werden.

Col de la Savolière – Nr. 71

Die Ostrampe des Col de la Ramaz führt durch mehrere Skiresorts und Betonbauten, an deren Ende uns dann der Col de la Savolière erwartet, ein Pass der den Begriff »unscheinbar« neu definiert. Ja nicht einmal ein Passschild wurde ihm spendiert. Dennoch bietet die gesamte Tour über die Pässekombi »Ramaz und Savolière« einen erlebnisreichen Mix aus landschaftlicher Schönheit und fahrerischem Anspruch.

Col de Larche – Nr. 91

Der auf italienischer Seite auch Colle della Maddalena genannte Pass markiert die Grenze zwischen Frankreich und Italien und bildet eine 1991 Meter hohe, aber recht flach verlaufende Alpenquerung. Er verbindet das idyllische französische Vallée de l'Ubaye mit dem nicht minder sehenswerten Valle Stura di De-

Herrlich freie Pisten sind in den Alpen auch zur Ferienzeit zu finden.

monte, und gleichwohl die Straße eine direkte Verbindung zwischen Frankreich und Italien darstellt, ist die gut ausgebaute Route erfreulich wenig befahren.

Col de l'Orme – Nr. 99

Den vorletzten Pass aus dieser Sammlung darf ich Ihnen vor allem dann ans Bikerherz legen, wenn Sie viel Zeit mitbringen. Zeit, um am Col de l'Orme ausgiebig und vielleicht sogar herrlich ziellos zu touren. Folgen Sie einfach an jedem Abzweig dem schönsten Ausblick und genießen Sie die Kurvenhatz durch einen der landschaftlich schönsten Abschnitte der Seealpen.

Col de Manse – Nr. 85

Der Col de Manse im Nordosten von Gap ist so unbekannt, dass Sie schon eine sehr hochauflösende Straßenkarte benötigen, um seine Scheitelhöhe zu entdecken. Und um seine Schönheit – bestehend aus den beiden Passrampen im Norden und Süden – zu erfahren. Denn die Gefahr, einfach auf eine auskömmlich breite Landstraße (falsch) abzubiegen, ist hier besonders groß. Deshalb habe ich Ihnen sämtliche Weiler und Gehöfte aufgezählt, durch die meine Reise über den Col de Manse führt.

Prächtige Haute-Provence – man spürt den Hauch des Südens.

Col de Méraillet – Nr. 76

Die über den Col de Méraillet führende französische Landstraße D 902 verbindet Beaufort im Westen mit Bourg-Saint-Maurice im Tal der Isère im Osten und ist mit ihren bereits deutlich hochalpinen Landschaften Bestandteil der Route des Grandes Alpes. Zudem ist sie die fahrerisch deutlich einfachere Alternative zum nahe liegenden Col du Pré und auf ganzer Strecke bedenkenlos anfängertauglich.

Col de Moissière – Nr. 87

Die über den Col de Moissière führende sehr einsame und vor allem auf ihrer Südrampe extrem kurvige D 213 verbindet das Bergdorf Ancelle mit dem Ort Chorges am prächtigen Lac de Serre-Ponçon. Für diesen Pass sollten Sie sich unbedingt eines einpacken – ein Picknick. Denn die sich rund um das Passschild drapierende Hochebene bietet in alle Himmelsrichtungen derart herrliche Ausblicke, dass auch Sie auf die Idee kommen werden, hier oben einen ausgiebigen Boxenstopp einzulegen. Ja, an richtig klaren Tagen soll man im Norden sogar den Mont Blanc aufblitzen sehen, zu erkennen an seiner gletscherweißen Spitze.

Col de Montgenèvre – Nr. 83

Die Strecke über den Col du Montgenèvre ist eine hervorragend ausgebaute Direktverbindung zwischen Briançon und Cesana Torinese. Zugegeben, mit dem Galibier, dem Lautaret, Izoard und auch Valbelle ist die unmittelbare Umgebung um das prächtige Festungsstädtchen Briançon derart reich »gespickt« mit namhaften Alpenpässen, dass der Col de Montgenèvre durchaus leicht in Vergessenheit geraten könnte. Dennoch sollten Sie sich diesen Abstecher gönnen. Erstens ist er nicht besonders lang, zweitens leicht zu fahren und drittens auch notfalls innerhalb von maximal zwei Stunden auf unserem Lebens-Roadbook »abgehakt«.

Col de Sarenne – Nr. 81

Auch das Passschild am Col de Sarenne ist so unscheinbar winzig, dass unser Beweisfoto zur echten Herausforderung werden kann. Der Col de Sarenne ist die östliche Fortset-

Boxenstopps, wo immer wir wollen – das ist einer der Genüsse beim Motorradfahren.

zung des vor allem unter Rennradlern weltberühmten Aufstiegs nach L'Alpe d'Huez. Doch die Radler scheinen nach der Eroberung des Alpe d'Huez so erschöpft zu sein, dass kaum einer von ihnen die restlichen 10 Kilometer noch in Angriff nimmt. Gut für uns, dann haben wir die Strecke weitgehend für uns allein.

Col de Toutes Aures – Nr. 94

Der Col de Toutes Aures ist ein recht flacher Scheitelpunkt zwischen den Flusstälern von Var und Verdon und als Nationalstraße 202 eine verkehrstechnisch wichtige Verbindung zwischen Digne-les-Bains und dem Hinterland der Côte d'Azur. Vor allem zur Rushhour ist hier auf der N202 mit Verkehr zu rechnen. Jedoch tagsüber sowie an Wochenenden begeistert die gut ausgebaute Strecke immer wieder mit überraschender Einsamkeit. Die Westanfahrt führt entlang der Uferlinie des malerischen Lac de Castillon und bietet immer wieder aussichtsreiche Plätze für ein Picknick direkt am Ufer des türkisfarbenen Sees.

Col de Trechauffe – Nr. 67

Sowohl der Col du Grand Taillet direkt auf dem Abzweig als auch die Sackgasse selbst zum Col de Trechauffe sind spärlich ausgeschildert, beide Pässe liegen direkt in Sichtweite zum Südufer des Genfer Sees. Für die Anfahrt von Westen habe ich alle Orte und Weiler chronologisch aufgezählt, damit Sie dieses herrliche Fleckchen Haute-Savoie garantiert entdecken.

Col de Turini – Nr. 98

Der Pass liegt direkt im Hinterland der französischen Riviera und besitzt mit 1607 Metern durchaus alpine Höhe. Rund um die Passhöhe breitet sich die äußere, recht dünn besiedelte Zone des Nationalparks Mercantour aus, der Scheitelpunkt des Turini ist von drei Seiten erreichbar – vom nordwestlich gelegenen Roquebillière, vom südwestlich gelegenen L'Escarène sowie dem südöstlich liegenden Sospel.

Col des Champs – Nr. 92

Der Col des Champs gehört zu den eher unbekannten Pässen dieses Buches, die wir nur bei einwandfreien Wetterverhältnissen erfahren sollten. Vor allem bei Nässe ist die Piste rund um den Scheitelpunkt vergleichsweise gefährlich, ja in den eingelassenen Wasserrinnen können bei Regen ganze Sturzbäche zu Tal rauschen. Der Pass verbindet Colmars im Tal des Verdon mit Guillaumes in den provenzalischen Alpen, im Tal des Var in der Region Provence-Alpes-Côte d'Azur. Zudem bildet er die direkte Verbindung zwischen dem Col d'-

Imposanter geht's nimmer – die Passhöhe des Izoard.

Allos und dem Col de la Cayolle (siehe Band 1 dieser Pässesammlung)

Col des Saisies – Nr. 74

Der Col des Saisies ist Bestandteil der legendären Route des Grandes Alpes, Frankreichs schönster und anspruchsvollster Panoramastraße. Seine fahrerische Besonderheit ist nicht entlang seines Gipfelplateaus zu suchen, sondern nahe seiner beiden Basisorte. Denn um den Col des Saisies zu erobern, stehen uns sowohl kurz nach Flumet als auch im Abstieg nach Beaufort jeweils zwei alternative Rampen zur Verfügung, die jede für sich ein fahrerischer Leckerbissen sind. Nehmen Sie sich also unbedingt Zeit für diesen Pass.

Col d'Izoard – Nr. 84

Gleichwohl der Col d'Izoard zu den höchsten Pässen der Hauptstrecke der Route des Grandes Alpes gehört, wird er im Reigen der ganz großen Seealpenpässe gerne einmal übersehen. Beide Rampen sind fahrerisch äußerst ansprechend und führen durch grandiose hochalpine Landschaften. Die Passstraße verbindet Briançon mit Guillestre auf einer Nebenstrecke – und das ist schon das erste Highlight des Izoard. Denn sämtlicher Last- und Durchgangsverkehr entscheidet sich stets für die wesentlich schnellere Route via N94 – den Pass hingegen wählen die Genießer. Also wir Biker zum Beispiel.

Col du Corbier – Nr. 65

Der Pass zählt zu den bekanntesten Scheitelpunkten in der mit Pässen so reich gesegneten Region Haute-Savoie. Die gut ausgebaute Straße verbindet die beiden beschaulichen Bergdörfer Seytroux und Bonnevaux und begeistert sogar durch eine Handvoll waschechter Spitzkehren auf beiden Seiten des Passes. Das Highlight ist aber sicherlich die schöne, fast schon alpine Landschaft, in der dieser Bergübergang liegt. In Kombination mit einer erlebenswerten Streckenführung bietet sich hier ein Motorradvergnügen der geruhsamen Art, das auch Fahranfänger wohl niemals überfordert.

Col du Corobin – Nr. 93

Der Col du Corobin ist ein ganz »schüchterner« Geselle, er liegt an einer kaum ausgeschilderten Alternativstrecke zur legendären Route Napoléon, der RN 85 von Digne-les-Bains nach Barrême. Und er besitzt sogar einen eigenen »Vor-Pass«, der ebenfalls auf beinahe keiner Straßenkarte zu finden ist: der Col de Pierre Basse mit 1065 Höhenmetern. Auf der über beide Pässe führenden Landstraße D 20 müssen Sie selbst zur Hauptferienzeit im

Sommer kaum mit Verkehr rechnen, die Piste gehört Ihnen und allenfalls einigen Naturfreunden, die sich in die idyllischen Ausläufer der Haute-Provence verliebt oder auch verirrt haben.

Col du Fanget – Nr. 88

Der Col du Fanget, ab und an auch fälschlicherweise Franget geschrieben, ist ein Pass in der Haute-Provence, den man beim Blick auf eine hochauflösende Straßenkarte – und nur dort wird man ihn überhaupt entdecken – sehr leicht unterschätzen kann. Denn die Schwierigkeiten des Passes liegen nicht etwa in einer Vielzahl an Kehren, sondern an den zum Teil erheblichen Steigungen seiner Südrampe. Der Pass liegt an der äußerst wenig befahrenen Straßenverbindung D 7 zwischen Seyne und Digne-les-Bains.

Col du Feu – Nr. 68

Der Pass ist eines der nördlichen »Tore« nach Hochsavoien, die kurvenreiche Landstraße D 36 verbindet Orcier nahe des Südufers des Genfer Sees mit Lullin am Nordrand der Haute-Savoie. Beide Rampen sind schmal, aber gut ausgebaut und nicht nur anfängergeeignet, sondern sie erlauben auch ein recht zügiges Vorankommen. Oben am Scheitelpunkt des Col du Feu wurden die Wälder deutlich ausgedünnt, um das Holz zu vermarkten. Bemerkenswerter Nebeneffekt sind die jetzt oftmals freien Ausblicke auf die umliegenden Hügelwelten.

Col du Grand Taillet – Nr. 66

Die Passstrecken des Col du Grand Taillet sind spärlich bis gar nicht ausgeschildert, der Aufstieg beginnt im Weiler La Vernaz südöstlich von Thonon-les-Bains. Hier suchen wir uns die D 22 gen Norden, die D 902 sowie die D 122 zum Kurventanz hinauf nach Le Cruet und La Forclaz. Die Passhöhe des Grand Taillet ist dicht bewaldet, das Passschild aber leicht zu erkennen. Und direkt hier zweigt gen Südosten die Sackgasse zum Col de Trechauffe ab.

Col du Labouret – Nr. 89

Die Scheitelhöhe des Col du Labouret ist die hässlichste dieses Buches – mit Abstand! Warum ich ihn dennoch aufgenommen habe, werden Sie erst verstehen, wenn Sie ihn erfahren haben. Der Col du Labouret ist die Alternative zur Piste über den Col du Fanget, auch er verbindet das hübsche Bergdorf Seyne mit dem Städtchen Digne-les-Bains, führt aber durch den dicht bewaldeten Parc Forrestier Demontzey, eine wichtige »grüne Lunge« der gesamten Region.

Col du Mollard – Nr. 80

Eigentlich ist der Col du Mollard mit seinen 1640 Höhenmetern ein einfacher Mittelgebirgspass inmitten einer lebensabendgeeigneten Berglandschaft in Savoyen. Doch ganz gleich welche Anfahrt Sie zur Passhöhe auch wählen, immer haben Sie ein Kehrenpotpourri vor sich, das fahrerisch mindestens als mittelschwer einzustufen ist. Mein Vorschlag, der südlich von Saint-Jean-de-Maurienne beginnt, ist fahrerisch sogar derart anspruchsvoll, dass ich ihn Anfängern und Gelegenheitsbikern vorsichtshalber nicht empfehlen möchte.

Col du Mont Cenis – Nr. 78

Der Pass liegt offiziell zwar nur auf einer Nebenstrecke der Route des Grandes Alpes, dennoch lohnt es sich, diesen Pass im Grenzland zwischen dem französischen Département Savoie und der italienischen Provinz Tu-

Für den Entdecker in uns gibt es viel Neuland in diesem Buch.

rin in unsere Tourenplanung einzubauen. Seine Basisorte sind Lanslebourg-Mont-Cenis und das italienische Susa. Der von Italien kommend als Colle del Moncenisio ausgeschilderte Pass ist ein südlich an das markante Massiv Mont Cenis anschließender Alpenpass, direkt auf der Grenze zwischen den sogenannten »Grajischen Alpen« im Norden und den »Cottischen Alpen« im Süden.

Col du Petit Mont Cenis – Nr. 79

Er ist einer der wenigen Pässe dieses Buches, die ich sowohl reinen Fahranfängern als auch Bikern mit Choppern, Sportmotorrädern oder auch Sporttourern nicht empfehlen kann. Deshalb habe ich den direkt am Col du Mont Cenis abzweigenden Col du Petit Mont Cenis auch nicht mit seinem »großen Bruder« kombiniert, sondern ihm ein eigenes Kapitel gegönnt.

Die zunächst noch recht dürftig asphaltierte Sackgassen-Piste zweigt gute 500 Meter nach dem Scheitelpunkt des Col du Mont Cenis noch vor dem Ufer des Stausees rechts ab und weist auf die Comune de Bramans und das Refuge du Petit Mont Cenis hin.

Endlich einmal Wanderstiefel, die herrlich duften!

Col du Pillon – Nr. 62

Dieser Pass stellt gemeinsam mit dem Col de la Croix die fahrerisch wie landschaftlich interessante Verbindung zwischen dem Rhônetal rund um Martigny und dem Berner Oberland, insbesondere dem Thunersee her. Der Pass selbst liegt im Schweizer Kanton Waadt und erschließt mit seiner Straße auch die berühmten Skigebiete rund um Les Diablerets. Sein westlicher Ausgangspunkt ist Ormont-Dessus, sein östlicher Basisort das Schweizer Alpendorf Gstaad.

Col du Pré – Nr. 75

Der Col du Pré ist die mittelschwere Alternative hinauf zum malerisch gelegenen Lac de Roselend und weiter nach Bourg-Saint-Maurice. Gleich an der Südgrenze von Beaufort beginnt der Kurventanz. Hinter Arêches erklimmen wir einen im Laufe der Jahrhunderte von Menschenhand entwaldeten Berghang mit 14 Spitzkehren und ordentlicher Steigung. Die Passhöhe des Col du Pré ist eher Marke »nett«, dennoch für einen Boxenstopp immer zu empfehlen.

Col du Vasson – Nr. 95

Auf so mancher auch heute noch verkauften Straßenkarte wird der Col du Vasson – wenn überhaupt erwähnt – als »Col de Valberg« betitelt, ein verwirrender Kartenfehler, der sich erst vor Ort, dann allerdings sehr rasch auflöst. Vermutlicher Grund: Der Col du Vasson auf 1662 Höhenmetern westlich des Skiresorts Valberg ist eine noch recht jungfräulich betitelte Passhöhe. Das sehr informative Panoramamosaik direkt auf der idyllischen Passhöhe machte jedenfalls bei meinem letzten Besuch 2012 den Eindruck, soeben erst frisch einbetoniert worden zu sein.

Col Sant'Angelo – Nr. 27

Der Pass liegt mit dem Passo Tre Croci auf ein und derselben Landstraße im Herzen der Dolomiten nordöstlich von Cortina d'Ampezzo. Von Cortina kommend öffnet sich erst kurz

Nicht nur in den Dolomiten hat Mutter Natur ganze Arbeit geleistet.

vor dem Col Sant'Angelo das Land vor unserem Windshield und gibt den Blick frei auf eine der schönsten Postkartenidyllen Norditaliens – den malerischen Lago di Misurina, einen gewaltigen Bergsee direkt zu Füßen der »Tre Cime di Lavaredo«. Optisch ein Gedicht, aber kein Tummelplatz für Warmduscher.

Cormet de Roselend – Nr. 77

Die über den Col de Meraillet und die Cormet de Roselend führende französische Landstraße D 902 verbindet Beaufort im Westen mit Bourg-Saint-Maurice im Tal der Isère im Osten und ist Bestandteil der Route des Grandes Alpes. Der Anblick des Lac de Roselend prägt den Anstieg zum Cormet de Roselend, der bereits zehnmal Bestandteil der Tour de France war. Allerdings gehört er zur Kategorie 1, also der leichtesten. Macht aber nichts, dafür gehört die gesamte Strecke zu den abwechslungsreichsten Landstraßen der französischen Seealpen.

Eggeralm – Nr. 15

Die Eggeralm hoch oben auf einem weiten Plateau ist ein bei Kärntnern sehr beliebtes Naherholungs- und Ausflugsgebiet, dessen Panoramastraße zwar offiziell diese Bezeichnung (noch) nicht trägt, aber dennoch unzweifelhaft verdient. Der Aufstieg zur Alm beginnt im Süden von Hermagor, die ordentlich betonierte Piste windet sich in 16 Kehren und einigen Kurven bergan bis hinauf auf gut 1400 Meter Höhe entlang der Nordseite des Karnischen Kamms. Die einstige Weiterfahrt nach Osten über die dort liegenden Almen zum Kesselwaldsattel und wieder hinab in das Gailtal ist seit einigen Jahren für den Durchgangsverkehr gesperrt.

Flumserberg Höhenstraße – Nr. 49

Eigentlich ist der Flumserberg hoch über dem Walensee im Schweizer Kanton Sankt Gallen ein beliebtes Wintersportgebiet. Doch von Frühling bis Herbst hat es vor allem dem erkundungsfreudigen Biker viel zu bieten. Und das auf oftmals freier Piste fernab von Stau und Hektik. In Mels im lieblichen Seeztal unweit von Sargans beginnt der sanfte Anstieg, anschließend zieht sich die panoramareiche Hangstraße am Westrand des Seeztales den Berg hinauf. Immer wieder begeistern die Ausblicke nicht nur hinunter auf den Walensee und das umliegende Heidiland, sondern vor allem auch auf die mächtige Wand der Churfirsten.

Forcella di Lavardet – Nr. 21

Die Forcella di Lavardet und ihre »Schwester« Sella di Razzo liegen auf der gleichen Landstraße beginnend im Weiler Vigo di Cadore im Cadoretal. Die Piste windet sich sogleich Rich-

Auch für die »Heizerfraktion« habe ich einige Pässe in diesem Buch versammelt.

tung Osten und führt über beide Passhöhen bis nach Comeglians. Landschaftlich und fahrerisch ein Leckerbissen der nahezu unbekannten Art. Viel Spaß dabei.

Forcella di Lius – Nr. 16

Das landschaftlich sehr schöne Passsträßchen verbindet Paluzza im Westen mit Paularo im Osten der Karnischen Alpen. 24 Kehren auf 14 Kilometer Länge – allein diese Tatsache rechtfertigt es schon, die nicht besonders hochalpine Piste dennoch in dieses Buch aufzunehmen. Und wenn ich Ihnen dann noch berichte, dass wir die panoramareiche Passstraße allerhöchstens mit wenigen Anwohnern und ihren Kleinwagen sowie einigen Mountainbikern teilen müssen, dann werden Sie den Minipass bei Ihrem nächsten Besuch in Friaul sicherlich gerne in Ihr Tourenprogramm einbauen. Es lohnt sich!

Forcella Staulanza – Nr. 29

Haben Sie noch nie vom Forcella Staulanza oder auch Passo Staulanza gehört? Nun, wahrlich kein Grund, sich zu schämen, gehört der mit 1770 Metern mittelhohe Pass doch unzweifelhaft zu den nahezu unbekannten Riesen im Reigen aller Dolomitenpässe. Der Pass verbindet das Val Fiorentina im Norden mit den Zoldotal im Süden. Die landschaftlich sehr abwechslungsreiche Strecke verläuft zwar überwiegend durch Wälder, beschert uns aber dennoch reichlich Fahrspaß. Auf der Passhöhe liegt eine bewirtschaftete Hütte, die auch als Bikertreff vor allem an Wochenenden sehr beliebt ist. Liegen doch all die namhaften Dolomitenpässe im Grunde hier gleich um die Ecke.

Furkajoch – Nr. 45

Das Vorarlberger Furkajoch ist ein landschaftlich sehr schön gelegenes Joch und zudem die höchste befahrbare Strecke des Bregenzerwaldes, das Joch verbindet das Latenser Tal mit dem Tal der Bregenzerach. Der Begriff »Furka« allein für sich genommen bedeutet bereits Bergpass, sodass die Zusammensetzung mit dem Wort »Joch« quasi »doppelt gemoppelt« ist. Lassen wir uns dadurch aber ja nicht abhalten, das Furkajoch fahrerisch zu genießen. Es eignet sich als perfekte Ergänzung zum Beispiel zum nahe liegenden Faschinajoch oder auch dem Hochtannbergpass.

Geolsalpe und Gartalm – Nr. 40

Diese prächtige, aber auch fordernde Sackgasse am Westhang des Zillertales habe ich vor einigen Jahren mehr durch Zufall entdeckt. War ich doch auf der Suche nach dem nördlichen Einstieg in die Zillertaler Höhenstraße zu früh abgebogen und fand mich auf einmal auf einem freigegeben Almweg wieder, der mit winzigen Wegweisern auf zwei Almen deutete – eben jene Geolsalpe und Gartalm. Dort entdeckte ich eine Almenlandschaft, wie man sie heutzutage nur noch sehr selten im Mopedsattel erreichen darf. Das Ganze garniert mit herrlichen Ausblicken auf das weit unten liegende Zillertal – übrigens insgesamt auch eine der schönsten Tourendestinationen Tirols.

Griesalp – Nr. 58

Diese panoramareiche Sackgasse ist nichts für Fahranfänger oder Gelegenheitsmotorradfahrer. Ja, selbst alpenerfahrene Biker habe ich an der Mautstelle im Kiental schon umkehren sehen. Denn die letzten Kilometer hinauf zum herrlichen Almplateau auf der Griesalp zählen zu den schwersten Strecken, die ich jemals im

Motorradsattel erobert habe. Die Mautstraße hinauf zur Griesalp ist mit bis zu 28 Prozent Steigung die steilste Postbusstrecke Europas. Dieser Satz schildert schon die gesamte Problematik der Strecke – eine enorme Steigung, hautenge Kehren und ein regelmäßig verkehrender, die Piste komplett ausfüllender Postbus mit polizeiähnlicher Weisungsbefugnis.

Gurnigel-Pass – Nr. 57

Der Gurnigel ist ein äußerst markanter Höhenzug im Kanton Bern, der gleichnamige Pass überwindet diesen auf einer Höhe von gut 1608 Metern. Der Hauptgipfel des Höhenzuges, der Ober-Gurnigel ist nur zu Fuß von der Passstraße aus in gut 30 Minuten erreichbar, der Weg beginnt am Gurnigel beim Berghaus mit Wegweiser zur Gurnigel-Berghütte. Die fahrerisch abwechslungsreichste Variante der Passquerung des Gurnigels beginnt im Ort Plaffeien im Westen und führt über Rüti nach Riggisberg im Osten.

Hengstpass – Nr. 5

Der gut 1000 Meter hoch gelegene Gebirgspass gehört zu den unbekannten Höhepunkten dieser Pässesammlung. Er liegt direkt auf der Grenze zwischen den Bundesländern Oberösterreich und Steiermark. Fahrerisch zu keiner Zeit anspruchsvoll begeistert er uns Biker vor allem durch die fast schon hochalpine Landschaft, in der er liegt. Ebenso faszinierend sind auch die Highlights rund um seinen Basisort Windischgarsten – zum Beispiel das Hochplateau von Hinterstoder, von Frühling bis Spätherbst ein sowohl landschaftlicher als auch optischer Hochgenuss.

Ibergeregg – Nr. 51

Fahrerisch einfach, aber dennoch ein sehr beliebter Töfftreff der Schweizer Biker – so lässt sich die Ibergeregg kurz beschreiben. Etwas ausführlicher formuliert dann etwa so: Die Ibergeregg ist ein weitgehend unbekannter Pass im Kanton Schwyz, der die Ortschaften Schwyz und Oberiberg miteinander verbindet. Und schon mit dem Ausgangsort Schwyz haben wir ein typisches Schweizer Städtchen, dessen Geschichte wohl kaum spannender hätte verlaufen können.

Iselsbergpass – Nr. 23

Vor allem die »Heizerfraktion« unter uns Bikern wird diesen fahrerischen Leckerbissen lieben, denn der perfekt ausgebaute Iselsberg erlaubt das überaus flotte Vorankommen auf der gesamten Strecke. Einziges Limit ist hier das österreichische Gesetz, das bei 100 km/h auf Landstraßen und 50 km/h in Ortschaften entlang der Strecke unsere Grenzen definiert. Der westliche Ausgangsort Lienz ist eine der schönsten und sonnenverwöhntesten Städte Österreichs, im Nordosten erwartet uns dann Winklern als Einstieg zur Großglockner Hochalpenstraße.

Kalser Glocknerstraße – Nr. 24

Im Schatten des Ruhmes der Großglockner Hochalpenstraße liegt zu Füßen eben jenes Felsriesen ein landschaftliches und fahrerisches Kleinod, das ich jedem Motorradfahrer nur wärmstens ans Bikerherz legen kann – die Kalser Glocknerstraße am Südfuß des Großglockners. Wer die Hohen Tauern erkundet und diese Piste übersieht, macht einen großen Fehler. Bei Huben im Iseltal zweigt die Straße nach Kals am Großglockner rechts ab. Unversehens und innerhalb weniger Meter lassen wir allen Verkehr und alle Hektik hinter uns zurück und wedeln auf einer kehren- und aussichtsreichen Piste hinauf in das Herz der Tauern.

Noch recht unbekannt: die prächtige Kalser Glocknerstraße

Auch hier haben echte Biker die Streckenplanung übernommen.

Lenzerheide-Pass – Nr. 46

Lenzerheide als Ort wird vor allem Skifahrern ein Begriff sein, dass ganz nahebei auch der gleichnamige Pass liegt, ist oftmals unbekannt. Die von Chur nach Tiefencastel führende Kantonsstrasse 3 wird oftmals nur als Lenzerheide bezeichnet, wobei Lenzerheide-Pass die korrekte Bezeichnung wäre. Dessen Scheitelpunkt liegt allerdings nicht im Ort selbst oder gar am idyllischen Heidsee, sondern bereits kurz vorher zwischen den Ortschaften Parpan und Valbella.

Monte San Simeone (Höhenstraße) – Nr. 14

28 atemberaubende Spitzkehren auf nicht einmal 10 Kilometer Länge, das Ganze garniert mit Rollsplitt, Steinen, Laub, Geäst und unbeleuchteten Einspur-Tunnels – wer diese Sackgasse erfahren will, der sollte über ein gerüttelt Maß an Erfahrung im Mopedsattel verfügen. Als Belohnung gibt es grenzenlose Ausblicke, echte Bergeinsamkeit und das gute Gefühl, ein Stück Wildnis erkundet zu haben. Gleich nordwestlich von Bordano zweigt die Zufahrt zum Monte San Simeone ab und führt kurvenreich entlang der Südflanke des Monte San Simeone bergan.

Niederalpl – Nr. 6

Der, die oder gar das Niederalpl – ganz gleich, welchen Artikel Sie vor den 1222 Meter hohen Passübergang in den Mürzsteger Alpen in der Steiermark setzen, Sie werden merken – kaum jemand kennt ihn. Dabei hat die über den Pass führende Landesstraße 113 auch fahrerisch etwas zu bieten, nämlich Genuss pur ohne Stress und Sorgen. Die Landstraße verbindet das Mürz- mit dem Salzatal, die Passhöhe selbst ist gleichzeitig die Bezirksgrenze zwischen Mürzzuschlag und Bruck an der Mur.

Panoramica delle Vette – Nr. 17

Mein wichtigster Rat vorab: Wählen Sie die Panoramica delle Vette ausschließlich bei sommerlich schönem, klarem Wetter. Und bringen Sie Ihre alpine Erfahrung im Mopedsattel mit, dann ist diese Panoramastraße ein Genuss, an den Sie sich noch lange erinnern werden. Die Bergstrecke zieht sich von Comeglians kommend über Tualis an der Südflanke des Monte Crostis hinauf. Einige anspruchsvolle Kehren gilt es zu bewältigen, im oberen Drittel bieten sich atemberaubende Ausblicke auf die Karnischen Alpen. Spätestens jetzt wissen Sie, warum die Panoramica delle Vette zu den schönsten und reizvollsten Panoramastraßen des Friaul gehört.

Pas de Morgins – Nr. 63

Der Morginspass liegt in den nördlichen Ausläufern der französischen Seealpen direkt auf der Grenze zwischen dem Schweizer Kanton Wallis und der französischen Region Haute-Savoie und verbindet die Orte Monthey und Abondance miteinander. Oben auf der Passhöhe liegt der Grenzübergang, der an vielen Tagen im Jahr wohl unbesetzt ist. Ich habe jedenfalls noch keinerlei Kontrollen über mich ergehen lassen müssen.

Passo Brocon – Nr. 31

Der Passo Brocon, auch Passo del Brocon oder di Brocon genannt, ist die durchgehend ordentlich asphaltierte und sehr schräglagenreiche Verbindung zwischen Castello Tesino und Canal San Bovo, zwei beschaulichen Basisorten, in denen das Leben wohl nur an Tagen mit erlebenswerten Wochenmärkten pulsiert. Die Passstrecke ist vor allem auch bei Südtiroler Bikern äußerst beliebt.

Passo Coe – Nr. 34

Eine liebliche und aussichtsreiche Hügellandschaft erwartet uns hier am Übergang der südlichen Dolomiten in das gewaltige Etschtal. Der Basisort Folgaria besitzt Wurzeln, die immerhin bis in das 12. Jahrhundert zurückreichen – gen Süden geht es dann hinauf zum Passo Coe. Die verkehrsarme Straße verläuft landschaftlich sehr schön, zahlreiche Kurven und einige Kehren später stehen wir oben auf der Passhöhe mit zahlreichen Resten österreichischer Festungen aus dem Ersten Weltkrieg.

Passo del Predil / Predilpass – Nr. 11

Über den Predilpass führt zwischen Italien und Slowenien ein wenig frequentierter Grenzübergang, der neben einer zünftigen Kurvenhatz vor allem auch eines zu bieten hat – wahrlich geschichtsträchtigen Boden. 1319 wurde der Pass erstmals geplant und gebaut, später kämpften hier österreichische Truppen gegen Napoleon I. Auch im Ersten Weltkrieg gehörte er zum Kampfgebiet, wie zahlreiche gut erhaltene Festungsanlagen aus dem 19. Jahrhundert heute noch beweisen. Kurz nach dem Scheitelpunkt zweigt hier die Mangartstraße ab, eine fahrerisch höchst anspruchsvolle mautpflichtige Sackgasse hinauf zur Lahnscharte (Klanska Skrbina). Nur für sehr erfahrene Biker geeignet.

Passo del Sommo – Nr. 35

Der Passo del Sommo ist mit seinen 1343 Höhenmetern nicht nur als Ergänzung zum Passo Coe sowie dem Passo di Valbona sehr zu empfehlen – auch als eigenständige Route vom Etschtal hinüber zum herrlichen Seen-Doppelpack Lago di Caldonazzo sowie Lago di Levico ist er meine erste Wahl. Von Folgaria geht es Richtung Osten und sogleich beginnt der Anstieg hinauf zur Passhöhe inmitten einer weiten Hochebene. Das Passschild versteckt sich übrigens am Beginn der Offroadpiste zu diversen Kriegstrümmern in der Umgegend.

Passo delle Erbe / Würzjoch – Nr. 38

Das Würzjoch in Südtirol verbindet das gewaltige Eisack- mit dem Gadertal und führt auf einer Höhe von bis zu 2000 Metern über ein Hochplateau, das auch als Naherholungsgebiet der Brixener Bürger sehr beliebt ist. Gleichwohl die gesamte Strecke gut asphaltiert ist, besitzt sie in ihrem oberen Drittel einige Engstellen, die bei Gegenverkehr eine ruhige Hand und die Beherrschung des eigenen Bikes erfordern. Vor allem an schönen Sommerwochenenden ist also erhöhte Vorsicht angeraten.

Passo di Gobbera – Nr. 32

Das schmale Passsträßlein windet sich über 25 durchaus mittelschwere Serpentinen hinauf zum idyllischen Weiler Gobbera. Landschaftlich vereint der Passo di Gobbera das Valle del Vanoi mit dem Valle del Primiero. Im Winter ist die Passhöhe mit ihren umgebenden Landschaften ein beliebtes, nicht allzu schwieriges und familienfreundliches Wintersportparadies. Von Frühling bis weit in den Herbst hinein gehört die Piste dem entdeckungsfreudigen Biker nahezu ganz allein.

Untertreibt ein wenig: Schild am Passo del Sommo

Passo Rest / Forcola di Mont Rest – Nr. 18

Der offiziell als Forcola di Mont Rest geführte Passo Rest ist einer der fahrerischen Geheimtipps des Friaul. Gerade einmal 1052 Meter hoch ist er doch gespickt mit Kurven, Kehren sowie dunklen Tunnels, die unsere volle Konzentration fordern. Die Straße selbst ist in recht guten Zustand und verbindet das Tagliamentotal von Ampezzo – übrigens nicht zu verwechseln mit Cortina d'Ampezzo! – mit den Weiten Venetiens, insbesondere die venezianische Tiefebene ist am Südfuß des Passes gar nicht mehr fern.

Passo di Tanamea – Nr. 12

Der wohl nur bei Friauls Bikern bekannte Passo di Tanamea quert eine Region, in der das Leben noch niemals brummte. Eine jener typischen Grenzregionen am einstigen »Eisernen Vorhang«, die für uns heute nicht zuletzt deshalb einen ganz besonderen Reiz besitzt. Die durchgehend zweispurig ausgebaute italienische Staatsstraße SS 646 führt von Tarcento am Nordrand der venezianischen Tiefebene nach Vedronza und sodann immer weiter flussaufwärts nach Zaga in Slowenien.

Passo di Valbona – Nr. 33

Die gut ausgebaute Straße schwingt durch ein weites Hochtal östlich von Folgaria mit zahlreichen Felsengipfeln am Horizont und steigt nahezu unmerklich bergan. Das obligatorische Passschild des Valbona habe ich allerdings in all den Jahren vergebens gesucht, irgendwo rund um eine kleine Weggabelung der SP 92 musste es einmal gestanden haben. Apropos: Einige Offroadpisten zweigen entlang der Passstraße rechts und links ab und führen zu den Gipfelplateaus der umliegenden Berge. Sie sind zwar offiziell gesperrt für motorisierte Fahrzeuge, Trentiner Biker schwärmen aber von ihnen und wollen noch niemals kontrolliert worden sein.

Lag einstmals am Eisernen Vorhang: der Tanamea-Pass

Passo Duran – Nr. 30

Der Passo Duran bietet ein prächtiges Territorium, um dem schönsten Hobby der Welt ausgiebig zu frönen, den Kurvenschwung zu optimieren und die Ideallinie zu finden. Dazu sollte man sein Bike gut im Griff haben, denn die oftmals recht schmale, kurvenreiche Passstraße verlangt volle Konzentration. Gleichwohl sie 2012 auf nahezu der gesamten Länge neu und gut asphaltiert wurde, besitzt sie immer noch einige recht schmale Stellen, an denen wir für Gegenverkehr die Ideallinie immer mal wieder verlassen müssen. Die Passstrecke verbindet Agordo im Val Cordevole mit Forno di Zoldo im Val di Zoldo. Direkt auf der Passhöhe bieten sich herrliche Ausblicke zum Beispiel auf den Monte Pelmo, einen der höchsten Gipfel der Dolomiten.

Passo Furcia / Furkelpass – Nr. 39

Der Furkelpass gehört zu den Pässen der Dolomiten – ja, kein Witz, es ist ein Dolomitenpass. Zwar am nördlichen Rand des Welterbes gelegen und nicht allzu hochalpin, dennoch ein Pass, den wir unserem Lebens-Roadbook auf jeden Fall bei nächster Gelegenheit hinzufügen sollten. Der Pass liegt zwischen dem 2275 Meter hohen Felsmassiv des Kronplatzes im Norden und dem 2507 Meter hohen Piz da Peres im Süden und war sogar schon mehrmals gefürchteter Bestandteil der legendären Giro d'Italia.

Passo San Antonio – Nr. 26

29 Kehren auf 28 Kilometer Länge – das nenne ich ein gewichtiges Argument, um den

Passo San Antonio in diese Sammlung aufzunehmen. Der Pass liegt südlich der Karnischen Alpen an der Bundesstraße SS 532. Die reizvollste Fahrtrichtung ist sicherlich von Lozzo di Cadore aus gen Norden über den Lago di Santa hinauf zum Pass und dann über das Kurvengemenge um Danta di Cadore hinab nach Santo Stefano di Cadore. Wer hingegen oben auf der Passhöhe weiter Richtung Norden und damit Padola fährt, bringt sich selbst um das Vergnügen von 12 echten Spitzkehren in lichtem Mischwald.

Passo Tre Croci – Nr. 28

Von Cortina d'Ampezzo kommend begrüßt uns der Passo Tre Croci am Ende einer im Mittelteil dicht bewaldeten Strecke, die nur wenige Möglichkeiten bietet, auf das in einer alpinen Senke liegende, wohl berühmteste Dolomitenstädtchen zurückzublicken. Erst um die Passhöhe herum lichtet sich der Wald und gibt allmählich den Blick auf die imposanten Felsenregionen rund um die bei Bergsteigern legendären »Drei Zinnen« (Tre Cime di Lavaredo) frei. Der Name des Passes stammt übrigens nicht von diesen steilen Felsennadeln, sondern von drei Kreuzen, die an den Tod einer Mutter und ihrer zwei Kinder erinnern, die unweit des Passes in einem Schneesturm erfroren sein sollen.

Passo Vezzena – Nr. 36

Der Passo Vezzena ist einer der wenigen Trentinischen Pässe, der bereits auf spätmittelalterlichen Karten eingezeichnet war und deshalb eine lange, spannende Geschichte zu erzählen hat. Er liegt direkt auf der Grenze der italienischen Provinzen Trentino und Vicenza, hoch droben auf dem vor allem aus dem Ersten Weltkrieg berühmt-berüchtigten Plateau von Lusern. Die gut ausgebaute Passstraße führt von Lavarone hinauf zum Pass und schwingt sodann über eine weite Hochebene, bevor sie sich gemächlich Richtung Asiago wieder absenkt.

Passo Vizze / Pfitscher Joch – Nr. 42

Die Anfahrt zum Joch durch das Pfitschertal zählt zu den landschaftlich schönsten Routen Südtirols. Gleichwohl die letzten vier Kilometer Strecke bis hinauf zum Joch derzeit noch offroad verlaufen und meistens gesperrt sind, gibt es Überlegungen, die Piste ebenfalls für den motorisierten Verkehr freizugeben. Deshalb habe ich den Höhepunkt des vom Sterzinger Becken auf gut 1000 Höhenmetern schnurstracks nach Nordosten verlaufenden Pfitschertales hier schon einmal aufgenommen. Nach gut 25 Kilometern endet das Tal direkt in den Zillertaler Alpen am Pfitscher Joch auf einer Höhe von knapp 2250 Metern – und bald vielleicht schon direkt vor unserem Windshield.

Auch in den Dolomiten ist noch so manch unbekanntes Highlight zu entdecken.

Passwang Pass – Nr. 54

Die Passwangstrasse verläuft leicht westlich des eigentlichen Kammes und verbindet das Laufental und das sogenannte Schwarzbubenland mit Balsthal am Jura-Südrand. Balsthal gilt gleichzeitig auch als nördliches Tor in das beschauliche Schweizer Mittelland, eine Region in diesem herrlichen Alpengärtlein, die einen ganz eigenen Charakter besitzt.
Die Passstraße erreicht eine Höhe von gut 950 Meter und durchsticht die Felsenregion des Passwanggipfels in einem circa 200 Meter langen Scheiteltunnel.

Postalm Panoramastraße – Nr. 4

Die Postalm südöstlich von Salzburg ist das größte zusammenhängende Almgebiet Österreichs und mit sage und schreibe 40 Qua-

Eine der schönsten Panoramastrecken Österreichs: die Pustertaler Höhenstraße

dratkilometern immerhin noch das zweitgrößte Europas. Bereits zur Zeit der österreichischen Kaiser führte eine berühmte Poststrecke entlang dieses Plateaus nach Bad Ischl. Immer im Bergsommer wurden die Postkutschenpferde zur Erholung auf die Hochalm gebracht – der Name Postalm war geboren.

Mitte der 1980er-Jahre begann man mit dem Bau der Postalmstraße, 1988 wurde die Eröffnung zelebriert. Und wenig später wurde aufgrund der einzigartigen Ausblicke auf das gesamte Dachsteinmassiv, das Tennen- und Hagengebirge und sogar die schneebedeckten Hohen Tauern der Beiname »Panoramastraße« angehängt.

Preiner Gscheid – Nr. 7

Das Preiner Gscheid ist ein 1070 Meter hoher Gebirgspass nordwestlich vom Semmering. Direkt an der Passhöhe liegt die Grenze zwischen den österreichischen Bundesländern Steiermark und Niederösterreich, die ordentlich ausgebaute Passstraße verbindet die Orte Kapellen nördlich von Mürzzuschlag mit Reichenau an der Rax am Semmering. Die überschaubare Anzahl gut zu fahrender Kehren verteilt sich auf beide Rampen. Oben auf der Passhöhe befindet sich ein großer Parkplatz, der vor allem an Sommerwochenenden auch ein beliebter Bikertreff für all diejenigen darstellt, denen es östlich am Semmering wieder einmal zu voll, respektive zu hektisch zugeht.

Pustertaler Höhenstraße – Nr. 25

Auch die Pustertaler Höhenstraße ist ein Bikerhighlight, bei dem ich umgehend ins Schwärmen gerate. Eine der schönsten Panoramastraßen Osttirols führt am westlichen Rand von Lienz in einer Höhe von bis zu 1480 Metern über Abfaltersbach nach Vergein und Bannberg durch eine wahre Traumlandschaft abseits aller Hektik, verziert mit herrlich liegenden Höfen, winzigen Dörfern und ungezählten Kurven. Mein Tipp dazu: der Sonnenauf- oder -untergang hoch droben auf der Pustertaler Höhenstraße.

Ruppenpass – Nr. 47

Unscheinbar im Konzert der großen Alpenpässe, aber nicht minder erlebenswert – das ist der Ruppenpass auf der Grenze zwischen den Kantonen Appenzell und Sankt Gallen. Der Pass liegt zwischen den Orten Trogen und Altstätten, sein Scheitelpunkt befindet sich direkt in der Gemeinde Oberegg am Abzweig nach Sankt Anton. Bereits im frühen Mittelalter verband ein viel genutzter Saumpfad das Rheintal rund um den Markt Altstätten mit dem Appenzell im Westen. Zwischen 1837 und 1838 wurde der Saumweg zu einer befahrbaren Trasse ausgebaut.

Sattelegg – Nr. 50

Die Sattelegg ist ein Pass im Kanton Schwyz und verbindet die Orte Willerzell am Sihlsee mit Siebnen unweit des Zürichsees oder, geografisch gesagt, das Hochtal von Einsiedeln mit dem Wägital. Schon im Mittelalter war der einstmals »Miesegg« genannte Scheitel Teil des Pilgerweges vom Wägital zum Kloster Einsiedeln. Während des Zweiten Weltkrieges wurde dieser Weg zu einer Militärstraße ausgebaut und ist seit 1990 eine Kantonsstrasse (Schweizer Bundesstraße). Direkt an der Passhöhe liegt das auch bei Schweizer Bikern sehr beliebte Bergrestaurant Sattelegg in einzigartiger Lage vor dem imposanten Panorama der Glarner und Wägitaler Alpen. Vor allem an Sommerwochenenden treffen sich hier bereits früh am Morgen die Motorradfahrer, um zu gemütlichen Exkursionen in das Umland aufzubrechen.

Scheltenpass – Nr. 55

Der Scheltenpass lässt sich herrlich einfach mit dem Passwang Pass kombinieren, der Pass – übrigens von den Einheimischen auch »La Scheulte« genannt – verbindet das Schweizer Jura mit dem Kanton Solothurn. Rund um die unbewirtschaftete Passhöhe auf gut 1052 Metern sowie entlang der Westrampe liegen einige Gasthöfe, die für einen Einkehrschwung bereitstehen. Auf dem Berner Anteil der Passhöhe erhebt sich die winzige Kapelle Sankt Antonius, auf der Ostseite windet sich die Straße durch das landschaftlich äußerst reizvolle Guldental hinunter nach Ramiswil und weiter nach Balsthal.

Schlegeis Alpenstraße – Nr. 41

Er zählt zu den landschaftlichen Höhepunkten des Zillertales – der Schlegeis Stausee, tief eingegraben in die Zillertaler Alpengipfel. Direkt am Südrand von Mayrhofen beginnt die Rampe zum Speichersee, sie führt uns durch tiefe Taleinschnitte zur Ortschaft Ginzling, einem beliebten Wanderdorf im Zillertal. Acht Kehren und vier Natursteintunnel prägen die Piste, bevor sich das Blickfeld öffnet und die mächtige Betonmauer des Schlegeis Stausees in rund 1800 Meter Seehöhe vor unserem Windshield auftaucht.

Sella di Razzo – Nr. 20

Die Straße über die Sella di Razzo (sowie den Forcella di Lavardet – Nr. 21) beginnt im Weiler Vigo di Cadore im Cadoretal und windet sich Richtung Osten, immer den Wegweisern nach Cadore folgend. Die knapp zweispurige Straße ist ordentlich asphaltiert und herrlich wenig befahren, immer wieder zweigen Offroadpisten rechts und links des Lenkers ab und führen tief in die teilweise moorhaltige Hochebene. Die musste ich mir bei meinem Besuch mit der K1600GT allerdings verkneifen. Aber Wiederkommen ist hier sowieso Pflicht.

Sella di Rioda – Nr. 19

Aus dem Cadore kommend wählen wir die schmale Landstraße von Vigo di Cadore nach Comeglians, noch vor dem Sella di Razzo zweigen wir nach Süden ab und huschen über den Scheitel der Sella di Rioda Richtung Lago di Sauris. Das obligatorische Passschild taucht unvermutet rechter Hand am Wegesrand in einer weiten Senke auf, am idyllischen Lago di Sauris können wir dann unseren heftig schunkelnden Gleichgewichtssinn wieder beruhigen.

Wanderer kennen das Cadore gut – Biker sollten es unbedingt kennenlernen.

Sella Nevea / Neveasattel – Nr. 13

Die gut ausgebaute SS 13 führt von Venzone aus in weiträumigen Kurven hinauf zur Passhöhe, die direkt auf dem Gemeindegebiet von Chiusaforte liegt. Von der Sella Nevea führt eine Seilbahn hinauf zum 1850 Meter hoch gelegenen Rifugio Celso Gilberti im Kaninstock – der Sattel selbst ist im Winter ein beliebtes Ski-, von Frühling bis Herbst ein herrliches Wandergebiet. Die schmale, aber gut ausgebaute Straße stellt eine empfehlenswerte Alternative zum äußerst verkehrsreichen Val Canale dar und lohnt sich vor allem auch als Anfahrt über den Passo del Predil nach Slowenien. Ein Geheimtipp direkt am Scheitelpunkt des Sella Nevea ist die Sackgasse hinauf auf die Hochebene von Montasio.

Semmeringpass – Nr. 8

»Semmerick – der Unwirtliche« nannten die Slawen einst den berühmtesten Pass zwischen der Steiermark und Niederösterreich. Der erste Saumweg wurde 1160 angelegt, der Weiler Schottwien am Fuß des Passes wurde zu einer wichtigen Wechselstation für die Fuhrwerke, die hier doppelt so viele Pferde vorspannen mussten, um die Steigungen zu bewältigen. Bereits zu Beginn des 19. Jahrhunderts wurde eine neue Streckenführung in Angriff genommen, um 1958 wurde die Semmeringstraße dann ein drittes Mal komplett neu gebaut und erhielt ihr heutiges Gesicht.

Welch ein Erlebnis am Gardasee: die Monte Baldo Höhenstraße

Spitzingsattel – Nr. 1

Der fahrerisch unscheinbare, landschaftlich aber äußerst reizvoll gelegene Spitzingsattel befindet sich im Süden des Landkreises Miesbach direkt im Mangfallgebirge unweit der österreichischen Grenze. Die gut ausgebaute Passstraße verbindet zwei landschaftliche Perlen Bayerns miteinander, den Schliersee mit dem Spitzingsee oder, genauer gesagt, deren gleichnamige Ortschaften. Frei von Kehren windet sich die Straße hinauf zur Passhöhe auf einem weiten Plateau, das bereits herrliche Ausblicke auf den Spitzingsee erlaubt.

Strada Panoramica del Monte Baldo / Monte-Baldo-Höhenstraße – Nr. 37

Am Ostufer des legendären Gardasees wartet diese Höhenstraße, die uns an vielen Tagen im Jahr nahezu allein gehört. Im Weiler Pasola am Gardaseeufer zweigt sie ab, die Stichstraße hinauf in die Berge Richtung Monte-Baldo-Massiv. Zwei Basisorte eignen sich für den Einstieg im Süden – entweder Caprino Veronese oder Avio. Die Südrampe von Caprino aus ist einfacher zu fahren, gleich hinter Avio müssen wir 18 Spitzkehren auf engstem Raum bewältigen, das ist kein Terrain für den Anfänger im Sattel.

Trattberg Panoramastraße – Nr. 3

Der Trattberg ist ein beliebter Aussichtsgipfel südöstlich von Hallein im Salzburger Land. Bis heute gilt er nicht nur als Geheimtipp für herrliche Wanderungen, auch bei Motorradfahrern des Salzburger Landes gilt die mitten in diese Gebirgsgruppe führende Trattberg Panoramastraße ebenfalls als echter Tipp für Kenner. Ab Sankt Koloman beginnt schon der Kurventanz, die Sackgasse hinauf zum Trattberg ist ausgeschildert.

Ursprungpass – Nr. 2

Der Ursprungpass führt uns durch das südlich von Bayrischzell anschließende Ursprungtal

Noch eine Sackgasse für den Genießer in uns

und ist so genüsslich, dass wir vor lauter Schwelgen leicht an der »Passhöhe« vorbeirauschen. Der Pass liegt direkt in den Bayerischen Voralpen, sowohl das Ursprung- wie auch das gen Osten anschließende Thierseetal sind von urzeitlichen Flussläufen geprägt. Entlang prächtiger Almen windet sich die Straße über die Grenze nach Österreich und führt in genüsslichem Kurventanz hinab nach Kufstein.

Val d'Hérens / Val d'Hérémence – Nr. 59

Diese beiden Panoramasackgassen zählen zu den schönsten Pisten des Wallis. Bringen Sie unbedingt genügend Zeit mit, denn Sie sollten beide Sackgassen bis zu ihrem ultimativen Talschluss befahren und keinesfalls zu früh wenden. Südlich von Sion beginnt der Einstieg, den wir über Veysonnaz und Les-Mayens-de-Sion wählen sollten. Dann bekommen wir schon die ersten 23 Kehren »geschenkt« – es werden aber noch viele mehr werden bis zum Ende dieses Tourentages.

Wasserfluh – Nr. 48

Die Wasserfluh ist einer jener Schweizer Pässe, die sogar bei überzeugten Schweizer Töfffahrern recht unbekannt sind und auf Anhieb selbst auf einer hochauflösenden Straßenkarte nicht lokalisiert werden können. Die Wasserfluh liegt im Toggenburg im Schweizer Kanton St. Gallen und verbindet das am Fluss Thur gelegene Städtchen Lichtensteig mit den im Neckertal liegenden Ortschaften Brunnadern und Sankt Peterzell. Die Passstraße zählt zu den gemütlichsten Strecken der Region und bietet herrliche Ausblicke auf das umliegende Land.

Weinebene – Nr. 10

Die bis in eine Höhe von 1670 Meter kurvende, gut ausgebaute Passstraße verbindet Wolfsberg in Kärnten mit Deutschlandsberg in der Steiermark. Tatsächlich bildet die Natur dort einen Sattel zwischen zwei Almgebieten. Der etwas irreführende Name stammt übrigens vom Umladen von Frachtgütern, die über den Pass transportiert wurden. Er hat nichts mit dem Thema Wein gemein.

Zeinisjoch – Nr. 43

Als ich das erste Mal die geniale Silvretta Hochalpenstraße befuhr, bin ich im Rausch der Kurven schlichtweg am winzigen Abzweig zum Zeinisjoch vorbeigebrettert. Ein Fehler, den Sie keinesfalls begehen sollten. Gleichwohl der Abstecher hinauf zum Zeinisjoch nur acht Kilometer Fahrspaß verspricht, gleichwohl die Strecke oben am Joch direkt auf der Rhein-Donau-Wasserscheide als Sackgasse endet und gleichwohl die existierende Westrampe nur mit – schwer zu erhaltender – Sondergenehmigung befahren werden kann, lohnt der Weg bergan auf jeden Fall. Versprochen!

Nein – ich möchte nicht tauschen! Boote auf dem Genfer See

TRIUMPH

LÄNDERINFORMATIONEN

Aufgepasst: Fremde Länder – fremde Sitten!

Länderinformationen Österreich

Unser Lieblingsnachbarland Österreich hat auch an den neuen Pässen dieses Buchs einen bedeutenden Anteil – widmen wir uns also kurz den motorradrelevanten Reiseinformationen.

Österreichs perfektes Bikerklima

Der Osten Österreichs ist geprägt von kalten, wenig niederschlagsreichen Wintern und heißen, oftmals trockenen Sommern. Die Temperaturen reichen von 2 °C im Winter bis weit über 30 °C am hochsommerlichen Neusiedler See. Der Westen des Landes genießt mildere, aber durchaus schneereiche Winter sowie gemäßigt warme Sommer mit Durchschnittstemperaturen um 24 °C. Ein eigenes Klima schaffen allerdings die Berge Österreichs, deren hochalpine Lagen schneereiche, kalte und so manches Mal auch lang anhaltende Winter erleben. Die schneefreie Zeit reduziert sich auf die Monate Mai/Juni bis Oktober mit Temperaturen bis 25 °C.

Nicht nur der ÖAMTC informiert auf seiner Webseite (www.oeamtc.at) jederzeit topaktuell über die Straßenverhältnisse. Auch das deutsche Pendant ADAC bietet ebenso umfangreiche Informationen dazu an (www.adac.de).

Österreichs Besonderheiten im Verkehr

- Geschwindigkeitslimits sind innerorts 50, außerorts 100 sowie auf Autobahnen generell 130 km/h – in der Nacht für die Tauern-, Inntal-, Brenner- und Rheintalautobahn zwischen 22 und 5 Uhr maximal 110 km/h.
- Verbandsbeutel, Warnweste: Motorräder müssen einen Verbandsbeutel mitführen, der geeignetes Material zur Wundversorgung enthält und staubdicht verpackt ist. Eine Warnweste ist nicht vorgeschrieben, aber dennoch empfehlenswert.
- Helmpflicht: In Österreich gilt Helmpflicht! Zugelassen sind nur Helme, die der ECE-Norm 22-05 entsprechen.
- Beleuchtung: Motorräder müssen auch tagsüber mit Licht gefahren werden.

- Fahrverhalten: Das vorsichtige Vorbeifahren am »angehaltenen Autoverkehr« ist in Österreich inner- und außerorts erlaubt, wenn ein Seitenabstand von 1,4 bis 2 Metern eingehalten wird und abbiegende Fahrzeuge nicht behindert werden. Das Überfahren von Sperrlinien oder Haltelinien vor einer Ampel ist verboten.
- ACHTUNG: Vorfahrtsberechtigte verlieren durch Anhalten die Vorfahrt.
- Vignetten, Maut: Vignettenpflicht gilt auf allen Autobahnen sowie Schnellstraßen (Kennzeichnung »mautpflichtig«), die Vignette ist gut sichtbar an einem nicht oder nur schwer (mit Werkzeug) zu entfernenden Bestandteil des Motorrades anzukleben. Nicht oder falsch angebrachte Vignetten gelten als ungültig, es drohen hohe Bußgelder ab 300 Euro.

Apropos: Österreichs Strafzettel erreichen Sie auch daheim in Deutschland! Vor allem Überholverbote, aber auch die Missachtung der Mautpflicht können mit drastischen Strafen geahndet werden. Wer dann glaubt, außerhalb des Landes Ruhe zu haben, der irrt: Alle Strafzettel der Alpenrepublik über 25 Euro werden schon seit Jahren nach Deutschland geschickt und hier strafrechtlich verfolgt.

NOTRUFNUMMERN IN ÖSTERREICH

Polizei 133
Feuerwehr 122
Rettungsdienst 144
ÖAMTC 120

Länderinformationen Schweiz

Die Schweiz ist das Alpengärtlein Europas, bereits in Band 1 versammeln sich die berühmtesten Pässe des Landes. In diesem Buch folgen weitere Höhepunkte und passend dazu die wichtigsten Infos.

Das Schweizer Klima – vielfältig wie das Land

Der höchste Punkt des Landes ist die in den Walliser Alpen gelegene Dufourspitze im Monte-Rosa-Massiv mit 4634 Metern. Der tiefste Punkt liegt am Ufer des Lago Maggiore mit gerade einmal 195 Metern. Allein aus diesen Höhenunterschieden lässt sich auch die Vielfalt des Schweizer Klimas ableiten. Von den ganzjährig milden Regionen des Bodensees reicht die Bandbreite bis zum ewigen Eis der Gletscherregionen der Berner und Walliser Alpengipfel.

Nördlich der Alpen herrscht gemäßigtes, meistens von ozeanischen Winden geprägtes, mitteleuropäisches Klima, südlich der Alpen ist es eher mediterran. Aufgrund der enormen Höhenunterschiede ist das Klima jedoch regional oftmals sehr unterschiedlich.

Während in der Innerschweiz, in den meisten Alpentälern sowie dem Tessin die durchschnittliche Niederschlagsmenge bei gut 2000 Milimeter pro Jahr liegt, beträgt sie im Wallis gerade einmal 500 Milimeter. Im Mittelland regnet es zwischen 1000 und 1500 Milimeter. Die Temperaturverteilung in der Schweiz ist primär natürlich abhängig von der Höhenlage. Der Westen schneidet dabei mit +1 bis +2 °C im Schnitt etwas wärmer ab, als der Osten, im Sommer steigen die mittleren Temperaturen auf 16 bis 19 °C, in den Tälern nördlich der Alpen klettern sie tageweise auf angenehme 25 °C und mehr. Der in der Statistik wärmste Ort ist Locarno mit Spitzenwerten von über 30 °C sowie einem Jahresmittel von immerhin 11 °C. Der Rekordwert der Schweiz liegt allerdings bei 41,5 °C, gemessen am 11. August 2003 in Grono in Graubünden.

Das Schweizer Mittelland ist berüchtigt für seine ausgedehnten Nebellagen. Besonders häufig ist der Nebel entlang der Aare, der Reuss wie auch im Thurgau, wo er sich vor allem im Herbst, aber auch im frühen Frühling über mehrere Wochen halten kann. Die Schweizer Winde sind der milde Föhn sowie die kalte Bise, beide mit vergleichsweise niedrigen Windgeschwindigkeiten.

Die Schweizer Besonderheiten im Verkehr

Die Schweizer Verkehrsregeln, insbesondere die Tempolimits, werden vergleichsweise strikt und flächendeckend kontrolliert und können bei Missachtung heftige und vor allem teure Strafen nach sich ziehen. Als generelle Tempolimits gelten

- innerorts 50 km/h,
- auf Landstraßen 80 km/h,
- auf Schnellstraßen 100 km/h,
- auf Autobahnen 120 km/h.

Auf Schnellstraßen und Autobahnen wird nicht mehr explizit auf das landesweite Tempolimit hingewiesen. Also unbedingt das einzige Hinweisschild bei Grenzüberschreitung im Hinterkopf abspeichern. Die Einhaltung der Limits wird mittels Radarmessungen und Fotos von hinten beziehungsweise von hinten und frontal überwacht. Die Geldbußen sind recht drakonisch. Höhere Überschreitungen haben oftmals Gerichtsverfahren zur Folge.

Verkehrsverstöße verjähren in der Schweiz nach zwei Jahren, Bußgeldbescheide können bis zu drei Jahre lang vollstreckt werden, auch z. B. bei Grenzübertritt. Zudem ist die EU-weite Vollstreckung von Bußgeldbescheiden ab 70 Euro inzwischen beschlossen und geregelt.

Achtung GPS'ler: In der Schweiz dürfen Radaranlagenwarner – auch sogenannte POI-Warner – nicht mitgeführt werden, sofern Radaranlagen-Standorte als POIs abgespeichert sind. Selbst das rechtzeitige Ausschalten des Alarms schützt nicht vor Beschlagnahme des Gerätes. Zudem können empfindliche Bußgelder von bis zu 400 Schweizer Franken verhängt werden. Und verlassen Sie sich nicht darauf, dass die Polizei im Ernstfall Ihr Navi nicht bedienen oder durchsuchen kann. Die kennen jedes gängige System am Lenker …

Die Schweizer Vignettenpflicht betrifft auch alle Motorräder und Mopeds. Die Vignette ist jeweils vom 1. Dezember vor und bis zum 31. Januar nach dem aufgedruckten Jahr gültig, sie muss gut sichtbar am Motorrad auf einem nicht auswechselbaren Teil angebracht werden. Windshielder werden hier als Anbringungsort akzeptiert, Klarsichtfächer von Tankrucksäcken keinesfalls. Wird man ohne gültige, direkt am Fahrzeug aufgeklebte Vignette auf einer abgabepflichtigen Straße erwischt, folgt ein drakonisches Bußgeld, zudem ist sofort eine (neue) Vignette zu kaufen.

Navis sind hilfreich, Radarwarner können nicht nur in der Schweiz teure Bußgelder nach sich ziehen.

NOTRUFNUMMERN IN DER SCHWEIZ

Polizei: 112 oder 117
Unfallrettung, Notarzt: 112 oder 118
TCS Touring Club Schweiz 0800/14 01 40

Länderinformationen Italien

Die Alpen prägen weite Teile Norditaliens zu einer in Europa, ja auf der ganzen Welt wohl einzigartigen Landschaft. Deshalb sollten wir uns vor einer Reise zu den italienischen Pässen dieses Buches auch über die Besonderheiten dieses Landes informieren.

Das Klima Norditaliens

Gleich hinter dem Brenner treffen das deutlich mediterrane Klima des Südens und der alpine Einfluss des nordeuropäischen Wetters aufeinander. Das klingt nicht nur abwechslungsreich, das ist es auch! Das Resultat dieser »Klima-Melange« sind berechenbare Wetterwechselbäder mit in den Höhen durchaus strengen Wintern, einem bereits im Februar einsetzenden Frühling, recht heißen Sommern und überaus milden Herbsttagen. Die Temperaturen reichen von angenehmen 18–24°C auf den Höhenlagen bis zu sommerlichen 30°C und mehr im Meraner Becken. Die regenreichen Monate sind November, Januar und Februar, die ideale Reisezeit für Motorradfahrer beginnt im März und reicht bis weit in die erste Novemberhälfte hinein, erst ab Dezember wird es deutlich regenreicher und kälter.

Biken im Bikerparadies Italien

Auch die Bußgelder in Italien erreichen inzwischen astronomische Höhen, ja selbst kleinste Verstöße können mit der Beschlagnahme des Bikes geahndet werden. Und Diskussionen mit der Polizei nützen in der Regel wenig, ja verschlimmern die Situation meistens noch. Doch wer die folgenden und wichtigsten Regeln beachtet, reist meistens unbeschwert.

- Als Limits gelten innerorts 50 km/h, außerorts 90 km/h, auf Schnellstraßen 110 und Autobahnen 130 km/h.
- Außerorts ist Abblendlicht auch tagsüber Pflicht.
- Ein Motorradhelm mit ECE-Zulassung (ECE R22) und eindeutig lesbarem Sicherheitsaufnäher ist Pflicht, andernfalls droht Beschlagnahme des Bikes.
- Viele Innenstädte sind »Zona di silenzio«, hier gilt Hupverbot, eine Missachtung kann richtig teuer werden.
- Linienbusse haben auf Passstraßen immer Vorfahrt.

NOTRUFNUMMERN IN ITALIEN

Polizei: 112 oder 113
Unfallrettung, Notarzt: 112 oder 118

Länderinformationen Frankreich

In diesem zweiten Band meiner schönsten Pässe werden auch die Highlights der legendären Seealpen endlich ausgiebig gewürdigt. Da diese Höhepunkte aber in natura sehr hoch aufragen, ist es besonders wichtig, vor Reiseantritt die Wetterlage zu checken.

Das Klima der Seealpen

Hochalpin ist es im nördlichen Teil der französischen Alpen – unterschätzen Sie das nicht! Zwischen Ende Oktober und Anfang Mai liegen die Grandes Alpes im Winterschlaf, ab Mai sorgen mediterrane Wetterlagen dann für einen schnellen Frühling, der rasch in den Alpensommer übergeht. Bedenkenlos frei befahrbar sind alle Pässe der Seealpen aber durchaus erst ab Juni. Und auch der Herbst in den hoch gelegenen Seealpen ist kurz, bereits ab Mitte Oktober muss mit den ersten Grüßen des Winters gerechnet werden. Ja, am Kleinen Sankt Bernhard fand ich sogar schon einmal Ende August vor meinem Windshield eine geschlossene Schneedecke auf der Piste.

Die Temperaturen steigen in den Bergen selbst an heißen Sommertagen kaum über angenehme 20 °C. An der Côte d'Azur herrschen ab Juni hochsommerliche Temperaturen bis über 30 °C.

Die Schilderflut Europas ist einmalig auf der Welt.

Biken in Frankreich

Die Geschwindigkeitslimits in Frankreich betragen innerorts 50 km/h, außerorts 90 km/h sowie auf Schnellstraßen 110 respektive Autobahnen maximal 130 km/h. Achtung Fahranfänger: Wer seinen Führerschein noch keine drei Jahre besitzt, darf außerorts höchstens 80, auf Schnellstraßen 100 und auf Autobahnen 110 km/h fahren. Bei Nässe müssen alle Verkehrsteilnehmer die Geschwindigkeit außerorts zusätzlich um 10, auf Autobahnen um 20 km/h verringern.

Die weiteren Besonderheiten im Überblick

- Im Kreisverkehr gilt eigentlich »Rechts-vor-Links«, diese Regelung wird aber in der Praxis durch die Weisung »Vous n'avez pas la priorité « umgekehrt.
- Straßenbahnen haben immer Vorfahrt.
- Parken oder Anhalten unter Brücken sowie das Parken in Tunnels oder Unterführungen ist nicht erlaubt.

Generell werden Verkehrsverstöße, insbesondere Geschwindigkeitsüberschreitungen in Frankreich strenger geahndet als in Deutschland, die Bußgelder sind deutlich höher.

NOTRUFNUMMERN IN FRANKREICH
Europa-Notruf: 112
Polizei: 17
Unfallrettung, Notarzt: 15

Gut vorbereitet reisen

Wenn wir eine Motorradreise planen, dann ist die Vorbereitung nicht nur wichtig, sondern oftmals bereits Teil des Genusses. Über das Reiseziel, das Land, die Region entscheiden Sie und Ihre Vorlieben, über die Anreise und auch Navigation vor Ort gibt es neben meinen Tipps unzählige wertvolle Ratgeber. Natürlich ist das Internet dabei ein unverzichtbarer Quell an wertvollen und vor allem auch topaktuellen Informationen. Als Berufsmotorradreisender habe ich einmal meine eigenen Browserfavoriten sortiert und strukturiert und hier meine wichtigsten Linkempfehlungen für Sie zusammengestellt.

Länderinfos, Vorschriften, Warnungen finden sich unter:

- www.adac.de, Rubrik »Reise & Freizeit« mit umfassenden Länderinfos, Alpenstraßenberichten, Stauprognosen und vielem mehr
- www.auswaertiges-amt.de, mit politischen und wirtschaftlichen Länderinformationen, Kontaktdaten der Botschaften sowie aktuellen Reisewarnungen
- www.crm.de, reisemedizinische Länderinformationen, Impfempfehlungen und Infektionswarnungen.

Und möchten Sie wissen, wo gerade die Bikersonne lacht? Diese »Wetterfrösche« verraten es Ihnen recht zuverlässig:

- de.weather.yahoo.com
  mit 5-Tage-Prognose
- www.wetteronline.de
  mit 6-Tage-Prognose
- wetter.msn.com
  mit 6- und 10-Tage-Prognose
- wetter.rtl.de
  mit 4- bzw. 8-Tage-Prognose
- www.wetterzentrale.de
  mit 9-Tage-Isobaren-Prognose
  für gelernte Wetterfrösche
- de.weather.com
  mit 10-Tages-Prognose
- www.wetter.com
  mit bis zu 16 Tagen Vorschau und
  einer Portion »Kaffeesatz lesen«.

Wenn Biker auf Reisen geht, ist gute Vorbereitung Pflicht.

Für alle Fälle – das gehört unter jeden Mopedsattel

Richtiggehend »legendär« ist ja das Bordwerkzeug, mit dem sich BMW-Treiber ab Werk abfinden sollen. Neben einem Schraubendreher sowie zwei Inbus-/Schraubenschlüsseln plus Spezialansatz für den Öleinfüllstutzen ist dessen wichtigster Bestandteil wohl die Telefonnummer des BMW Servicewagens. Aber auch Triumph, Honda und die anderen Marken gehen heutzutage offensichtlich davon aus, dass Biker nur noch schrauben lässt. In derartigen Fällen hilft nur eines: Gleich nach Übernahme der Maschine das Bordwerkzeug mit sinnvollen Werkzeugen eigenhändig aufrüsten.

Mein Rat, was unbedingt enthalten sein sollte:

- ein Satz passender Inbus-, Torx- und Maulschlüssel,
- ein Schraubendreher-Set mit stabilem Handstück sowie Bits für Kreuzschlitz und Schlitz,
- eine belastbare (kompakte) Kombizange,
- Kabelbinder in verschiedenen Längen,
- ein Klappmesser oder besser noch ein Multitool,
- stabiles Gewebeklebeband,
- mindestens ein kompletter Satz Bordnetzsicherungen,
- eine Taschenlampe sowie zu guter Letzt
- das Handbuch des Motorrades, eventuell im Umfang reduziert um nicht benötigte Sprachversionen.

Wer viel Platz zur Verfügung hat und auch bei einem Plattfuß nicht gleich nach dem Gelben Engel telefoniert, der sollte sich noch folgende Utensilien einpacken:

- stabile Montage-Handschuhe,
- Verlängerungshülsen für die Maulschlüssel des Bordwerkzeuges
- 1–2 Montiereisen, um die Reifen von der Felge zu hebeln
- ggf. Ersatzschlauch und -felgenband
- eine entsprechende Anzahl Druckluftpatronen zum Befüllen des Reifens sowie
- ein Reifendruck-Messgerät im Taschenformat.

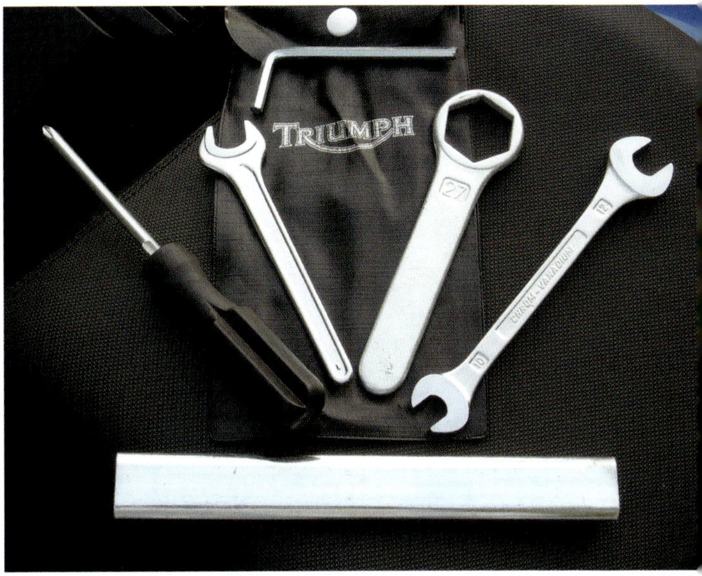

Wer damit einen Reifen wechseln kann, kann auch zaubern.

Und kompakte Aufbockhilfen – wie z. B. der legendäre Liftstick von Louis – können in baum- und damit astlosen Regionen ebenfalls wertvoll sein wie »ein kleines Steak« …

Reisen mit Gepäck – bitte die Grenzen beachten!

Links die Brockhaus-Enzyklopädie, rechts Pausenbrot, Zahnbürste und Kreditkarte – natürlich ist jeder Motorradfahrer versucht, einen Großteil der Last auf die vom Seitenständer unterstützte Mopedseite zu packen. Umso mehr, als wir beim Biken generell sehr linkslastig agieren: Das linke Bein stützt uns im Stand, Linkskurven oder -Kehrtwenden sind uns im europäischen Rechtsverkehr wesentlich geläufiger, daher auch trainierter und zusätzliches Gewicht auf dem Seitenständer gibt dem Moped mehr Stabilität im Stand. Doch Vorsicht in Sachen Gepäck – hier gilt als oberste Regel: Die Belastungen bitte möglichst gleichmäßig auf beide Seiten verteilen. Als weitere Faustregeln gelten:

- Gleichwohl sie vermutlich einige Belastungsreserven beinhaltet, gilt es, die maximal mögliche Zuladung des Motorrades penibel genau zu beachten. Bei Unfällen mit überladenen Fahrzeugen kann sich ansonsten die Versicherung schlimmstenfalls ihrer Leistungspflicht entziehen.

Achtung Biker: NICHT nachmachen. So packt man nur fürs Foto.

- Wenngleich auch das Trägersystem megastabil sein mag, bereits die Tragfähigkeit der Seitenkoffer oder des Topcases können viel engere Grenzen setzen. Deshalb gilt es, deren tatsächliches Gesamtgewicht unbedingt vor Reiseantritt auf der heimischen Badezimmerwaage zu überprüfen und die Herstellerangaben tunlichst zu beachten.
- Unterscheiden sich die maximale Topcasetragkraft und die seitens des jeweiligen Motorradherstellers genehmigte maximale Heckträgerbeladung, gilt grundsätzlich die geringere Gewichtsangabe als Obergrenze.
- Schwere Sachen wie Kameraausrüstung u. dgl. sollten Sie möglichst weit unten im Gepäck transportieren, besser noch im Tankrucksack nahe am Motorradschwerpunkt.
- Vor allem die Seitenkoffer sollten Sie während der Fahrt sorgfältig abschließen. Das verhindert nicht nur dreisten Diebstahl an der nächsten Raststätte, sondern ebenso ein ungewolltes Öffnen der Seitendeckel während der Fahrt durch Erschütterungen oder Vibrationen.
- Die gesamte Verankerung und das Trägersystem von Koffer und Topcase sollten – vor allem, wenn bereits deutlich in die Jahre gekommen – regelmäßig auf Rost oder Beschädigungen überprüft sowie im Zweifel rechtzeitig erneuert werden.
- Vor der ersten Gepäckfahrt heißt es, das unter Umständen komplett veränderte Handling des Motorrades zu testen und sich darauf einzustellen. Unser TIPP: Fahren Sie doch einfach einmal Goethes gesammelte Werke oder Ihre Harry-Potter- und Telefonbücher einen Sonntagnachmittag lang heimlich in den Koffern spazieren.
- Fahren Sie mit kofferbreiter, voller Beladung auf Dauer nicht schneller als 130–140 km/h. Nicht nur Luftwiderstand, Turbulenzen und Spritverbrauch nehmen deutlich zu, das zusätzliche Gewicht schiebt im Notfall mächtig nach vorne und verlängert den Bremsweg zum Teil erheblich.

Zusätzliche Tipps zum Thema »Softgepäck«:

- Hecktaschen eignen sich generell nicht für den Transport schwerer Gegenstände wie z. B. einer Kameraausrüstung. Sie dienen aufgrund ihrer Riemenbefestigung und Materialnachgiebigkeit dem Transport von leichten Reiseutensilien oder z. B. einem Zusatzhelm.
- Vor allem die Befestigungsmöglichkeiten von Hecktaschen müssen vor dem Kauf sorgfältig geprüft werden. Nehmen Sie Ihr Bike mit oder achten Sie bei Katalogbestellungen auf ein zeitlich ausreichendes Umtauschrecht.
- Große Gepäckrollen, quer über das Heck geschnallt, verschlechtern die Aerodynamik des Motorrades. Solisten sollten sie lieber längs zur Fahrtrichtung befestigen. Daraus resultiert gegebenenfalls sogar eine auf großen Touren angenehme Stützung der Lendenwirbel.
- Achten Sie unbedingt darauf, dass die Seitentaschen in jedem Beladungszustand einen Mindestabstand von 10–15 cm zum Auspufftopf haben, ansonsten besteht Verbrennungsgefahr. Und dass Gurte, Fransen oder Riemen nicht in Kette, Zahnriemen oder Radachse geraten dürfen, ist wohl selbstverständlich.
- Packen Sie stets zwei zusätzliche Spanngurte ein, um das Softgepäck oder auch die Regenhauben vor allem für eine schnelle Autobahnhatz doppelt verzurren zu können.

Sicher an das Ziel

Nicht jeder von uns wohnt am Alpennordrand, nicht jeder von uns besitzt dieses herrliche Privileg, mit einem satten Dreh am Gasgriff bereits inmitten all der Traumdestinationen, all der Pässe und Panoramastraßen dieses Buches zu sein.

Doch auch eine Anreise aus dem hohen Norden ist mit ein wenig Vorbereitung ein Kinderspiel. Meine Tipps dazu gebe ich Ihnen hier gerne weiter.

Optionen für Ausgeschlafene

1) Ein entspanntes und vor allem auch staufreies Ankommen verspricht die **Deutsche Bahn mit ihren Autozugangeboten**. Seit vielen Jahren auch ganz speziell uns Bikern, stellen wir doch inzwischen weit über ein Viertel aller Autozugreisenden dar, Tendenz weiter steigend. Doch nicht nur die kilometerintensiven Anreisen nach Italien und Südfrankreich sprechen für den Autozug. Auch für die Anreise aus nördlichen Gefilden in die Alpen gibt es gute Gründe genug, das Thema einmal genauer unter die Lupe zu nehmen (s. u.).

2) Eine andere Alternative bieten Fahrzeugvermieter wie zum Beispiel die Leverkusener Firma Bikertransit, in deren Fuhrpark sich ganz gezielt Fahrzeuge für den Motorradtransport befinden. Mit Spezialtransportern lassen sich mehrere Motorräder plus Biker und Gepäck in einer kostengünstigen Sammelaktion an das Ziel unserer Kurventräume karren. Damit wird auch hier die längste Anreise zu einem geselligen Gruppenevent.

Option 1 – Im Schlaf ans Ziel

Die Reisebuchung über die gut strukturierte Homepage der DB Autozug (www.dbautozug.de) ist trotz der Vielfalt an Terminen und Destinationen im Grunde ein Kinderspiel. Dennoch lautet mein wichtigster **TIPP**: Beginnen Sie frühzeitig mit der Planung, respektive Buchung, denn nicht immer sind noch Kapazitäten auf den Zügen verfügbar. Weitere Besonderheiten des DB Autozug in Stichworten:

- Motorrad und Fahrer reisen stets gemeinsam, ein separater Vorab- oder ausschließlicher Transport des Bikes (z. B. in Kombination mit einer Anreise via Flugzeug) ist nicht möglich.
- Während der eigentlichen Zugfahrt ist kein Zugriff auf Bike und Gepäck möglich, d. h. alle Dokumente, Papiere, Tickets, Geld u. dgl. müssen Sie mit in das Abteil nehmen – und Wertsachen bitte vorsichtshalber auch.
- Da Motorrad und Koffer bei Signalhalt oder Zwischenstopps eventuell von außen zugänglich sind, empfiehlt sich unter Umständen eine Autoreisezüge explizit inkludierende Reisegepäckversicherung.
- Die Verladung wird vom Bahnpersonal vorgenommen, die Hilfe des Bikers ist dabei oftmals willkommen.

Apropos Verladung: Da die Transportwaggons des Autozuges weitestgehend unverkleidet sind, ist das Bike Wind und Wetter ungeschützt ausgesetzt. Deshalb gilt es, einige Punkte zu beachten:

- Motorräder werden meist vor den übrigen Fahrzeugen verladen, da deren Verzurren entsprechende Zeit erfordert. Deshalb endet der Verladeschluss für Motorräder auch früher als der für PKW.
- Motorräder stehen meistens auf der unteren Waggonebene. Deren Durchfahrtshöhe beträgt lediglich 1,60 m – bitte zum Befahren unbedingt den Helm aufsetzen und Kinnbügel schließen!
- Das Motorrad muss über einen Haupt- oder Seitenständer verfügen, das sichere Verzurren – vorzugsweise auf dem Seitenständer – übernimmt zwar das Bahnpersonal. Wenn Sie hierbei Hilfe anbieten, können Sie den Sicherungsvorgang nicht nur überwachen, sondern eventuell auch wertvolle Tipps für die besten Verzurrpunkte am Bike geben (Gabelbrücke, Sturzbügel, Rahmen, Kofferträger etc.).
- Benzinhähne, soweit vorhanden, sollten geschlossen und alle Koffer verriegelt werden.
- Abschließbare Motorradkoffer können an der Maschine bleiben, Tankrucksack und Gepäckrolle ebenso, sie müssen aber mit eigenen Gurten so gesichert werden, dass sie auch eine Rückwärtsfahrt mit bis zu 160 km/h problemlos überstehen. (Keine Gepäckspinnen oder Expander verwenden!)
- Achtung bei großflächigen Windshields: Sie sollten vorsichtshalber demontiert oder zumindest komplett heruntergefahren werden, da ihre Halterungen unter Umständen nicht für »Rückenwind« mit 160 km/h ausgelegt sind. Alternativ bietet die Bahn auch spezielle Windschutzscheibengurte an, die beim Check-in geordert werden können.

Finger weg von Mietmotorrädern wie diesem!

Wir Biker selbst reisen wahlweise auf dem günstigen Liegewageneinzelplatz, im 5-Personen-Schlafabteil oder in der teuersten Variante, dem Einzelabteil mit Dusche und WC ans Ziel. Das Ganze meistens über Nacht sowie inklusive Restaurantwagen und optionaler Vollverpflegung.

Option 2 – Sammeln und Selberfahren

Besitzen Sie oder ein Bikerkollege einen Autoführerschein der Klasse B (einstmals Klasse 3) zum Führen von Fahrzeugen bis 3,5 t zulässiges Gesamtgewicht, und haben Sie ein wenig Erfahrung im Handling von Transporter, VW Bus oder Ähnlichem? Dann mieten Sie sich doch für den Urlaubstrip in die Ferne einfach einen speziell für den Transport von mehreren Motorrädern ausgebauten Kleintransporter. Zum Beispiel aus dem Fuhrpark der Firma **Bikertransit**, deren Mietstationen über ganz Deutschland verteilt sind. Laden Sie 2–3 Motorradkumpels inklusive deren Maschinen und Gepäck huckepack auf den Transporter und fahren Sie gemeinsam an das Ziel Ihrer Träume.

Klingt kompliziert? Klingt teuer? Ist es aber nicht. Und der Mietablauf ist nicht minder simpel:

- Der Mieter muss ein Mindestalter von 21 Jahren haben und im Besitz einer gültigen Fahrerlaubnis sein.
- Die Buchungsanfrage geht einfach und online unter www.bikertransit.com.
- Bei Reservierungsbestätigung wird eine Anzahlung von 50 Prozent des Mietpreises fällig.
- Die Fahrzeugübergabe erfolgt gegen eine Kaution in Höhe von 500 Euro.
- Das Mietfahrzeug wird bei Übernahme und Rückgabe vor Ort ausführlich gemeinsam mit Bikertransit-Mitarbeitern durchgeprüft.

Sollte sich keine Bikertransit-Mietstation in Ihrer unmittelbaren Nähe befinden, werden auch Individuallösungen angeboten. Einfach und formlos anfragen.

Und was ist mit ...

... dem simplen Mieten eines Motorradanhängers? Eine berechtigte Frage, gibt es doch inzwischen eine Vielzahl an Anhängervermietern, die auch spezielle Varianten für den Transport mehrerer Bikes im Fuhrpark haben. Deren Wochenmiete bewegt sich zwischen 100 und 300 Euro je nach Größe, Traglast und Ausstattung des Hängers. Sie selbst benötigen dann nur noch ein Zugfahrzeug mit Anhängerkupplung und Erfahrung im Umgang mit einem beladenen Anhänger (Tempo 80 beziehungsweise 100 km/h usw.). Apropos: Welche Last Sie mit Ihrem Fahrzeug überhaupt ziehen dürfen, sagt Ihnen folgende Faustregel: Mit herkömmlicher Führerscheinklasse B (PKW) dürfen Sie Anhänger bis 750 kg zulässiges Gesamtgewicht (zG) ungebremst sowie Anhänger über 750 kg zG gebremst ziehen, wenn die Gesamtmasse des Anhängers nicht größer ist als die Leermasse des Kraftwagens und wenn die Summe der zulässigen Gesamtmassen von Anhänger und Zugfahrzeug nicht größer ist als 3,5 t.

Mein **TIPP** zur Miete eines Anhängers: Über das Internetportal www.erento.com können Sie bundesweit Anhängervermieter sowie deren Angebote finden und direkt Kontakt aufnehmen.

WICHTIGE ADRESSEN

www.dbautozug.de
mit allen Verbindungen und Online-Buchungstool

www.pro-bahn.de/auskunft/europa.htm
mit einer umfangreichen Sammlung meist aktueller Fahrplan- und Tarifauskünfte aus 40 Ländern Europas, größtenteils unterlegt mit Kontaktadressen zu den jeweiligen Bahnunternehmen

www.autoreisezuege-in-europa.de
zeigt eine Fülle an Destinationen vor allem auch nach Spanien, Portugal, Griechenland sowie Osteuropa und ist das informative Mammutprojekt eines begeisterten Bikers

www. bikertransit.com
mit dem Miettransporter zu Europas schönsten Bikerzielen

Mit Training zum Profi

Sicheres Motorradfahren ist vor allem eines: reine Übungssache. Doch auch wer alljährlich zigtausende Kilometer on the road abspult, ist für Grenzsituationen nicht automatisch bestens gewappnet. Ein professionelles Sicherheitstraining nutzt Anfängern wie alten Hasen im Sattel immer ...

Haben Sie auch eine Lieblingskurve? Meine ist die links herum. Da flutscht das Wendemanöver wie von selbst. Rechts herum eiere ich mit manchem Moped wie ein Fahranfänger in der ersten Praxisstunde. Oder kräftig in die Eisen zu steigen, eine richtige Voll-, ja Notbremsung hinzulegen, das ist auch mit all den modernen Assistenzsystemen wie ABS und ASC immer noch eine Kunst für sich. Denn eigentlich fahren wir ja meistens recht vorausschauend, da sind Full Stops eher selten. Aber ihre sichere und vor allem intuitive Beherrschung kann unser aller Leben retten, ganz zu schweigen von der sicheren Beherrschung des Motorrades in alltäglichen Grenzsituationen wie zum Beispiel bei Aquaplaning, auf Schotterstrecken, Matschpisten oder im unvermuteten Baustellensand am Wegesrand. In diesen Situationen hilft nur sie – die Übung. Doch abzuwarten, bis uns das Leben vollkommen überraschend eine Krisensituation auf zwei Rädern vorbeischickt, das ist höchst leichtsinnig. Besser ist es, sich mental und auch fahrerisch darauf vorzubereiten. Mit einem Motorradsicherheitstraining geht das spielerisch, zusammen mit Gleichgesinnten unter den Augen von Fachleuten.

Was sollte ein Training bieten?

Aller Anfang heißt natürlich »Theorie«. Sie gehört dazu, da muss man einfach durch. Die Fahrphysik erklärt die Reaktionen des Bikes (z. B. den Aufrichtimpuls beim Bremsen in Schräglage, die unterschiedliche Wirkung von Vorder- und Hinterradbremse u. v. m.), eine Prise Psychologie zeigt uns menschliche Eigenheiten (z. B. der Trick mit dem Blick) und der Erfahrungsaustausch mit anderen Kursteilnehmern bringt viele neue Erkenntnisse. In der anschließenden Praxis ist die Zahl der Teilnehmer je Gruppe entscheidend für den Kurserfolg. Ein Trainer auf 50 Biker hat keine

DVR ALS GÜTESIEGEL

DVR-Standards werden bei Veranstaltern von Motorrad-Trainings oftmals als Referenz angegeben. Der DVR Deutsche Verkehrssicherheitsrat e. V. ist ein 1969 gegründeter gemeinnütziger Verein zur Förderung von Maßnahmen zur Verbesserung der Sicherheit aller Verkehrsteilnehmer. Der Verein, bestehend aus gut 220 Mitgliedern – darunter die Verkehrsministerien von Bund und Ländern, Berufsgenossenschaften, Deutsche Verkehrswacht, Automobilclubs, Kfz-Hersteller, Versicherungen, Gewerkschaften und Wirtschaftsverbände –, entwickelt Programme zur Verkehrserziehung und befasst sich mit Fragen der Fahrzeug- und Verkehrstechnik. Bei Sicherheitstrainings nach DVR-Kriterien unterliegen sowohl die Trainerqualifikation als auch die Trainingsdurchführung kontrollierten Mindestanforderungen. Ein Gütesiegel bestätigt zudem die Prüfung des Trainingsanbieters und seiner Inhalte durch den DVR. Alle Infos dazu unter www.dvr.de.

Chance, auf individuelle Fehler einzugehen, ein Trainer mit zehn Teilnehmern dagegen sehr wohl. Kurse mit Leihmotorrädern sind zwar auf den ersten Blick verführerisch, kann man doch ohne Angst vor Kratzern, Beulen und abgebrochenen Spiegeln üben. Bedenken Sie hierbei aber, dass Ihr eigenes Motorrad gänzlich anders reagieren kann. Einen nachhaltigeren Trainingseffekt erzielen Sie sicherlich mit dem eigenen Bike. Eventuelle Vollkaskoversicherungen (Achtung: Selbstbeteiligung im Schadensfall prüfen!) finanzieren anschließend die Beseitigung möglicher Schäden am Moped, zu denen es aber sehr selten kommt.

Fragen Sie nach Beihilfen

Fahren Sie ab und zu mit dem Motorrad zur Arbeit! Sofern dieses Schlüsselargument zutrifft, fördert vielleicht ebenfalls Ihre Berufsgenossenschaft im Rahmen ihrer jeweiligen finanziellen Verhältnisse die Teilnahme an Motorradsicherheitstrainings in Form von unterschiedlich hohen Zuschüssen zu den Kursgebühren. Allerdings werden hierbei meistens nur Sicherheitstrainings nach DVR-Standard berücksichtigt. Informationen über die Möglichkeit und Höhe einer Bezuschussung sowie entsprechende Bescheinigungen erteilt die für Sie zuständige Berufsgenossenschaft. Ach ja: Jene Zuschussbescheinigungen sollten Sie unbedingt vor Buchung des Trainings beantragen, respektive bei der Buchung vorlegen. Anschließend bezahlen Sie nur noch den Differenzbetrag. Da lohnt sich ein Sicherheitstraining gleich doppelt.

Mein Tipp: Die Kombination macht's

Kombinieren Sie doch einmal einen Sicherheitskurs mit einer anschließenden Urlaubsreise. Sei es innerhalb Deutschlands oder auch im angrenzenden Ausland. Erst kommt die Pflicht mit Schulbank und zahlreichen Übungsintervallen vor des Lehrers kritischem Blick, dann die Kür draußen im prallen Leben. Dort können Sie das soeben Gelernte sofort in die schräglagenreiche Praxis umsetzten. Der Trainingseffekt wird sich so bestimmt rasch und nachhaltig steigern.

Mir hat dieses Buch erneut sehr viel Spaß gemacht – ich hoffe, Ihnen auch!

Wir sehen uns! Ganz bestimmt auch in den prächtigen Alpen.

D

E

F

G

In gleicher Reihe erschienen ...

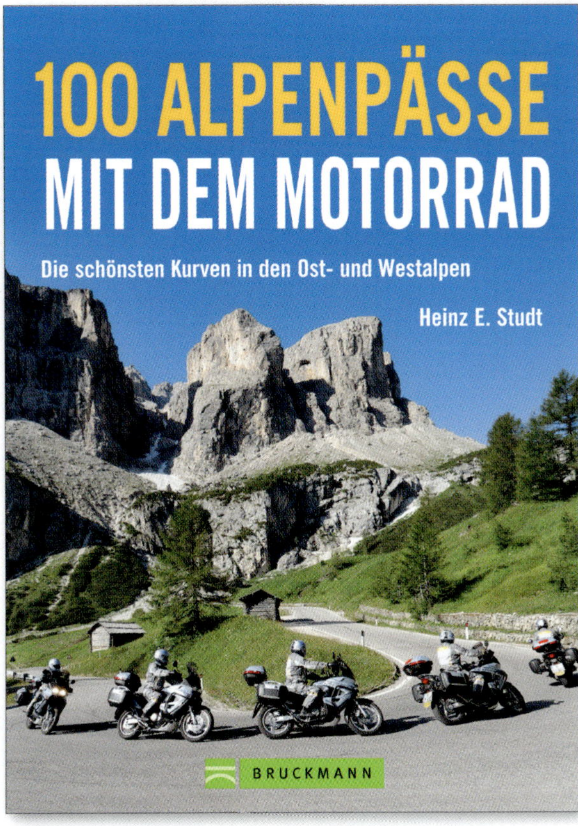

ISBN 978-3-7654-5502-5

Die Alpen sind ein Paradies für Motorradfahrer, sie sind Pflicht und Kür für jeden Biker. Heinz E. Studt präsentiert die 100 schönsten Pässe, von Frankreichs Seealpen über die Schweiz und Österreich bis ins Herz Norditaliens. Serpentinen, Spitzkehren und atemberaubende Rechts-Links-Kombinationen – hier bleibt kein Wunsch offen. Spezielle Bikertipps, Detailkarten und wichtige Streckeninformationen machen die Tourenplanung ab sofort zum Kinderspiel!

IMPRESSUM – BILDNACHWEIS

Produktmanagement: Claudia Hohdorf
Lektorat: mcp concept, Rosenheim
Layout: Elke Mader, München
Repro: Cromika, Verona
Kartografie: Kartographie Huber, München
Herstellung: Anna Katavic
Printed in Italy by Printer Trento

Alle Angaben dieses Werkes wurden vom Autor sorgfältig recherchiert und auf den aktuellen Stand gebracht sowie vom Verlag geprüft. Für die Richtigkeit der Angaben kann jedoch keine Haftung übernommen werden. Für Hinweise und Anregungen sind wir jederzeit dankbar.

Bitte richten Sie diese an:
Bruckmann Verlag GmbH
Postfach 40 02 09
80702 München
E-Mail: lektorat@verlagshaus.de

Bildnachweis:
Alle Bilder: Heinz E. Studt
mit Ausnahme Seite 16: Südtiroler Archäologiemuseum/A. Ochsenreiter
Die Höhenprofile wurden mit dem DKL Track Manager erstellt.

Die Deutsche Nationalbibliothek verzeichnet diese Publikation in der Deutschen Nationalbibliografie; detaillierte bibliografische Daten sind im Internet über http://dnb.d-nb.de abrufbar.

ISBN 978-3-7654-6203-0